Arquitectura e ingeniería de datos

Pilares sólidos para decisiones estratégicas

Manual Imprescindible

Arquitectura e ingeniería de datos

Pilares sólidos para decisiones estratégicas

Walter E. Calcagno Lucares

Manual Imprescindible

Montaje de cubierta: Celia Antón Santos
Responsable editorial: Víctor Manuel Ruiz Calderón

Todos los nombres propios de programas, sistemas operativos, equipos hardware, etc. que aparecen en este libro son marcas registradas de sus respectivas compañías u organizaciones.

Edición española:

© EDICIONES ANAYA MULTIMEDIA (GRUPO ANAYA, S.A.), 2024
Valentín Beato, 21. 28037 Madrid
Depósito legal: M. 3.026-2024
ISBN: 978-84-415-4970-8
Impreso en España

PAPEL DE FIBRA
CERTIFICADA

Este libro va especialmente dedicado a las comunidades profesionales en datos de Hispanoamérica. Reciban este libro como un tributo a vuestra incansable labor transformadora de tantas vidas.

AGRADECIMIENTOS

A mi madre, que con su ejemplo de vida y su amor infinito nos forjó como seres humanos.

A Lissette, Diego y Francisco, por regalarme esas horas en las que no estuve presente.

A mis hermanos, por apoyarme sin miramientos y traerme a la realidad constantemente.

A Carlos y Antonio, mis hermanos que he elegido, por sus consejos y la vida entera.

A los colaboradores que he tenido a lo largo de la vida que vieron los experimentos con Excel, SQL, Power BI y siempre creyeron de forma entusiasta en lo que teníamos por delante, especialmente Kim, Leo, Diana, Rosario, Camila A., Rodrigo y Camila G., que siempre me entusiasmaron con la idea de escribir un libro de este tipo. También a C. Menares y R. Leiva por sus revisiones en el proceso.

A mis líderes y mentores a lo largo de mi carrera, Patricio, Gastón, Ana María, Jaime, Kamal y Leidy por los consejos y los cables a tierra.

A mi editor Víctor y al equipo de Anaya por la confianza, y la tremenda experiencia que significó escribir este libro.

Walter E. Calcagno Lucares

Chileno de nacimiento, se define como un profesional que, después de enamorarse de los datos, se divorcia de su carrera, la contabilidad, para desarrollar su perfil analítico e impulsarse como un emprendedor exitoso.

Nació en Coronel, donde hizo sus estudios primarios y secundarios, luego continuó con sus estudios universitarios en Concepción; posteriormente, inició sus negocios propios y además trabajó para grandes compañías internacionales donde, gracias a sus habilidades analíticas y conocimientos avanzados en herramientas como Excel, SQL, Power BI y Notebooks, ejerció desde asistente contable hasta CFO. La suma de esta carrera a sus habilidades para comunicar lo han llevado a destacar a nivel latinoamericano como uno de los referentes en herramientas de inteligencia de negocios e inteligencia artificial aplicada a las soluciones empresariales.

Desde el año 2019 obtiene el premio Microsoft MVP en la categoría Data Platform, destacándose como un conferenciante de primera línea en las distintas conferencias que año tras año es invitado a exponer, destacándose entre ellas las Power BI Conference (en inglés y español), Power BI Days, Global Power Platform, Pass SQL Saturday y Global AI Bootcamp, entre otras actividades, como hackatones, *bootcamps* y jornadas de charlas organizadas por las distintas comunidades profesionales de España y Latinoamérica. Cuenta con las certificaciones MCT, MCP, Data Analyst, Power BI Analyst, Data Architect & Engineering, y ejerce como instructor de los cursos de Big Data e ingeniería de datos para los institutos The Valley en España y Chile y Temixa en Perú.

Durante el año 2018 inició su propia compañía dedicada a la analítica de datos en Chile, siendo adquirida en el año 2022 por la firma consultora internacional EY (Ernst & Young), donde actualmente desempeña el rol de especialista en arquitectura e ingeniería de datos, colaborando con distintos equipos analíticos en las industrias de extracción minera, generación y distribución de energía, comercio logística y *retail*, servicios públicos, gobierno y banca privada, entre otras. También forma parte del claustro de instructores internos de la firma encargados de entregar la capacitación y el entrenamiento de los equipos analíticos de la firma.

En su vida privada, es padre de una familia con 2 hijos y presta servicios como voluntario del Cuerpo de Bomberos desde 1996, donde también es instructor de la Academia Nacional de Bomberos de Chile.

ndice
de contenidos

Introducción y cómo usar este libro

Introducción

No se puede iniciar un libro de arquitectura e ingeniería de datos sin reflexionar sobre la gran cantidad de datos que a diario generamos en el planeta.

Según el sitio ia-latam.com, se estima que para el año 2025 estaremos generando 463 exabytes diarios de *data* en el mundo llevando la acumulación anual de estos datos a los 181 zettabytes en 2025, una cifra de orden astronómico.

Consideramos que un zettabyte se representa como un 1 seguido por 21 ceros de bytes, eso quiere decir mil trillones de bytes, ya es una cifra grande, ahora multiplica eso por 181; realmente, un número grande.

A pesar de dicha magnitud, aproximadamente el 1 % de todos estos datos generados son efectivamente analizados para tomar decisiones. En 2013, un informe de IDC y EMC Corporation estimaba que solo alrededor del 0,5 % de los datos generados en el mundo se analizaban. Desde entonces, hemos visto un crecimiento exponencial en la generación de datos y por supuesto que también hemos observado el mismo crecimiento en la capacidad de almacenamiento y análisis de datos gracias a la aparición y el perfeccionamiento del Big Data.[1]

Sin embargo, a pesar de los avances en análisis distribuido, inteligencia artificial, aprendizaje profundo y supercómputo, todavía es probable que solo una fracción de los datos generados se analice efectivamente.

Más de un 95 % de los datos del mundo se encuentran aún sin analizar, según las publicaciones anteriores. Esto evidencia una alta demanda de analistas de datos y de profesionales que sepan cómo construir soluciones analíticas robustas y escalables con las distintas herramientas que en la actualidad existen y que se presentan principalmente en las distintas nubes como SaaS (*Software as a Service*) y PaaS (*Platform as a Service*).

Seguramente, ya has leído la frase "la *data* es el nuevo petróleo", pero el petróleo en su estado más puro no sirve para nada; para darle una utilidad debo refinarlo y transformarlo en combustible o plásticos. Lo mismo pasa con la *data*: si no soy capaz de obtener *insights* o patrones en los datos, no voy a poder transformar aquello en una decisión o en una llamada a la acción.

---

1. https://ia-latam.com/2019/04/18/cuanta-data-se-genera-en-un-dia/.
   https://es.statista.com/grafico/26031/volumen-estimado-de-datos-digitales-creados-o-replicados-en-todo-el-mundo/.
   Gantz, J. y Reinsel, D. (2012). "The Digital Universe in 2020: Big Data, Bigger Digital Shadows, and Biggest Growth in the Far East". IDC iView: IDC Analyze the Future. Recuperado de https://www.cs.princeton.edu/courses/archive/spring13/cos598C/idc-the-digital-universe-in-2020.pdf.

La arquitectura de datos, en esencia, consiste en definir qué herramientas se van a montar en algún espacio físico o virtual para extraer la *data*, procesarla y obtener de dicho proceso los modelos analíticos que entregarán constantemente los *insights* necesarios para la toma de decisiones.

Gracias a una buena arquitectura de datos, se pueden desenvolver las soluciones analíticas que soportan los múltiples análisis que existen en la ciencia de datos, tanto en la disciplina conocida como inteligencia de negocios como en la analítica avanzada, donde se incluye la analítica prescriptiva, predictiva, el aprendizaje automático y la inteligencia artificial.

Un arquitecto de datos debe actuar como un director de orquesta o un maestro constructor. Debe conocer cómo organizar los distintos elementos o piezas que forman un ecosistema analítico, siendo muy riguroso con las fundaciones de su construcción y también lo suficientemente innovador para permitir que en un futuro cercano nuevas formas de analizar los datos y generar valor a la organización puedan integrarse y convivir con los elementos ya existentes.

También debe considerar que el mayor valor obtenido por los distintos análisis nacidos desde la solución analítica debe ser superior a los costes que implementar dicha solución implica. En términos financieros, siempre debe tener en cuenta el retorno de la inversión o ROI (*Return of Investment*, según sus siglas en inglés).

Una guía para decidir si vale la pena la relación coste beneficio se llama "Matriz, Valor, Complejidad", plasmada por Mertens & Van Baelen en su libro *Azure Data and AI Architect Handbook* (2023), que, sin traducirlos literalmente, lo expresan de esta forma: la matriz valor-complejidad se sostiene sobre dos ejes que van de menos a más, el eje X representa la complejidad de obtener una solución analítica escalable o que logre los resultados, y el eje Y representa el valor para la organización de dicha solución analítica. Al dividir esta figura en cuadrantes, veremos que el cuadrante superior izquierdo o también cuadrante de alto valor-baja complejidad es el que contendrá los llamados *Quick Wins* o "cosecha rápida". Por otro lado, los que se encuentren en el cuadrante inferior derecho o también cuadrante bajo valor-alta complejidad contendrá las soluciones *No Go* o no priorizables por tener un muy bajo ROI. La matriz se observa de esta forma en la figura I.1.

Antes de construir, siempre se debe planificar el paso a paso de una implementación; partiremos con un boceto general hasta la elaboración de las ingenierías de detalles. Este plan debe considerar la capacidad de escalar para manejar volúmenes de datos en constante crecimiento, la capacidad de adaptarse a diferentes tipos y estructuras de datos, y la capacidad de integrarse con diferentes tecnologías y sistemas existentes. Además, debe tener en cuenta los aspectos de seguridad y privacidad de los datos, garantizando que la información personal y comercial confidencial esté protegida de acuerdo con las leyes y regulaciones aplicables.

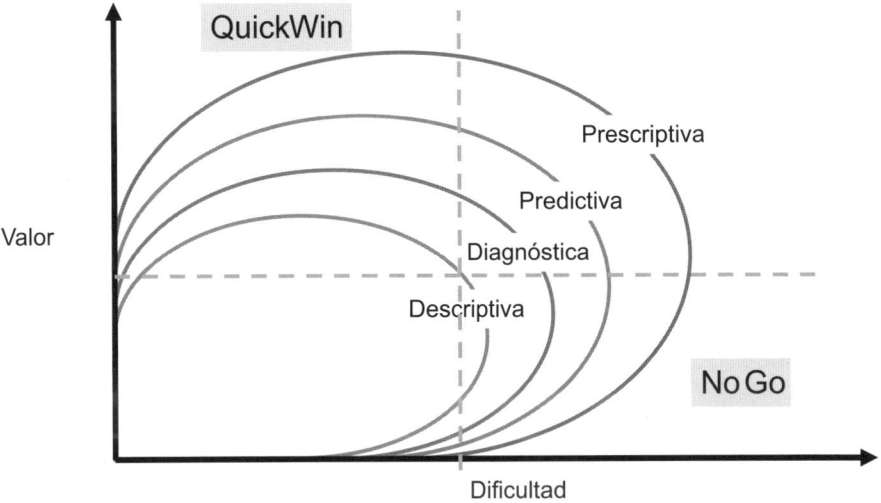

Figura I.1. Matriz valor complejidad, elaboración propia basada en Mertens & Van Baelen.

Pero quizás lo más importante de todo es que los arquitectos de datos deben ser conscientes de la necesidad de traducir los datos en información significativa. Los datos en sí mismos son solo números y palabras; el verdadero valor proviene de convertir esos datos en información que puede ser utilizada para tomar decisiones informadas. Y, para hacer eso, necesitamos entender no solo cómo almacenar y procesar los datos, sino también cómo interpretarlos y comunicar los resultados de manera efectiva.

Cómo usar este libro

Este libro está dirigido para todas las personas que tengan la responsabilidad de construir soluciones analíticas en sus organizaciones, independientemente del tamaño que estas tengan, ya sean líderes ejecutivos como gerentes, vicepresidentes, subgerentes o jefaturas de áreas que tomen decisiones basados en datos, y también está dirigido hacia analistas de datos que deseen transformarse en ingenieros o arquitectos de datos o que deseen adquirir una visión holística del ecosistema de datos que soporta las decisiones que ayudan a tomar con su trabajo. Para lograr todo lo anterior, este libro se ha estructurado de la siguiente forma.

Parte 1. Qué es la ciencia de datos

Esta parte está compuesta por los capítulos 1, 2 y 3 en los que se materializan conceptos como ciencia de datos, transformación digital, teoría general de decisiones, y cómo estas afectan a la pirámide organizacional a través de las distintas personas y roles de una organización. Finalmente, se enfocan las preguntas específicas y generales de negocios.

Parte 2. Cuáles son los análisis de datos

Esta parte contiene los capítulos 4, 5, 6 y 7, donde hablo sobre los distintos análisis de datos existentes y a través de algunos ejemplos replicables en Excel, Python y Power BI conocer algunas de las técnicas más utilizadas para cada uno de estos análisis.

Hablaremos sobre los análisis descriptivos, análisis diagnósticos, análisis predictivos y análisis prescriptivos, para qué se utilizan y cómo impactan en la teoría de decisiones que vimos en la primera parte.

Parte 3. Cómo son los datos

Esta parte agrupa a los capítulos 8, 9 y 10 de este libro, donde haremos un recorrido sobre la estructura física de los datos, y veremos cuáles son las diferencias sustantivas entre los conceptos de datos, metadatos y macrodatos, para luego determinar cómo se clasifican según su almacenamiento, codificación y compresión.

También aquí veremos en términos generales lo que son las bases de datos SQL y NoSQL, junto con sus principales componentes, todo lo anterior con códigos de ejemplo para orientar a los noveles analistas sobre lo que deben saber para enfrentar con seguridad los aspectos más relevantes de estos sistemas de almacenamiento de datos. También veremos la diferencia principal entre el modelado entidad relación y el modelado dimensional, haciendo especial ahínco en los modelos estrella, copo de nieve y constelación.

Parte 4. Arquitectura de datos

A partir del capítulo 11 y pasando por el 12 y 13, veremos cómo diseñar sistemas de almacenamiento y procesamiento de datos escalable, distribuido y adecuado a cualquier tamaño de organización. Veremos y analizaremos cada una de las siete capas que componen un modelo arquitectónico de datos y cómo han ido evolucionando las distintas estrategias de arquitecturas hasta el UCAD y Data Mesh.

También hablaremos sobre el dilema de mantener soluciones *on-premise* versus migrar hacia la nube; dichas soluciones, ya sea en entornos de *data warehouse*, *data lake* y *data lakehouse*.

Finalmente, aprenderemos a diseñar soluciones analíticas en alto nivel y en detalle.

Parte 5. Ingeniería de datos

Esta parte está compuesta por los capítulos finales del libro, donde profundizaremos en qué es la ingeniería de datos, cuáles son las herramientas de extracción más utilizadas, cómo organizaremos un *data lake* o *data lakehouse*.

Luego, a través de guías practicas replicables, ejecutaremos extracción, transformación y carga de datos, utilizando Azure Data Factory tanto para datos en Batch y Azure Event Hub para datos que vengan de procesos Streaming, observando las arquitecturas lambda y kappa adecuadas para manejar estos elementos.

Finalmente, cerramos el libro con una introducción a Azure y sus fundamentos como una guía de comprensión de la nube, cómo se facturan los recursos adquiridos y cómo presupuestar eficientemente los distintos factores que intervienen en las principales herramientas de nube, que generalmente se utilizan en analítica de datos.

Por qué decidí escribir este libro

Comencé en el mundo del análisis de datos como una respuesta a la necesidad de llegar a tiempo con los informes que me requerían los distintos cargos que he debido desempeñar en mi vida profesional.

Me formé como contable en la enseñanza media (secundaria) en el Liceo Comercial Andrés Bello de Coronel, y luego estudié en mayor profundidad esta profesión en la Universidad del Biobío, para más adelante, asistir a la Universidad Andrés Bello, donde obtuve una beca para una pequeña pasantía en The University of Chicago, donde aprendí toma de decisiones basadas en datos; sin duda, una de las mejores experiencias académicas de mi vida.

Como todo profesional contable, partí mi carrera en el cargo de asistente y mi principal tarea era enfrentarme a diversas pantallas donde debía ingresar facturas, guías de despacho, liquidaciones de sueldo, etc. Además, había otras pantallas donde registrar los distintos *vouchers* contables que repercutían en el sistema y que alimentaban los libros diarios, mayor y desde donde se obtenían los estados financieros de las compañías donde trabajé. A medida que pasó el tiempo, enfrenté nuevos desafíos como jefe de contabilidad, jefe de administración y finanzas, finalmente como CFO. En esta primera parte de mi camino profesional, mi gran compañero de trabajo fue Microsoft Excel.

Excel permitió que aprendiera a buscar datos desde los orígenes, me permitió aprender que existía un lenguaje llamado SQL y que era el lenguaje con el que se comunicaban las bases de datos y al escribir una consulta en dicho lenguaje me traía los datos que necesitaba para mis informes. Aprendí que no necesitaba en muchos casos usar el menú "Informes" de todos los ERP que utilicé para construir estados de resultados, balances generales, flujos de caja y otros reportes como proyecciones de *stock*, niveles de estados críticos de inventario, cálculos automatizados de precios de exportaciones y un sinfín de otros requerimientos de los más diversos. Eso fue así hasta que Excel se comenzó a "pegar", cada vez requería más datos para hacer más precisas mis respuestas y cada vez metía más fórmulas sobre los datos capturados y, en consecuencia, cada vez se hicieron más frecuentes los pantallazos azules por falta de memoria en los ordenadores que utilizaba.

En ese instante, di un giro en mi carrera profesional y comprendí en la práctica que toda estrategia y táctica de negocios debe ser medida para poder mejorarla, si no, se degrada (gracias, Lord Kelvin). Aprendí que para medir necesito datos de las más diversas fuentes, no solamente un ERP basado en SQL, sino desde APIS, desde *hubs*, desde *data lakes*. Descubrí que existían los metadatos y una nueva rama de la ciencia que se llama ciencia de datos, sin duda ese fue el detonante que llevó a que encontrara que mi pasión es la inteligencia de negocios. Aprendí entonces, de forma autodidacta y a punta de ensayo y error, a utilizar Microsoft Power BI.

Compartí este conocimiento en las comunidades profesionales desde el 2018 en adelante, recibiendo desde el año 2019 el premio Microsoft MVP en la categoría Data Platform. También, en un instante de cesantía, dicté instrucción sobre su uso. Lo anterior llevó a que en el año 2018 fundara iNegocios, compañía que en el año 2022 fue adquirida por EY, donde actualmente me desempeño como sénior especialista en arquitectura e ingeniería de datos.

Este no es un libro de emprendimiento ni de consejos de cómo iniciar una empresa, tampoco de cómo ser un buen consultor en inteligencia de negocios. Este libro busca ser una guía para todos aquellos profesionales que descubrieron la analítica de datos y que ya deben pensar dar los siguientes pasos, impactar en sus colegas y en su organización para desarrollar modelos de analítica escalables y versátiles en sus organizaciones.

Este libro pretende entregar de forma ordenada una serie de conocimientos claves en el proceso del autoaprendizaje, conceptos que en lo personal aprendí después de cometer muchos errores en el ejercicio de mis trabajos y que considero valioso compartir con todo aquel que se encuentra igual que yo hace unos años.

Convenios utilizados en el libro

En este libro se utilizan las siguientes convenciones tipográficas:

- *Cursiva*: Es un tipo que se usa para diferenciar términos anglosajones o de uso poco común. También se usa para destacar algún concepto.

- **Negrita**: Se han incluido en este formato algunos elementos destacados.

- Fuente especial: Nombres de botones y opciones de programas. Por ejemplo, Aceptar para hacer referencia a un botón con ese título.

- `Monoespacial`: Utilizado para el código y dentro de los párrafos para hacer referencia a elementos como nombres de variables o funciones, bases de datos, tipos de datos, variables de entorno, declaraciones y palabras clave.

NOTA:

También encontrará a lo largo del libro recuadros con elementos destacados sobre el texto normal, comunicándole de manera breve y rápida algún concepto relacionado con lo que está leyendo, un truco o advirtiéndole de algo.

Ejemplos y recursos del libro

Los ejemplos que se han trabajado para este libro pueden descargarse desde el sitio Web de Anaya Multimedia, en `http://www.AnayaMultimedia.es` hay que localizar la ficha de este libro y una vez localizada, en la opción Selecciona Complemento podemos descargar un archivo comprimido con todos los recursos. También podrá encontrar estos ficheros en la página del autor en GitHub, concretamente en `https://github.com/wcalcagno/recursos_aid_libro2024`.

¿Qué es la ciencia de datos?

Según la revista *Harvard Business Review*, el científico de datos se ha transformado en la profesión más sexy del siglo XXI, pero ¿cuál es el área de investigación de la ciencia de datos? ¿Cuáles son sus metodologías? ¿Cuáles son las hipótesis y teorías que fundamentan esta rama de la ciencia? ¿O solo es un bonito nombre para hacer más atractiva la estadística?

Antes de profundizar en esto, me limitaré a explicar preliminarmente por qué "la ciencia de datos es un conjunto de disciplinas que buscan la verdad a través del análisis exhaustivo de los datos".

En nuestra era digital, esta última parte del Antropoceno está marcada por la disponibilidad de una cantidad de información y de avance tecnológico sin precedentes; estamos siendo testigos de una revolución silenciosa pero inmensamente poderosa: la revolución de la ciencia de datos.

Cada día, quintillones de bytes de datos se generan, almacenándose en sistemas complejos y distribuidos. Estos datos, en su vastedad y complejidad, no son solo un recurso invaluable, sino también un desafío monumental.

Aquí, la ciencia de datos y la arquitectura de datos se entrelazan, formando una sinergia esencial para comprender y aprovechar este inmenso océano de información.

La ciencia de datos proporciona las herramientas y técnicas para extraer conocimiento de los datos, mientras que la arquitectura de datos se centra en cómo se estructuran, almacenan y gestionan estos datos para hacerlos accesibles y útiles. Juntas, estas disciplinas permiten no solo una comprensión más profunda de los patrones y tendencias en los datos, sino también una gestión eficiente y efectiva de los mismos, lo que lleva a decisiones más informadas y a innovaciones transformadoras.

Imagina un mundo donde cada decisión, desde el ámbito empresarial hasta la investigación científica y la política pública, se tome basada en una comprensión profunda y precisa de los datos, respaldada por una arquitectura de datos sólida y eficiente. Esto no es ciencia ficción, sino la realidad que la ciencia de datos y la arquitectura de datos están ayudando a construir. Por ejemplo, en el sector de la salud, no solo los análisis de datos masivos están acelerando el descubrimiento de fármacos y personalizando tratamientos, sino que también la arquitectura de datos juega un papel crucial en garantizar la integridad, seguridad y accesibilidad de los datos del paciente.

En el mundo de los negocios, la ciencia de datos está identificando nuevas oportunidades de mercado y optimizando cadenas de suministro, mientras que la arquitectura de datos asegura que la infraestructura de datos de una empresa esté diseñada para soportar estas iniciativas con eficiencia y escalabilidad. En el ámbito social, ambas disciplinas están siendo utilizadas para abordar desafíos complejos como el cambio climático y la desigualdad social, proporcionando una base sólida para políticas y estrategias basadas en evidencia.

La belleza de la ciencia de datos y la arquitectura de datos reside en su universalidad. Su alcance es tan amplio como el espectro de los datos mismos, abarcando desde *startups* innovadoras hasta gobiernos que buscan mejorar la vida de sus ciudadanos. Sin embargo, con grandes poderes vienen grandes responsabilidades. Estas disciplinas no están exentas de desafíos, especialmente en lo que respecta a la privacidad, seguridad y ética en el manejo de datos. A medida que avanzamos en esta era de datos, se vuelve imperativo abordar estas preocupaciones, asegurando que el uso de datos se realice de manera responsable y con un alto enfoque en el bienestar de la sociedad.

Al abrir este capítulo, estamos iniciando un viaje a través del fascinante mundo de la ciencia de datos. Un viaje que nos llevará desde sus fundamentos teóricos y metodológicos hasta sus aplicaciones prácticas y desafíos éticos. Este capítulo es una invitación a explorar cómo la ciencia de datos está moldeando nuestro presente y forjando nuestro futuro y cómo tú, como lector, puedes ser parte de esta emocionante revolución.

Definición de ciencia de datos

La ciencia de datos, en su núcleo, es una amalgama de varias disciplinas, cada una aportando un enfoque único y esencial para comprender y utilizar los datos de manera efectiva. A través de la combinación de estadísticas, matemáticas, programación y conocimientos específicos del dominio, esta ciencia emergente no solo permite interpretar el vasto océano de datos disponibles en la actualidad, sino que también ofrece métodos para convertir estos datos en información valiosa y accionable.

Desde una perspectiva estadística, la ciencia de datos utiliza métodos avanzados para identificar patrones y relaciones dentro de grandes conjuntos de datos. Este enfoque estadístico es fundamental, ya que proporciona la base para hacer inferencias y predicciones, permitiendo a los científicos de datos discernir señales significativas en medio del ruido inherente a los grandes volúmenes de información.

La programación y la ingeniería informática son igualmente cruciales. Permiten el manejo y procesamiento de datos a una escala y velocidad que serían inimaginables sin el uso de computadoras y algoritmos avanzados. Las habilidades en programación son esenciales para implementar y ajustar modelos de aprendizaje automático y otras técnicas analíticas complejas.

Además, la ciencia de datos no opera en el vacío. Requiere un profundo conocimiento del dominio específico al que se aplica, ya sea negocios, salud, ciencias sociales o cualquier otro campo. Este conocimiento es vital para formular las preguntas correctas y para interpretar los resultados de los análisis de manera que sean relevantes y útiles en un contexto práctico.

Podríamos entonces definir "ciencia de datos" como una disciplina intrínsecamente interdisciplinaria, que combina técnicas y conocimientos de múltiples campos para extraer significado de los datos. Al hacerlo, no solo busca patrones o *insights*; busca comprender y revelar verdades ocultas en los datos.

En esencia, la ciencia de datos es un conjunto de disciplinas que buscan la verdad a través del análisis exhaustivo de los datos.

¿Cómo se llega a esto? Pasar de los datos a la verdad

Entrar en una definición de "verdad" nos llevaría a un viaje tremendo en pensamientos de distintos filósofos que buscan definirla en función de muchos argumentos, pero, para no extendernos tanto en este juego filosófico, me gustaría que nos centráramos solo en tres pensadores. Entender las perspectivas de Aristóteles, Descartes y Kant sobre la verdad nos ofrece un marco valioso para comprender la ciencia de datos.

Comenzamos con Aristóteles, quien en su obra *Metafísica*, define la verdad como la correspondencia entre el pensamiento y la realidad. Según Aristóteles, un enunciado es verdadero si refleja fielmente el estado de las cosas en el mundo. Esta idea de correspondencia es fundamental en la ciencia de datos: los modelos y análisis deben reflejar con precisión los datos y, por extensión, la realidad que estos datos representan. La ciencia de datos, en este sentido, es una continuación de la búsqueda aristotélica de la verdad a través de la observación y la lógica.

Descartes, por su parte, aporta una dimensión diferente a la comprensión de la verdad. En su famoso proceso de duda metódica, plantea que solo podemos estar seguros de aquello que percibimos clara y distintamente. Esta claridad y distinción se convierten en criterios de verdad. En la ciencia de datos, esto se traduce en la importancia de tener datos claros, precisos y sin ambigüedades. La precisión y la fiabilidad de los datos son cruciales, ya que los análisis y conclusiones dependen directamente de la calidad de estos datos.

Kant, en su *Crítica de la razón pura*, lleva la definición de verdad a un nivel más abstracto. Argumenta que la verdad es el resultado de la síntesis de las percepciones sensoriales con las categorías innatas de la mente. En otras palabras, la verdad no es solo lo que observamos, sino también cómo nuestro intelecto estructura y comprende estas observaciones. En la ciencia de datos, esto se refleja en la forma en que los datos brutos son transformados y analizados. No es solo la recolección de datos lo que importa, sino también cómo estos datos son interpretados y contextualizados a través de modelos y algoritmos.

La ciencia de datos, por lo tanto, se convierte en un campo donde estas tres perspectivas de la verdad se encuentran. Como en Aristóteles, busca una correspondencia con la realidad a través de datos precisos y representativos. Siguiendo a Descartes, enfatiza la claridad y precisión en la recopilación y análisis de datos. Y, al estilo de Kant, se ocupa de cómo estos datos son interpretados y comprendidos para revelar verdades más profundas.

En última instancia, la ciencia de datos se alinea con la definición kantiana de verdad como una síntesis de percepciones y entendimiento. En este campo, la verdad surge del análisis exhaustivo de los datos, donde la observación (los datos) se encuentra con la mente (modelos y algoritmos). La verdad en la ciencia de datos es, por lo tanto, una construcción dinámica, siempre en evolución a medida que se disponga de nuevos datos y se desarrollen mejores métodos de análisis.

En consecuencia, para todos los efectos prácticos que discutiremos más adelante utilizaremos la definición de Kant sobre la verdad: "La adecuación entre el conocimiento y su objeto".

Pirámide de la sabiduría

Una de las formas más didácticas para entender este proceso de adecuación entre el conocimiento y el objeto es explicarlo a través de la analogía con una pirámide.

Todo análisis consiste en dividir en partes lógicas un elemento para volverlo a rearmar en otro más grande que agrupa todos esos subconceptos; en este caso, descompondremos el concepto sabiduría en cuatro conceptos lógicos basales

El primer concepto basal es el denominado "los datos"; luego, sobre estos, pondremos la información, el conocimiento y, sobre esta última, la sabiduría, como se ve en la figura 1.1.

Los datos, si bien tendremos un capítulo más adelante donde nos explayaremos exhaustivamente en este concepto, partiremos pensando que son nuestra unidad basal para construir sabiduría, es nuestra unidad primigenia, que por sí solo no tiene ningún valor ni se puede explotar, pero en su conjunto y bajo metodología adecuada nos puede llenar de sabiduría. Los datos se pueden obtener desde muchas fuentes y prepararlos para el análisis, es lo que definiremos más adelante como ingeniería de datos, donde pondremos énfasis en muchos mas elementos. Por el momento, basta que nos demos cuenta de que el dato es nuestra unidad basal, nuestro ingrediente principal; sin esto, no podemos hacer nada en adelante.

Figura 1.1. Pirámide de la sabiduría (elaboración propia).

La **información** es un estado de los datos donde estos se relacionan según su contexto, adquiriendo significado y utilidad. Se trata de datos organizados o procesados que han adquirido relevancia y propósito. La información surge cuando los datos crudos son interpretados y contextualizados, lo que permite a los usuarios comprender las conexiones y las implicaciones de estos datos. Por ejemplo, en un conjunto de datos sobre el clima, los datos brutos pueden ser temperaturas y fechas, mientras que la información podría ser la identificación de un patrón de calentamiento a lo largo del tiempo. La información es, por lo tanto, el primer paso en la transformación de datos crudos en conocimientos prácticos.

El **conocimiento** se refiere a la comprensión, habilidades y experiencias que se derivan de la información. Es el resultado de la interpretación, análisis y síntesis de la información, llevando a una comprensión más profunda de los patrones, relaciones y principios subyacentes. El conocimiento no es solo un conjunto de hechos o respuestas; es la capacidad de utilizar la información de manera eficaz para formular hipótesis, resolver problemas y tomar decisiones. En el contexto de los datos sobre el clima, el conocimiento podría ser entender cómo las tendencias climáticas afectan los ecosistemas locales. El conocimiento es el punto en el que la información se internaliza y se convierte en una herramienta para la toma de decisiones y la acción.

La **sabiduría** es el nivel más alto en la jerarquía de datos a sabiduría. Es la capacidad de aplicar el conocimiento de manera prudente y ética. La sabiduría implica no solo tener conocimientos, sino también la perspicacia para saber cuándo y cómo aplicarlos en diversos contextos, considerando las consecuencias a largo plazo y el bienestar general. En el ámbito de la ciencia de datos, la sabiduría se manifiesta en la capacidad de utilizar el conocimiento de los datos para el bien común, balanceando innovación y responsabilidad ética. Por ejemplo, en el caso del clima, la sabiduría podría ser usar el conocimiento sobre el cambio climático para promover políticas sostenibles y éticas.

Esta estructura jerárquica se ajusta perfectamente con el método científico, ya que los datos y la información vendrían a ser las derivadas de las observaciones y formulaciones de hipótesis. Además, el resultado de la experimentación se transforma en conocimiento y sabiduría.

¿Cómo entonces llegamos de los datos a la verdad? Esta es una gran pregunta que responderemos en el siguiente apartado de este capítulo, pero, como seguramente ya estás infiriendo, hay que seguir una secuencia lógica: los datos primero debemos ordenarlos para darles contexto, luego con ese contexto los datos se transforman en información.

La información, al relacionarla o contrastarla con otras fuentes de información, permite la detección de patrones de conductas, las cuales finalmente, al verificarse, se transforman en sabiduría (verdad).

Proceso de obtención de sabiduría

En inteligencia de negocios (ya definiremos más adelante qué es inteligencia de negocios), utilizamos una variante de la pirámide descrita anteriormente para explicar los pasos necesarios para transformar los datos en sabiduría. Esta variante se presenta como un flujo horizontal o proceso de obtención de sabiduría en el cual se incorpora un elemento denominado *insight*, que no es otra cosa que la detección de patrones de comportamientos en los datos ya sea por correlación, conexión o agrupación regresiva. Este *insight* se ubica entre el conocimiento y la sabiduría, como podemos ver en el gráfico de la figura 1.2.

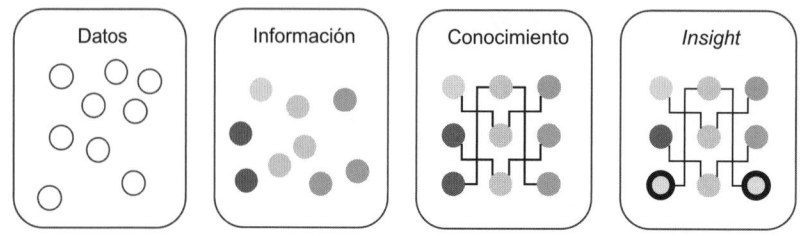

Figura 1.2. Proceso de obtención de sabiduría (elaboración propia).

En esta estructura horizontal que representa el proceso de construcción de la sabiduría, se muestra paso a paso cómo los datos son vitales para avanzar en las distintas etapas que van minimizando, en la práctica, el riesgo de equivocación en la toma de decisiones.

Al mirar la búsqueda de la verdad como un proceso, nos daremos cuenta de que a través de un flujo de trabajo horizontal pasamos por las distintas etapas del dato hasta la sabiduría, obteniendo resultados cuantificables que nos permiten ir dándole un uso escalable a los distintos niveles de toma de decisiones al interior de la organización:

- **Paso 1. Captura y almacenamiento:** Cuando obtenemos o capturamos datos, estos deben ser almacenados en algún lugar donde podamos acceder a ellos para contextualizarlos y ordenarlos, como se observa en la imagen anterior, "darles color" y un orden preliminar. Por ejemplo, una empresa de comercio electrónico recopila datos de transacciones de clientes. Estos datos se almacenan en una base de datos para su posterior análisis. Este es el primer paso para "dar color" y un orden preliminar a los datos crudos.

- **Paso 2. Contextualizar:** La elaboración de informes al interior de las organizaciones, ya sea de forma extraordinaria o como parte de las tareas rutinarias de cualquier profesional en el ejercicio de sus funciones, es la segunda etapa en este proceso. Podemos entonces afirmar que la elaboración de informes no es otra cosa que la tarea de contextualización de los datos. Por ejemplo, un informe de ventas mensuales que organiza los datos de transacciones por productos, regiones y periodos, proporcionando una visión clara y contextualizada del rendimiento de ventas.

- **Paso 3. Relacionar:** Cuando distintas fuentes de información se relacionan o contrastan se obtiene conocimiento, es decir, ya entendemos lógicamente qué comportamientos se relacionan entre sí y, en el mejor de los casos, cuánta de esta información influye o tiene peso sobre otra. Por ejemplo, al relacionar los datos de ventas con campañas de marketing, una empresa puede entender qué promociones impulsaron más ventas y cuáles no tuvieron un impacto significativo, estableciendo relaciones lógicas entre acciones de marketing y comportamientos de compra.

- **Paso 4. Detectar patrones:** Cuando tenemos conocimiento, tenemos elementos de correlación e influencia, por lo que podemos a través de algunos modelos matemáticos atrevernos a predecir algunos comportamientos, ya que sus patrones son consistentes. Por ejemplo, una cadena de supermercados podría predecir qué productos tendrán más demanda según la estación del año, basándose en patrones de compra anteriores.

- **Paso 5. Responder el por qué:** Teniendo muy claro el patrón del comportamiento y cuánto estos patrones influyen sobre otros y hasta qué límites estos pueden ser predichos, somos capaces de responder a la pregunta "¿por qué?" y establecer con un alto nivel de certeza comportamientos futuros dada una condición conocida. Por ejemplo, si sabemos que las ventas de paraguas aumentan cuando se pronostican lluvias, podemos predecir un aumento en la demanda de paraguas con un alto nivel de certeza si se pronostica mal tiempo, entendiendo así la relación entre el clima y las tendencias de compra.

Tomar decisiones solo con un dato, es de alto riesgo, decidir con información es menos arriesgado pero no es suficiente, decidir con sabiduría deja el riesgo de equivocación en su mínima probabilidad.

La importancia de los patrones en la toma de decisiones basada en datos

La determinación de patrones es la causa por la cual existe el análisis de datos. A los participantes de los cursos que me ha tocado dictar, les explico que, en los inicios de la humanidad, y citando a algunos autores como Yual Noah Harari, cuando no existía la agricultura, sino que más bien éramos cazadores y recolectores, nos organizábamos en sociedades tribales, en las cuales los hechiceros, chamanes o sacerdotes cumplían un rol fundamental dentro de la tribu, ya que su principal habilidad consistía en determinar, aprender y transmitir conocimiento, principalmente asociado a patrones.

Por ejemplo, ellos sabían que, dada una condición meteorológica, llegaba la primavera y se podía cazar y recolectar; que, cuando era otoño, había que guardar para el invierno durante el cual nunca se podía ir a la guerra. Había, además, un montón de otros fenómenos para los cuales existía un patrón y una decisión, quizás la causa de estos no se conocía y se le atribuía a la intervención de algún miembro del panteón de dioses. Es lo más probable.

En el mundo moderno, la importancia de identificar y entender los patrones no ha disminuido; de hecho, se ha vuelto más crítica debido a la complejidad y la cantidad de datos que generamos. Cada acción que realizamos, cada decisión que tomamos deja una huella digital que, cuando se analiza en conjunto, revela patrones de comportamiento, tendencias y correlaciones. Estos patrones son esenciales para la toma de decisiones en una amplia gama de campos, desde negocios hasta ciencia y tecnología.

En el ámbito empresarial, por ejemplo, el análisis de patrones de compra de los consumidores puede revelar qué productos son más populares, en qué momentos y en qué regiones. Estos *insights* permiten a las empresas ajustar sus estrategias de inventario, marketing y desarrollo de productos. Del mismo modo, en el sector de la salud, el análisis de patrones en los datos de los pacientes puede llevar a diagnósticos más precisos y a tratamientos personalizados, mejorando significativamente los resultados de salud.

Sin embargo, identificar patrones no es suficiente. La verdadera habilidad reside en interpretar estos patrones y aplicar este entendimiento de manera efectiva. En la ciencia de datos, esto implica no solo reconocer un patrón, sino también entender su significado y las posibles causas subyacentes. Esto a menudo requiere una combinación de análisis estadístico, aprendizaje automático y experiencia en el dominio específico. Por ejemplo, en la gestión de riesgos financieros, los patrones en los datos de mercado pueden indicar una próxima crisis económica. Sin embargo, interpretar estos patrones para tomar decisiones de inversión prudentes requiere un entendimiento profundo de los factores económicos, políticos y sociales que influyen en los mercados.

Además, la habilidad para anticipar futuros patrones basándose en datos históricos y tendencias actuales es invaluable. Esto se aplica no solo en la previsión de tendencias del mercado o de la demanda del consumidor, sino también en la predicción de eventos como el cambio climático o la propagación de enfermedades. Por ejemplo, los modelos climáticos utilizan patrones históricos de temperatura y precipitación para predecir cambios futuros en el clima, lo que es crucial para la planificación a largo plazo en agricultura, gestión de recursos hídricos y políticas de mitigación del cambio climático.

La habilidad para identificar, interpretar y aplicar patrones extraídos de los datos es fundamental en nuestra búsqueda continua de conocimiento y sabiduría. Al igual que los chamanes y hechiceros de las sociedades antiguas, los científicos de datos de hoy desempeñan un papel crucial en la guía de nuestras decisiones, utilizando patrones para iluminar el camino hacia un futuro más informado y preparado.

La transformación digital

Mucho se escucha y se lee en la actualidad sobre las organizaciones que han iniciado un proceso de transformación digital, y por supuesto que las expectativas procesos y resultados son bastante impactantes; sin embargo, ¿nos hemos preguntado en qué nos tenemos que transformar?

Un proceso de transformación en esencia es la transmutación de un estado hacia otro. En la antigua alquimia se consideraba que bajo la influencia de la piedra filosofal cualquier elemento se podría transformar en oro, pero, en esta época donde la alquimia parece ser un lindo recuerdo de nuestro pasado protocientífico, cabe hacerse la pregunta ¿en qué nos tenemos que transformar?

La respuesta más aceptada a esta pregunta es "transformarnos en organizaciones *data driven*", es decir, organizaciones que basan su estrategia, su táctica y su toma de decisiones en datos. Organizaciones donde la explotación de la *data* y los *insights* que se obtienen desde ella son el combustible de toda su maquinaria estratégica y operativa.

Un gran ejemplo de una empresa *data driven* es NotCo, una compañía chilena que nace y crece gracias a su algoritmo de inteligencia artificial llamado Giuseppe, y que, aparte de tener el corazón de su negocio de creación, fabricación y distribución de alimentos basados en plantas (vegetales), ha levantado bajo su estrategia fundada en datos millones de dólares en capital de inversión adjudicándose el título de "unicornio" en el círculo de *startups* chilenas.

Otra compañía muy destacada por ser *data driven* es MercadoLibre, que partió como una organización de vocación digital al ofrecer un portal de comercio entre personas (P2P), que, al poco de empezar y gracias al análisis exhaustivo de sus datos y del comportamiento de sus clientes, ha cambiado su negocio al de conectar pequeñas empresas con sus clientes (B2P), montando centros de distribución físicos y con una alta vocación a resolver el problema de la "última milla" en la entrega final. Claramente, estos cambios de estrategias y posicionamiento en el mercado no obedecen primariamente al "instinto" de su directorio, sino que obedecen al estudio y acción estratégica basada en el análisis de sus datos.

Muchas más son las compañías *data driven* tanto en el mercado europeo como americano y no pretendo ahondar en ellas, puesto que ya mucha literatura asociada al tema se publica constantemente. Solo las he nombrado con el propósito de que el lector de este libro genere la inquietud de investigar y estudiar por su cuenta cómo estas estrategias basadas en datos han dado éxito en los últimos años.

En definitiva, transformarnos en una organización *data driven* es el propósito de la transformación digital, dejar de ser una organización tradicional que basa su estrategia y negocio en los instintos y experiencia de sus directivos a transformarse en organizaciones que basan su estrategia y decisiones en datos y luego, nutridos de la experiencia e instintos de sus directivos, dominan el mercado cada vez más competitivo.

Propósito de la transformación digital

La transformación digital representa una reestructuración fundamental en la forma en que las organizaciones utilizan la tecnología, las personas y los procesos para cambiar radicalmente el rendimiento del negocio. A lo largo de los años, ha evolucionado de ser simplemente una tendencia a convertirse en una necesidad crítica para la supervivencia y el éxito en el competitivo mundo empresarial actual. Esta transformación no trata solo de adoptar tecnologías digitales, sino también de replantear operaciones, estrategias y la cultura organizacional.

El propósito de la transformación digital va más allá de la simple adopción de tecnologías digitales; es un cambio profundo y estratégico que afecta todas las áreas de una organización. Por lo general una estrategia de transformación digital se sostiene en el cumplimiento de los siguientes objetivos específicos:

1. **Mejorar la eficiencia y productividad:** La transformación digital permite a las organizaciones automatizar procesos y operaciones, reduciendo el tiempo y los recursos necesarios para realizar tareas rutinarias. Esto lleva a una mayor eficiencia operativa y productividad, liberando a los empleados para que se enfoquen en actividades de mayor valor.

2. **Facilitar la toma de decisiones basada en datos:** Uno de los objetivos clave es proporcionar a las empresas las herramientas para recopilar, analizar y utilizar datos de manera efectiva. Esto permite una toma de decisiones basada en datos, lo que resulta en estrategias más informadas y precisas.

3. **Mejorar la experiencia del cliente:** La transformación digital también se centra en mejorar la experiencia del cliente. Al utilizar tecnologías como el análisis de datos, la IA y las plataformas digitales, las empresas pueden ofrecer servicios personalizados, interacciones más eficientes y una mejor comprensión de las necesidades y preferencias de los clientes.

4. **Fomentar la innovación y desarrollar nuevos modelos de negocio:** La adopción de tecnologías emergentes abre nuevas oportunidades para la innovación. Las empresas pueden desarrollar nuevos productos y servicios o incluso crear modelos de negocio completamente nuevos que no eran posibles antes de la era digital.

5. **Aumentar la agilidad y flexibilidad organizacional:** La transformación digital hace que las organizaciones sean más ágiles y adaptables. La capacidad de responder rápidamente a los cambios del mercado, ajustar las estrategias de negocio y adoptar nuevas tecnologías es crucial en un entorno empresarial en constante cambio.

6. **Expandir el alcance del mercado y la competitividad:** La digitalización abre nuevas vías para llegar a los clientes, tanto local como globalmente. Esto permite a las empresas expandir su alcance de mercado y aumentar su competitividad.

7. **Asegurar la sostenibilidad a largo plazo:** En un mundo cada vez más digital, la transformación digital es esencial para la sostenibilidad a largo plazo. Las empresas que no adopten la digitalización corren el riesgo de quedarse atrás frente a competidores más innovadores y adaptativos.

8. **Mejorar la seguridad y el cumplimiento:** Finalmente, la transformación digital también implica mejorar la seguridad de los datos y el cumplimiento normativo. En una era donde los datos se han convertido en un activo crítico, protegerlos es fundamental para la confianza del cliente y la integridad de la empresa.

Elementos de la transformación digital

Emprender una estrategia de transformación digital es equivalente a enfrentar el desafío de construir un edificio sostenido en tres grandes pilares: tecnología, gobierno y cultura organizacional, como se resume en la figura 1.3.

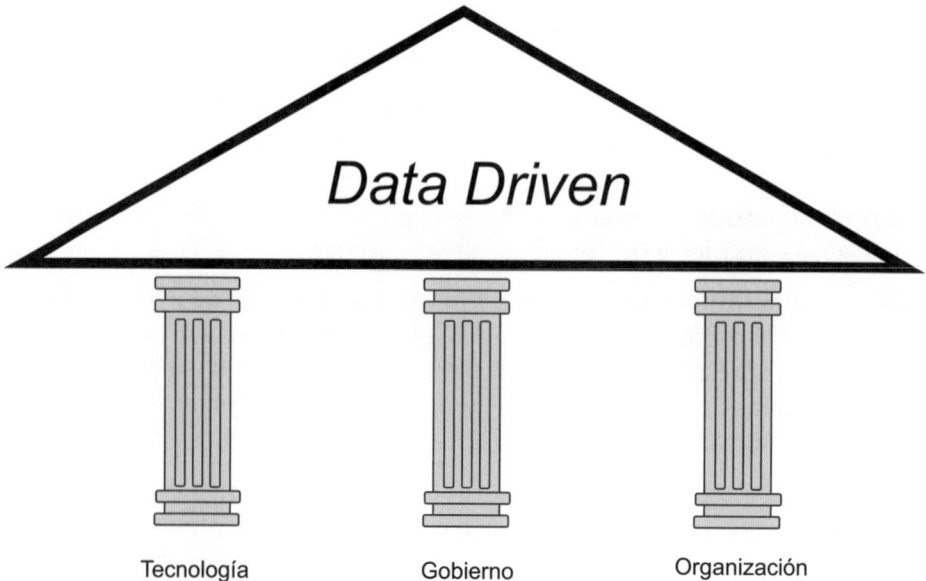

Figura 1.3. Pilares de estrategia de transformación digital.

Tecnología

El pilar tecnológico en la transformación digital abarca mucho más que la simple adopción de nuevas herramientas; implica una reconfiguración profunda de la infraestructura tecnológica y los procesos de una organización. Al principio de este capítulo, hablamos sobre la captura de datos y la obtención de sabiduría, y es aquí donde el componente tecnológico juega un papel fundamental. La infraestructura tecnológica en la que se apoya la transformación digital es diversa y avanzada, incorporando elementos tanto *on-premise* como en la nube, soluciones móviles, el Internet de las cosas (IoT), la inteligencia artificial y el Big Data. Estas tecnologías no solo habilitan a las organizaciones para procesar grandes volúmenes de datos, sino que también abren caminos para obtener *insights* valiosos y para la automatización de procesos, lo que es crucial en el panorama actual de negocios.

La integración efectiva de la tecnología en los procesos existentes es un aspecto clave para el éxito de la transformación digital. No se trata solo de implementar nuevas herramientas, sino de garantizar que estas se complementen y funcionen armoniosamente con los sistemas y herramientas ya en uso. Esta compatibilidad es esencial para una transición suave hacia las nuevas tecnologías y para evitar que las inversiones previas en tecnología se vuelvan obsoletas. La planificación cuidadosa y la consideración de cómo cada componente tecnológico se integra en el ecosistema existente es fundamental para maximizar el impacto y la eficiencia de la transformación digital.

Un aspecto crucial del componente tecnológico es su naturaleza dinámica. La tecnología, especialmente en el contexto de la transformación digital, no es estática. Requiere una actualización y adaptación constante para mantenerse al día con los avances tecnológicos y las tendencias emergentes. Esto implica no solo la implementación de nuevas tecnologías a medida que se desarrollan, sino también la reevaluación y actualización de las tecnologías existentes. El mundo digital está en constante evolución, y las organizaciones deben ser igualmente dinámicas para mantenerse competitivas y relevantes. Por consiguiente, se debe considerar que toda herramienta que se implemente sea compatible con los procesos generales de CI/CD con el objeto de fomentar una cultura de integración y desarrollo continuo dentro de la organización. Esto significa no solo adoptar nuevas tecnologías a medida que surgen, sino también cultivar una mentalidad donde la innovación y la mejora continua son la norma. Este enfoque asegura que la organización no solo se mantenga actualizada con las últimas tecnologías, sino que también esté preparada para adaptarse rápidamente a los cambios futuros.

El pilar tecnológico de la transformación digital es multifacético y dinámico. Va más allá de la simple adopción de nuevas herramientas y abarca la integración, actualización y adaptación continua de la infraestructura tecnológica para satisfacer las necesidades cambiantes de la organización y del mercado. Al abrazar este enfoque holístico y proactivo hacia la tecnología, las organizaciones pueden aprovechar al máximo las oportunidades que ofrece la transformación digital, posicionándose no solo para el éxito actual, sino también para la adaptabilidad y el crecimiento a largo plazo.

Gobierno de datos

Es una pieza clave en la transformación digital de cualquier organización. Proporciona el marco necesario para asegurar que los datos sean precisos, seguros y utilizados de manera efectiva para impulsar decisiones empresariales inteligentes. Al invertir en un gobierno de datos sólido, las organizaciones no solo protegen su activo más valioso, sino que también se posicionan para aprovechar al máximo el poder de sus datos en la era digital. En el contexto de la transformación digital, es un aspecto que va más allá de la simple gestión de la información. Representa un marco integral que define quién puede tomar qué acciones, con qué datos, en qué situaciones y utilizando qué métodos. Este enfoque no solo garantiza la calidad y seguridad de los datos, sino que también asegura que se utilicen de manera efectiva y responsable para apoyar las decisiones empresariales.

En el núcleo del gobierno de datos, se encuentra la estrategia y el liderazgo. La implementación efectiva de un gobierno de datos requiere un liderazgo fuerte y una visión clara. Esto incluye la definición de políticas, el establecimiento de estándares y la creación de procesos que aseguren el uso adecuado de los datos dentro de la organización. Un liderazgo efectivo en el gobierno de datos también implica la asignación de responsabilidades y la definición de roles claros para la gestión y el uso de los datos, asegurando que haya un entendimiento común y un enfoque coherente en toda la organización.

El componente vital del gobierno de datos y generalmente el que tiene que ser uno de los imprescindibles es la seguridad y el cumplimiento. En un mundo donde los datos se han convertido en uno de los activos más valiosos de una organización, proteger estos datos es crucial. El gobierno de datos establece las políticas y procedimientos necesarios para proteger los datos contra accesos no autorizados y brechas de seguridad. Además, garantiza que el manejo de los datos cumpla con las leyes y regulaciones pertinentes, lo que es especialmente importante en sectores altamente regulados como la banca y la salud. Tanta es la importancia que buenas políticas de ciberseguridad incluso pueden definir el tipo de infraestructura tecnológica que se debe implementar en la organización para el cumplimiento de los objetivos estratégicos.

La medición y el análisis del rendimiento son también aspectos fundamentales del gobierno de datos. Para evaluar la efectividad de las políticas y prácticas de gobierno de datos, es esencial establecer métricas y KPIs claros. Estas métricas ayudan a monitorear la calidad de los datos, la eficiencia de los procesos de datos y el cumplimiento de las políticas de gobierno de datos. A través de un monitoreo y análisis continuo, las organizaciones pueden ajustar sus estrategias de gobierno de datos para mejorar continuamente su eficacia.

Por último, el gobierno de datos juega un papel crucial en la democratización de los datos dentro de una organización. Al establecer un marco claro para el acceso y uso de los datos, se asegura que los empleados en todos los niveles de la organización tengan acceso a la información que necesitan para tomar decisiones informadas. Esto no solo mejora la toma de decisiones en toda la organización, sino que también fomenta una cultura de transparencia y responsabilidad.

Cultura organizacional

La cultura organizacional es el pilar que a menudo determina el éxito o el fracaso de estas iniciativas de transformación digital. No se trata simplemente de adoptar nuevas tecnologías, sino de fomentar un ambiente donde la innovación, la adaptabilidad y la colaboración sean parte integral de la identidad corporativa.

En el corazón de una cultura organizacional orientada a la transformación digital está la mentalidad de cambio y adaptabilidad. Las organizaciones deben cultivar una cultura que no solo acepte el cambio, sino que lo busque activamente. Esto significa alentar a los colaboradores y miembros de los equipos a experimentar, aprender de los errores y estar abiertos a nuevas formas de trabajar. Una cultura que fomenta la adaptabilidad permite a la organización responder rápidamente a las oportunidades y desafíos que presenta el entorno digital en constante cambio.

La colaboración y la comunicación efectiva son también fundamentales en la cultura organizacional digital. La transformación digital a menudo requiere que diferentes departamentos y equipos trabajen juntos de formas nuevas y más integradas. Romper los silos departamentales y fomentar un entorno de trabajo colaborativo y abierto es esencial para aprovechar al máximo las tecnologías y estrategias digitales. La colaboración no solo mejora la innovación y la creatividad, sino que también asegura que los esfuerzos de transformación digital estén alineados con los objetivos y necesidades globales de la organización.

Otro aspecto clave es el empoderamiento y la capacitación de los empleados. Para que la transformación digital sea efectiva, los empleados deben tener las habilidades y herramientas necesarias para trabajar en un entorno digital. Esto implica no solo proporcionar la formación técnica necesaria, sino también fomentar una cultura de aprendizaje continuo donde los empleados se sientan motivados para desarrollar sus habilidades y conocimientos. Al invertir en el desarrollo de sus empleados, las organizaciones no solo mejoran su capacidad para adoptar nuevas tecnologías, sino que también fomentan el sentido de pertenencia a la organización y un incremento en su percepción personal de valor.

Además, la cultura organizacional debe ser resiliente y flexible. En un mundo digital, los cambios ocurren rápidamente y las organizaciones deben ser capaces de adaptarse con la misma rapidez.

Implementar este pilar en una estrategia o proyecto de transformación digital suele ser uno de los desafíos más impactantes y que usualmente marcan el éxito o el fracaso de un proyecto de transformación digital, se puede implementar tecnología punta, gobierno de lujo y con cumplimiento total normativo, pero, si no hay un cambio de cultura organizacional, todo lo anterior no trabajará en su máximo potencial.

Desafíos y estrategias de implementación

Como podríamos empezar a deducir, los principales desafíos de toda estrategia de transformación digital se encuentran en cada uno de los tres pilares con los cuales debemos enfrentarnos en cada proceso. Cada pilar tiene sus características propias y dentro de cada organización representa una mirada desafiante y diferente. Una frase bastante usada en el mundo de la consultoría es *"one size doesn't fit all"* o, en español, "la misma talla no le calza a todos", por cuanto, si bien voy a listar algunos desafíos comunes al momento de enfrentar una estrategia de transformación digital, hay que tener en cuenta que dependiendo de la organización estos pueden aumentar o disminuir o fusionarse:

1. **Resistencia al cambio:** La resistencia al cambio es quizás uno de los mayores desafíos en la transformación digital. Los colaboradores pueden temer que la nueva tecnología los reemplace o que no estén a la altura de las nuevas demandas. Esta resistencia puede frenar o incluso sabotear los esfuerzos de transformación.

2. **Integración de tecnologías:** Integrar nuevas tecnologías con sistemas heredados puede ser complicado. La compatibilidad y la interoperabilidad son desafíos significativos, especialmente en organizaciones con infraestructuras tecnológicas anticuadas o complejas.

3. **Seguridad de los datos y privacidad:** A medida que las empresas recopilan y utilizan más datos, la protección de la información se vuelve crítica. Los riesgos de seguridad y las preocupaciones sobre la privacidad de los datos son desafíos importantes que deben abordarse.

4. **Brecha de habilidades:** La transformación digital requiere un conjunto de habilidades que no todos los colaboradores pueden poseer. La falta de habilidades digitales y la dificultad para contratar talento calificado pueden retrasar el proceso.

5. **Gestión del cambio:** La gestión del cambio en la cultura organizacional y los procesos de negocio es un desafío considerable. Requiere una comunicación efectiva, liderazgo y un enfoque claro en los objetivos a largo plazo.

Cada uno de estos desafíos, unidos a los que identifiquemos en los procesos diagnósticos, derivarán en una serie de estrategias de transformación digital que pueden incluir diversos hitos.

Como este no es un libro de transformación digital, solo me remitiré a nombrar algunos hitos con los cuales las estrategias de transformación digital se elaboran y miden en consecuencia sus resultados de éxito o fracaso. Hay que dejar claro que ninguna de las estrategias que enunciaré a continuación tiene éxito si no existe el apoyo y compromiso de la alta dirección de la organización. Los líderes deben ser los principales campeones del cambio, proporcionando dirección, recursos y apoyo continuo a lo largo del proceso:

- **Estrategia de adopción parcelada y pruebas continuas:** Implementar cambios en fases puede ser más efectivo que una transformación completa de una vez. Esto permite ajustar y optimizar procesos a medida que avanzan. Además, las pruebas exhaustivas antes del lanzamiento completo pueden ayudar a identificar y mitigar problemas potenciales. A través de iniciativas tecnológicas parceladas se pueden ir implementando el resto de los elementos de los pilares de la transformación digital hasta abarcar la totalidad de la organización.

- **Estrategia de promoción de cultura de cambios:** Crear una cultura que acepte y abrace el cambio es crucial. Esto puede lograrse mediante la comunicación transparente de los beneficios de la transformación digital y la implicación de los colaboradores en el proceso. La capacitación y el desarrollo continuo también ayudan a aliviar los temores y resistencias. Una estrategia basada en el desarrollo de habilidades y capacitación de los colaboradores asegura que estén equipados para manejar las nuevas tecnologías. También se puede promover que desde estas iniciativas de capacitación nazcan las iniciativas de implementación tecnológica y, en consecuencia, trabajar los tres pilares de la transformación digital.

- **Estrategia de gestión efectiva de datos:** Esta estrategia tiene un gran componente mandatorio y se considera una estrategia agresiva en algunas organizaciones y altamente efectiva en otras que ya se encuentren altamente jerarquizadas. Se parte por implementar políticas sólidas de seguridad y privacidad de datos en todos los sistemas, y desde esa premisa se abarcan los elementos de infraestructura y gestión organizacional.

Independientemente de cuál estrategia se adopte, es crucial monitorear continuamente el progreso y estar listo para adaptarse a los nuevos desafíos y oportunidades. La flexibilidad y la disposición para ajustar la estrategia según sea necesario son esenciales para el éxito a largo plazo.

Futuro de la transformación digital

Según Gartner,[1] una consultora de gran prestigio internacional y que a menudo publica estudios bastante acabados en cuanto a tendencias y tecnología, las 10 principales tendencias tecnológicas para el año 2024 son las siguientes:

1. **La IA como socio:** Gestión de la confianza, el riesgo y la seguridad de la IA (AI TRiSM).

2. **Protección de la seguridad:** Gestión continua de la exposición a amenazas (CTEM).

3. **Protección del futuro:** Tecnología sostenible.

4. **Autoservicio impulsado por desarrolladores:** Ingeniería de plataformas.

5. **Creación acelerada:** Desarrollo asistido por IA.

6. **Adaptación del trabajo a medida:** Plataformas industriales en la nube.

---

1. https://emt.gartnerweb.com/ngw/globalassets/intl-es/information-technology/documents/las-principales-tendencias-tecnologicas-estrategicas-de-gartner-para-2024-ebook-es.pdf.

7. **Optimización de la toma de decisiones:** Aplicaciones inteligentes.

8. **Poder y responsabilidad:** IA generativa democratizada.

9. **Impulso a los pioneros:** Fuerza de trabajo conectada aumentada.

10. **Compradores automatizados:** Clientes máquina.

Cabe entonces deducir que las organizaciones que iniciarán un proceso de transformación digital deberán estar al tanto de estas tendencias y muchas de ellas incluso abrazarán estos procesos como su estrategia y objetivo inicial en el lindo camino de la transformación digital. Si nos podemos dar cuenta, gran parte de estas tendencias tienen mucho que ver con inteligencia artificial, automatización y sostenibilidad.

En síntesis, el futuro de la transformación digital promete ser un paisaje en constante evolución, marcado por innovaciones tecnológicas rápidas y cambios significativos en la forma en que las organizaciones operan y se relacionan con sus clientes, proveedores, colaboradores y el ecosistema al cual pertenece. Al mirar hacia el futuro, podemos anticipar varios desarrollos clave:

- **Integración más profunda de la IA y el aprendizaje automático:** La inteligencia artificial y el aprendizaje automático seguirán siendo una fuerza motriz en la transformación digital. Estas tecnologías se integrarán más profundamente en los procesos empresariales, proporcionando automatización avanzada, *insights* más profundos y personalización mejorada en la interacción con el cliente.

- **Adopción generalizada del Internet de las cosas (IoT):** El IoT continuará expandiéndose, conectando una gama aún más amplia de dispositivos y creando oportunidades para recopilar datos en tiempo real. Esto permitirá a las organizaciones optimizar operaciones, mejorar la experiencia del cliente y ofrecer nuevos servicios.

- **Ciberseguridad como prioridad principal:** A medida que las organizaciones dependen más de las soluciones digitales, la seguridad de los datos y la infraestructura se convertirá en una preocupación aún más crítica. Veremos avances significativos en tecnologías de seguridad cibernética y una mayor inversión en proteger activos digitales.

- **Mayor enfoque en la sostenibilidad:** La transformación digital también jugará un papel crucial en la promoción de la sostenibilidad. La tecnología digital será clave para desarrollar soluciones más eficientes en energía y reducir la huella de carbono, tanto en procesos de producción como en la gestión de recursos.

- **Trabajo híbrido y colaboración digital:** Las formas de trabajar continuarán evolucionando hacia modelos más híbridos y flexibles. Las herramientas de colaboración digital se volverán aún más sofisticadas, permitiendo una integración sin fisuras del trabajo presencial y remoto.

- **Personalización y experiencia del cliente:** La personalización en la experiencia del cliente alcanzará nuevos niveles gracias a los datos y al análisis avanzado. Las empresas podrán anticipar las necesidades de los clientes y ofrecer soluciones personalizadas en tiempo real.

- **Democratización de la tecnología:** La tecnología se volverá más accesible para las empresas de todos los tamaños, democratizando el acceso a herramientas avanzadas y permitiendo a las pequeñas y medianas empresas competir más eficazmente.

En conclusión, el futuro de la transformación digital es prometedor y desafiante. Organizaciones de muy larga antigüedad e incluso las que están empezando hoy deben adaptarse rápidamente al manejo de las tendencias y adoptar una constante revisión y adecuación de la estrategia empresarial que las orienta. Cuando estas organizaciones logren adoptar nuevas tecnologías y centrarse en la innovación, estarán bien posicionadas para tener éxito en este futuro dinámico y tecnológicamente avanzado.

Roles en la ciencia de datos

Roles en la ciencia de datos

Ya definimos anteriormente en el capítulo 1 qué es la ciencia de datos, sus objetivos y cómo se relaciona muchísimo con la transformación digital. En este capítulo, haremos un recorrido general por todos los roles actualmente demandados desde la perspectiva de la ciencia de datos y ampliaremos un poco el espectro hacia algunos roles que también tienen mucha relación con la ciencia de los datos, pero que no necesariamente son parte de este conjunto de disciplinas.

Sin embargo, estamos obligados a trabajar directamente con ellos puesto que en una organización flexible, ya sea de cara a la implementación de un proyecto o de cara al ejercicio de una función permanente, la interacción y el trabajo en equipo son vitales para el logro de los objetivos.

Para nuestro asombro, muchos de los roles que nombraremos a lo largo de estas páginas no necesariamente están ejercidos en la actualidad por profesionales de formación universitaria de escuelas asociadas a la informática, sistemas o estadísticas, sino que, para sorpresa de muchos lectores (y mía también), dichas funciones son ejercidas por profesionales y expertos de las más distintas áreas del saber: historiadores del arte, contables, diseñadores gráficos, médicos, odontólogos, físicos y astrofísicos, ingenieros industriales, deportistas, artistas visuales y comunicadores, por nombrar algunos que he conocido en mi carrera que son parte de esa experimentada capacidad de ejercicio.

Esta diversidad de carreras de origen hace que las miradas hacia la ejecución de proyectos de implementación o ejecución de estas tareas sean muy ricas en ideas, innovación y adopción a lo largo de las organizaciones. Sin duda, podemos afirmar que, gracias a esta diversidad de carreras de origen, el avance en el desarrollo de la ciencia de datos ha tenido un crecimiento exponencial y demanda la continuidad del aprendizaje de todos estos profesionales.

Para armar una buena estrategia, es necesario conocer muy bien nuestras piezas y cuáles son sus características y limitaciones. Seguramente esta frase utilizada por muchísimos jugadores de ajedrez adquiere bastante sentido cuando se trata de un relato de cara a un tablero, aunque también me atrevo a utilizarla en este capítulo puesto que un profesional que se encuentra en sus primeros pasos en la analítica debe conocer cuáles son estos roles para desarrollar su propia estrategia de aprendizaje e incluso decidir si los caminos de aprendizaje que actualmente se encuentran presentes principalmente de cara a la autoformación son los que necesita seguir o eventualmente debería tomar otras rutas de aprendizaje.

Los roles que a continuación describiremos los agruparemos en los siguientes grupos:

- Roles y profesionales en la ciencia de datos.
- Roles en gobierno de datos.
- Roles en ejecución y seguimiento de proyectos.
- Roles en desarrollo de software.

Roles y profesionales en la ciencia de datos

En los años 80, cuando era un niño, escuché en un cortometraje de la casa de animación Walt Disney una frase atribuida a Galileo Galilei: "Las matemáticas son el lenguaje en el que Dios escribió el universo". Al cabo de unos años, descubrí que dicha frase fue adaptada artísticamente de la original que versa: "Las leyes de la naturaleza están escritas en el lenguaje de las matemáticas... los símbolos son triángulos, círculos y otras figuras geométricas, sin cuya ayuda es imposible comprender una sola palabra".

Cuando hablamos del propósito filosófico de la búsqueda de la verdad a través de los datos inevitablemente debemos ser capaces de entender la naturaleza de los mismos datos. En un simple ejercicio lógico, podríamos postular que todos los datos se pueden interpretar a través de su comportamiento y todo comportamiento obedece a patrones de conducta. Sin dudarlo, podemos afirmar que las matemáticas están presentes en la ciencia de datos y, ya que definimos que el objetivo de la ciencia de datos es la búsqueda de la verdad, podemos inferir entonces que la verdad, al parecer, está escrita matemáticamente.

¿No me crees? Bueno, hagamos un pequeño listado de algunas cosas que han podido realizar estos profesionales de la ciencia de datos:

- Han descubierto y descrito mundos completos a través de la teoría de conjuntos.
- Han podido, gracias a Bayes, entender qué sucede cuando una variable depende de otra.
- Han podido desarrollar algoritmos de predicción de comportamientos con teoría de juegos.
- Han encontrado, en el hermoso camino de la detección de patrones, las respuestas a sus preguntas de negocios.

- Han justificado la armonía de los trazos y proporciones con progresiones matemáticas como la de Fibonacci y aplicar dichas proporciones a herramientas de inteligencia artificial para hacer más fácil la vida de las personas.

Por lo tanto, dominar las matemáticas para entender y desentrañar esos patrones de conducta son una habilidad especial para todos quienes desempeñen los roles que describiremos a continuación.

Sin más preámbulo ni reflexiones, los principales roles que actualmente el mercado laboral demanda para trabajar en organizaciones que utilizan activamente la ciencia de datos como un área dentro de su estructura organizativa son los siguientes:

- Arquitectos de datos.

- Ingenieros de datos.

- Analistas de negocios.

- Analistas avanzados o científicos de datos.

Arquitectos de datos

Los arquitectos de datos son los directores de orquesta en el mundo de la analítica de datos. Su función es similar a la de un arquitecto en la construcción: debe diseñar, planificar y supervisar la infraestructura en la que se almacenarán, se accederán y se gestionarán los datos para transformarlos en productos analíticos explotables por cualquier elemento al interior de la organización e incluso fuera de ella.

Es el responsable de definir los elementos de infraestructura analítica y cómo estos elementos se correlacionan, debe validar que sus diseños no tengan brechas de seguridad o riesgos de pérdidas de información, debe definir los estándares de procesamiento y almacenamiento de datos al interior de la organización, asegurando que estos sean coherentes, de alta calidad y que sean usables por cualquier otro rol que participa en los procesos de analítica.

El arquitecto de datos juega un rol vital en la definición de cómo una organización utiliza sus datos para tomar decisiones, impulsar la eficiencia y fomentar la innovación. Su labor es esencial para garantizar que los datos sean un activo valioso y estratégico en cualquier organización.

Parece que el arquitecto de datos tiene un rol muy operativo; sin embargo, su mirada debe ser altamente estratégica, por ejemplo: adoptar una nube pública o una nube privada conlleva la ejecución presupuestaria de varios trimestres, en consecuencia, sus decisiones repercuten directamente en el estado de resultados de la organización. Su mirada estratégica debe constantemente ser alimentada por una adquisición continua de nuevos conocimientos, y la participación dentro de la planificación estratégica organizativa. El arquitecto de datos debe ser capaz de traducir el negocio a tecnología de forma oportuna para aprovechar al máximo el coste de oportunidad presente en cada decisión.

Por ejemplo, si nuestra organización está considerando estratégico monitorear en tiempo real las compras de los clientes en todos los puntos de venta de una tienda para identificar anomalías y prevenir eventuales fraudes, el arquitecto de datos debe ser capaz de proponer una solución que cumpla con ese requerimiento y que el coste de implementación y ejecución sea inferior al beneficio de implementar dicha solución. En otras palabras, si mensualmente nuestra organización está perdiendo por fraude en caja 1.500 euros, la solución que implemente el arquitecto debe costar menos que esos 1.500 euros para que el beneficio neto de dicha acción de prevención de fraudes sea un reflejo real en el estado de resultados.

Entre sus tareas, es el responsable de liderar todas las pruebas de concepto tecnológicas que se decidan llevar a cabo al interior de la organización para los fines y usuarios estratégicos definidos, a fin de tener a primera mano las adopciones tendentes a optimizar el beneficio de la analítica de datos y su impacto en el estado de resultados de la organización.

Es muy importante destacar que todos sus diseños deben estar orientados bajo las siguientes premisas:

- **Lenguaje común:** Es importante destacar que la información es un recurso vital para cualquier organización, la calidad y la accesibilidad de los datos pueden marcar la diferencia entre una compañía exitosa y un fracaso financiero. Los arquitectos de datos crean un "lenguaje común" que facilita la comunicación entre diferentes departamentos.

- **Interoperabilidad:** Las organizaciones suelen utilizar una variedad de sistemas de software, especialmente en departamentos como finanzas, donde se manejan herramientas específicas para contabilidad, gestión de activos, presupuestos, etc. Los arquitectos de datos aseguran que estos diferentes sistemas puedan "hablar" entre sí, intercambiando información de manera fluida y segura.

- **Seguridad y cumplimiento:** En casi todas las industrias, aunque mucho más en el mundo financiero, el cumplimiento de normativas como SOX, GDPR, o las reglas tributarias y de informes de cada país, es crucial. Los arquitectos de datos aseguran que la infraestructura de datos cumpla con estos requerimientos legales y éticos. Establecen políticas de seguridad y acceso a los datos, lo cual es fundamental para proteger información sensible que la compañía maneje.

- **Eficiencia y escalabilidad:** Las organizaciones generan y consumen una cantidad cada vez mayor de datos. Sin una arquitectura de datos bien diseñada, este volumen podría llevar a ineficiencias que, en el contexto financiero-contable, podrían traducirse en errores de cálculo, informes retrasados y, en el peor de los casos, toma de decisiones erróneas. Los arquitectos de datos deben considerar que sus diseños sean escalables horizontal y verticalmente y que pueden adaptarse al crecimiento de la empresa y a las necesidades cambiantes del mercado.

Ingenieros de datos

Los ingenieros de datos son quienes ejecutan las tareas de mover datos, podríamos decir que, a modo de alquimistas, su función es transmutar en *data* analizable todo lo crudo que llegue de una extracción.

Si el arquitecto de datos es quien diseña el plano, el ingeniero de datos es el constructor que erige el edificio. Este profesional se encarga de implementar y mantener la arquitectura de datos diseñada para almacenar, procesar y acceder a la información. En otras palabras, construyen los "puentes" que conectan diferentes fuentes de datos, permitiendo que la información fluya de manera eficaz y segura.

Una de las funciones más críticas de un ingeniero de datos es asegurar la calidad y la integridad de los datos. En el mundo empresarial, datos incorrectos o incompletos pueden llevar a decisiones mal informadas que pueden costar tiempo y dinero. Para una pequeña empresa, donde los márgenes son a menudo más ajustados, este aspecto es especialmente crucial. Los ingenieros de datos implementan controles y validaciones para garantizar que los datos sean precisos, consistentes y actualizados.

Una de las responsabilidades clave del ingeniero de datos es el proceso ETL y ELT (*Extract, Transform and Load*, que significa extraer, transformar y cargar). Esto implica tomar datos de diversas fuentes, transformarlos en un formato que pueda ser analizado y cargarlos en un sistema donde puedan ser accedidos y utilizados por analistas y otros usuarios finales. Este proceso es fundamental para cualquier tarea que implique la manipulación de datos, desde informes financieros hasta análisis de mercado.

Un ingeniero de datos debe conocer tácticas de extracción y almacenamiento de datos tanto en procesos Batch como Streaming. Si bien profundizaremos más adelante en estas técnicas de extracción, es el ingeniero de datos quien debe ponerlas en ejecución una vez estas hayan pasado las pruebas de concepto lideradas por el arquitecto de datos.

A medida que una empresa crece, también lo hace la cantidad y complejidad de sus datos. Los ingenieros de datos son expertos en sistemas de gestión de bases de datos (DBMS), tanto SQL como NoSQL, y en tecnologías Big Data como Hadoop, Spark y DeltaLake. Estas habilidades son vitales para asegurar que la infraestructura de datos sea escalable y pueda adaptarse al crecimiento de la empresa.

Otro aspecto importante es la preparación de datos para analítica avanzada y de aprendizaje automático. Aunque no son científicos de datos, los ingenieros de datos preparan el terreno para que estos profesionales puedan realizar su trabajo, finalmente son los responsables de la correcta implementación de medidas de seguridad, como el cifrado de datos, y la correcta autenticación para proteger la información ante eventuales ciberataques o brechas de seguridad organizativa.

Analistas de negocios

Los analistas de negocios o también conocidos como especialistas en inteligencia de negocios (BI, por sus siglas en inglés) se centran en el uso de datos para mejorar la eficiencia y la efectividad de una empresa, pero lo hacen desde diferentes ángulos y con distintas herramientas y metodologías.

Si bien más adelante explicaremos en profundidad qué es la inteligencia de negocios, es necesario detenernos en este punto para declarar que el rol de los analistas de negocios es asegurar que se cumpla el objetivo de la inteligencia de negocios: entregar información relevante a las personas indicadas, en el momento correcto para mejorar la toma de decisiones.

Es decir, tomaremos muchos datos, los transformaremos en información, esa información la convertiremos en conocimiento y este en patrones que nos darán la sabiduría necesaria para responder preguntas de negocios.

Los analistas de negocios por lo general son usuarios de negocio que han ido adquiriendo habilidades analíticas destinadas a responder las preguntas de negocios que se formulan en el negocio y que tienen alta relación con la operación, la táctica y la estrategia de la organización. Por todo lo anterior, es muy común que actúen como intermediarios entre los departamentos de negocios y las unidades de tecnología. Las principales tareas de los analistas de negocios se encuentran en la creación de modelos analíticos de datos, ya sea creando *datamarts*, cubos

OLAP e incluso administrando *data warehouse* en algunas organizaciones; si bien este trabajo es bastante de *back-office*, su principal producto de cara al negocio es la elaboración y mantenimiento de reportes y *dashboards*.

Utilizan herramientas de BI como Power BI, Tableau, Excel, Looker Studio, Qlik o software de código abierto como Pentaho para analizar conjuntos de datos y generar informes o *dashboards* de cara a los consumidores o tomadores de decisión.

Como adelantamos, los analistas de negocio tienen un alto entendimiento de indicadores claves y las métricas mismas del negocio, es común que producto de esta especialización muchos profesionales roten por distintas compañías dentro de la misma industria, es decir, un analista de negocio de logística es muy probable que se cambie de compañía o empresa a que se cambie de industria, puesto que los indicadores clave y los ciclos propio del negocio son transversales a todas las organizaciones, transformándose en activos valiosos y muchas veces disputados por el mercado donde se desempeñan.

Los analistas de negocios pueden convertir un mar de datos en información fácilmente digerible que puede guiar la toma de decisiones. Para las pequeñas organizaciones, esto significa que se pueden identificar tendencias y oportunidades de mercado más rápidamente, obteniendo una ventaja competitiva solo por contar con analistas de negocios en sus nóminas.

En muchas organizaciones, especialmente en pequeñas empresas, es posible que una sola persona desempeñe esta función hasta cierto punto, pero es necesario considerar que para mayor eficiencia es necesario el crecimiento de esta área de forma constante.

Analistas avanzados o científicos de datos

Estos profesionales se han convertido en los navegantes estelares del barco empresarial, capaces de extraer oro del océano de datos en el que navegamos.

El científico de datos combina habilidades en programación, modelos matemáticos y conocimiento del negocio para convertir datos brutos en patrones de datos accionables. Estos *insights* pueden abarcar desde la identificación de nuevas oportunidades de mercado, la detección de anomalías e incluso la optimización de operaciones internas.

Se caracterizan por tener una alta vocación matemática y conocimientos avanzados en lenguajes de programación como Python, R y Spark para manipular datos y construir modelos.

Son también profesionales con un alto desempeño en el diseño, desarrollo e implementación de modelos de aprendizaje automático, aprendizaje profundo e inteligencia artificial, ya sea predictiva o generativa.

Las principales aplicaciones prácticas donde estos profesionales se desempeñan se traducen incluso en una rama de la estrategia empresarial moderna llamada estrategia predictiva, donde, a través de los productos emanados desde el área de ciencia de datos, se logra predecir el comportamiento de muchísimos indicadores claves del negocio: predicción de ventas, análisis textual de sentimientos, optimización de cadena de suministros y detección de anomalías en procesos de compras o ventas son los productos más famosos y de gran llegada al mercado de estos profesionales.

Utilizando técnicas de aprendizaje automático, un científico de datos puede desarrollar modelos que logran todo lo anterior con un alto grado de precisión.

Es más que destacable que los primeros productos de analítica predictiva se implementaron en los años 80, en las bolsas de comercio y en la industria de seguros, donde el desarrollo de modelos predictivos permitía detectar comportamientos anormales en la industria financiera, como por ejemplo al momento de abrir o cerrar las bolsas de comercio detectar si algunas transacciones eran legales o no, en la industria de seguros se pudo determinar si algunos patrones de uso de las tarjetas de crédito obedecían a un comportamiento normal del cliente u obedecían a alguna usurpación del documento. En la industria médica, se pudieron incluso establecer patrones de correlación entre hábitos alimentarios y diagnósticos clínicos.

Con el paso de los años y a medida que a los modelos analíticos matemáticos se le han ido integrando nuevas técnicas y conocimientos asociados a entender el lenguaje natural (analítica textual), se ha avanzado muchísimo en la analítica asociada a las imágenes, los sonidos y los textos, siendo estos últimos los modelos que más impacto han generado durante los años 2022 y 2023 al liberarse al uso del público en general los modelos de lenguaje largo llamados Chat GPT 3.5, Chat GPT 4, Bard y Llama. Sin ánimo de interiorizarme en esos temas en este capítulo, solo quiero enfatizar que estos profesionales denominados científicos de datos tienen las habilidades para adaptar todos estos modelos hacia la realidad organizacional, permitiendo una explotación en pos del negocio y la estrategia empresarial.

Roles en gobierno de datos

Si bien no profundizaremos demasiado en lo que respecta a gobierno de datos en este libro, es importante destacar que, en muchas organizaciones, gran parte de las tareas que este equipo debe realizar es transversal a todos los roles que vimos anteriormente. En muchas organizaciones incluso son los responsables de la administración de los usuarios y grupos de trabajo; por lo tanto, estos roles están presentes en todos los niveles de la pirámide organizacional. Más adelante, nos enfocaremos en esa pirámide.

En resumidas cuentas, un equipo de gobierno de datos está conformado por roles especialmente técnicos para el nivel operativo, como el administrador de datos o *data owner*, roles intermediarios entre el nivel operativo y el nivel estratégico, como el *data steward*, y roles ejecutivos, como el consejo de gobierno de datos.

Consejo de gobierno de datos

El consejo de gobierno de datos está conformado por personas de la alta dirección de todas las unidades de negocio y miembros del equipo de IT. Los administradores de datos operativos transmiten sus observaciones y desafíos a los coordinadores y administradores de datos. Los administradores de dominio de datos y los coordinadores de administradores de datos analizan la información disponible a nivel empresarial, y esta se presenta en forma estratégica favoreciendo la toma de decisiones.

Chief data officer

Un *chief data officer* (CDO) es una figura clave en cualquier organización que quiera poner los datos en el centro de la toma de decisiones y de la mejora de las operaciones. Su principal reto es asegurarse de que la organización esté utilizando sus datos de manera efectiva y eficiente, tanto en términos de calidad como de cantidad.

Para cumplir con esta responsabilidad, el CDO debe tener una amplia visión de la organización y de su estrategia de negocio, así como un conocimiento profundo de las tecnologías y herramientas de análisis de datos. Además, debe contar con habilidades de liderazgo y comunicación para poder trabajar de manera colaborativa con otras áreas de la organización y hacer que el uso de datos sea una parte integral de la cultura de la organización. Uno de los principales desafíos del *chief data officer* es asegurarse de que los datos sean utilizados de manera ética y legal. Esto incluye garantizar la privacidad de los datos de los clientes y cumplir todas las leyes y regulaciones relevantes en materia de datos. Además, el CDO debe asegurarse de que los datos sean fiables y de alta calidad, y que se utilicen de manera eficiente y coherente en toda la organización.

Otra de las responsabilidades del CDO es establecer una estrategia de datos y asegurarse de que se implemente adecuadamente en toda la organización. Esto incluye definir los objetivos y metas en materia de datos, así como establecer un marco de gestión y una arquitectura de datos que permita a la organización utilizar sus datos de manera efectiva. Además, el CDO debe asegurarse de que se establezcan procesos y estándares para recopilar, almacenar, proteger y analizar los datos de manera coherente.

El CDO debe tener un equipo de profesionales altamente cualificados que le ayuden a llevar a cabo sus responsabilidades. Esto puede incluir analistas de datos, ingenieros de datos y científicos de datos, entre otros. El CDO debe ser capaz de liderar y motivar a su equipo para que pueda trabajar de manera efectiva y cumplir los objetivos de la organización en materia de datos.

Data governance manager

Es el responsable de diseñar la arquitectura del marco del gobierno de datos, delinear, revisar y evaluar las políticas, estándares, definiciones y procedimientos de gobierno de datos en función de las entradas compartidas por los 3 niveles de la empresa: operativo, táctico y estratégico.

También se ocupa de definir métricas, proporcionar insumos, ofrecer asistencia en cada paso de la pirámide de datos, compartir documentación concerniente con el programa del gobierno de datos y monitorear los resultados de las estrategias implementadas al consejo de gobierno de datos y al liderazgo ejecutivo.

Data stewards

Actúan como mensajeros y coordinan entre el nivel táctico y el nivel operativo. Son responsables de comunicar las reglas y regulaciones según el dominio de datos a los administradores de datos por unidad de negocio. Sirven de enlace entre los administradores operativos y los administradores de dominio de datos con el fin de registrar y documentar desafíos y resoluciones.

Por otro lado, este rol necesita identificar a las personas que podrían ocupar el cargo de administrador de datos a nivel operativo para la unidad de negocio y también requiere adquirir una comprensión definida de los datos en cada etapa de su unidad de negocios.

Data owners

Desempeñan un papel sumamente importante en la elaboración de la estrategia de gobierno de datos, ya que utilizan los datos y definiciones para su unidad de negocio. Los datos que se registren se van a transmitir a los equipos para comprender mejor qué procesos deben modificarse y cuáles implementarse.

Los administradores de datos son responsables de las diversas etapas de la vida de los datos, desde la creación hasta el archivo y la eliminación de los datos. Se ocupa de definir el lineamiento de los datos para sus respectivas funciones comerciales. Esto incluirá pautas de uso de datos, seguridad y gestión de datos. Asimismo, supervisa la calidad de los datos creados en su función comercial. Está habilitado para comprender y definir el acceso para la visualización, edición y eliminación de datos dentro del equipo, a la vez que puede capacitar a los miembros del equipo sobre las definiciones de datos, procesos y controles de calidad.

Roles en ejecución y seguimiento de proyectos

Es de uso muy frecuente en la actualidad que la implementación de proyectos de desarrollo de software, inteligencia artificial y analítica de datos se desenvuelvan bajo la metodología Agile Scrum. No voy a profundizar en esta metodología, solo voy a definir algunos roles que comúnmente nos encontraremos en las organizaciones y debemos entender cuál es su objetivo y el fin para el cual fueron creados. Queramos o no, es muy altamente probable que nos encontremos en la industria con estos roles y debemos saber cuáles son sus alcances.

Product owner

Desempeña un papel esencial en el desarrollo de productos y proyectos ágiles. Su principal responsabilidad es asegurarse de que el equipo desarrolle un producto de alta calidad y que este cumpla con las necesidades y expectativas de los interesados, entre sus responsabilidades se encuentran:

- **Definir qué se va a hacer y priorizar las tareas:** Es responsable de gestionar el *backlog* del producto, que es una lista ordenada de elementos de trabajo, conocidos como historias de usuario. El *product owner* trabaja con los interesados y el equipo de desarrollo para identificar, elaborar y priorizar las historias de usuario en función del valor que aportan al producto.

- **Comunicar y clarificar los requisitos:** Actúa como la cabeza de las tareas del proyecto, y como tal debe asegurarse de que los requisitos y las expectativas se comprendan claramente por ambas partes. El *product owner* debe estar disponible para responder preguntas, proporcionar claridad y negociar los requisitos cuando sea necesario.

- **Participar en las ceremonias de Scrum:** Participa activamente en las ceremonias de Scrum, como la planificación de *sprint*, la revisión de *sprint* y las reuniones diarias de seguimiento (*Daily Scrum*). Estas reuniones le permiten colaborar con el equipo de desarrollo, tomar decisiones y ajustar la dirección del proyecto según sea necesario.

- **Tomar decisiones sobre las entregas:** Tiene la autoridad para tomar decisiones sobre qué características se incluyen en cada entrega del producto, basándose en las prioridades establecidas, y decide cuándo una historia de usuario se considera "terminada" y lista para su lanzamiento.

Scrum master

Por lo general, al rol de *Scrum master* también se le conoce como PMO o *project manager officer*, aunque no debería llamarse así en una implementacion 100% Scrum pura, en la práctica se le puede encontrar en muchas compañías con ese nombre. El *Scrum master* desempeña un papel crucial en el marco de trabajo Scrum, ya que es el encargado de garantizar que el equipo Scrum aplique adecuadamente los principios y prácticas de Scrum.

El objetivo del *Scrum master* es facilitar y promover la adopción exitosa de Scrum en el equipo, eliminar cualquier obstáculo que pueda afectar la productividad y la eficiencia del equipo y asegurarse de que el equipo tiene todo lo necesario para desempeñar su papel a lo largo del *sprint*:

- **Facilitar las ceremonias de Scrum:** El *Scrum master* es responsable de facilitar y asegurar el correcto desarrollo de las reuniones y eventos de Scrum, como la reunión diaria de seguimiento (*Daily Scrum*), la planificación de *sprint*, la revisión de *sprint* y la retrospectiva del *sprint*. El *Scrum master* se asegura de que estas reuniones se realicen de manera eficiente y que todos los miembros del equipo tengan la oportunidad de participar y colaborar.

- **Eliminar obstáculos y facilitar el trabajo del equipo:** El *Scrum master* se encarga de identificar y eliminar los obstáculos o impedimentos que puedan afectar el progreso del equipo. Desde una documentación, una herramienta o el apoyo de otro departamento, el *Scrum master* recoge todos los obstáculos y se los va desbloqueando a los miembros del equipo.

- **Promover la colaboración y la comunicación:** El *Scrum master* fomenta la colaboración y la comunicación efectiva dentro del equipo Scrum y con los interesados externos. Ayuda a establecer canales de comunicación claros y facilita la colaboración para asegurar que todos los miembros del equipo estén alineados y trabajen hacia los mismos objetivos.

- **Servir como defensor de Scrum:** Ayuda a educar y guiar a los miembros del equipo y a los interesados sobre los principios y prácticas de Scrum, y ayuda a asegurar que se sigan adecuadamente. Además, un *Scrum master* puede serlo de varios proyectos dentro de la organización a la vez.

Clientes y *stakeholders*

Los clientes son todas aquellas personas que van a hacer uso del resultado del proyecto. Estos clientes pueden ser internos o externos. Estos clientes dan orientación y definen sus problemas, su día a día y lo que necesitan para beneficiarse al máximo de la implementación de la nueva solución.

En cambio, los *stakeholders* son otros agentes de la organización que toman decisiones a un alto nivel. Podríamos decir que son los ejecutivos, gerentes y *managers* de la organización que quieren ver mejoras en los procesos de la organización. ¿Puede un *stakeholder* ser un cliente? Por supuesto que sí puede, por eso es importante que el *Scrum master* los mantenga al día de lo que ocurre y los avances que se hacen en el día a día.

Equipo de desarrollo o *Scrum team*

El equipo de desarrollo o *Scrum team* son los responsables de transformar las historias de usuario (las tareas) en incrementos de trabajo funcionales y de alta calidad (entregar algo utilizable).

El objetivo del equipo de desarrollo es entregar incrementos de trabajo "terminados" al final de cada *sprint*. Su objetivo principal es desarrollar y entregar las funcionalidades del producto que cumplen con los requisitos y la visión establecida.

A grandes rasgos, sus responsabilidades son:

- **Desarrollar incrementos de trabajo:** Implementan las historias de usuario del *backlog* del producto. Utilizan sus habilidades técnicas y conocimientos especializados para transformar los requisitos en código funcional, diseño de interfaz de usuario, contenido o cualquier otro elemento necesario para cumplir con los objetivos del proyecto.

- **Colaborar estrechamente con el *product owner*:** Para comprender los requisitos y las expectativas del producto. Participan en la definición de las historias de usuario, aportan su experiencia técnica y brindan retroalimentación al *product owner* para garantizar que las historias de usuario sean claras y alcanzables.

- **Realizar la planificación y estimación de tareas:** El equipo de desarrollo participa en la planificación de *sprint* para seleccionar las historias de usuario que se incluirán en el *sprint* actual. También se encargan de estimar el esfuerzo requerido para completar cada tarea, lo que les ayuda a establecer un plan realista y alcanzable para el *sprint*.

- **Asegurar la calidad y realizar pruebas:** El equipo de desarrollo es responsable de garantizar la calidad del trabajo realizado. Esto implica realizar pruebas de software, revisar el código y asegurarse de que el incremento de trabajo cumple con los criterios de aceptación establecidos para cada historia de usuario.

Roles en desarrollo de software

Backend developer

Un desarrollador de software *backend* es un profesional esencial en el campo de la tecnología de la información, especializado en el diseño, implementación y mantenimiento de la lógica y la base de datos que forman la infraestructura detrás de las aplicaciones y sistemas web. En otras palabras, se enfoca en lo que ocurre detrás de escena, en el "lado del servidor".

El trabajo de un desarrollador *backend* es multifacético y crucial para el funcionamiento efectivo de las aplicaciones digitales. Estos profesionales son responsables de construir y mantener la arquitectura de software que alimenta los componentes que los usuarios no ven directamente, pero que son fundamentales para la funcionalidad de la aplicación. Esto incluye la creación de servidores, bases de datos y aplicaciones que forman la estructura subyacente de un sitio web o una aplicación móvil.

Un aspecto crítico del rol del desarrollador *backend* es la gestión de bases de datos. Estos profesionales diseñan y mantienen bases de datos robustas y escalables que almacenan y recuperan toda la información que una aplicación necesita para operar. Esto implica no solo la creación de bases de datos eficientes, sino también asegurarse de que sean seguras y protegidas contra accesos no autorizados. En esta capacidad, el desarrollador *backend* también trabaja en estrecha colaboración con especialistas en seguridad de datos para prevenir brechas y garantizar la integridad de los datos.

Otro componente esencial del trabajo de un desarrollador *backend* es la programación del lado del servidor. Utilizan lenguajes de programación como Python, Ruby, Java o PHP para construir lógica de negocios, algoritmos y otras funcionalidades que operan en el servidor. Esto puede incluir desde procesar transacciones de comercio electrónico hasta gestionar la autenticación de usuarios y la integración con otros servicios web y APIs. Además, los desarrolladores *backend* a menudo trabajan en la optimización y el escalado de aplicaciones. Esto implica asegurarse de que el sistema sea capaz de manejar grandes volúmenes de tráfico y datos sin comprometer el rendimiento. La eficiencia y la escalabilidad son cruciales, especialmente para las aplicaciones que experimentan un crecimiento rápido o tienen grandes fluctuaciones en la demanda del usuario.

La colaboración con equipos multidisciplinarios es también un aspecto clave del rol de un desarrollador *backend*. A menudo, trabajan en estrecha colaboración con desarrolladores *frontend*, diseñadores de UX/UI, analistas de datos y gerentes de proyecto para asegurarse de que la aplicación cumpla con los requisitos funcionales y de negocio. Esta colaboración es esencial para garantizar que la interfaz del usuario (*frontend*) se integre sin problemas con el *backend*, proporcionando una experiencia de usuario fluida y coherente.

El mantenimiento y la actualización constantes de las aplicaciones también forman parte de las responsabilidades del desarrollador *backend*. Deben asegurarse de que las aplicaciones se mantengan actualizadas con las últimas tecnologías y prácticas de seguridad, y también deben estar preparados para solucionar rápidamente cualquier problema técnico o fallo que pueda surgir.

A través de su experiencia en programación, gestión de bases de datos y colaboración interdisciplinaria, los desarrolladores *backend* son pilares fundamentales en la creación y mantenimiento de las soluciones digitales al interior de las organizaciones.

Frontend developer

Un desarrollador *frontend* es un profesional especializado en el diseño, desarrollo e implementación de la interfaz visual y la experiencia de usuario de un sitio web o aplicación. Este rol es esencial en la creación de aplicaciones web y móviles, ya que se centra en la parte de la aplicación con la que interactúan los usuarios, conocida como el "lado del cliente". La responsabilidad principal de un desarrollador *frontend* es asegurar que los usuarios tengan una experiencia fluida y atractiva al interactuar con una aplicación digital.

En esencia, los desarrolladores *frontend* son los arquitectos de la experiencia de usuario en línea. Utilizan una combinación de tecnologías de diseño y programación, como HTML, CSS y JavaScript, para construir la estructura, el diseño y el comportamiento interactivo de los sitios web y las aplicaciones. Su trabajo comienza con el concepto y diseño proporcionados por los diseñadores de

UX/UI, que luego traducen en una interfaz funcional y atractiva. Esto implica no solo la implementación de elementos visuales, sino también la creación de interacciones y animaciones que mejoran la usabilidad y el atractivo de la aplicación.

Una de las habilidades clave de un desarrollador *frontend* es la capacidad de crear interfaces que sean tanto estéticamente agradables como intuitivas para el usuario. Esto requiere un fuerte sentido del diseño y una comprensión de los principios de la experiencia del usuario. Los desarrolladores *frontend* deben ser capaces de imaginar cómo un usuario interactuará con una interfaz y asegurarse de que la navegación y la interacción sean lo más fluidas y naturales posible.

Con la creciente importancia de la accesibilidad web y la experiencia móvil, los desarrolladores *frontend* también necesitan garantizar que los sitios web y las aplicaciones sean accesibles y responsivos. Esto significa que las interfaces deben adaptarse a una variedad de dispositivos y tamaños de pantalla, desde computadoras de escritorio hasta *smartphones* y tabletas. La responsividad y la accesibilidad no son solo cuestiones de comodidad del usuario; también son cruciales para garantizar que las aplicaciones sean inclusivas y accesibles para todos los usuarios, independientemente de sus capacidades o los dispositivos que utilicen.

Además, los desarrolladores *frontend* deben mantenerse constantemente actualizados con las últimas tendencias y tecnologías. El campo del desarrollo web es dinámico y evoluciona rápidamente, con nuevas herramientas, *frameworks* y mejores prácticas emergiendo regularmente. Profesionales como React, Angular y Vue.js son ejemplos de tecnologías modernas que los desarrolladores *frontend* utilizan para crear interfaces más eficientes y dinámicas.

Además de la construcción de interfaces, los desarrolladores *frontend* también se ocupan del mantenimiento y la optimización continua de las aplicaciones. Esto incluye la actualización de las interfaces para incorporar nuevas características, mejorar la usabilidad o corregir problemas. También se centran en optimizar el rendimiento de la página, asegurando que las aplicaciones se carguen rápidamente y funcionen sin problemas, lo cual es vital para retener a los usuarios y mejorar la satisfacción del usuario.

Full stack developer

Un desarrollador *full stack* es un profesional altamente versátil en el mundo de la programación, equipado con un amplio conjunto de habilidades que abarcan tanto el desarrollo *frontend* (cliente) como el *backend* (servidor). Este rol es único y altamente valorado en la industria del software debido a su capacidad para comprender y trabajar en todas las etapas del proceso de desarrollo de una aplicación o un sitio web, desde la concepción hasta la implementación final.

La principal característica de un desarrollador *full stack* es su polivalencia técnica. Estos profesionales tienen conocimientos y habilidades en una variedad de lenguajes de programación, herramientas y tecnologías. En el lado del *frontend*, manejan tecnologías como HTML, CSS y JavaScript, y están familiarizados con *frameworks* y bibliotecas como React, Angular o Vue.js. Esto les permite crear interfaces de usuario interactivas y atractivas, asegurando una experiencia fluida y agradable para los usuarios.

En el aspecto del *backend*, los desarrolladores *full stack* están versados en lenguajes de programación como Python, Ruby, PHP, Java o Node.js, y tienen experiencia en el manejo de bases de datos, servidores y arquitecturas de aplicaciones. Son capaces de construir y mantener la lógica y las bases de datos que impulsan las aplicaciones, asegurando que sean eficientes, seguras y escalables.

Una de las ventajas clave de los desarrolladores *full stack* es su capacidad para ver el proyecto desde una perspectiva holística. Al comprender tanto el *frontend* como el *backend*, pueden tomar decisiones de diseño y desarrollo informadas que optimizan tanto la funcionalidad del usuario como la eficiencia del servidor. Esta comprensión integral les permite identificar y resolver problemas de manera más efectiva, ya que tienen un conocimiento profundo de cada parte del sistema.

La flexibilidad es otra característica distintiva de un desarrollador *full stack*. Pueden trabajar en una variedad de entornos y en diferentes etapas del desarrollo de software. Esto les permite adaptarse rápidamente a nuevas tecnologías y metodologías, lo que es crucial en un campo que evoluciona rápidamente como el desarrollo de software. Su capacidad para manejar múltiples aspectos del desarrollo les permite contribuir de manera significativa en todas las etapas del ciclo de vida del software, desde la planificación inicial hasta el despliegue y el mantenimiento.

En términos de responsabilidades, los desarrolladores *full stack* a menudo se encuentran trabajando en una amplia gama de tareas. Pueden participar en el diseño de la arquitectura de una aplicación, el desarrollo de interfaces de usuario, la codificación del servidor y la base de datos, así como en la implementación y el despliegue de la aplicación completa. Además, están involucrados en la solución de problemas, la optimización del rendimiento y la implementación de medidas de seguridad.

DevOps engineer

Un ingeniero DevOps es un profesional crucial en el panorama tecnológico actual, sirviendo como un puente vital entre los equipos de desarrollo de software (Dev) y las operaciones de tecnología de la información (Ops). Este rol surge de la necesidad de mejorar la colaboración y la productividad en el ciclo de vida completo del desarrollo de software, desde la planificación hasta el despliegue, operación y gestión de infraestructura. La esencia del rol de DevOps es integrar y automatizar los procesos entre estos equipos para aumentar la velocidad, la eficiencia y la calidad del desarrollo y despliegue de software.

Un ingeniero DevOps posee una combinación única de habilidades técnicas y competencias en gestión de proyectos, lo que les permite comprender y abordar tanto las necesidades de desarrollo de software como los desafíos de las operaciones de sistemas. Están profundamente involucrados en la automatización de procesos de infraestructura, integración continua (CI), entrega continua (CD) y monitoreo y mantenimiento de sistemas.

La automatización es un componente central de su trabajo. Utilizan una variedad de herramientas y tecnologías para automatizar los procesos de construcción, prueba y despliegue de software, lo que ayuda a reducir el tiempo de lanzamiento al mercado y mejora la coherencia y la calidad del software. Herramientas como Jenkins, Travis CI y Github son comunes en su arsenal, permitiéndoles configurar *pipelines* de integración y entrega continua que facilitan las actualizaciones frecuentes y seguras de software.

La gestión de infraestructura y configuración es otra área importante de su trabajo. Los ingenieros DevOps utilizan herramientas como Terraform para codificar y automatizar la configuración y el despliegue de infraestructuras de TI. Esto no solo acelera el proceso de despliegue, sino que también asegura que los entornos de desarrollo, prueba y producción sean consistentes y reproducibles, minimizando los errores de funcionamiento por configuración de entorno.

Los ingenieros DevOps también son responsables de asegurar la escalabilidad y la seguridad de los sistemas. Esto implica diseñar y gestionar infraestructuras que puedan manejar cargas de trabajo variables, utilizando tecnologías como contenedores (por ejemplo, Docker) y orquestación de contenedores (como Kubernetes). Además, implementan estrategias de seguridad en todo el ciclo de vida del software, colaborando estrechamente con los equipos de seguridad para asegurar que las aplicaciones y la infraestructura sean seguras contra vulnerabilidades y ataques.

La cultura DevOps también enfatiza la importancia de una mentalidad colaborativa y de mejora continua. Los ingenieros DevOps trabajan en estrecha colaboración con desarrolladores, QA, operaciones de TI y equipos de seguridad para fomentar un entorno de trabajo que promueva la comunicación abierta, el intercambio de conocimientos y la retroalimentación continua. Esto no solo mejora la calidad del software, sino que también ayuda a crear un entorno de trabajo más integrado y eficiente.

El ingeniero DevOps es un rol multifacético y esencial en el mundo de la tecnología moderna. Su habilidad para integrar el desarrollo de software con las operaciones de TI, a través de la automatización, la gestión de infraestructuras, el monitoreo y la colaboración, los convierte en una pieza clave para las organizaciones que buscan agilizar y mejorar sus procesos de desarrollo y despliegue de software. A medida que el mercado se mueve hacia prácticas de desarrollo más ágiles y colaborativas, la demanda de ingenieros DevOps calificados probablemente seguirá creciendo.

3

Preguntas
de negocios

"Ser o no ser, esa es la cuestión".
—William Shakespeare

Los tomadores de decisiones

La primera vez que asumí un cargo de jefatura me llegaron muchos consejos, e incluso fui recibido por mis colegas "jefes" con un chiste ("¿sabes lo que es un jefe? Es quien recibe a las visitas para que el resto pueda trabajar"). En un principio, me pareció impactante el chiste, puesto que al parecer las jefaturas entorpecían el trabajo y luego, al reflexionar sobre el tema, me di cuenta de que en realidad el trabajo de las jefaturas no es hacer el trabajo de tus colaboradores, el trabajo de las jefaturas es tomar decisiones.

Entonces, en ese instante me involucré muchísimo en entender qué es un proceso de toma de decisiones, qué implica decidir y cuáles son los elementos que se deben considerar para decidir correctamente.

Decidir básicamente es muy sencillo, es una actividad que realizamos diariamente y que es muy cotidiana y presente en nuestro quehacer. Día a día, decidimos cómo vestirnos, qué comer, cómo hablar ante una persona o ante un grupo de personas, qué argumentos utilizaremos en una discusión y qué comida escogeremos antes de ir a la cama para obtener un sueño reparador.

Pero, claro, hay varias sutilezas entre tomar una decisión cotidiana a tomar una decisión del trabajo. Y estas sutilezas varían dependiendo del alcance o impacto de dicha decisión.

El proceso de decidir es siempre el mismo: primero, reunimos la mayor cantidad de datos, información o hechos posibles. Con esta recolección de evidencias, nos planteamos opciones y las evaluamos en función de su impacto o relación coste beneficio y, por último, seleccionamos la o las mejores opciones derivadas de este proceso. Como este proceso secuencial no cambia, nuestro cerebro muchas veces empieza a tomar atajos gracias al aprendizaje adquirido en infinidad de veces que ha iterado en el tradicional método de ensayo y error. Generando en algunos tomadores de decisiones respuestas casi intuitivas ante alguna opción cotidiana, esta intuición a lo largo del tiempo se transforma en experiencia y, por lo general, forma parte incluso de la personalidad del tomador de decisiones.

Actualmente, gran parte de quienes deben tomar decisiones en las organizaciones se apoyan intuitivamente en su propia experiencia, siempre que sean relativas al entorno de sus responsabilidades y especialidades. Sin embargo, hoy en día, no basta para el tomador de decisiones contar con la experiencia empírica o con el conocimiento arraigado como insumo para desarrollar las mejores estrategias, sino que, por el contrario, requiere de más y mejor información sumada a un elemento esencial y crítico formado por las herramientas puestas al servicio de la decisión para realizar el análisis, que no es más que información de buena calidad.

Automatizar la decisión

Los primeros esfuerzos por automatizar la toma de decisiones derivaron en la creación de los DSS (*Decisional Support Systems*, por sus siglas en inglés), sistemas de soporte de decisiones en español.

La historia de los DSS se remonta a la década de 1960, cuando surgieron los primeros intentos de desarrollar herramientas computarizadas que ayudaran a los tomadores de decisiones en entornos empresariales. Estos sistemas se centraron en la gestión de datos y la generación de informes básicos para apoyar la toma de decisiones. Se generó un gran impulso al desarrollo de los DSS cuando se publicaron estandarizaciones tecnológicas, en particular con el nacimiento del lenguaje SQL que permitía consultar distintos motores de bases de datos relacionales para la elaboración de los informes que eran producto de los DSS.

En la década de 1970, junto con la incorporación de más elementos electrónicos y el avance computacional, los DSS experimentaron un crecimiento significativo. Se desarrollaron sistemas más avanzados que incorporaban modelos matemáticos y técnicas de análisis de datos para proporcionar a los usuarios una visión más profunda de los problemas comerciales. Estos sistemas se utilizaron en diversas industrias, desde finanzas hasta logística pasando por entretenimiento y transportes por citar algunas.

Con el avance de la tecnología de la información en las décadas de 1980 y 1990, los DSS evolucionaron para aprovechar las capacidades de las computadoras personales y las redes. La integración de interfaces gráficas de usuario y la capacidad de acceder a bases de datos en tiempo real ampliaron enormemente las capacidades de estos sistemas.

Fue en la década de 1990 que tuvieron un auge tremendo a nivel corporativo la implementación y uso de los ERP software; en otras palabras, los ERP software buscaban reunir y sistematizar todos los procesos internos de las organizaciones a través de distintos módulos de interfaz gráfica que iban registrando información a medida que esta se generaba por digitadores o por captura de datos automatizada. Hasta los días actuales no se puede concebir una organización sin un ERP como parte de sus sistemas basales, por muy grande o pequeña que sea la organización todas tienen un ERP.

La irrupción y auge de los ERP software absorbió a los DSS como una parte integral de estos, no se podía concebir un ERP software sin un DSS como resultado. Desde dicha época, a nivel corporativo tomar decisiones basadas en software era una de las tareas primordiales de cualquier tomador de decisiones corporativo.

Cómo decidir correctamente

Por supuesto que el auge de los DSS y los ERP trajo una tremenda diferencia a nivel competitivo en todas las industrias. Contar con información cada vez más limpia y oportuna permitió que la economía creciera a pasos agigantados a escala mundial, provocándose un fenómeno llamado globalización. La irrupción de Internet y la mejora en la calidad de las comunicaciones empezaron a generar la necesidad de decidir mas rápido. Ya no existe mucho tiempo para cometer errores y ensayar para aprender una lección, y, como consecuencia de aquello, muchos investigadores y escuelas empresariales plantearon metodologías asociadas a sistematizar la decisión con métodos que sean capaces de llevar las estrategias corporativas a todo nivel organizacional y medir cuánto de la estrategia es ejecutada y cuánto de esta estrategia no puede ser llevada a cabo para tomar las decisiones de cambio de timón pertinentes.

Si hacemos un poco de historia con respecto a la forma en la cual las organizaciones han ido sistematizando sus decisiones, nos encontramos con Peter Drucker, quien en 1964 publica su método de dirección por objetivos. Este método, muy popularizado en las corporaciones, determinó el éxito en la industria para todas aquellas organizaciones que definieran objetivos e hicieran seguimiento de ellos para cumplir con sus estrategias.

Unos años más tarde, en 1981, George T. Doran, un consultor y director de planificación para la Compañía de Agua de Washington, publicó un artículo titulado "There is a SMART way to write management's goals and objetives", donde propone una forma efectiva de plantear objetivos y decidir en función de ellos. La publicación de Doran dio lugar a un salto interesantísimo en la forma de hacer dirección de equipos y organizaciones; ahora puede que nos parezca incluso básico que los objetivos deben formularse de forma SMART para que puedan ser alcanzados. El acrónico SMART se descompone de las siguientes palabras en inglés: *Specific, Measurable, Assignable, Realistic y Time-related*, lo cual en español vendría a ser "específico, medible, asignable, realista y definido en el tiempo". Ningún objetivo desde esa publicación y la aceptación de estos criterios por todas las industrias en adelante se puede formular en una forma que no sea SMART. Para efectos de tomas de decisiones, todos sus elementos son claves para hacer seguimiento a la estrategia corporativa que hasta este entonces se llevaba en su mayoría bajo el método de dirección por objetivos de Drucker.

En febrero de 1992, Kaplan y Norton introdujeron el *Balanced Score Card* (BSC), presentando el concepto como una herramienta de medición del rendimiento o cumplimiento de los objetivos utilizado por las organizaciones para capturar, además de las medidas financieras, las actividades de creación de valor de los activos intangibles de una organización. El BSC evolucionó de una herramienta de medición a una herramienta de gestión, a un sistema y luego a una herramienta dentro de un sistema, completando así un círculo.

En general, la gestión estratégica del rendimiento está representada hoy por el BSC como el sistema más popular utilizado para la ejecución de estrategias.

Desde esta época en adelante, hemos ido agregando al vocabulario de gestión corporativa acrónimos como KPIs, SMART, *target*, que evidencian la vocación decisional de los distintos niveles organizacionales.

No puedo dejar de mencionar en este apartado a otro autor que ha hecho aportes significativos a la toma de decisiones. Me refiero a Andy Grove, quien, siendo el CEO de Intel en los años 70, introdujo para su organización, dicho sea de paso inspirado por Drucker, el concepto de OKR, en inglés *Objetive Key Results*, una metodología de seguimiento estratégico implementada por compañías como LinkedIn, Google, Intel y otras. Esta metodología se ha popularizado por John Doerr en su trabajo como consultor y como consecuencia de su publicación *Mide lo que importa* (2019).

Es destacable que los OKR se definen como objetivos que deben cumplir con las siguientes características: los OKR deben tener resultados medibles, es decir, que se puedan cuantificar por porcentajes, números, binarios, etc.; deben ser ambiciosos, para que la persona que los tenga asignados tenga que dar lo mejor de sí para lograrlo; deben ser establecidos con el consentimiento de la persona que quedará con el OKR, es decir, no deben ser impuestos, sino acordados o propuestos. Miden crecimiento, estos sirven para medir y no deben ser usados para juzgar a una persona en caso de que los OKR no lleguen al porcentaje aceptable. Son el resultado de una acción o tarea. Se utilizan para que la persona que los aplique pueda tener un mejor análisis de lo que está haciendo. Los OKR deben ser simples, y se recomienda aplicar máximo 5 cada periodo (mensual, trimestral, anual). Los OKR deben ser públicos si se están usando en una organización, esto sirve para que el resto de las personas que trabajan directamente con otra puedan ver el crecimiento de dicha persona. Se deben actualizar constantemente para no perderlos de vista y llevar un seguimiento rígido.

Sea cual sea el método que el tomador de decisiones esté siguiendo para llevar a cabo su estrategia, una palabra en común a toda esta breve historia de la gestión corporativa es la palabra **medir** y, parafraseando un poco a Lord Kelvin (1824-1907), si algo no lo podemos definir no lo podemos medir, si no lo podemos medir, no lo podemos mejorar y si no lo podemos mejorar tiende a degradarse.

De aquí radica la importancia de medir y medir y medir todas las decisiones que tomemos, ya sea en la etapa de recopilación de alternativas, como en la de formulación de alternativas y la elección de alguna.

La pirámide organizacional

Me ha encantado escribir este capítulo porque toca muy sutilmente un tema que me fascina muchísimo y que he estudiado en algunas ocasiones en el pasado, me refiero a la **estrategia**. Tanto es que me fascina que he debido corregir muchísimo, puesto que no quiero salirme del contexto general que es la formulación de preguntas de negocios; sin embargo, comprender las preguntas que nos haremos más adelante sin objetivos estratégicos claros es un esfuerzo vacío, casi banal, porque evidentemente las respuestas que buscamos obedecen a inquietudes propias del negocio donde nos encontremos. Y entendamos negocio como una actividad con o sin fin de lucro que requiere una organización, estrategia y recursos.

Sin caer en estudios profundos sobre estrategia, me limitaré a comentar que la estrategia es un plan de acción diseñado para lograr un objetivo a largo plazo. Es el arte de planificar y dirigir operaciones de manera eficiente y efectiva para alcanzar metas. Implica la formulación de tácticas y la asignación de recursos para ejecutar estos planes. La estrategia es dinámica y requiere adaptación y revisión continuas ante el cambio de circunstancias y oportunidades. Como consecuencia de esta definición, podemos plantear que la estrategia empresarial es la hoja de ruta que guía la dirección a largo plazo de la organización, determinando cómo se utilizarán los recursos y capacidades de la empresa para enfrentar desafíos y aprovechar oportunidades en el mercado.

Una estrategia empresarial efectiva integra consideraciones sobre la competencia, el entorno de mercado, las tendencias internas y externas y las expectativas de los grupos de interés. Su objetivo es posicionar a la empresa de manera óptima para crear valor sostenible tanto para los clientes como para la organización.

Partiendo de estas premisas, necesariamente una empresa, para lograr sus objetivos, debe organizarse adecuadamente para un correcto uso de los recursos que dispone. Entendamos que el problema económico es una constante en toda organización, los recursos son pocos y las necesidades son muchas; por lo tanto, un buen estratega debe posicionar los escasos recursos que posee en los lugares donde mayor provecho se le obtenga.

De lo anterior se desprende que la forma más óptima de distribuir los recursos de la empresa es en tres niveles de organización: nivel estratégico, nivel táctico y nivel operativo, como se resume en la figura 3.1.

Esta estructura organizacional no solo se refiere o tiene impacto en la distribución de los cargos de la compañía, sino también a los recursos, planes, tareas y proyectos que la empresa emprenda.

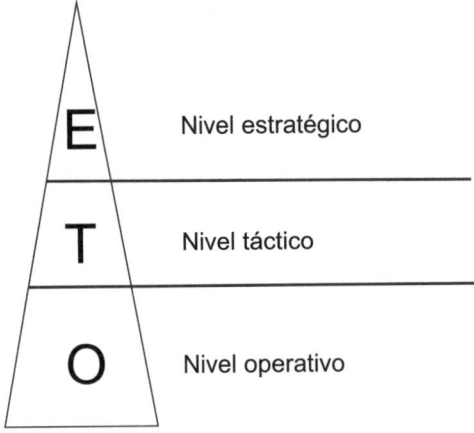

Figura 3.1. Pirámide organizacional (elaboración propia).

A continuación, haremos una definición de cada nivel dentro de la pirámide organizacional:

- **Nivel estratégico:** Este nivel se enfoca en la planificación a largo plazo, estableciendo la visión, misión y objetivos generales de la organización. Las decisiones tomadas aquí son cruciales para la dirección y el éxito futuro de la empresa. Los cargos que generalmente pertenecen al nivel estratégico son los cargos llamados "nivel C", es decir, los que parten con C en sus definiciones en inglés: *Chief Executive Officer*, *Chairman of the Board*, *Chief Financial Officer*, *Chief Data Officer*, etc.

- **Nivel táctico:** Este nivel actúa como un puente entre la estrategia y la operación, traduciendo las directrices estratégicas en planes y políticas concretas. Este nivel también tiene que planificar, pero su enfoque de planificación necesariamente es de mediano plazo. Se encargan de la administración de recursos, la coordinación de equipos y la supervisión de proyectos. Por lo general, se adscriben a este nivel todos los cargos del "nivel M"; en otras palabras, los que tienen un título de *Manager* en sus descripciones en inglés: *Accountant Manager*, *Factory Manager*, *Sales Manager*, etc. En las organizaciones de habla hispana, por lo general, los encontraremos como "jefaturas de...": jefe de Contabilidad, jefe de Ventas, jefe de Recursos Humanos, etc. Para efectos didácticos, no nos preocuparemos tanto de la denominación que estos cargos tengan en la organización, más bien le daremos énfasis en el alcance de las responsabilidades. Si este cargo tiene que traducir la estrategia y transmitirla a sus colaboradores de los cuales tiene una responsabilidad, entonces es un cargo de mando táctico o mando medio.

- **Nivel operacional:** Este nivel es crucial para la implementación efectiva de las estrategias y políticas definidas en los niveles superiores. Son los responsables de ejecutar las tareas y actividades cotidianas que mantienen funcionando a la organización. En este nivel, podemos encontrar 2 grandes tipos de cargos: "nivel S" y "nivel O", es decir, supervisores y operadores. Los supervisores, a diferencia de las jefaturas, cumplen un rol de coordinación operativa, pero su visión necesariamente obedece al corto plazo en la empresa; en otras palabras, un supervisor es un operador que se encarga de coordinar las actividades de sus colegas para cumplir con la planificación emanada desde el nivel táctico.

Es muy interesante observar que de estos niveles organizacionales se desprenden muchas cosas a nivel de analítica de datos. Por ejemplo, la consecución de resultados a nivel estratégico es mucho más lenta que a nivel operacional, el alcance de las proyecciones a nivel táctico debe tener una certeza mucho mayor que a nivel estratégico y la frecuencia de actualización de la información a nivel operacional debe ser casi a tiempo real. Estas particularidades de cada nivel son elementales al momento de definir arquitecturas de datos que respondan a características propias de cada nivel organizacional de nuestra pirámide.

En la figura 3.2, quiero hacer hincapié en lo que ya hemos descrito para cada nivel obedeciendo a los cargos que más frecuentan estos niveles, pero quiero destacar un par de elementos que son claves en mi experiencia al momento de planificar arquitecturas de datos. En capítulos posteriores veremos las formas apropiadas de capturar esta *data*; en este capítulo quiero simplemente evidenciarlo para profundizar más adelante.

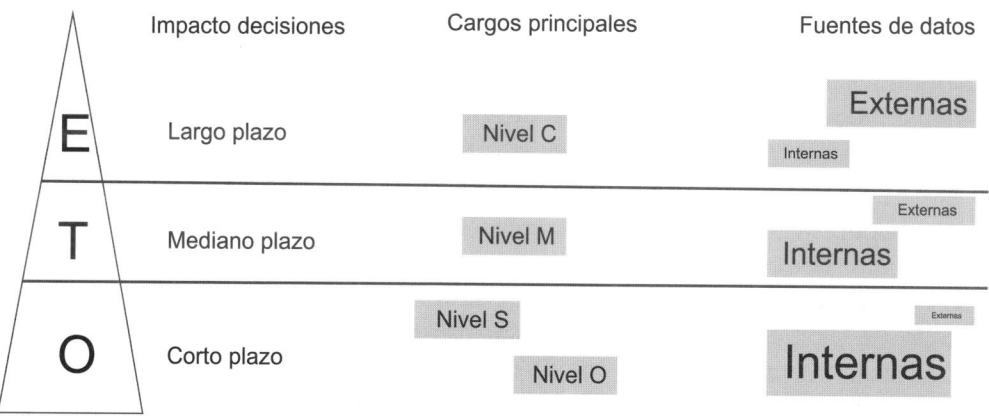

Figura 3.2. Características pirámide ETO (elaboración propia).

Las fuentes de datos para fundamentar las decisiones de los distintos niveles, entre otras, son fuentes de origen externo a la organización o fuentes de origen interno de la organización.

En un nivel estratégico tendremos muchas más fuentes de origen externo que interno; en un nivel táctico las fuentes internas de datos serán mayores a las fuentes externas; y en un nivel operativo las fuentes de datos externas son muy escasas para sus tomas de decisiones. Salvo contadas excepciones de industria, las fuentes externas de datos son poco demandadas en el nivel operativo.

Es natural que esta distribución se dé de esta forma en las arquitecturas de datos, porque el impacto de las decisiones estratégicas depende en gran medida del mercado y de las decisiones que se deben tomar a dicho nivel a fin de posicionar, valga la redundancia, al negocio dentro del mercado.

Estudios de comparación o *benchmarking*, posición en la industria, pulso de la industria, indicadores del regulador, movimientos de bolsa, factores exógenos a la compañía, por lo general son los que más impactan en los cambios estratégicos de la organización; por lo tanto, estos datos son los que mayormente alimentan las decisiones estratégicas. Por ejemplo, si la compañía toma una mayor participación en el mercado, los precios que establezcan pueden eventualmente incidir en la demanda; por lo tanto, proyectar y monitorear dichos efectos requiere necesariamente mayor cantidad de datos externos que internos.

A nivel táctico, la demanda de datos externos, si bien está presente, disminuye, puesto que gran parte de los objetivos de mediano plazo tienen que ver con las interpretaciones de los objetivos estratégicos y cómo estos se implementan a nivel operativo para lograr las metas. Este nivel es el que mayor demanda de trabajos a nivel de analítica predictiva experimenta. Un buen modelo predictivo puede permitir ajustar la marcha de la organización para hacer frente a temporalidades como épocas de alta y baja demanda de productos, mano de obra o disponibilidad de materias primas e insumos desde los proveedores. Traducir los objetivos estratégicos en planes, programas y proyectos son principalmente los desafíos del "nivel M". Monitorear que estos planes se cumplan y ejecuten adecuadamente requiere más información de carácter interno que externo.

A nivel operativo, los objetivos generalmente están asociados a uno o dos ciclos de negocio, por cuanto la mirada externa muy poco influye en las decisiones que deba tomar un supervisor o un operador. Dependiendo de la industria y el tamaño de la organización, las fuentes de datos externas son casi inexistentes en este nivel, pero, en contraposición, la analítica descriptiva y diagnóstica es muy demandada, hasta tal punto que monitores de información en tiempo real son muy bien valorados, puesto que permiten tomar decisiones casi instantáneas que impactan derechamente en la productividad de la organización.

Por ejemplo, en una industria manufacturera necesitamos conocer exactamente el nivel de almacenamiento de una materia prima en nuestra bodega para poder lograr la meta de producción de nuestra línea; por lo tanto, es crucial observar a cada instante la cantidad disponible en la bodega que entrega a nuestra línea de producción. Dependiendo de la industria no puedo esperar dos minutos a que se actualice la pantalla con el dato, porque esos dos minutos pueden ser claves al momento de fabricar un producto. ¿El proveedor no llegó a tiempo con los insumos a la bodega? Ese factor externo es un problema de nivel táctico, no de nivel operacional.

Como podemos apreciar, el entendimiento del negocio y de la industria son claves para planificar buenas arquitecturas de datos. No todas las industrias tienen ciclos de negocios similares, por cuanto el corto y largo plazo no se pueden estandarizar en años, meses o días dependiendo del caso y del producto.

Pongámonos en el hipotético de la industria agropecuaria. El cultivo y cosecha de uvas tiene un ciclo anual bien marcado por etapas muy apegadas a las estaciones del año, hay meses para podar, meses para cosechar, meses para ralear y cambiar infraestructura en los almacenes. Sin embargo, en los cítricos esa condición no se da, puesto que un cítrico podría tener hasta 2 o 3 cosechas en un año, generando cosechas tempranas y tardías diferenciando la calidad del producto según su objetivo comercial. Si bien en la industria agropecuaria voy a tener nomenclatura similar entre ambas variedades de frutas y formas de cultivo, los ciclos operacionales y tácticos serán absolutamente distintos y deberemos considerar fuentes de datos y frecuencias de actualización distintas para el mismo nivel jerárquico donde estemos construyendo nuestra infraestructura analítica.

Por otro lado, la industria de plantaciones de bosques para la producción de madera tiene ciclos operacionales muy largos, desde que se planta un árbol hasta que este alcanza los niveles apropiados para ser talado y convertido en madera, celulosa o cualquier otro producto maderero, dependiendo de la especie puede tardar entre 3 y 15 años. Por lo tanto, el corto plazo en esta industria no tiene la misma unidad de medida que la industria agropecuaria, ergo las frecuencias de actualización de la información operacional, salvo escasas latitudes en el planeta, requiere información en *streaming* o cercana al tiempo real. Y digo escasas porque hay algunas latitudes planetarias donde, sobre todo en épocas de verano, los incendios forestales son un elemento para monitorear constantemente, ya que representan la principal amenaza para esta industria en particular.

Como hemos visto, cada industria tiene un ciclo de negocio particular, cada nivel dentro de la pirámide ETO tiene condiciones particulares dentro de la misma industria, y un buen arquitecto de datos conoce estas particularidades para diseñar y construir las soluciones de analítica adecuadas para cada una de ellas.

Las preguntas generales de negocios

A lo largo de lo que llevamos en este capítulo, hemos visto cómo los tomadores de decisiones optan por una metodología de decisión y dicha metodología lleva consigo una forma de medir la eficiencia de sus decisiones.

Independiente del método que utilicen estos tomadores de decisiones, todos tienen la necesidad de medir el cumplimiento de sus resultados, indicadores claves u objetivos claves. Medirlos les permite mejorar continuamente su estrategia, ajustar las tácticas cuando sea necesario y maximizar el valor de sus empresas.

Para todo estratega, formularse las preguntas correctas es el proceso más complejo de todo el proceso de administración estratégica y, al ser algo complejo, cada pregunta elaborada en dicho sentido se traduce finalmente en un elemento a medir.

Si bien, al momento de tomar decisiones, debemos tener en cuenta la planificación estratégica, los objetivos, los planes, los plazos, etc., no debemos perder de vista todas aquellas preguntas que se pueden formular en cuatro grandes preguntas de negocio:

- ¿Qué ha ocurrido?

- ¿Por qué ocurrió?

- ¿Qué va a ocurrir?

- ¿Cómo podemos hacer que ocurra?

Estas cuatro grandes preguntas de negocio son aplicables a todas las preguntas estratégicas tácticas u operativas que nos formulemos para cumplir con las decisiones que se deben abordar en cada uno de los niveles que ya hemos descrito anteriormente.

Por supuesto que responder a estas preguntas de negocio tiene un impacto y un valor en la toma de decisiones distinta, inequívocamente la dificultad para responder también cada una de ellas es diferente.

Para hacer una mirada más didáctica de la premisa anterior, nos plantearemos un ejemplo donde imaginaremos que estamos en un nivel táctico y nuestro objetivo es montar una arquitectura de datos que ayude al *manager* de Logística a responder cinco de todas sus preguntas de negocios. En este ejemplo trabajaremos en las respuestas a estas cinco preguntas con distintos productos analíticos que permitirán al *manager* logístico tener una mirada integral a sus preguntas de negocio.

Un *manager* de Logística se enfrenta a una variedad de desafíos y oportunidades que requieren preguntas bien formuladas para garantizar la eficiencia y la efectividad de las operaciones de la cadena de suministro. Estas preguntas abarcan desde la optimización del transporte hasta la gestión de inventarios y la satisfacción del cliente. Entre otras preguntas, un *manager* de Logística se preguntará por los siguientes cinco elementos claves de su gestión.

¿Cómo mejorar la eficiencia en el transporte y reducir los costes de envío?

Esta pregunta considera el diseño y optimización de rutas, modos de transporte, y consolidación de cargas, y en general se responde observando patrones de datos en los siguientes productos analíticos.

Dashboards de análisis de rutas y costes para observar métricas clave como tiempos de tránsito, costes de envío y eficiencia de las rutas.

A partir de los datos anteriores, se pueden diseñar modelos de optimización de rutas basados en aprendizaje automático, que en definitiva son algoritmos utilizados para analizar patrones históricos y condiciones actuales del tráfico que permitan sugerir las rutas más eficientes y económicas.

¿Cómo integrar mejor la tecnología para mejorar la visibilidad y el seguimiento de los envíos?

Las tecnologías que por lo general intervienen en este proceso son sistemas de gestión de transporte, trazabilidad de carga con dispositivos RFID y *blockchain*, y la captura de datos desde dispositivos IoT.

La integración por lo general se traduce en la construcción de *dashboards* de seguimiento en tiempo real que permiten proporcionar una visualización en tiempo real de la ubicación y estado de los envíos, utilizando datos de IoT y RFID.

El uso de los datos anteriores alimentará modelos predictivos para estimación de tiempos de entrega donde, con una mezcla entre datos históricos y variables en tiempo real, se pueda predecir con precisión los tiempos de entrega y posibles retrasos.

¿Cómo garantizar la calidad y el cumplimiento en todas las etapas de la cadena de suministro?

Implica el control de calidad y el cumplimiento de normativas como las ISO, OSHA, EN, entre otras.

Por lo general, responder a esta pregunta implicará el desarrollo de *dashboards* de control de calidad y cumplimiento integrando datos de auditorías, inspecciones y sistemas de gestión. Estos *dashboards* muestran el estado del cumplimiento y calidad en toda la cadena.

¿Cómo mejorar las relaciones con proveedores para asegurar la calidad y la eficiencia?

Considera la gestión de relaciones, comunicación y la negociación de contratos. Hay que considerar que uno de los factores claves en muchas industrias es el manejo de la denominada "última milla" en la cadena de suministro, que por lo general esta se encuentra subcontratada.

Los productos analíticos más desarrollados para esta pregunta son *dashboards* de desempeño de proveedores, puesto que ayudan a visualizar métricas clave como la calidad del producto, el *on-time*, el *fill-rate* y la eficiencia de respuesta, ayudando a evaluar y mejorar las relaciones.

Todo lo anterior puede alimentar un sistema de recomendación basado en inteligencia artificial para selección de proveedores. Este sistema analiza una variedad de factores para sugerir los proveedores más adecuados para ciertas necesidades o proyectos.

¿Cómo mejorar la capacitación y el desarrollo de habilidades en nuestro equipo logístico?

Considera evaluar y desarrollar programas de formación y desarrollo profesional.

Para darle respuesta a esta pregunta de negocio, por lo general se desarrollan *dashboards* de desarrollo y capacitación de personal, los cuales muestran el progreso y la efectividad de los programas de formación, así como las necesidades de desarrollo de habilidades del equipo.

Recapitulando sobre preguntas generales de negocios

Todo lo anteriormente imaginado se encuentra en el contexto de preguntas de negocios y productos analíticos que ayudan a responder estas preguntas tan importantes para el *manager* logístico. Seguramente te habrás dado cuenta de que los productos analíticos asociados a estas soluciones son principalmente dos: los *dashboards* y los modelos analíticos o de inteligencia artificial. Estos productos analíticos generalmente están compuestos por análisis de datos históricos y *data* proyectada utilizando algún modelo matemático para dicho fin.

Un *dashboard* por lo general es la representación visual de la *data* histórica o en tiempo real que se genera desde el repositorio analítico. En algunas ocasiones, también tiene componentes de datos proyectados basado en algún modelo basado en los mismos datos históricos, ya sea calculado con la misma herramienta de visualización de datos o con algún lenguaje de programación como Python.

Un modelo analítico es un "algoritmo" que permite predecir con cierto grado de certeza el comportamiento de algún conjunto de datos en particular considerando la historia del dato. Por lo general, el algoritmo se representa o consume de dos formas: como set de datos para ser visualizado o consumido por alguna herramienta de datos, o como un "software" que captura datos de entrada y devuelve una predicción de dicho dato.

Con todo lo anterior, podemos afirmar que los *dashboards* se completan con preguntas "qué ocurrió, por qué ocurrió y qué ocurrirá", y los modelos analíticos con las preguntas "qué ocurrirá y cómo podemos hacer que ocurra", como dijimos en un principio de este apartado.

Todas las preguntas de negocio pueden ser respondidas con estas cuatro subpreguntas sobre los datos. Estas cuatro preguntas de negocio dan origen a los cuatro grandes análisis de datos que existen y a los cuales les dedicaremos un capítulo específico en este libro.

Los análisis derivados de cada pregunta general

Las preguntas generales de negocios son las cuatro que precisamos anteriormente y que nos sirven para responder todas las preguntas particulares de cada tomador de decisiones en el marco de sus objetivos de gestión y del alcance de sus decisiones, dependiendo del nivel en que se encuentren en la pirámide organizacional.

Para cada pregunta general de negocios, le corresponde un análisis de datos en particular, como vemos en la tabla 3.1.

Tabla 3.1. Análisis de datos para cada pregunta de negocio.

Pregunta general	Análisis de datos
¿Qué ocurrió?	Análisis descriptivo
¿Por qué ocurrió?	Análisis diagnóstico
¿Qué ocurrirá?	Análisis predictivo
¿Cómo hacemos que ocurra?	Análisis prescriptivo

Si bien dedicaremos un capítulo de este libro a cada tipo de análisis de datos, en este apartado haremos una correlación bastante interesante con respecto a los productos analíticos más adecuados para cada análisis de datos y cómo estos se presentan en general en la industria.

La inteligencia de negocios

El término "inteligencia de negocios" (*business intelligence*, BI) fue acuñado por primera vez por Hans Peter Luhn, un investigador de IBM, en un artículo titulado "A Business Intelligence System",[1] publicado en 1958. En este artículo, Luhn describe un sistema automatizado para diseminar información a diferentes secciones de una organización. Su concepción de la inteligencia de negocios estaba centrada en la idea de utilizar la tecnología para proporcionar información rápida y precisa para la toma de decisiones empresariales.

El concepto de Luhn de inteligencia de negocios era revolucionario en ese momento, anticipando muchos de los principios y prácticas que se convertirían en la base de la inteligencia de negocios moderna, como la recopilación y análisis de grandes volúmenes de datos, y la entrega de información relevante para facilitar la toma de decisiones estratégicas y operativas.

Por otro lado, siguiendo con el estilo estratégico de este capítulo, en la antigüedad uno de los primeros escritores conocidos en la actualidad sobre estrategia es Tao, quien hace más de 2.500 años escribía: "Así pues, el que dirige una gran empresa no debe actuar con ligereza o agitación; actuando a la ligera, pierde contacto con el mundo; actuando agitadamente, pierde contacto consigo mismo". Actuar con ligereza necesariamente tiene que ver con la irresponsabilidad de decidir sin la cantidad de antecedentes necesarios para fundamentar prudentemente el siguiente rumbo de la empresa que tiene a su cargo.

Cuatrocientos años más tarde, Sun Tzu subraya la importancia de la información en la guerra. El capítulo dedicado al uso de espías en su obra maestra resalta cómo la información correcta, obtenida y utilizada adecuadamente, puede ser decisiva en la guerra.

En la actualidad, los esfuerzos para obtener información en el mundo militar se le denomina inteligencia, y como gran parte de los autores de estrategia empresarial se han inspirado en autores militares como Sun Tzu o Von Clausewitz, no es de extrañar que el uso de información para tomar decisiones correctas en el mundo de los negocios se le haya denominado "inteligencia de negocios".

---

1. *IBM Journal of Research and Development, vol. 2, issue,* 4 de octubre, 1958, pp. 314 319.

Los principios de Sun Tzu sobre el espionaje son sorprendentemente pertinentes en el contexto de la inteligencia de negocios moderna. Al igual que en la guerra, en el mundo empresarial, la información es poder. La habilidad para recoger, analizar y utilizar información de manera estratégica es un diferenciador clave en el competitivo escenario empresarial actual. A través de la aplicación de estas antiguas tácticas en un contexto moderno, las empresas pueden obtener *insights* valiosos y una ventaja significativa en el mercado.

El análisis descriptivo y diagnóstico, que son los primeros análisis derivados de las preguntas generales de negocios, se responden en el mundo de la inteligencia de negocios, y a nivel de dificultad son los que menos cuestan obtener con las herramientas tecnológicas disponibles por casi todas las organizaciones. Dependiendo del volumen de datos históricos y la agregación, como esta se encuentre en el repositorio analítico, podríamos perfectamente consumir estos análisis con las siguientes herramientas, ordenadas de menor a mayor coste en licenciamiento y curva de aprendizaje:

- **Microsoft Excel:** Utilizando *dashboards* y gráficos con segmentadores interactivos y por supuesto con la capacidad de visualizar a través de tablas y gráficos dinámicos.

- **Microsoft Access:** Una herramienta de bases de datos bastante utilizada a nivel de usuario puesto que permite una mayor capacidad de cálculo que Microsoft Excel y la posibilidad de ejecutar procesos de cálculo, definiendo variables y consumiendo mucho menos memoria. Si bien Access es una herramienta de bajo código con menor popularidad que Excel, tiene bastante demanda en el interior de las organizaciones de bajo tamaño y que no poseen tanto presupuesto para la analítica de datos. Su bajo coste de licencia hace que sea una de las herramientas de almacenamiento de datos para la analítica más usadas a nivel de pequeñas y medianas empresas.

- **SQL Server Analysis Services:** También conocido como SSAS, puede facilitar el consumo de datos a través de informes estandarizados que pueden ser impresos o distribuidos periódicamente a través de boletines o correos electrónicos organizacionales. También SSAS permite explotar sus modelos semánticos a través de otras herramientas de visualización como Power BI.

- **Microsoft Power BI:** Es la herramienta por excelencia de inteligencia de negocios, me gusta presentarlo como un SSAS hecho para seres humanos. Se compone de varios subelementos como Power BI Desktop, el cual es gratuito para cualquier persona, y del Power BI Service, que tiene una licencia que va desde el gratuito al *premium*, dependiendo de las capacidades requeridas para las organizaciones. Una ventaja de Power BI es que bien implementado en una organización no solamente puede prestar servicios de visualización, sino también de elaboración y disponibilidad de modelos analíticos para otros servicios.

- **Apache Spark:** Una herramienta que posee unas características excepcionales en materias de análisis de datos, un diseño basado en clúster de memoria y procesamiento distribuido. Es capaz de manejar volúmenes bastante grandes de datos y de alta velocidad, haciéndola una herramienta de excelencia cuando de Big Data se trata. Gracias a su integración con Python, puede entregar productos analíticos tan sencillos como gráficos embebidos en alguna aplicación web de la intranet corporativa como modelos de aprendizaje automático de alta complejidad. Está en el último lugar de esta lista, ya que la curva de aprendizaje de esta herramienta es bastante empinada en comparación con las anteriores.

En resumidas cuentas, las preguntas de negocios a cargo de las unidades de inteligencia de negocios son: ¿qué ocurrió? y ¿por qué ocurrió? Le entregan alto valor a la organización; su coste y dificultad son absolutamente abordables por cualquier tamaño de empresa.

La analítica avanzada

Por simple deducción, podemos entonces afirmar que los análisis predictivo y prescriptivo pertenecen a este mundo que en la actualidad es abordado por los departamentos de ciencias de datos de las organizaciones y son el campo favorito del desarrollo e investigación en modelos de aprendizaje automático y aprendizaje profundo aplicados a las industrias.

Tanta es la importancia de estos análisis a nivel de entrega de valor en la organización que se han considerado fundamentales en las organizaciones *data driven*. Uno de los autores de esta materia que más llama mi atención es el Dr. Uwe Seebacher, quien en su libro *Inteligencia predictiva* (2021) define esta inteligencia como "la inteligencia predictiva es el proceso en el que, en primer lugar, se recogen, validan, vinculan y procesan mediante algoritmos definidos y validados, datos del pasado sobre todos los factores de contingencia pertinente internos y externos de una organización, procedentes de una multitud de fuentes internas y externas validadas. Estos datos se extrapolan dinámicamente y se modelan mediante parámetros variables en el sentido de supuestos y probabilidades de ocurrencia para la gestión empresarial a corto, mediado y largo plazo, y se preparan y ponen a disposición de la organización 24 horas al día, 7 días a la semana para la optimización de los principios económicos fundamentales".

Para efectos prácticos, responder a las preguntas "¿qué ocurrirá?" y "¿cómo hacemos que ocurra?" requiere la implementación de analítica predictiva y prescriptiva. Si bien son herramientas que le darán un altísimo valor a nuestra información, la dificultad de implementación es mayor.

Las herramientas más utilizadas para estos análisis en la actualidad se encuentran principalmente implementadas en la nube y puedo nombrar, según el orden de coste y dificultad, las siguientes:

- Máquinas virtuales Linux con Python ofrecen un entorno flexible y personalizable para análisis de datos. Python, siendo un lenguaje de programación versátil, es ampliamente utilizado en análisis predictivo debido a su rica biblioteca de herramientas de ciencia de datos como Pandas, Scikit-Learn, TensorFlow y PyTorch. Este enfoque es económico y accesible, aunque requiere conocimiento técnico en programación y ciencia de datos.

- Apache Spark destaca por su capacidad para procesar grandes conjuntos de datos de manera rápida y eficiente. Es una herramienta ideal para el análisis predictivo y prescriptivo en grandes volúmenes de datos, debido a su habilidad en el procesamiento distribuido y su soporte para lenguajes como Python, Scala y R. Spark es particularmente útil para empresas que manejan Big Data y requieren procesamiento en tiempo real, aunque su implementación puede ser más compleja y costosa que soluciones basadas puramente en Python.

- Plataformas en la nube como AWS o Azure ofrecen servicios integrados de análisis de datos y aprendizaje automático. Estas plataformas proporcionan herramientas como AWS SageMaker o Azure Machine Learning, que simplifican el despliegue de modelos predictivos y prescriptivos. Estos servicios son altamente escalables y seguros, pero pueden implicar un mayor coste y requieren conocimientos específicos de la plataforma.

En el mercado también podremos encontrar estas otras herramientas:

- **R y RStudio:** R es un lenguaje de programación estadístico muy popular, especialmente en el ámbito académico y de investigación. RStudio es un entorno de desarrollo integrado para R, que facilita la escritura de código, el manejo de paquetes y la visualización de datos. R es especialmente fuerte en análisis estadístico y gráficos.

- **SAS (*Statistical Analysis System*):** SAS es una *suite* de software para análisis de datos que ofrece capacidades avanzadas de análisis predictivo y prescriptivo. Es muy valorada en industrias como la salud, finanzas y seguros por su robustez y fiabilidad en el manejo de grandes conjuntos de datos.

- **KNIME:** Es una plataforma de análisis de datos de código abierto que permite la creación de flujos de trabajo de análisis de datos visuales. Es útil para la manipulación de datos, análisis estadístico y modelado predictivo, y es conocida por su interfaz intuitiva.

- **RapidMiner:** Es una plataforma de ciencia de datos que proporciona un entorno integrado para preparación de datos, *machine learning*, *deep learning*, análisis de texto y minería de datos.

- **Google Cloud Platform:** Ofrece un conjunto de herramientas en su plataforma de nube para inteligencia artificial y aprendizaje automático, incluyendo AutoML, AI Platform, TensorFlow, etc., que son utilizadas para construir y desplegar modelos de aprendizaje automático a gran escala.

- **IBM Watson:** Ofrece una serie de servicios y herramientas de inteligencia artificial y aprendizaje automático en la nube, que incluyen aplicaciones en lenguaje natural, análisis de datos y sistemas de aprendizaje automático.

- **Alteryx:** Es una herramienta de análisis de datos que proporciona capacidades avanzadas de manipulación de datos y análisis predictivo. Es conocida por su interfaz de usuario amigable y su capacidad de integrar y procesar datos de múltiples fuentes.

Estas herramientas varían en su enfoque, desde aquellas más orientadas a la codificación y el análisis estadístico, como R y SAS, hasta plataformas más orientadas a la visualización y la experiencia del usuario final. La elección de la herramienta adecuada depende a menudo de las necesidades específicas de la organización, el conjunto de habilidades del equipo y el tipo de datos y análisis requeridos.

Resumen

Hemos descubierto que los tomadores de decisiones, dependiendo de la estrategia y estilo organizacional, deben constantemente buscar respuesta a sus múltiples preguntas de negocios y que en general estas preguntas de negocios se pueden responder con cuatro preguntas generales de negocio. Responder estas preguntas generales de negocio tiene una dificultad de respuesta y una entrega de valor distinta a la organización tanto por sus costes de licenciamiento, coste en infraestructura y curvas de aprendizaje de las herramientas.

En la gráfica de la figura 3.3 se ubican las "preguntas generales de negocios" y sus correspondientes análisis anteriormente definidas. Cada uno de ellos se posiciona en el gráfico con respecto a su posición en referencia a los ejes X e Y.

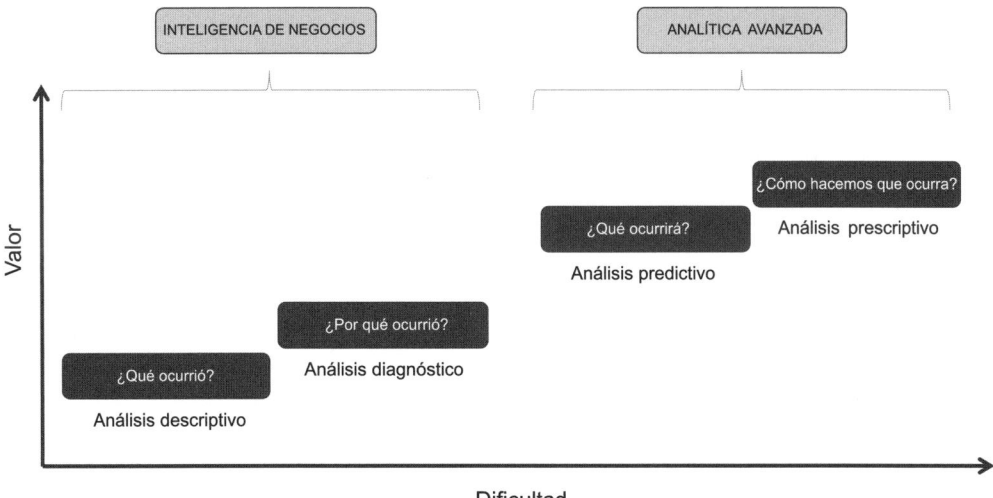

Figura 3.3. Preguntas generales de negocios y análisis correspondientes.

El eje Y representa el valor que las respuestas dan a la toma de decisiones organizacionales, y el eje X representa la dificultad para obtener las respuestas a dichas preguntas, entendiéndose dicha dificultad como la combinación de las variables coste y curvas de aprendizaje de las herramientas necesarias.

También podemos apreciar una llave de asociación que muestra a la inteligencia de negocios como la disciplina que se encarga de los análisis descriptivos y diagnósticos y a la analítica avanzada como la disciplina que se encarga de los análisis predictivos y prescriptivos.

Estas preguntas generales de negocios pueden ser utilizadas en la respuesta analítica de cualquier pregunta específica de negocios y estas preguntas específicas necesariamente responden a las inquietudes del tomador de decisiones, por ejemplo, el caso de Rodrigo.

Rodrigo es el propietario de un negocio de compra y venta de vehículos usados, con 12 sucursales en todo el país y 4 años de presencia en el mercado. Su gestión ha sido tan exitosa que decidió incorporar su fotografía en la entrada de cada sucursal con la frase "Rodrigo es genial", lo cual ha repercutido notoriamente en su publicidad y en el reconocimiento de su marca personal.

Actualmente, cuenta con un sistema ERP que le permite gestionar y documentar todos sus procesos de comercialización, ventas, compras, pago de remuneraciones e inventarios. También tiene personal capacitado para cada una de dichas tareas y sus estados financieros se encuentran auditados por terceros, dándole confianza a sus inversionistas y a otros de su interés como bancos, proveedores, etc.

En este mundo idílico, como persona de negocios, pensaríamos que está todo muy bien y que Rodrigo puede ir a tomar vacaciones al Caribe sin ningún problema. Sin embargo, fue retado por la junta de accionistas a incrementar sus ventas en un 15% durante el siguiente año y a adquirir un 5% de la cuota de mercado durante los siguientes 18 meses.

Para lograr dichos objetivos, Rodrigo necesita responder, entre otras, a las siguientes preguntas:

- ¿Cuáles son las marcas y modelos que más vendo?

- ¿Cuáles son las marcas y modelos que menos vendo?

- ¿Cuáles son las marcas y modelos que mayor margen entregan a la compañía?

- ¿Cuál es el periodo de permanencia en el inventario de cada vehículo?

- ¿Cuál es el coste de permanencia en el inventario de cada vehículo?

- ¿Quiénes son mis clientes?

- ¿Cuál es su nivel de ingresos?

- ¿Dónde trabajan?

- ¿Por qué me compran a mí y no a mi competencia?

- ¿Qué estrategia de comercialización debe adscribir la empresa?

- ¿Debo incrementar las unidades vendidas a bajo margen o enfocarme en la venta a mayor margen de contribución?

Estas preguntas específicas de negocios se pueden responder a través de las preguntas generales de negocios, que en definitiva ayudarán a Rodrigo a definir la estrategia para cumplir los requerimientos de su junta de accionistas y, luego, monitorear si su estrategia se cumple a lo largo del tiempo.

En consecuencia, Rodrigo debe implementar el análisis descriptivo, diagnóstico, predictivo y prescriptivo de sus datos. Esta implementación tendrá como productos una serie de *dashboards* y modelos analíticos destinados a monitorear si su estrategia está siendo llevada a cabo según lo planificado y corregir a tiempo sus resultados en función del monitoreo de datos.

Hemos visto que para Rodrigo la experiencia en la industria y el éxito anterior, por sí solos, no aseguran el logro de los requerimientos de su junta de accionistas.

En cambio, si a la experiencia ya obtenida, se le adhiere el análisis de los datos, esto se traduce en una respuesta oportuna y de alta calidad a las "preguntas de negocios" que se vaya formulando día a día.

4

El análisis descriptivo de datos

En este capítulo aprenderás:

- Qué es el análisis descriptivo de datos.
- Una breve historia del análisis descriptivo de datos.
- Cómo hacer un análisis descriptivo.
- Qué es un análisis exploratorio de datos.
- Qué es un análisis de inteligencia de tiempo.

El análisis descriptivo de los datos es una mezcla de técnicas de análisis exploratorio y visualización donde el objetivo es comprender fundamentalmente el comportamiento de los datos antes de profundizar en análisis más complejos.

Se enfoca en presentar los datos de manera que sea fácil entender su estructura y cuáles son los patrones clave de su comportamiento sin hacer inferencias o predicciones. Busca la identificación de tendencias, la distribución de los datos y la presentación de medidas de tendencia central y de dispersión.

Busca que los analistas sean capaces de describir matemáticamente el o los comportamientos detectados con los datos, detectar los que acusan conductas esperadas y detectar los *outliers* en los conjuntos de datos a estudiar.

El objetivo de un análisis descriptivo de datos desde la perspectiva organizacional es comunicar efectivamente los hallazgos de estos comportamientos hacia los tomadores de decisiones de forma tal que puedan fundamentar estas últimas evitando pérdidas de recursos al direccionar esfuerzos hacia aquellas que traigan un mayor beneficio al responder las preguntas de negocios.

En otras palabras, el análisis descriptivo de los datos va a permitir identificar la cantidad de datos a analizar para tomar una decisión, fundamentando tareas de ingeniería como:

- ¿Cuántos datos debo analizar?

- ¿Cuántos datos debo extraer?

- ¿Cada cuánto tiempo debo ejecutar mis actualizaciones?

Más adelante, cuando veamos la variante de Pareto, nos daremos cuenta de que no es necesario analizar la totalidad de datos existentes, sino que necesitamos analizar la cantidad de datos necesaria para fundamentar una decisión, y ese fundamento se obtiene efectivamente del análisis descriptivo de los datos.

Una breve historia del análisis descriptivo de los datos

La historia y evolución del análisis descriptivo de datos es un tema interesante, puesto que nos ayuda a entender cómo la humanidad ha utilizado la información y los datos a lo largo del tiempo. Veamos un resumen breve de esta evolución del intercambio y el comercio.

Cuando los *Homo sapiens* dejamos de ser recolectores-cazadores y nos establecimos en algunos asentamientos, nace también el intercambio y el comercio de bienes y servicios. Esta actividad se considera la primera necesidad de registrar y analizar datos. Aparecen los primeros registros y sistemas de registros como quipus, ábacos, tablas de arcilla y varios otros artilugios destinados a contar y llevar registro de datos para los efectos de intercambio y comercio.

Uno de los hitos de esta etapa temprana de la humanidad en análisis de datos tiene que ver con el origen de los actualmente conocidos sistemas duodecimal y sexagesimal de conteo, y es muy curioso cómo esta forma de llevar conteos aún persiste en nuestros días y lo asumimos de forma muy cotidiana. La historia es la siguiente: en la Mesopotamia antigua, de donde tenemos los primeros registros de la civilización, los sumerios contaban con una mano la cantidad de falanges de cada dedo con el pulgar, obteniendo un 12 como resultado de este ejercicio (duodecimal). Se nos hace muy natural entonces contar en docenas, medias docenas, tercios, cuadros y pares, ya que el número 12 permite varias posibilidades exactas de división o subagrupaciones. También los sumerios podían multiplicar estos 12 por la cantidad de dedos que tenían en la otra mano, obteniendo como resultado el 60 (sexagesimal).

No es de extrañar que hasta el día de hoy tengamos el tiempo dividido en 12 meses, 24 horas, 60 minutos, 60 segundos y varias otras agrupaciones que responden a los sistemas duodecimal (base 12) y sexagesimal (base 60).

Con la organización civil y la evolución de los distintos imperios, reinos y culturas, se hizo muy necesario recolectar información para efectos de censo, tributación, planificación agrícola y planificación militar. A lo largo de estos primeros siglos, poco a poco fuimos desarrollando y complejizando el estudio de las matemáticas y estadísticas en las distintas culturas de la humanidad, donde podemos destacar como hitos los aportes tanto de la cultura griega, con los aportes de Pitágoras y Euclides, como los de la cultura árabe, con Al-Juarismi, quienes sentaron las bases del análisis de datos más sofisticado.

Como buen contador, debo destacar también la publicación de Luca Paccioli *Summa de arithmetica, geometría, proportioni et proportionalita* (Venecia, 1494) quien, junto con formular resoluciones de casos usando aproximaciones logarítmicas, también establece los fundamentos del método de partida doble o contabilidad actual, aún vigente y utilizado globalmente para el registro de las operaciones comerciales.

La Revolución Industrial trajo consigo una mayor necesidad de recolectar y analizar datos, especialmente en áreas como la política, la demografía y la economía, fue a partir de estas necesidades que la ciencia dio avances significativos. Muchos son los documentos publicados a partir de esta época y, como este no pretende ser un libro de historia, solo destacaré algunas publicaciones interesantes desde la perspectiva del entendimiento de la evolución histórica del análisis de datos.

Pierre de Fermat (1601-1665) y Blaise Pascal (1623-1662), quienes en un intercambio epistolar donde discutían los resultados de algunos juegos de azar (muy famosos en la sociedad francesa de ese entonces), formularon lo que se conoce como los principios básicos del cálculo de probabilidades.

John Graunt (1620-1674) publica en 1662 *Natural and Political Observations Made upon the Bills of Mortality*, considerado uno de los primeros trabajos importantes en estadística, donde analizó datos demográficos de Londres.

Adolphe Quetelet (1796-1874) desarrolló el concepto de "hombre promedio" y aplicó métodos estadísticos a datos sociales y biológicos, marcando el inicio de la estadística aplicada.

Francis Galton (1822-1911), en sus trabajos sobre correlación y regresión, sentó las bases para el análisis de relaciones entre variables.

Florence Nightingale (1820-1910) innovó en la visualización de datos con sus "diagramas de área polar" para presentar estadísticas de mortalidad en la Guerra de Crimea.

Estos avances transformaron el análisis de datos de ser una herramienta principalmente descriptiva a una que podía usarse para inferencias y predicciones más complejas, allanando el camino para el desarrollo de la estadística moderna y el análisis de datos como lo conocemos hoy.

En el siglo XX es sumamente complejo establecer una línea de tiempo en cuanto a evolución de pensamiento matemático y estadístico, ya que es en esta época donde aparece la computación electrónica y digital, con todo lo que eso implica, y como este no pretende ser un libro de historia, como he dicho antes, cerraré este apartado con lo que deberían ser las tendencias futuras de la investigación en estas materias:

- **Perfeccionamiento y desarrollo de nuevas técnicas para el análisis predictivo y prescriptivo:** Si bien el análisis descriptivo sigue siendo fundamental, el enfoque se está desplazando cada vez más hacia el análisis predictivo y prescriptivo, usando los datos para predecir y recomendar acciones futuras.

- **Democratización del análisis de datos:** La tendencia hacia la democratización del análisis de datos significa que herramientas y técnicas cada vez más sofisticadas están disponibles para un público más amplio.

¿Cómo realizar, entonces, un análisis descriptivo?

En primer lugar, debemos comprender cuál es el universo de los datos que tenemos y todos los subconjuntos de ellos que pueden o no encontrarse interceptados dentro de esta composición.

Un universo de datos posee, al menos, tres grandes tipos de registros:

- Registros de cosas que ocurren.

- Registros de cosas que no ocurren, pero existen.

- Registros de referencia.

Para ejemplificar lo anterior, nos situaremos en una ficción donde observaremos el concesionario de Rodrigo. En el cuadro de la figura 4.1 presento, bajo un diagrama de Venn, los tipos de registros aplicados a los existentes en la empresa de Rodrigo.

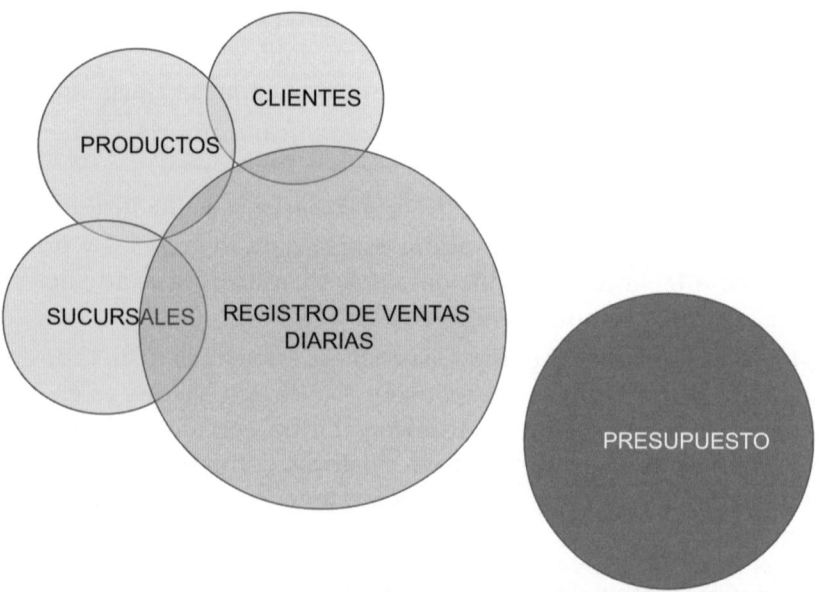

Figura 4.1. Diagrama de Venn de interrelación de entidades (elaboración propia).

El registro de ventas diarias es el de las cosas que ocurren constantemente. En adelante, a dichos registros les llamaremos "tablas de hechos", porque, efectivamente, están registrando la ocurrencia de cosas o hechos.

También se pueden apreciar en el diagrama tres subconjuntos denominados Clientes, Productos y Sucursales, que se intersecan con el registro de ventas diarias, ya que en la práctica comparten algunos datos entre ambos registros. Estos registros, sin embargo, no se incrementan constantemente, solo cuando se incorpora un nuevo cliente, se crea o compra un nuevo producto o se abre una nueva sucursal de la empresa. A estos registros los llamaremos "tablas de dimensiones".

Existe, además, un subconjunto que no se interseca con ningún otro, denominado Presupuesto. Este registro no tiene relación con la operación misma del concesionario, sino con las metas, los objetivos y con todo aquello definido por la dirección de la compañía como esperable en un periodo de tiempo. Estos registros forman, en ese sentido, una "tabla de referencia", que contiene las metas con las cuales comparar la gestión de Rodrigo en su concesionario.

Todo lo anterior es la base de lo que denominamos modelado de datos y que profundizaremos más adelante.

Como definimos anteriormente, el análisis descriptivo es, en consecuencia, la capacidad de presentar, bajo medidas de tendencia central o de dispersión y variabilidad, el comportamiento de los datos que ya ocurrieron, ya sea comparándolos entre sí, mostrando su proporcionalidad e influencia clave con respecto a otros elementos que ya existen en los conjuntos de datos.

Si nos vamos al caso del concesionario de Rodrigo, un análisis descriptivo de sus datos debería por lo menos considerar lo siguiente:

- **Análisis exploratorio de datos:** Determinar medidas de tendencia central, de dispersión y correlaciones principales.

- **Análisis de inteligencia de tiempo:** Comparación con eventos pasados para observar su evolución.

- **Principales proporciones:** Para entender enfoques decisionales futuros.

¿Cómo presentamos todo esto? En reportes que presenten gráficamente todos estos comportamientos

En sí mismo, un análisis descriptivo nos permitirá tener la visión en 180 o 360 grados que todo ejecutivo requiere dentro de sus aspectos de control para mirar su desempeño actual y tomar las acciones necesarias en caso de ser requeridas.

En otras palabras, tener un análisis descriptivo es equivalente a conducir mirando el panel del automóvil, que tiene al menos 5 indicadores que se actualizan en tiempo real: velocidad, revoluciones del motor, temperatura del motor, cantidad de combustible y alertas de aceite, batería, agua, puertas abiertas, etc. Un buen conductor sabe que, en el momento de que alguno de estos indicadores muestre un nivel fuera de lo normal, debe detenerse y tomar alguna acción correctiva que le permita, al reemprender la marcha, llegar sin novedad a su destino.

Lo mismo pasa en las organizaciones. Si no monitoreamos de forma descriptiva lo que sucede, no podemos saber en qué minuto detenernos a tomar una acción correctiva, lo que nos podría costar más caro en un futuro, ya sea por un accidente o porque nos quedamos sin combustible.

Análisis exploratorio de datos

El objeto de este análisis es determinar las medidas de tendencia central y de dispersión principales de todo conjunto de datos. A lo largo de este apartado, solo enunciaremos de forma sucinta cuáles son estas medidas o estadígrafos. Recomiendo a los lectores que se puede profundizar mucho más estos contenidos en textos de estadísticas descriptiva referenciados en cualquier curso de este tipo en cualquier universidad.

Medidas de tendencia central

Las medidas de tendencia central son tres: media, moda y mediana, y se pueden calcular de forma estandarizada para datos agrupados y no agrupados.

La **media**, también conocida como promedio, se utiliza ampliamente en el análisis estadístico de datos. Representa el valor central o "típico" de un conjunto de números y se calcula sumando todos los valores numéricos y luego dividiendo esa suma por la cantidad de valores.

Las características de la media son:

- **Sensibilidad a todos los valores:** La media tiene en cuenta cada valor en el conjunto de datos, lo que la hace sensible a cada cambio en los datos.

- **Influencia de valores extremos:** Puede verse significativamente afectada por valores extremos o atípicos (*outliers*). Un solo valor extremadamente alto o bajo puede distorsionar la media, haciéndola menos representativa del conjunto de datos en general.

- **Uso en diversos campos:** Es ampliamente utilizada en diversas disciplinas como economía, sociología, meteorología y más, debido a su capacidad para proporcionar una estimación rápida y sencilla del valor central.

- **Base para otras medidas estadísticas:** La media se utiliza como base para otras medidas estadísticas, como la varianza y la desviación estándar, que miden la dispersión o variabilidad de los datos.

Las limitaciones de la media son:

- **Distorsión por valores extremos:** Como se mencionó, los valores extremos pueden distorsionar la media, haciendo que no sea la mejor medida de tendencia central en todos los casos.

- **No adecuada para datos no numéricos:** La media solo se puede calcular para datos numéricos y no es adecuada para datos categóricos.

La **mediana** desempeña un papel crucial en el análisis estadístico de datos. A diferencia de la media, que se ve afectada por valores extremos, la mediana proporciona un centro más resistente a las anomalías, lo que la hace particularmente útil en distribuciones sesgadas. La mediana es el valor que se encuentra en el punto medio de un conjunto de datos cuando estos están ordenados en secuencia. Si el conjunto tiene un número impar de observaciones, la mediana es el valor central. Si el conjunto tiene un número par de observaciones, la mediana se calcula tomando el promedio de los dos valores centrales.

Las características de la mediana son:

- **Resistencia a valores atípicos:** Su principal ventaja sobre la media es su resistencia a los valores extremos o atípicos. Esto significa que una sola observación anormalmente alta o baja no afectará significativamente el valor de la mediana.

- **Representatividad en distribuciones sesgadas:** En distribuciones sesgadas, ya sea hacia la derecha o hacia la izquierda, la mediana proporciona una mejor representación del "centro" que la media.

- **Aplicación en diversos tipos de datos:** La mediana se puede usar tanto en datos cuantitativos como en datos ordinales, donde los datos se pueden ordenar, pero no necesariamente tienen un significado numérico uniforme.

Las limitaciones de la mediana son:

- **Información limitada:** La mediana solo refleja el punto medio de un conjunto de datos y no toma en cuenta la distribución de todos los valores. Esto significa que puede no reflejar adecuadamente las variaciones o el rango completo de los datos.

- **Menos sensible a cambios en los datos:** A diferencia de la media, la mediana no se ve afectada por pequeños cambios en los valores extremos del conjunto de datos. Mientras esto puede ser una ventaja en el caso de *outliers*, también significa que no refleja todas las variaciones en los datos.

- **No es útil para análisis matemático avanzado:** La mediana no es tan útil como la media en algunos tipos de análisis estadístico más complejos, como aquellos que involucran análisis matemático o modelado estadístico.

- **Ambigüedad en conjuntos de datos pequeños o con valores repetidos:** En conjuntos de datos pequeños o con múltiples ocurrencias del mismo valor, la mediana puede ser ambigua o no proporcionar información significativa.

- **Dificultades con datos categóricos:** Aunque la mediana puede ser calculada para datos ordinales, no es aplicable a datos nominales (categóricos sin un orden inherente).

La **moda** se define como el valor o valores que aparecen con mayor frecuencia en un conjunto de datos. La moda es única entre las medidas de tendencia central en el sentido de que es la única que se puede utilizar en datos nominales, es decir, datos que representan categorías. Para calcular la moda, se debe tener en cuenta que, en un conjunto de datos, la moda es el valor que aparece con mayor frecuencia. En algunos casos, puede haber más de una moda (bimodal, trimodal, etc.), lo que indica que hay varios valores que aparecen con la misma máxima frecuencia.

Las características y aplicaciones de la moda son:

- **Versatilidad en tipos de datos:** Puede aplicarse a cualquier tipo de datos, incluyendo nominales, ordinales, de intervalo y de razón. Esto la hace útil en diversas disciplinas y contextos, desde la investigación social hasta el análisis de mercado.

- **Uso en distribuciones asimétricas:** La moda es particularmente útil en distribuciones asimétricas, donde otros indicadores de tendencia central pueden no ser representativos.

- **Datos categóricos y nominales:** En datos categóricos o nominales, como géneros de películas, marcas de coches o categorías de productos, la moda indica la categoría más frecuente, que es una información valiosa en muchos contextos, como marketing y demografía.

Las ventajas de la moda son:

- **Simplicidad y facilidad de comprensión:** Es fácil de entender y explicar, lo que la hace accesible para un público amplio.

- **Utilidad en datos no numéricos:** A diferencia de la media y la mediana, la moda puede aplicarse a datos cualitativos, lo que la hace indispensable en ciertas formas de análisis.

Las limitaciones de la moda son:

- **No es siempre representativa:** La moda puede no ser representativa de todos los datos, especialmente en conjuntos de datos grandes con muchas categorías o valores únicos.

- **Sensibilidad a tamaño de la muestra:** En muestras pequeñas, la moda puede ser afectada significativamente por fluctuaciones aleatorias.

- **Datos con múltiples modas:** En conjuntos de datos con múltiples modas, puede ser difícil determinar cuál es la más representativa o significativa.

Medidas de dispersión

Las medidas de dispersión son estadígrafos que describen cuánto se extienden o varían los valores en un conjunto de datos. Son fundamentales para comprender la distribución y la variabilidad de los datos. En este apartado, nos referiremos a las principales medidas de dispersión: rango, varianza, desviación estándar y coeficiente de variación.

Rango es una medida de dispersión que describe la extensión o el intervalo total, dentro del cual se distribuyen los valores en un conjunto de datos. Es una de las maneras más sencillas de entender la variabilidad en los datos y se calcula restando el valor mínimo del conjunto de datos del valor máximo, puede ayudar a identificar posibles errores de datos o valores atípicos, especialmente cuando el rango es inesperadamente grande.

Las características del rango son:

- **Simplicidad:** Es fácil de calcular y de entender, lo que lo hace útil para una rápida apreciación de la dispersión de los datos.

- **Sensibilidad a valores extremos:** El rango está altamente influenciado por valores atípicos. Un solo valor extremadamente alto o bajo puede hacer que el rango sea mucho mayor o menor.

- **No refleja la distribución completa:** Aunque proporciona información sobre la extensión de los datos, no da detalles sobre cómo se distribuyen los valores entre los extremos.

Las limitaciones del rango son:

- **Sensibilidad a valores extremos:** Su mayor limitación es la sensibilidad a los valores extremos. Esto puede llevar a interpretaciones engañosas en conjuntos de datos donde los valores extremos no son representativos.

- **No representa la variabilidad interna:** No proporciona información sobre la variabilidad o consistencia de los valores dentro del conjunto, más allá de los valores extremos.

Varianza indica cuánto se alejan los valores de un conjunto de datos de su media. Al calcular la varianza, se obtiene una representación de cuán dispersos o concentrados están los datos alrededor de la media. La varianza es crucial para entender cuán distribuidos están los datos. Una varianza baja indica que los puntos de datos tienden a estar muy cerca de la media, mientras que una varianza alta indica que están más dispersos. Se calcula tomando la media de las diferencias al cuadrado entre cada punto de datos y la media del conjunto de datos. En términos simples, se mide cuánto "varían" los datos respecto a su media.

Hay dos tipos de varianza: la varianza de la población y la varianza de la muestra. La varianza de la población se usa cuando se tienen datos de toda la población, mientras que la varianza de la muestra se utiliza cuando se trabaja con una muestra de esa población. La fórmula para calcular la varianza difiere ligeramente entre la población y la muestra debido al denominador utilizado. En la varianza de la población, se divide por el número total de valores (N), mientras que, en la varianza de la muestra, se divide por el número total de valores menos uno (N-1), conocido como corrección de Bessel.

Las limitaciones de la varianza son:

- **Sensibilidad a valores extremos:** Al igual que la media, la varianza es sensible a valores extremos o atípicos.

- **Unidades de medida:** La varianza se mide en las unidades al cuadrado de los datos originales, lo que puede ser menos intuitivo y más difícil de interpretar.

Desviación estándar es una medida estadística que cuantifica la dispersión o variabilidad de un conjunto de datos. Representa cuánto se desvían en promedio los valores individuales de la media. Esta medida es fundamental en estadística y análisis de datos, proporcionando una comprensión clara de la variabilidad dentro de un conjunto de datos. La desviación estándar se calcula como la raíz cuadrada de la varianza. Existe una distinción entre la desviación estándar de una población y de una muestra. Al igual que con la varianza, la fórmula para calcular la desviación estándar de una muestra incluye la corrección de Bessel (dividir por N-1 en lugar de N).

Dentro de sus características principales podemos distinguir:

- Facilita la interpretación de la dispersión de los datos, ya que una desviación estándar baja indica que los datos están agrupados cerca de la media, mientras que una desviación estándar alta indica una mayor dispersión.

- Es fundamental en la estadística inferencial, incluyendo pruebas de hipótesis, intervalos de confianza y análisis de regresión.

- Permite comparar la variabilidad entre diferentes conjuntos de datos, incluso si sus medias son distintas.

Las limitaciones de la desviación estándar son:

- **Sensibilidad a valores extremos:** Al igual que la media y la varianza, es sensible a valores atípicos.

- **Presupone distribución normal:** Las interpretaciones más comunes de la desviación estándar asumen que los datos siguen una distribución normal, lo que no siempre es el caso.

Coeficiente de variación proporciona una evaluación estandarizada de la dispersión de un conjunto de datos en relación con su media. A diferencia de otras medidas de dispersión, como la varianza o la desviación estándar, el coeficiente de variación expresa esta dispersión como un porcentaje de la media, permitiendo comparaciones entre conjuntos de datos con diferentes escalas o medias. Se calcula como la desviación estándar dividida por la media, multiplicada por 100, para expresarlo en porcentaje.

Las limitaciones del coeficiente de variación son:

- **No aplicable a medias cercanas a cero:** No es apropiado utilizarlo cuando la media del conjunto de datos es muy pequeña o cercana a cero, ya que puede llevar a interpretaciones engañosas o indefinidas.

- **Sensibilidad a la media:** Dado que depende de la media, es sensible a la misma distribución de los datos que afecta a la media, incluyendo valores extremos.

Diagrama de caja y bigotes o *box-plot*

Todo análisis exploratorio de datos se representa con este diagrama o gráfico. El diagrama de caja y bigotes, también conocido como *box-plot*, en la figura 4.2, es una herramienta gráfica que representa la distribución de un conjunto de datos basándose en un resumen de cinco números y proporciona una visualización eficiente de su rango, medianas y cuartiles.

Este diagrama es fundamental en el análisis exploratorio de datos, ya que ofrece una manera rápida de visualizar la distribución y posibles anomalías en los datos, como los valores atípicos. Fue desarrollado por John Tukey en los años 70 como parte de su enfoque en el análisis exploratorio de datos. La simplicidad y eficacia del diagrama en la representación de datos han hecho que sea una herramienta estándar en el análisis estadístico.

La estructura y elementos del diagrama son:

- **Caja central:** Representa el rango intercuartílico (RIC), que abarca desde el primer cuartil (Q1, el 25 %) hasta el tercer cuartil (Q3, el 75 %). Este rango contiene la mitad central de los datos.

- **Línea dentro de la caja:** Indica la mediana (el segundo cuartil, Q2), que divide el conjunto de datos en dos mitades iguales.

- **Bigotes:** Son líneas que se extienden desde la caja hasta los valores máximos y mínimos dentro de un límite determinado, generalmente 1,5 veces el RIC más allá de los cuartiles. Los valores fuera de estos límites se consideran valores atípicos o extremos.

- **Valores atípicos:** Se representan con puntos o círculos fuera de los bigotes, indicando valores que difieren significativamente del resto de los datos.

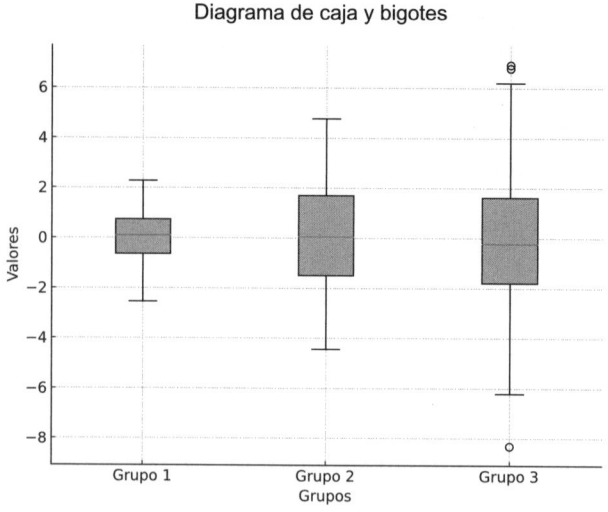

Figura 4.2. Diagrama de caja y bigotes (elaboración propia).

La interpretación del diagrama se resume en:

- Un diagrama de caja y bigotes puede proporcionar información sobre la simetría y la dispersión de los datos. Una caja simétrica con la mediana en el centro sugiere una distribución simétrica, mientras que una caja asimétrica indica sesgo en la distribución.

- La longitud de los bigotes y la caja ofrece una percepción de la variabilidad o dispersión de los datos.

- La presencia de valores atípicos se identifica fácilmente, lo que es útil para investigaciones adicionales.

Los diagramas de caja y bigotes se aplican en:

- **Análisis comparativo:** Son particularmente útiles para comparar distribuciones entre varios grupos o categorías de datos.

- **Identificación de tendencias y anomalías:** Ayudan a identificar rápidamente tendencias, dispersiones y posibles anomalías en los conjuntos de datos.

- **Análisis en diversos campos:** Desde la investigación científica hasta el análisis de mercado y la toma de decisiones empresariales, los diagramas de caja y bigotes son herramientas versátiles.

Las ventajas de los diagramas de caja y bigotes son:

- **Eficiencia:** Proporcionan una manera compacta y eficiente de representar la distribución de los datos.

- **Facilidad de interpretación:** Son relativamente fáciles de entender e interpretar, incluso para personas no familiarizadas con estadísticas avanzadas.

Las limitaciones de este tipo de diagramas son:

- **Detalles de la distribución:** No muestran la forma exacta de la distribución; por ejemplo, no pueden diferenciar entre distribuciones bimodales y unimodales.

- **Sensibilidad a muestras pequeñas:** En conjuntos de datos pequeños, los diagramas de caja y bigotes pueden ser menos informativos o incluso engañosos.

Análisis de inteligencia de tiempo

Cuando hablamos de inteligencia de tiempo, podríamos pensar inmediatamente en dos grandes tipos de análisis. El primero es el que tiene que ver con la observación e inferencia de comportamientos asociados a una dimensión temporal significativa; en otras palabras, podríamos pensar inmediatamente en los análisis de series temporales, como también podríamos pensar en el análisis de algún conjunto de datos comparando sus distintos episodios temporales para establecer certezas comparativas o de evolución entre periodos de tiempo finitos.

Las series de tiempo las analizaremos en profundidad en el capítulo de análisis predictivo; en este capítulo veremos, en efecto, los análisis comparativos de episodios temporales finitos.

¿Pero qué es lo que mediremos bajo este contexto? En general, se miden indicadores claves definidos por la estrategia de la organización, como KPIs, OKR o cualquier otro indicador siempre y cuando sea medible.

Medidas de acumulación

Las primeras medidas que por lo general se utilizan en este contexto son las relacionadas con algún indicador acumulado a lo largo de un periodo de tiempo; dentro de estas medidas de acumulación, nos encontraremos con las siguientes y las describiremos según sus siglas en inglés.

- **Medidas "*To Date*" ("a la fecha"):** Son medidas de acumulación de algún indicador que tienen la característica principal de ser sumas entre un periodo de tiempo y la fecha actual o fecha seleccionada. Estas medidas juegan un papel crucial en el análisis temporal y la inteligencia de negocios, proporcionando una perspectiva acumulativa de los indicadores en estudio. Las principales acumulaciones *To Date* son las siguientes:

    - **WTD, *week to date* o acumulado a la fecha dentro de la semana:** Esta medida acumula datos desde el inicio de la semana actual hasta la fecha actual o seleccionada. Es útil para monitorear el rendimiento semanal y detectar tendencias a corto plazo.

    - **MTD, *month to date* o acumulado a la fecha dentro del mes:** Acumula datos desde el inicio del mes actual hasta la fecha actual. Esta medida es importante para evaluar el rendimiento mensual y es ampliamente utilizada en informes financieros y de ventas.

    - **QTD, *quarter to date* o acumulado a la fecha dentro del trimestre:** Acumula datos desde el inicio del trimestre calendario actual hasta la fecha actual. Proporciona una visión del rendimiento trimestral, útil para análisis financieros y planificación estratégica.

    - **YTD, *year to date* o acumulado a la fecha dentro del año:** Acumula datos desde el inicio del año hasta la fecha actual. Esta es una de las medidas más importantes en el análisis de negocios, ya que proporciona una visión global del rendimiento anual, ayudando en la toma de decisiones estratégicas y la evaluación de los objetivos anuales.

- **Medidas "*Last*" o de acumulación en segmentos fijos de tiempo:** Son medidas de acumulación que consideran periodos fijos de tiempo siendo indiferentes a los cambios de año fiscal o calendario. Son esenciales para comparar el comportamiento actual con periodos específicos anteriores; entre ellas, tenemos las siguientes:

    - **LW y LxW (*Last Week* y *Last X Weeks*):** LW acumula datos de la última semana completa, mientras que LxW acumula datos de las últimas X semanas. Son útiles para análisis de tendencias a corto plazo.

    - **LM y LxM (*Last Month* y *Last X Months*):** LM se refiere al mes anterior completo, y LxM a los últimos X meses. Estas medidas son valiosas para evaluaciones mensuales y comparaciones interanuales.

    - **LY y LxY (*Last Year* y *Last X Years*):** LY acumula datos del año anterior completo, y LxY se refiere a los últimos X años. Estas medidas son importantes para análisis anuales y evaluación de tendencias a largo plazo.

Además de las medidas estándares que hemos descrito anteriormente, existen muchas otras y unas cuantas más específicas por industria o mercado, que obedecen principalmente a la interpretación de los ciclos de negocios específicos de algún mercado. Entre estas medidas de acumulación, encontramos con las siguientes:

- **LTD (*Life to Date*):** Mide el acumulado desde el inicio de un producto o servicio hasta la fecha actual. Es útil para entender el rendimiento total a lo largo de la vida de un producto o servicio.

- **FYTD (*Fiscal Year to Date*):** Similar a YTD, pero se centra en el año fiscal en lugar del año calendario. Importante para empresas cuyo año fiscal no coincide con el año calendario.

- **PTD (*Period to Date*):** Generalmente se refiere a un periodo específico definido por la empresa, como un ciclo de planificación o un periodo promocional.

- **TTM (*Trailing Twelve Months*):** Refiere al rendimiento acumulado en los últimos doce meses, independientemente del año calendario o fiscal. Es útil para análisis que requieren una vista de rendimiento constante a lo largo del tiempo.

Visualizaciones de datos de evolución temporal

Todo lo anteriormente descrito como medidas de acumulación se presentan gráficamente para demostrar cómo estas se afectan y evolucionan a lo largo del tiempo. Por lo general, se diferencian entre sí con algunos sufijos que veremos a continuación:

- **CY vs. LY (*Current Year* versus *Last Year*):** Esta comparación visualiza el rendimiento o los datos acumulados del año en curso frente al año anterior. Es esencial para entender la evolución anual y realizar evaluaciones de crecimiento o declive año tras año.

- **CM vs. LM (*Current Month* versus *Last Month*):** Similar a CY vs. LY, pero se enfoca en el mes en curso comparado con el mes anterior. Esta visualización es útil para seguimientos mensuales y para identificar tendencias o patrones estacionales.

- **LY vs. PxY (*Last Year* versus *Previous x Years*):** Aquí, se compara el rendimiento del último año completo con los rendimientos de los años anteriores (X años atrás). Esta visualización permite una perspectiva a largo plazo del rendimiento y es útil para identificar tendencias sostenidas o cambios significativos a lo largo del tiempo.

Estas visualizaciones ayudan a los analistas y a los tomadores de decisiones a interpretar rápidamente grandes volúmenes de datos, identificar tendencias clave y tomar decisiones informadas basadas en el análisis temporal. Son fundamentales en la presentación de informes, planificación estratégica y evaluación del desempeño en diversos sectores de negocio.

Cerraremos este apartado observando las visualizaciones más apropiadas para estos indicadores, las cuales deben obedecer algunas buenas prácticas esenciales:

1. Gráficos de líneas, para analizar evolución de tiempo no se deben usar gráficos de barras o histogramas. El gráfico de líneas siempre es el más adecuado, ya que habla de evolución en forma implícita.

2. El eje X debe ser temporal y acotado al periodo a comparar, si se están usando medidas *Last*. El eje X debe estar en ese *Last*; de lo contrario, siempre se debe usar el último año, los 12 meses o los últimos meses del año, dependiendo del indicador.

3. El eje Y debe ser cuantitativo y equivalente para todas las líneas a dibujar.

4. Colores distintivos entre cada elemento a comparar.

5. Nunca agregar más de 5 líneas al gráfico.

En la figura 4.3 se observa de buena forma cómo representar un comparativo entre las ventas de este periodo y las del año anterior.

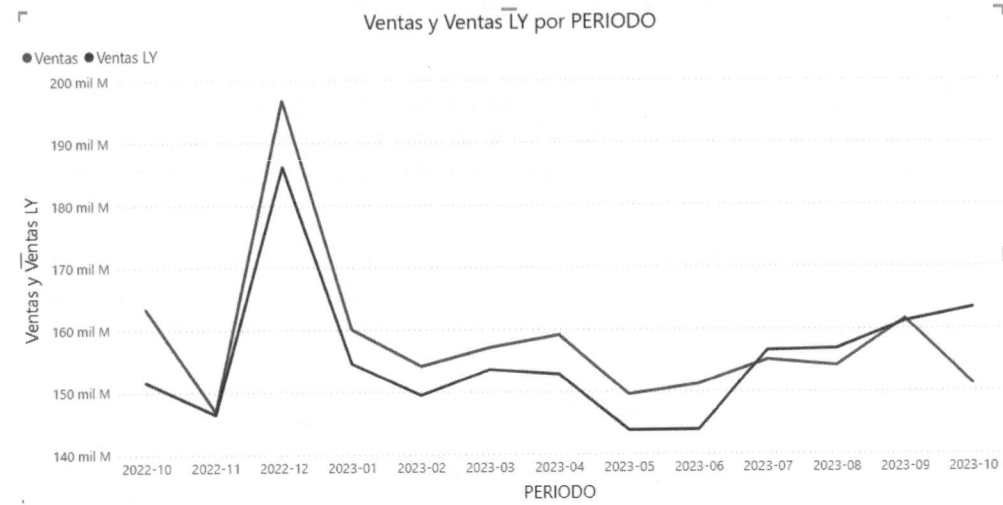

Figura 4.3. Gráfico de evolución de ventas actuales y ventas año anterior (elaboración propia).

Se puede observar por diferencias de colores cuál es el correspondiente a cada indicador, facilitando al lector qué indicador es cada uno, ya que su descripción aparece inmediatamente al inicio del gráfico. El eje X solo muestra los últimos 12 meses, facilitando la lectura del evolutivo e inmediatamente identificando cuándo un indicador es superior al anterior.

En algunos casos, los **gráficos de cintas** podrían servir para una rápida mirada evolutiva de algún indicador, ya que, además de la evolución, indica cómo sus componentes internos participan dentro del total.

En la figura 4.4 se puede observar cómo, dentro de un periodo de un año, los distintos productos que componen la venta van obteniendo una distinta participación dentro del total de ventas.

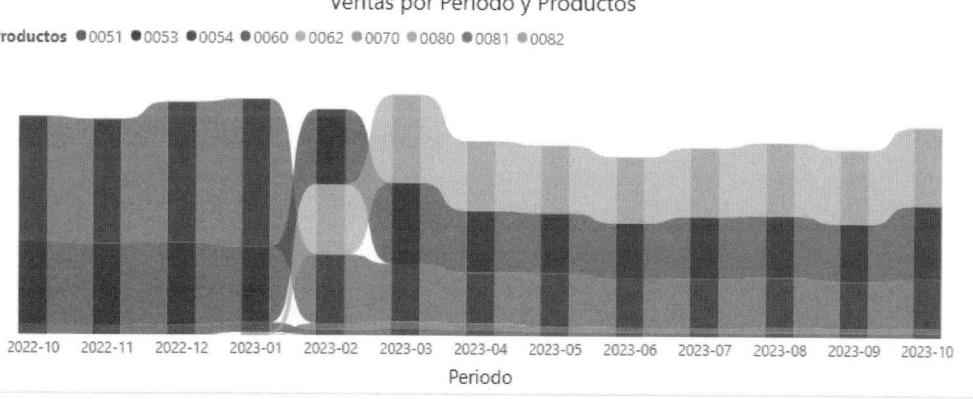

Figura 4.4. Gráfico de cintas de ventas y productos por periodo (elaboración propia).

5

Análisis diagnóstico

En este capítulo aprenderás:

- Elementos de causa y efecto.
- Análisis de correlación.
- Análisis de probabilidad condicional.
- Breve introducción a la teoría de juegos.

Análisis diagnóstico

Un análisis diagnóstico es un proceso de investigación que permite conocer, describir y analizar un fenómeno dado uno o varios problemas existentes y generalmente obtenidos a consecuencia de un análisis descriptivo.

También se puede definir como el análisis que se realiza para determinar la causa, explicada por los propios datos de cualquier situación. En otras palabras, el análisis diagnóstico de datos se centra en identificar las causas subyacentes de los patrones observados en los datos. Este proceso implica ir más allá del análisis exploratorio, que solo describe características básicas, para explicar por qué y cómo ocurren ciertos fenómenos.

Lo que busca un análisis diagnóstico es determinar a través de distintas metodologías las relaciones y causalidades de un fenómeno en función de otro. Por ejemplo, las ventas del concesionario de Rodrigo aumentaron un 10 % el año pasado.

Para determinar el por qué las ventas aumentaron un 10 % debemos realizar por lo menos las siguientes preguntas a los datos, entre otras:

- ¿Son factores internos o externos a la empresa los que influyeron en dichos resultados?
- ¿Fue Marketing el gran responsable de eso?
- ¿El mayor ingreso de la población influyó en dicho comportamiento?

Un buen análisis diagnóstico tiene que partir principalmente con una buena definición del problema, porque dicha definición del problema nos va a llevar a conocer las causalidades de dicho problema.

En este capítulo abordaremos las siguientes temáticas, ya que, en mi experiencia, en este orden se pueden establecer buenos análisis de tipo diagnóstico para responder a la pregunta "¿por qué ocurrió?".

Elementos de causa y efecto

Como definimos al inicio del capítulo, independiente de la técnica o modelo matemático que utilicemos, la clave de todo análisis diagnóstico es primero establecer una buena definición del problema. Gran parte de esta definición nos permitirá formular buenas hipótesis para experimentarlas y comprobar o descartar su existencia con los análisis que veremos más adelante en este capítulo.

Diagrama de Ishikawa

La primera técnica para realizar análisis de causa y efecto es el diagrama de Ishikawa o análisis de espina de pescado. Es una herramienta analítica utilizada para identificar, explorar y mostrar visualmente las posibles causas de un problema específico.

Este enfoque es ampliamente utilizado en la gestión de proyectos, en investigación y desarrollo y en gestión de calidad, puesto que permite ordenar con cierto grado de certeza las causas probables de algún problema en particular. Es ampliamente utilizado en diversas industrias y no es una excepción su uso en el análisis de datos.

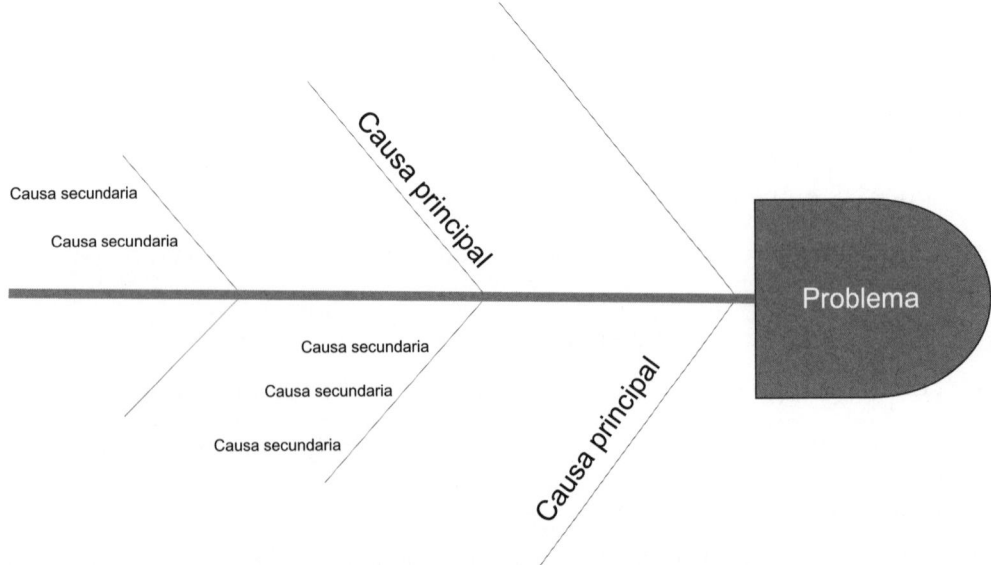

Figura 5.1. Diagrama de espina de pescado.

El diagrama de espina de pescado fue desarrollado por Kaoru Ishikawa en la década de 1960. Su diseño recuerda al esqueleto de un pez, con una línea central representando el problema principal y varias "espinas" que se extienden hacia fuera, indicando las posibles causas del problema. Su estructura se compone de tres grandes elementos:

1. **Problema (cabeza del pez):** Se inicia identificando claramente el problema o el efecto que se quiere analizar. Este se coloca al final de la "espina dorsal" del diagrama.

2. **Causas principales (grandes espinas):** Las causas principales se organizan en categorías, representadas por líneas grandes que se extienden desde la columna central. En la gestión de calidad, estas categorías pueden ser: métodos, máquinas, materiales, mano de obra, medio ambiente y medición. En el contexto de la arquitectura de datos, las categorías podrían ser: datos, tecnología, procesos, personas y políticas.

3. **Causas secundarias (espinas menores):** De cada categoría principal, se extienden líneas más pequeñas que representan causas más específicas o secundarias. Estas causas secundarias pueden, a su vez, ramificarse en causas más detalladas.

El diagrama de espina de pescado es una herramienta muy útil en el análisis diagnóstico de datos, tanto para identificar las posibles causas de algunas observaciones asociadas al comportamiento de algunas preguntas de negocios, como para incluso identificar eventuales problemas en la calidad de los datos.

Por ejemplo, frente a la eventual inexactitud en algunos informes, este diagrama ayuda a visualizar causas como errores en la captura de datos, fallos en procesos ETL o la baja calidad de las fuentes de datos.

Entre sus ventajas, destaca la capacidad de ofrecer una representación gráfica clara, facilitando la identificación de relaciones entre causas y problemas centrales y fomentando el trabajo en equipo y la discusión conjunta. Su enfoque estructurado previene la concentración en atacar los síntomas o consecuencias de un problema en vez de sus causas, y su adaptabilidad lo hace aplicable a diferentes industrias y tipos de problemas.

Entre sus desventajas, no sirve para priorizar causas, ya que en sí mismo no ofrece un método para priorizar las causas en términos de impacto o facilidad de solución. Puede volverse muy complejo y difícil de interpretar si el problema tiene muchas causas y existe un riesgo de simplificación excesiva, es decir, algunas causas pueden ser demasiado complejas para desglosarse adecuadamente en este formato.

Con todo lo anterior, un diagrama de Ishikawa puede ayudarnos muchísimo en la elaboración de una buena definición de un problema.

Diagramas de flujos

Un diagrama de flujo es una representación gráfica de un proceso o un algoritmo, cuyo propósito es proporcionar una ilustración clara y fácil de seguir de los pasos o procedimientos involucrados en un proceso.

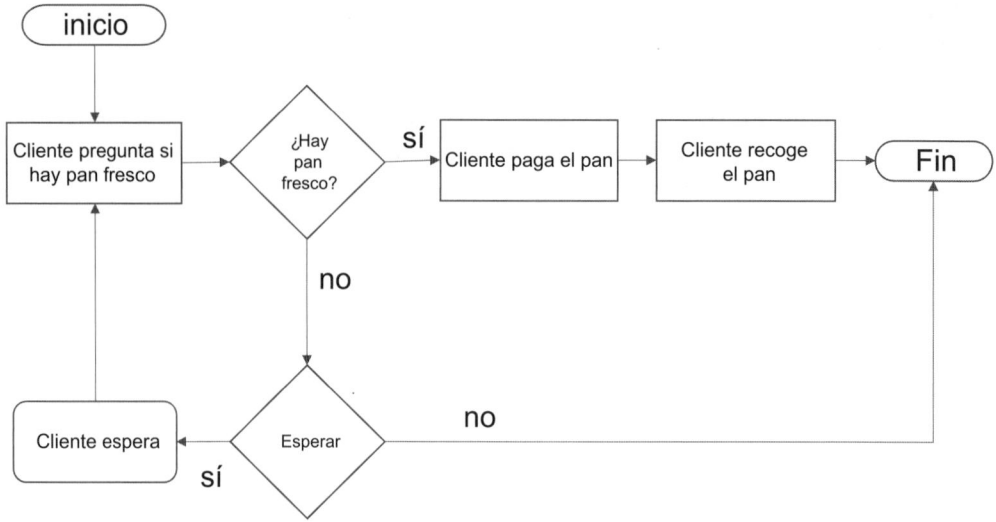

Figura 5.2. Diagrama de flujos de proceso de compra de pan.

En la figura 5.2 he diagramado de forma muy sucinta un proceso de compra de pan en un almacén o panadería para explicar que una de las características más útiles del diagrama de flujos se encuentra en la posibilidad de visualizar cómo fluye un proceso de principio a fin. Muestra cada paso del proceso de manera secuencial, simplificando la comprensión de procesos complejos al desglosarlos en pasos individuales.

Los diagramas de flujo utilizan una variedad de formas estandarizadas, como rectángulos, óvalos y diamantes, cada uno con un significado específico (por ejemplo, inicio/fin, proceso, decisión). En cada una de estas formas se describe brevemente qué paso del proceso representa.

Cada forma del diagrama de flujo se conecta con flechas y muestran la dirección del flujo del proceso.

Existen al menos tres diagramas de flujo. Están los lineales, para describir procesos simples y secuenciales; los iterativos o de bucle, para procesos que incluyen repetición o ciclos, y los condicionales para procesos que involucran toma de decisiones y bifurcaciones.

El uso de diagramas de flujos para elaborar buenas definiciones de problemas es una ayuda de alto valor puesto que permite identificar secuencialmente posibles causas de comportamiento de algún dato, ya sea desde la perspectiva de la elaboración de la pregunta de negocio como para sustentar las siguientes técnicas que nombraremos en este capítulo.

Análisis de correlaciones

El principal método de análisis diagnóstico utilizado es el análisis de correlación de datos. Cuando buscamos causas probables de algún hecho, la correlación es una gran ayuda para esa demostración, ya que es muy probable que datos que se encuentren correlacionados puedan estar dependiendo uno del otro.

El análisis de correlación es una técnica estadística utilizada para medir y analizar la fuerza y la dirección de la relación entre dos variables cuantitativas. Es fundamental en la etapa de la investigación que busca entender cómo diferentes variables están relacionadas entre sí.

Aquí están algunos puntos clave sobre el análisis de correlación Una correlación es una medida o grado de relación entre dos variables. Un conjunto de datos puede ser positivamente correlacionado, negativamente correlacionado o no correlacionado del todo. Así como un conjunto de valores incrementa, el otro conjunto tiende a aumentar; entonces, esto es llamado una correlación positiva.

El análisis de correlación se utiliza en diversos campos como la economía, la biología, la psicología, el marketing y más. Por ejemplo, en finanzas, puede utilizarse para entender la relación entre el riesgo y el rendimiento de diferentes activos financieros.

En el análisis de datos, la correlación ayuda a identificar relaciones que pueden ser importantes para la modelización predictiva o para la comprensión de patrones subyacentes en los datos.

Coeficientes de correlación

El coeficiente de Pearson es el más utilizado, ya que mide la correlación lineal entre dos variables. Su valor varía entre -1 y +1, donde +1 indica una correlación positiva perfecta, -1 indica una correlación negativa perfecta, y 0 indica que no hay correlación lineal.

El coeficiente de correlación de Spearman, también conocido como correlación por rangos de Spearman, es una medida no paramétrica de correlación de rango. A diferencia del coeficiente de correlación de Pearson que mide las relaciones lineales entre dos variables cuantitativas, el coeficiente de Spearman está diseñado para capturar las relaciones monótonas, ya sean lineales o no. Es especialmente útil cuando se trabaja con datos que no cumplen con los supuestos de normalidad requeridos por Pearson, o cuando las variables se miden en escalas ordinales.

Para calcularlo, primero, cada variable se ordena y se asigna en un rango. Luego, Spearman utiliza estos rangos para calcular el coeficiente de correlación, que puede variar entre -1 y 1 (igual que Pearson). Este enfoque de rangos hace que el coeficiente de Spearman sea menos sensible a valores extremos y distribuciones no normales.

El coeficiente de correlación de Kendall, también conocido como tau de Kendall, es una medida estadística utilizada para evaluar la fuerza y la dirección de la relación entre dos variables. Al igual que el coeficiente de Spearman, es una medida de correlación no paramétrica, lo que significa que no asume una distribución normal de los datos. El coeficiente de Kendall es particularmente útil para identificar relaciones en datos ordinales o cuando el conjunto de datos contiene un número significativo de valores empatados.

NOTA:

Es importante destacar que la correlación no implica causalidad. Incluso si dos variables están fuertemente correlacionadas, esto no significa que una cause la otra.

Una limitación importante del análisis de correlación es que solo detecta relaciones lineales entre variables. No puede identificar relaciones más complejas.

Las correlaciones a menudo se visualizan mediante gráficos de dispersión, donde cada punto representa una observación y su posición refleja sus valores en las dos variables que se están comparando.

Ejemplos de análisis de correlación usando Excel, Power BI y Python

Hay que dejar en claro que estas herramientas son muy abordables para los usuarios desde el punto de vista del bajo código al alto código. En los siguientes pasos evidenciaremos esa experiencia, ya que cada herramienta requiere un mayor conocimiento en código para lograr los resultados esperados.

Partiremos con Excel, donde codificaremos muy poco; luego, con Power BI, que necesitaremos transformar un poco y codificar un poco más que en Excel; y finalmente terminaremos con Python, que necesitaremos codificar muchísimo para lograr el resultado.

Para efectos de hacer esto un poco más didáctico, utilizaremos un set de datos de ejemplos con tres escenarios con información asociada a gastos de publicidad y ventas para entender su correlación.

Set de datos

Periodo	Escenario 1		Escenario 2		Escenario 3	
	ventas	publicidad	ventas	publicidad	ventas	publicidad
ene-21	25.932.937	539.579	59.488.585	539.579	231.077.524	285.969
feb-21	16.330.377	535.409	61.170.478	535.409	226.844.789	226.761
mar-21	20.787.926	631.112	73.997.882	631.112	217.636.456	439.798
abr-21	26.295.442	818.965	79.644.346	818.965	206.876.672	640.627
may-21	14.761.560	827.425	94.533.306	827.425	205.273.571	883.797
jun-21	21.111.228	559.223	64.450.451	559.223	200.079.581	1.093.191
jul-21	28.013.453	562.086	73.773.788	562.086	198.078.083	1.247.051
ago-21	28.127.377	856.905	113.325.686	856.905	198.023.063	1.467.850
sept-21	24.853.972	444.109	44.077.818	444.109	192.447.358	1.695.250
oct-21	20.144.628	456.043	63.960.031	456.043	191.458.701	1.849.666
nov-21	16.862.839	441.884	59.764.811	441.884	168.065.015	2.063.007
dic-21	26.923.291	610.453	72.186.067	610.453	162.489.009	2.288.320
ene-22	21.343.931	485.978	53.579.075	485.978	156.439.972	2.455.279
feb-22	25.998.520	491.680	55.191.080	491.680	149.657.780	2.690.224
mar-22	26.187.876	444.383	50.770.758	444.383	130.240.154	2.845.823
abr-22	25.519.662	719.540	71.414.345	719.540	123.273.619	3.064.429
may-22	19.893.738	541.438	69.439.424	541.438	120.073.677	3.278.934
jun-22	24.613.361	750.480	75.235.620	750.480	117.047.566	3.462.969
jul-22	14.957.190	752.041	97.953.340	752.041	115.241.230	3.660.327
ago-22	28.556.989	430.647	50.924.008	430.647	105.444.222	3.829.690
sept-22	23.528.741	644.271	68.453.794	644.271	91.227.550	4.092.785
oct-22	14.617.516	759.007	83.680.522	759.007	89.640.124	4.250.319
nov-22	20.576.168	534.046	64.219.032	534.046	78.436.525	4.480.819
dic-22	18.740.021	673.274	67.495.719	673.274	72.030.380	4.692.907
ene-23	25.996.657	475.796	63.399.817	475.796	63.894.672	4.837.514
feb-23	28.618.299	655.212	86.651.787	655.212	63.663.954	5.043.820
mar-23	21.234.708	882.613	106.134.213	882.613	60.070.287	5.277.625
abr-23	26.885.922	781.419	108.031.177	781.419	49.033.040	5.437.279
may-23	28.426.001	732.594	84.431.459	732.594	48.690.622	5.637.978
jun-23	18.868.046	624.212	74.437.281	624.212	47.689.914	5.822.926
jul-23	27.810.119	584.188	57.980.659	584.188	42.092.565	6.083.524
ago-23	23.765.854	696.431	68.424.346	696.431	18.063.227	6.226.097
sept-23	15.184.117	634.866	83.961.029	634.866	16.086.863	6.447.447
oct-23	15.194.224	468.627	45.573.976	468.627	14.437.189	6.651.836
nov-23	21.578.571	545.102	62.823.006	545.102	12.613.123	6.840.433
dic-23	24.708.831	520.092	49.538.763	520.092	10.808.841	7.080.128

Este mismo set de datos estará disponible para su descarga en mi GitHub con la siguiente URL: `https://github.com/wcalcagno/recursos_aid_libro2024/blob/main/05_dataset_correlacion_xlsx.xlsx`.

Cálculo de correlación en Excel

En Excel debes abrir el archivo adjunto en mi GitHub o copiar y pegar los datos de la tabla antes publicada para estos efectos y luego calcularemos la correlación para cada escenario.

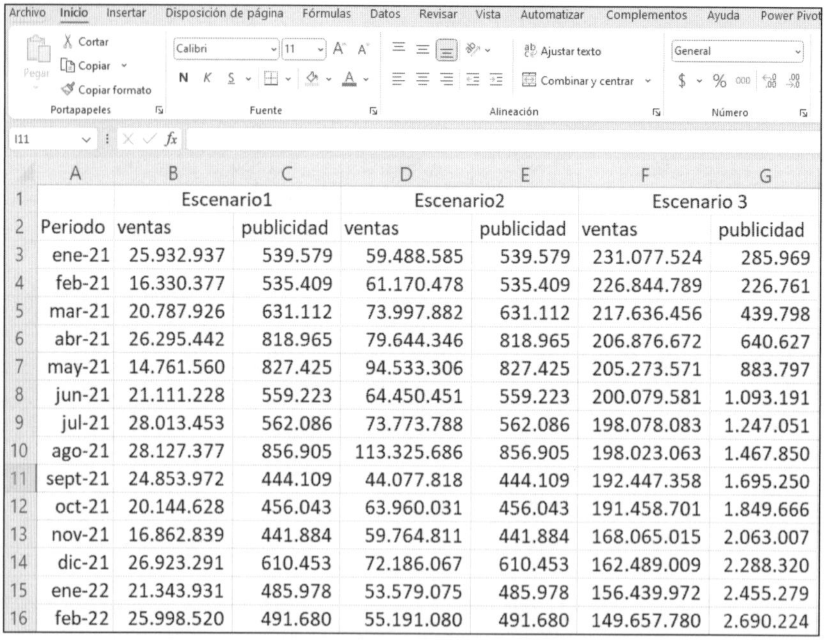

Figura 5.3. Paso uno para cálculo de correlación en Excel.

Una vez que tenemos los datos calcularemos el índice de correlación de Pearson para cada uno de los escenarios, la función en Excel para estos efectos se llama PEARSON.

En el ejemplo, los datos los tenemos para los distintos escenarios escritos entre distintos rangos de celdas:

- **Escenario 1:** Ventas entre las B3 y B38 y publicidad C3 y C38.

- **Escenario 2:** Ventas entre las D3 y D38 y publicidad E3 y E38.

- **Escenario 3:** Ventas entre las F3 y D38 y publicidad G3 y G38.

En consecuencia, para calcular el índice de Pearson para cada uno de los escenarios en esos rangos la función que usaremos será la función PEARSON.

La función PEARSON nos pide ingresar dos argumentos, matriz1 y matriz2, entendiéndose cada una de ellas como el rango donde se encuentran cada uno de los conjuntos de valores a estudiar, para el caso en particular la función se escribiría de la siguiente forma:

- **Escenario 1:** =PEARSON(B3:B38;C3:C38).

- **Escenario 2:** =PEARSON(D3:D38;E3:E38).

- **Escenario 3:** =PEARSON(F3:D38;G3:G38).

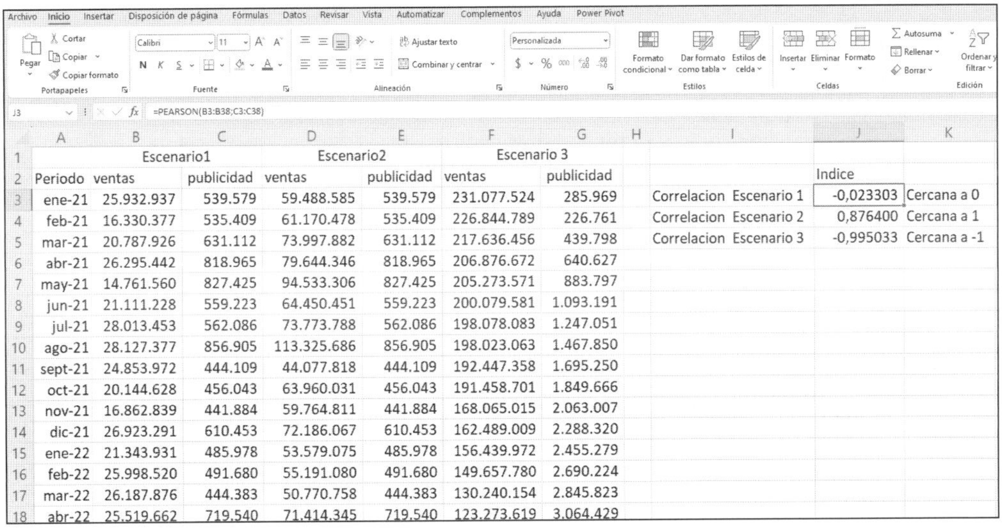

Figura 5.4. Cálculo Pearson aplicado.

Como podemos observar, los resultados para cada uno de los escenarios son los mostrados por la figura 5.4. Para el escenario 1, es un índice cercano a cero por cuanto no hay una correlación; para el escenario 2, es un índice cercano a 1 por cuanto hay una correlación directa o positiva; y para el escenario 3 es un índice cercano a -1 por cuanto hay una correlación indirecta o negativa.

Hacer gráficos siempre es una buena ayuda para entender estos escenarios y Excel es una muy buena herramienta para hacerlo. El gráfico más adecuado para observar una correlación es un gráfico de dispersión.

Para obtenerlo, simplemente selecciona los rangos antes descritos y selecciona desde el menú Insertar la opción Gráfico de dispersión, como se observa en la figura 5.5.

Archivo   Inicio   **Insertar**   Disposición de página   Fórmulas   Datos   Revisar   Vista   Automatizar   Complementos   Ayuda   Power Pivot

Tabla   Tablas dinámicas   Tabla   Imágenes   Formas   Iconos   Modelos   Captura ⌄   Gráficos   Mapas   Gráfico   Mapa
dinámica ⌄   recomendadas   3D ⌄   recomendados   dinámico ⌄   3D ⌄

Tablas   Ilustraciones   Paseos

Dispersión

Burbuja

Más gráficos de dispersión...

	A	B	C	D	E		H
1		Escenario1		Escenario2			
2	Periodo	ventas	publicidad	ventas	publicidad	ver	
3	ene-21	25.932.937	539.579	59.488.585	539.579	2:	9
4	feb-21	16.330.377	535.409	61.170.478	535.409	2:	1
5	mar-21	20.787.926	631.112	73.997.882	631.112	2:	8
6	abr-21	26.295.442	818.965	79.644.346	818.965	2(	7
7	may-21	14.761.560	827.425	94.533.306	827.425	205.273.571	883.797
8	jun-21	21.111.228	559.223	64.450.451	559.223	200.079.581	1.093.191
9	jul-21	28.013.453	562.086	73.773.788	562.086	198.078.083	1.247.051
10	ago-21	28.127.377	856.905	113.325.686	856.905	198.023.063	1.467.850
11	sept-21	24.853.972	444.109	44.077.818	444.109	192.447.358	1.695.250
12	oct-21	20.144.628	456.043	63.960.031	456.043	191.458.701	1.849.666
13	nov-21	16.862.839	441.884	59.764.811	441.884	168.065.015	2.063.007
14	dic-21	26.923.291	610.453	72.186.067	610.453	162.489.009	2.288.320
15	ene-22	21.343.931	485.978	53.579.075	485.978	156.439.972	2.455.279

Figura 5.5. Insertar gráfico de dispersión con Excel.

Después de hacer estos pasos, se puede observar cómo el índice de correlación de Pearson es capaz de interpretar gratamente una correlación y que quiere decir cada uno de esos comportamientos. Para el índice de correlación cercano a 0 se observa una curva casi plana entre los puntos, como se ve en la figura 5.6.

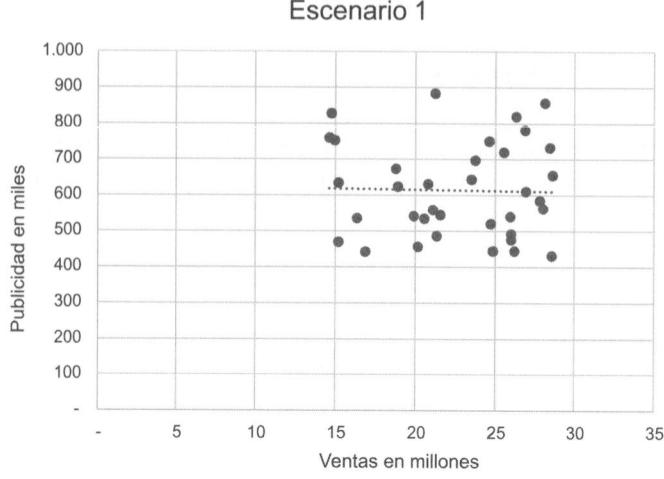

Correlación de gastos de Ventas y Publicidad
Escenario 1

Figura 5.6. Índice de correlación cercano a 0.

Para el índice de correlación cercano a 1 se observa cómo la curva es ascendente de izquierda a derecha, como se muestra en la figura 5.7.

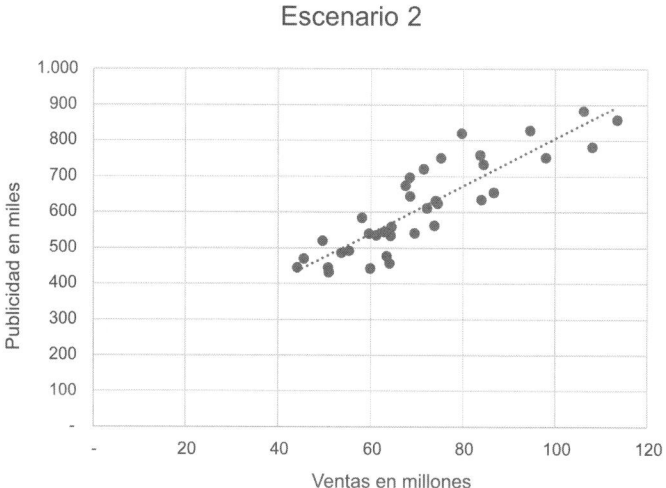

Figura 5.7. Índice de correlación cercano a 1.

Para el índice de correlación cercano a -1 se observa cómo la curva es descendente de izquierda a derecha, como se ve en la figura 5.8.

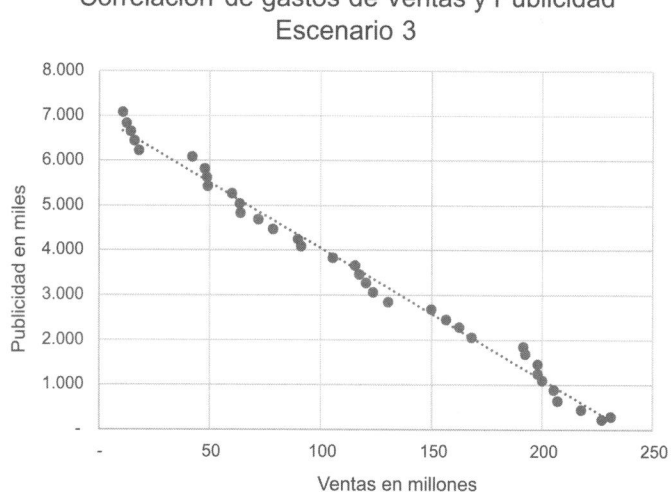

Figura 5.8. Índice de correlación cercano a -1.

Cálculo de correlación en Power BI

En Power BI, el cálculo de correlación tiene una particularidad bastante interesante de destacar en este libro. Power BI es una herramienta muy bien pensada para que los resultados salgan a la vista rápidamente; sin embargo, para desarrollar cálculos específicos sobre algunas materias estadísticas específicas, necesitamos desarrollar el cálculo obedeciendo a la lógica matemática que hay detrás de ella. En otras palabras, los cálculos de correlación vienen integrados en todas las visualizaciones y es fácil sacarlos a la vista en un par de clics. Sin embargo, si quieres hacer el trabajo de calcular cada indicador, debes ceñirte a su fórmula y trabajar con variables para que esta fórmula vea la luz. Afortunadamente, el asistente para correlaciones es bastante intuitivo, pero, cuando queramos sacar estadísticas más complejas, deberíamos tener ya un conocimiento más avanzado de codificación en DAX. Para efectos del ejemplo utilizaremos Power BI Desktop con la versión diciembre 2023. Para lograr el cálculo de correlación en Power BI seguiremos una serie de pasos.

El primero es importar los datos a Power BI. Para este ejemplo, descargaré directamente desde el GitHub los datos hacia Power BI, como es un repositorio público, lo puedes hacer tú también sin ningún inconveniente.

En GitHub se encuentra un archivo CSV para este efecto y lo puedes importar directamente a Power BI usando la opción **Obtener datos>Web**, como se muestra en la figura 5.9.

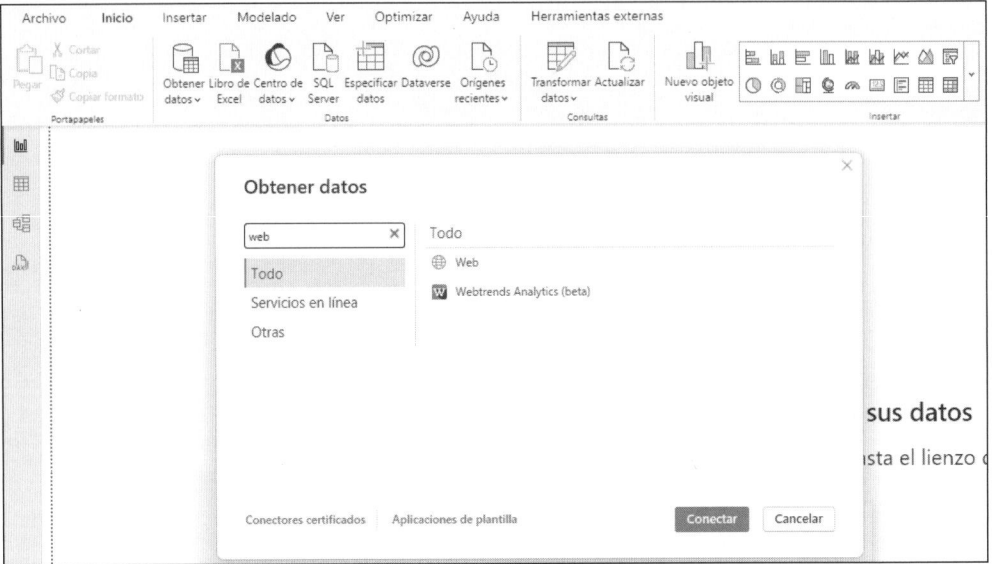

Figura 5.9. Importar archivo CSV a Power BI.

En el cuadro de diálogo introduce la siguiente dirección: `https://raw.githubusercontent.com/wcalcagno/recursos_aid_libro2024/main/05_dataset_correlacion_csv.csv`, como se ve en la figura 5.10.

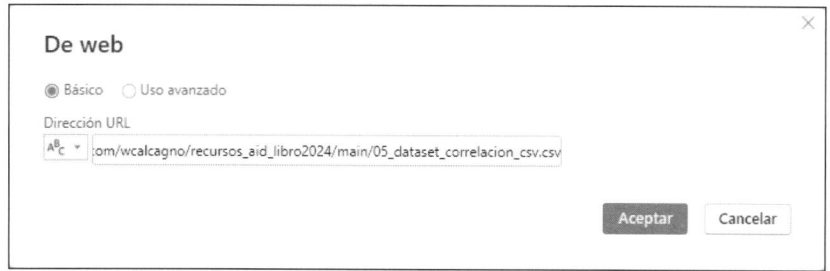

Figura 5.10. Insertar URL en modo **Básico**.

A continuación, te mostrará la vista previa de los datos y le puedes dar inmediatamente a la opción **Cargar**, como se muestra en la figura 5.11.

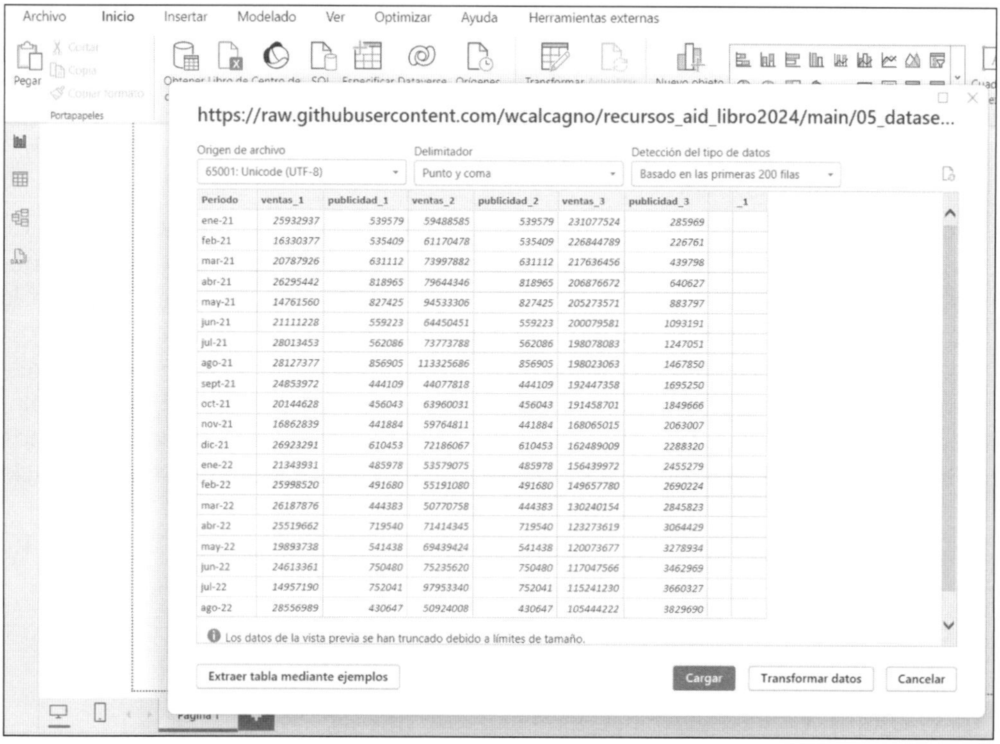

Figura 5.11. Opción **Cargar**.

Escogeremos el objeto visual gráfico de dispersión y le agregaremos los datos asociados al escenario 1, que se llaman para estos efectos `ventas_1` y `publicidad_1` respectivamente, como se ve en la figura 5.12.

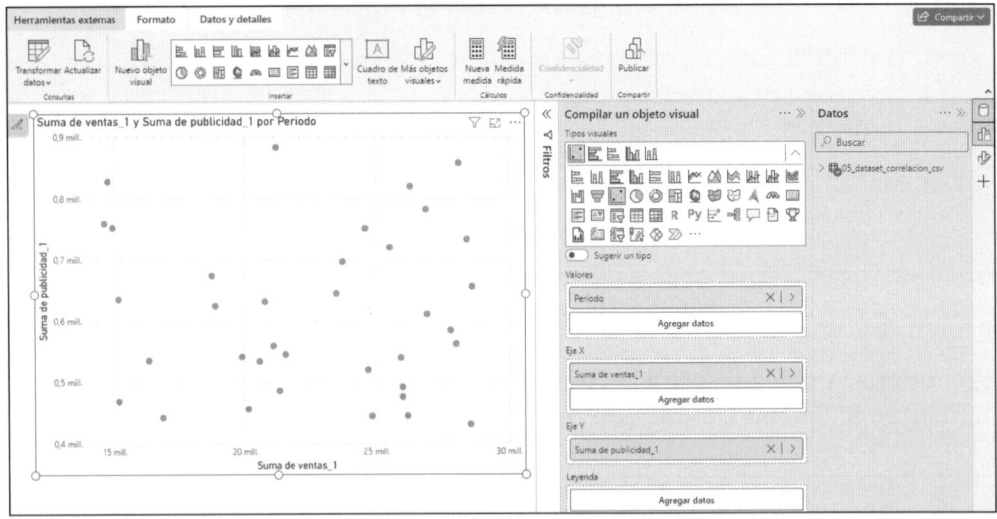

Figura 5.12. Agregar datos.

Inmediatamente, veremos que se observan los distintos puntos de venta y publicidad para cada periodo.

Podemos inmediatamente solicitar a Power BI que nos represente la línea de correlación para este objeto. Para estos efectos, lo haremos activando las opciones del gráfico y activaremos la opción **Línea de tendencia**, como se indica en la figura 5.13. Luego, en este mismo menú, podemos editar el título a **Escenario 1** y sugiero repetir para los escenarios 2 y 3, que, como habrás ya deducido, corresponden a los campos **ventas_2, publicidad_2** y **ventas_3, publicidad_3** indistintamente. Todo lo anterior nos dejará visualmente tres gráficos de dispersión donde se evidencia la correlación entre puntos gracias a la opción **Línea de tendencia** de Power BI, como se ve en la figura 5.14.

Hasta aquí es muy intuitivo y visual entender las correlaciones en Power BI, puesto que no hemos puesto ninguna función ni escrito ningún código.

Si ahora queremos calcular cuál es el coeficiente de correlación de Pearson para cada uno de los escenarios tenemos dos opciones:

- **Opción 1:** Utilizar el asistente de creación de medidas.

- **Opción 2:** Escribir nosotros todo el código.

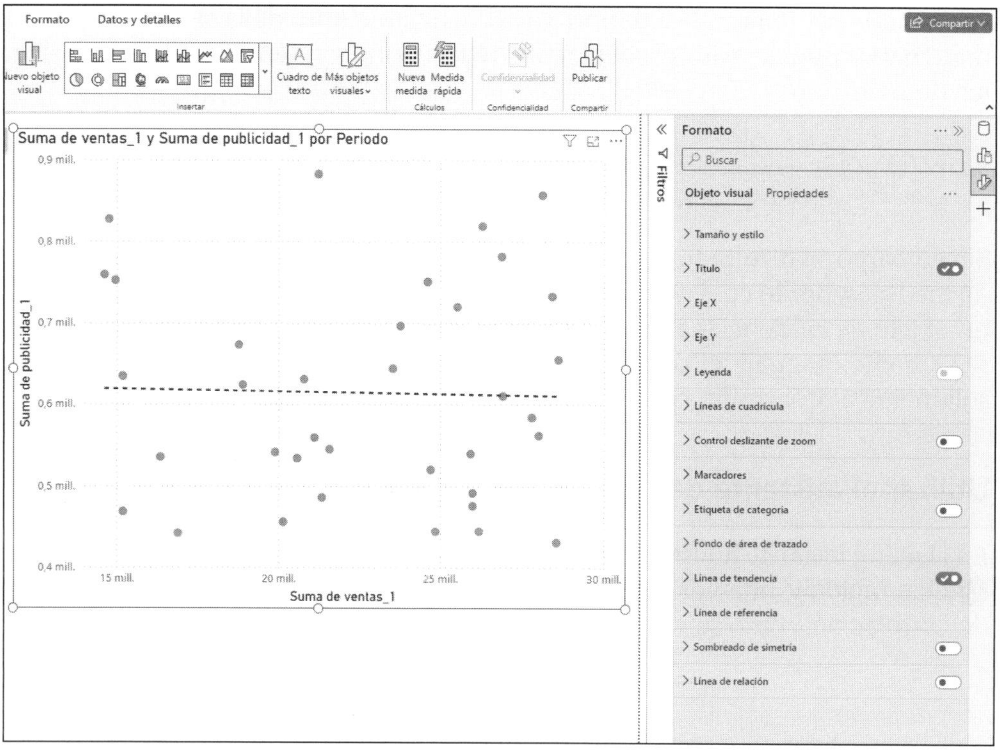

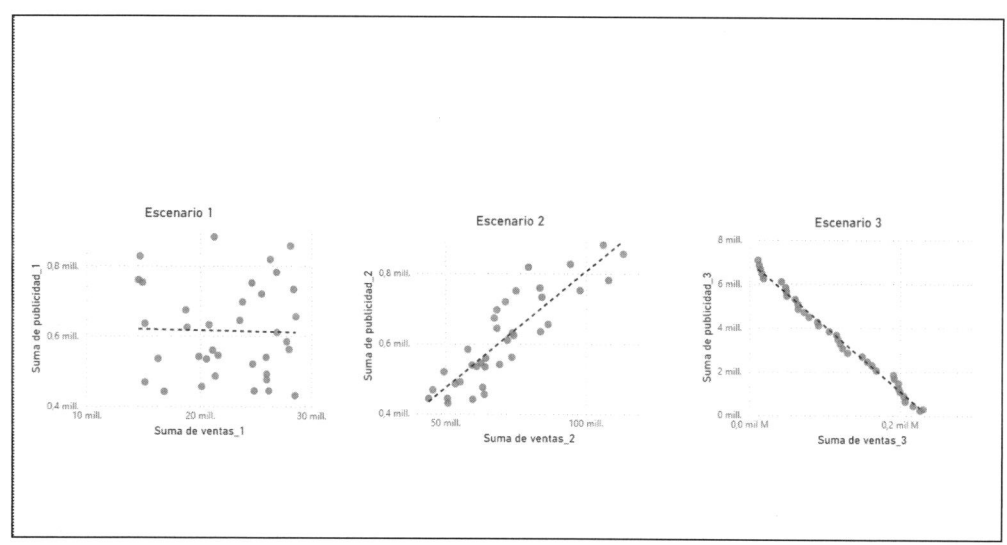

Figura 5.13. Línea de correlación de tendencia.

Figura 5.14. Gráficos de dispersión de los tres escenarios.

Esta última opción implica definir variables y funciones de la siguiente función matemática que describe el coeficiente de Pearson, donde $\bar{x}$, $\bar{y}$ son las medias de los datos.

$$Correl(X,Y) = \frac{\sum(x - \bar{x})(y - \bar{y})}{\sqrt{\sum(x - \bar{x})^2 \ \sum(y - \bar{y})^2}}$$

Sin embargo, el resultado sería igual que el entregado por el asistente de creación de medidas, por lo cual no entraré en profundidad. Como estos ejemplos tienen un objeto de evidenciar al lector cómo hacer estos cálculos y no profundizar en DAX como lenguaje ni cómo Vertipaq funciona en esos procesos, me limitaré solamente a desarrollar como ejemplo la opción 1.

Utilizar el asistente de creación de medidas

En el menú Inicio de nuestro Power BI Desktop ubicaremos el botón denominado Medida rápida y, una vez el asistente se abra, buscaremos la opción Coeficiente de correlación, como se ve en la figura 5.15.

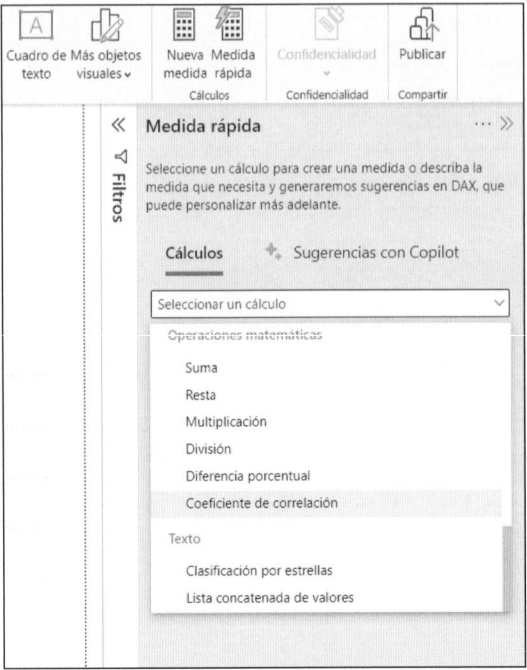

Figura 5.15. Coeficiente de correlación.

Esta opción nos mostrará el asistente con la opción de vincular los campos desde donde queremos calcular nuestro coeficiente de correlación, que para los efectos del escenario 1 corresponden a **periodos**, **ventas_1** y **publicidad_1**. Después de seleccionar los campos, haremos clic en el botón **Agregar**, como se ve en la figura 5.16.

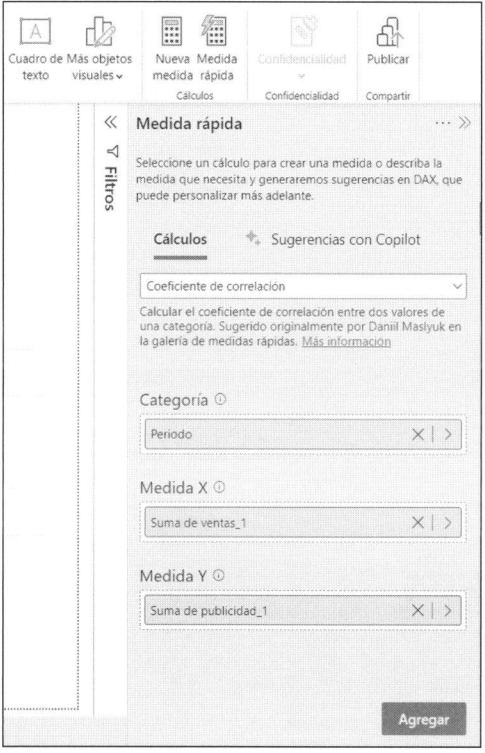

Figura 5.16. Vincular los campos para calcular el coeficiente de correlación.

Como se observa, el asistente nos crea una medida con un nombre largo y que sugiero cambiar a **Corr_Esc_1**; eso se consigue editando el texto directamente antes del signo igual en el texto que describe la fórmula utilizada, como se señala en la figura 5.17.

Para visualizar este cálculo, sugiero traer una tarjeta hacia el lienzo del informe y poner ahí la medida que nos ha creado el asistente y que nosotros hemos cambiado el nombre, tal como se muestra en la figura 5.18.

Finalmente, creamos para cada escenario la medida correspondiente al indicador de correlación, usando el asistente y los ordenaremos sobre cada gráfico de dispersión para observar cuál es su valor, como se ve en la figura 5.19.

```
 X  ✓   1  ventas_1 y  publicidad_1  correlación para Periodo =
         2  VAR __CORRELATION_TABLE = VALUES('05_dataset_correlacion_csv'[Periodo])
         3  VAR __COUNT =
         4      COUNTX(
         5          KEEPFILTERS(__CORRELATION_TABLE),
         6          CALCULATE(
         7              SUM('05_dataset_correlacion_csv'[ventas_1])
         8                  * SUM('05_dataset_correlacion_csv'[ publicidad_1 ])
         9          )
        10      )
        11  VAR __SUM_X =
        12      SUMX(
        13          KEEPFILTERS(__CORRELATION_TABLE),
        14          CALCULATE(SUM('05_dataset_correlacion_csv'[ventas_1]))
        15      )
        16  VAR __SUM_Y =
        17      SUMX(
        18          KEEPFILTERS(__CORRELATION_TABLE),
        19          CALCULATE(SUM('05_dataset_correlacion_csv'[ publicidad_1 ]))
        20      )
        21  VAR __SUM_XY =
        22      SUMX(
        23          KEEPFILTERS(__CORRELATION_TABLE),
        24          CALCULATE(
        25              SUM('05_dataset_correlacion_csv'[ventas_1])
        26                  * SUM('05_dataset_correlacion_csv'[ publicidad_1 ]) * 1.
        27          )
        28      )
        29  VAR __SUM_X2 =
        30      SUMX(
```

Datos · · · »

🔍 Buscar

∨ ⊞ 05_dataset_correlacion_...
　☐ Σ publicidad_1
　☐ Σ publicidad_2
　☐ Σ publicidad_3
　☐ _1
　☐ Column1
　☐ Periodo
　☐ Σ ventas_1
　☐ ▦ ventas_1 y public...
　☐ Σ ventas_2
　☐ Σ ventas_3

Figura 5.17. Editar texto para cambiar nombre.

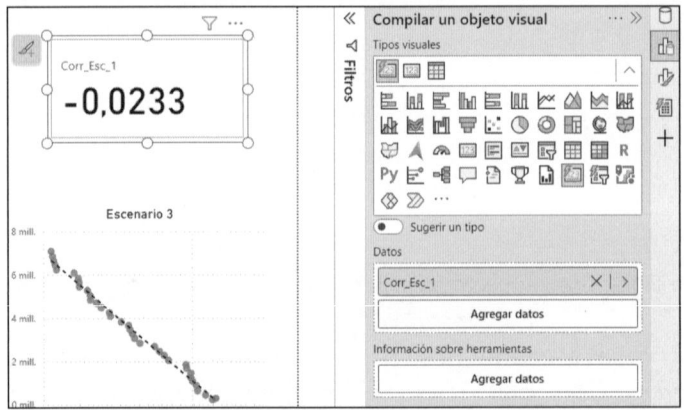

Figura 5.18. Compilar un objeto visual.

Cálculo de correlación con Python

Python es un lenguaje de programación muy versátil y utilizado para análisis de datos. Gran parte de las librerías de aprendizaje automático se encuentran en este lenguaje, por cuanto dominar sus conceptos generales pueden ser de alto beneficio para cualquier profesional que se encuentre explorando estos conocimientos.

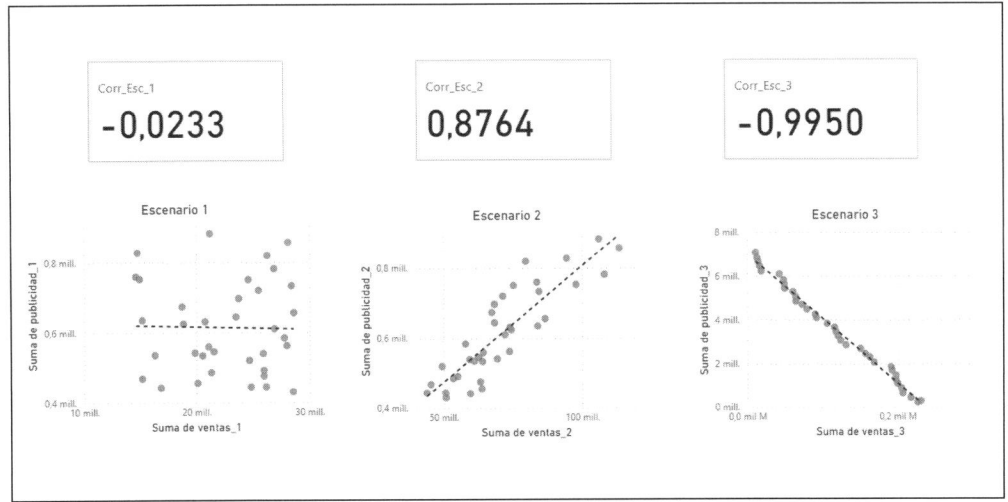

Figura 5.19. Valor del indicador de correlación para cada escenario.

Como todo lenguaje de programación, requiere un entorno para poder desenvolverse. Para este efecto, he instalado el lenguaje Python 3.11 en un ordenador local y, utilizando el software gratuito Visual Studio Code, he creado una interfaz de programación, de *script* o de código denominada Jupyter Notebook, donde voy a escribir en celdas las instrucciones para ir calculando cada elemento de un análisis de correlación.

Por supuesto, este *notebook* de ejemplo también ha quedado en el repositorio GitHub que se ha enunciado en los ejemplos anteriores y puede ser descargado para experimentar el ejemplo.

Algunas consideraciones previas del *notebook*: se deben tener ya instaladas las librerías pandas, numpy, matplotlib y seaborn para ejecutar este *notebook*, esto se puede hacer directamente en el ordenador. Si ya tienes estas librerías instaladas, omite este paso.

Para instalar, entra en la interfaz de programación y escribe el siguiente comando:

```
pip install pandas
pip install numpy
pip install matplotlib
pip install seaborn
```

El comando anterior se puede ejecutar en cualquier sistema operativo a través de la interfaz de código que este sistema operativo traiga.

Una vez instaladas las librerías, lo primero que haremos con Python es importar dichas librerías para trabajar con ellas.

Para eso abriremos una caja de código y escribiremos lo siguiente:

```
### Importar Librerías
import pandas as pd
import numpy as np
import matplotlib.pyplot as plt
import seaborn as sns
```

Luego en otra caja de código incorporaremos los comandos necesarios para leer los datos (el mismo archivo que está en GitHub sirve):

```
### Carga de datos
# Cargar el dataset
ruta = '05_dataset_correlacion_csv.csv'
df = pd.read_csv(ruta, header='infer', sep=',')
# Mostrar las primeras filas del dataset
tipos = df.dtypes
display(tipos)
```

La caja anterior tiene varios elementos que me gustaría detenerme unos instantes para explicarlos:

- `ruta = '05_dataset_correlacion_csv.csv'`: Este comando le dice a Python que vea y lea tal archivo que está en tal parte.
- `df = pd.read_csv(ruta, header='infer', sep=',')`: Este comando tiene varias instrucciones implícitas. Quiere decir que se va a crear un *dataframe*; en otras palabras, una unidad de memoria que va a contener los datos que analizaremos y que está basado en la lectura de un archivo CSV que se encuentra en la ruta, cuyos encabezados están en la primera fila y que debe inferir el nombre de cada columna; además, se encuentra separado por comas sencillas.
- `tipos= df.dtypes`: Este comando le da la instrucción a Python que defina los tipos de datos de cada columna en el *dataframe*.
- `display(tipos)`: Nos mostrará el nombre de los campos del *dataset* y qué tipo de datos hay guardados en cada campo.

```
Periodo          object
ventas_1          int64
publicidad_1      int64
ventas_2          int64
publicidad_2      int64
ventas_3          int64
publicidad_3      int64
dtype: object
```

A continuación, haremos el análisis de correlación. Pandas, la librería que utilizaremos para estos efectos, ya tiene incorporado un comando bastante útil para calcular correlación. Ese comando es CORR y se utiliza en el siguiente contexto funcional: Correlación = df['campo1'].corr(df['campo2']).

En otras palabras, a partir del `campo1`, calcula la correlación con el `campo2`; muy simple la verdad.

Para calcular todas las correlaciones del ejemplo, abriremos una nueva caja de código en el *notebook* y escribiremos los siguientes códigos:

```
### Cálculo de correlaciones
# Calcular los coeficientes de correlación de Pearson
corr_e1 = df['ventas_1'].corr(df['publicidad_1'])
corr_e2 = df['ventas_2'].corr(df['publicidad_2'])
corr_e3 = df['ventas_3'].corr(df['publicidad_3'])

display(corr_e1)
display(corr_e2)
display(corr_e3)
```

Los comandos `display(corr_e1)` nos van a devolver en el *notebook* el valor del índice de correlación calculado por Python; en este caso serían:

```
-0.02330308864609186
0.8763996839555259
-0.9950333043724009
```

Finalmente pediremos a Python que nos entregue un gráfico para observar las correlaciones; en este caso, usaremos los siguientes códigos:

```
### Gráficos de dispersión
# Ejemplo de un gráfico de dispersión

sns.scatterplot(data=df, x='ventas_1', y='publicidad_1')
plt.title('Relación entre Ventas 1 y Publicidad 1')
plt.show()
```

Este trozo de código es muy simple de entender. El primero le indica a Python que dibuje un gráfico de dispersión basado en el *dataframe*, considera en el eje X los montos del campo **ventas_1** y en el eje Y los montos del campo **publicidad_1**. Los siguientes comandos son las instrucciones del título del gráfico y luego la instrucción que lo imprima en pantalla, como se ve en la figura 5.20.

Último consejo en la interpretación de la correlación

Como ya se ha expresado anteriormente, correlación no implica causalidad, por cuanto la interpretación de estos elementos debe recaer en un investigador utilizando el contexto en general donde se encuentran los datos.

Por ejemplo: "Se observa que, a más consumo de helados, mayor número de muertes por asfixia". Hipótesis: "Comer helados genera una mayor probabilidad de ahogarse".

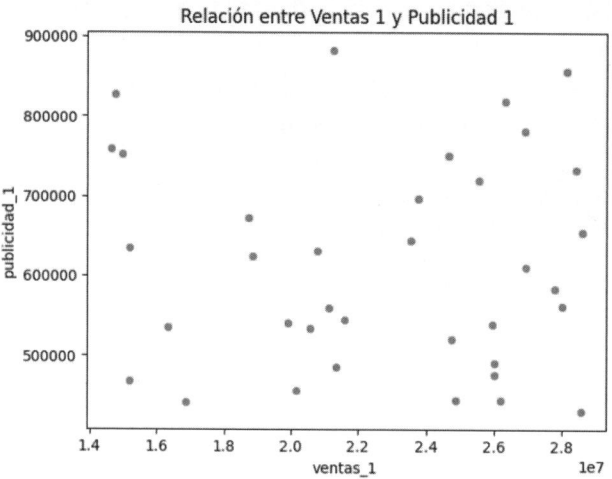

Figura 5.20. Gráfico de dispersión dibujado por Python.

Sin embargo, hay otros factores que no están en el resultado del estudio entre ambas variables; en la realidad es que el aumento de temperatura (calor) es la causa de un mayor consumo de helados y de tomar más baños refrescantes, ya sea en piscinas, en los ríos, lagos o en el mar. En consecuencia, a mayor cantidad de gente tomando baños refrescantes, mayor probabilidad de ahogarse.

Para un buen análisis diagnóstico, es necesario que el analista sea experimentado en el ámbito de análisis donde este ocurre. Los datos por sí solos pueden ser malinterpretados. Aquí es necesario combinar análisis de datos con experiencia profesional, conocimiento operativo o con la interacción de equipos multidisciplinarios del negocio.

Análisis de probabilidad condicional

La probabilidad condicional es uno de los conceptos más fascinantes de la estadística, si bien la comprensión de la probabilidad condicional en el mundo académico muchas veces se reduce al desarrollo de fórmulas matemáticas y el estudio del teorema de Bayes, en la cotidianeidad está más presente que nunca y, si está presente en lo cotidiano, por supuesto que también está presente en la toma de decisiones.

Para comenzar, consideremos una situación cotidiana: revisar el pronóstico del tiempo para decidir si llevar un paraguas al salir de casa. Esta decisión, por simple que parezca, encapsula la esencia de la probabilidad condicional. La probabilidad de que llueva (un evento) puede cambiar significativamente si sabemos que hay nubes oscuras en el cielo (otro evento). En términos estadísticos, estamos interesados en la probabilidad de lluvia condicionada por la presencia de nubes oscuras. Este es el corazón de la probabilidad condicional: evaluar la probabilidad de un evento, dado que otro evento ha ocurrido o se sabe que es cierto.

Es una herramienta para razonar sobre la incertidumbre y para actualizar nuestras creencias en función de nueva información. Esta capacidad de adaptar nuestras expectativas a la luz de nuevos datos es fundamental a la hora de tomar decisiones en escenarios donde la información disponible cambia constantemente.

Conceptos básicos de probabilidad

Antes de sumergirnos en la probabilidad condicional, es esencial para mí explicar de la forma más sencilla posible algunos fundamentos de la probabilidad en general, en ningún caso pretendo reemplazar a autores clásicos de la probabilidad y la estadística, solo pretendo orientar en algunos conceptos clave de esta materia para poder apreciar la importancia y el contexto de la probabilidad condicional.

La probabilidad es un número entre 0 y 1 que se obtiene de la aplicación de una fórmula matemática que mide la certeza o incertidumbre de eventos, donde 0 indica imposibilidad y 1 representa certeza absoluta.

En el corazón de la teoría de la probabilidad se encuentra la idea de cuantificar cuán probable es que ocurra un evento, basándonos en el conocimiento que tenemos sobre el contexto en el que se desarrolla el evento.

El espacio muestral es el conjunto de todos los posibles resultados. Por ejemplo, en el lanzamiento de un dado, el espacio muestral es {1, 2, 3, 4, 5, 6}.

Un evento es un subconjunto de este espacio muestral. Por ejemplo, el evento "obtener un número par al lanzar un dado" incluye los resultados {2, 4, 6}.

La probabilidad de un evento se calcula como el número de resultados favorables dividido por el número total de resultados posibles. Siguiendo con el ejemplo del dado, la probabilidad de obtener un número par es 3 sobre 6, o un medio o 0,5.

La relación entre distintos eventos es la parte interesante para entender la probabilidad condicional. Y para eso clasificaremos los eventos como:

- **Eventos independientes:** Si la ocurrencia de uno no afecta la probabilidad de ocurrencia del otro. Por ejemplo, al lanzar un dado dos veces, el resultado del primer lanzamiento no afecta el resultado del segundo. La probabilidad de que ambos eventos ocurran es el producto de sus probabilidades individuales.

- **Eventos dependientes:** Tenemos eventos dependientes cuando la ocurrencia de un evento afecta la probabilidad de otro. Por ejemplo, la extracción de cartas de una baraja sin reemplazo. La probabilidad de sacar un cuatro cambia dependiendo de si ya se ha sacado o no otra carta, en una baraja de 40 cartas la primera extracción la probabilidad es 1 sobre 40; la segunda, 1 sobre 39; la tercera, 1 sobre 38 y así sucesivamente.

Hasta aquí, todo parece muy sencillo y relativamente lo es, ahora viene lo simpático: entender cómo se combinan los eventos.

Vamos a suponer que tenemos dos eventos A y B. ¿Cómo determinamos la probabilidad de que ambos eventos ocurran? Bueno, esa respuesta la obtenemos desde la teoría de conjuntos; en este caso, lo determinamos con la unión de ambos eventos, A y B. En teoría de conjuntos, sabemos que la unión de dos conjuntos es equivalente a la suma de ambos conjuntos menos su intersección. Para efectos de probabilidad es exactamente lo mismo, la probabilidad de ambos eventos es equivalente a la probabilidad de ambos menos la probabilidad de la intersección:

$$P(A \cup B) = P(A) + P(B) - P(A \cap B)$$

La intersección de dos eventos, A y B (denotada como $A \cap B$), es el evento que ocurre si ambos, A y B, ocurren.

Para eventos independientes, la probabilidad de su intersección es simplemente el producto de sus probabilidades individuales:

$$P(A \cap B) = P(A) * P(B)$$

Habiendo establecido estos fundamentos, estamos ahora en una mejor posición para entender qué es la probabilidad condicional.

En los eventos dependientes, debemos considerar el leve cambio que tiene un valor que ocurra un evento dado que otro ya ha ocurrido, a esto lo denominaremos como A dado B y se denota como A/B. En consecuencia, la probabilidad de la intersección en eventos dependientes queda como sigue:

$$P(A \cap B) = P(A/B) * P(B) = P(A)*P(B/A)$$

Por ejemplo, en una caja vacía ponemos 8 bolas azules [A], 4 bolas naranjas [N] y 2 bolas verdes [V]. Si sacamos primero una bola y después otra bola sin volver a poner la primera bola extraída dentro de la caja, ¿cuál es la probabilidad de que la primera bola sea azul y la segunda bola sea naranja?

La probabilidad de obtener una bola azul en la primera extracción es fácil de determinar. Basta con dividir el número de bolas azules por el número total de bolas:

$$P(A) = \frac{A}{A+N+V} = \frac{8}{14} = 0,57$$

Por otro lado, la probabilidad de sacar una bola naranja tras haber escogido una bola azul se calcula diferente porque el número de bolas naranjas es distinto y, además, ahora hay una bola menos dentro de la caja:

$$P(N/A) = \frac{4}{13} = 0,31$$

Por lo tanto, la probabilidad de primero extraer una bola azul y luego una bola naranja se calcula multiplicando las dos probabilidades halladas más arriba:

$$P(A \cap N) = P(A)*P(N/A) = 0,57 \times 0,31 = 0,18$$

Probabilidad condicional

La probabilidad condicional es una muy buena herramienta para comprender y manejar la incertidumbre en la toma de decisiones, ya que en más casos de los que uno quisiera muchas decisiones deben tomarse con poca información, información incompleta o en evolución.

La probabilidad condicional, denotada como $P(A|B)$, se define como la probabilidad de que ocurra un evento A, dado que el evento B ya ha ocurrido. Matemáticamente, se expresa como:

$$P(A|B) = \frac{P(A \cap B)}{P(B)}$$

Donde $P(A \cap B)$ es la probabilidad de que ambos eventos, A y B, ocurran, y $P(B)$ es la probabilidad de que ocurra el evento B.

La clave de esta fórmula reside en entender que la probabilidad de A se recalcula en el contexto de que B ya ha ocurrido. Esto modifica el espacio muestral original, centrando nuestra atención en el subconjunto donde B es cierto.

Consideremos una baraja de cartas de póker. Si queremos calcular la probabilidad de sacar un as de diamantes (evento A), sabiendo que la carta sacada es un diamante (evento B), utilizamos la probabilidad condicional.

$P(B)$ es 13/52 (la probabilidad de sacar un diamante), y $P(A \cap B)$ es 1/52 (la probabilidad de sacar el as de diamantes).

Por lo tanto, $P(A|B) = (1/52)/(1/4) = 1/13 = 0,07692307$.

La probabilidad condicional es más que un simple cálculo, implica una forma de pensar y razonar sobre la incertidumbre y la información disponible al momento de decidir.

En la vida real, frecuentemente tomamos decisiones basadas en información adicional. Por ejemplo:

- Un médico podría considerar la probabilidad de una enfermedad (A) dado un síntoma específico (B).

- Un cliente podría comprar un producto A (pan), dado que ya ha comprado un producto B (mantequilla).

- En un banco, un cliente podría caer en morosidad de pago (A) dado que ha quedado sin trabajo (B).

Como vemos, constantemente nos sometemos a distintos escenarios cotidianos de probabilidad condicional. Tenerlos en cuenta al momento de pensar en arquitecturas y modelos de datos que fundamentan la toma de decisión es un elemento casi indispensable al momento de diseñar y construir.

Teorema de Bayes

El teorema de Bayes, nombrado así por el matemático británico Thomas Bayes (1702-1761), se dio a conocer en su publicación póstuma *Essay Towards Solving a Problem in the Doctrine of Chances* (1764). Bayes fue socio de la Royal Society y, a partir de su obra, se desarrolló lo que se conoce como inferencia bayesiana, rama de la estadística en la que se utilizan observaciones para inferir la probabilidad de que un teorema (o hipótesis) sea cierto. En otras palabras, este teorema es la piedra angular de la teoría de la probabilidad y desempeña un papel crucial en la interpretación y aplicación de la probabilidad condicional.

Antes de continuar, debo enfatizar que para comprender el teorema de Bayes es necesario antes declarar que este utiliza el teorema de probabilidad total como parte de sus elementos.

El teorema de probabilidad total dice lo siguiente: sean A1, A2, A3,..., An, eventos que forman una partición del espacio muestral, y sea B otro evento cualquiera del espacio muestral, entonces la probabilidad del evento B se puede obtener con la sumatoria de todos los eventos probables dada la confirmación del hecho:

$$\sum_{i=1}^{n} P(A_i) * P(B|A_i) = P(B)$$

El teorema de Bayes incorpora un elemento clave para ponderar nuestras probabilidades previas (*a priori*) sobre un evento, en función de nueva evidencia o información (*a posteriori*).

La fórmula del teorema es la siguiente:

$$P(A_j|B) = \frac{P(A_j \cap B)}{P(B)} = \frac{P(A_j) * P(B|A_j)}{\sum_{i=1}^{n} P(A_i) * P(B|A_i)}$$

Donde P(B) es la probabilidad total de B.

Esta fórmula permite ajustar nuestras estimaciones de probabilidad a medida que obtenemos nueva información.

En esencia, combina nuestra comprensión previa (probabilidad *a priori*) con la nueva evidencia (probabilidad condicional), resultando en una probabilidad revisada (probabilidad *a posteriori*).

Consideremos un ejemplo en el campo médico. Supongamos que una enfermedad afecta al 1 % de la población P(A). Hay una prueba para esta enfermedad que tiene un 95 % de precisión, lo que significa que P(B|A), la probabilidad de un resultado positivo si se tiene la enfermedad es del 95 %. Si una persona se somete a la prueba y da positivo, queremos saber cuál es la probabilidad de que realmente tenga la enfermedad, P(A|B). Utilizando el teorema de Bayes, podemos calcular esta probabilidad considerando también la probabilidad de un resultado positivo en general P(B), que incluye falsos positivos en personas sanas.

El teorema de Bayes, en su esencia, refuerza y extiende los principios de la probabilidad condicional. Nos permite no solo evaluar la probabilidad de eventos en el contexto de la información disponible, sino también ajustar nuestras creencias y decisiones a medida que obtenemos nueva información. En la práctica, esto se traduce en una herramienta poderosa para una variedad de aplicaciones, desde el diagnóstico médico hasta la inteligencia artificial, reafirmando la importancia de la probabilidad condicional en un amplio espectro de disciplinas.

Para finalizar, una buena forma de visualizar un problema de probabilidad condicional es con el uso del diagrama de árbol, en la figura 5.21.

Este diagrama, de forma muy explícita, nos muestra cómo pesan los distintos eventos que forman parte de un conjunto de elementos o espacio muestral.

Quiero terminar este subtítulo de este libro con este gráfico, puesto que nos dará una hermosa introducción al tema que sigue, la teoría de juegos.

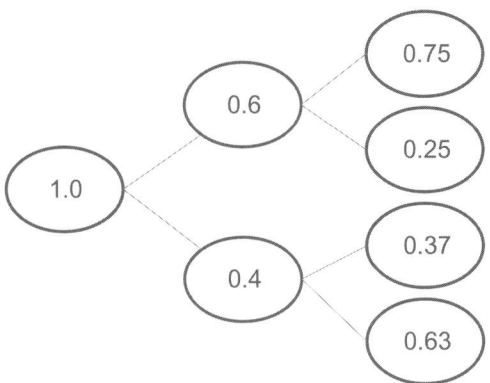

Figura 5.21. Diagrama de árbol de probabilidades.

Introducción a la teoría de juegos

Para finalizar este capítulo sobre el análisis diagnóstico y cómo este se relaciona con la toma de decisiones, es casi imposible dejar de lado este tema tan trascendental en la estrategia y en el arte de decidir.

La teoría de juegos se remonta a la primera mitad del siglo XX, principalmente asociado a los trabajos de John von Neumann y Oskar Morgenstern, quienes publicaron *Theory of Games and Economic Behavior* en 1944. Este campo de estudio analiza cómo los individuos toman decisiones en situaciones donde los resultados dependen no solo de sus propias decisiones, sino también de las decisiones de otros.

En esencia, la teoría de juegos estudia modelos matemáticos de conflictos y cooperación entre entidades pensantes o racionales. Estas entidades pueden ser personas, grupos, empresas o cualquier otra que tome decisiones. La relevancia de la teoría de juegos se extiende a diversas disciplinas de estudio como la economía, la política, las ciencias sociales, la biología y la informática, proveyendo un marco para analizar y predecir el comportamiento en situaciones competitivas y colaborativas.

Para introducirnos en la teoría de juegos es necesario conocer algunos conceptos previamente.

Los jugadores son las entidades fundamentales que toman decisiones. Estos pueden ser individuos, empresas, naciones o cualquier entidad que pueda tomar decisiones. Cada jugador tiene un conjunto de estrategias disponibles y toma decisiones basándose en sus preferencias, objetivos y la información disponible.

Las estrategias son planes de acción completos que un jugador puede seguir en cada posible situación dentro del juego. Las estrategias pueden ser simples, como en el juego de piedra, papel o tijera, o extremadamente complejas, como en los mercados financieros. En los juegos dinámicos, las estrategias también pueden depender de las acciones pasadas.

Los pagos son los resultados asociados a las diferentes combinaciones de estrategias elegidas por los jugadores. En un contexto económico, estos pueden ser interpretados literalmente como ganancias o pérdidas monetarias. Sin embargo, los pagos pueden representar cualquier medida de utilidad o preferencia, como puntos en un juego, costes sociales en una negociación política o beneficios en una cooperación empresarial.

Los juegos simultáneos son aquellos en los que todos los jugadores toman sus decisiones al mismo tiempo, sin conocer las decisiones de los otros jugadores. Estos juegos se caracterizan por la incertidumbre sobre las acciones de los demás participantes. Las estrategias se definen antes de saber las acciones de los otros jugadores y, por lo general, se representan mediante un gráfico llamado matriz de pagos. La dificultad se enfoca en que los jugadores deben anticipar las decisiones de los demás y actuar en consecuencia.

Un ejemplo clásico de un juego simultáneo es el dilema del prisionero, donde dos sospechosos deben decidir de forma independiente y sin comunicarse si confiesan o no un crimen.

Los juegos sucesivos son aquellos en los que las decisiones de los jugadores se toman en secuencia. En estos juegos, un jugador toma una decisión después de observar las decisiones previas de otros jugadores. Se caracterizan porque los jugadores tienen información completa o incompleta sobre las decisiones previas de todos los jugadores y las estrategias pueden ajustarse en respuesta a las acciones de los otros jugadores. Por lo general se representan gráficamente utilizando un árbol de juego.

En un juego de suma cero, las ganancias y las pérdidas de los jugadores se compensan entre sí, de modo que la suma total de los pagos es cero. Un ejemplo clásico es el juego de ajedrez.

En los juegos de suma no cero, las ganancias de un jugador no necesariamente se equiparan con las pérdidas de otro, permitiendo la posibilidad de que todos los jugadores se beneficien o pierdan.

En los juegos cooperativos, los jugadores pueden formar coaliciones y acuerdos para mejorar sus resultados.

En los juegos competitivos, cada jugador actúa independientemente, buscando maximizar su propio beneficio sin la posibilidad de formar alianzas.

En los juegos simétricos, todos los jugadores tienen las mismas estrategias disponibles y los pagos solo dependen de las estrategias elegidas, no de quién las juega.

En los juegos asimétricos, los jugadores tienen diferentes estrategias o pagos disponibles.

Ejemplo de juego en la industria

Si observamos una industria en particular, nos daremos cuenta de que la teoría de juegos se aplica constantemente y es palpable. Hipotéticamente observemos la competencia entre dos empresas líderes en el mercado de *smartphones*, a las que llamaremos Compañía X y Compañía Y. Estas empresas se enfrentan en una serie de decisiones, donde cada una observa y reacciona a las acciones de la otra, influenciando así el mercado y el comportamiento del consumidor.

Los jugadores son Compañía X y Compañía Y, ambas prominentes en el mercado de *smartphones*. El objetivo es dominar el mercado de *smartphones*, maximizando la cuota de mercado y la rentabilidad.

Las fases del juego, en la figura 5.22, son:

1. Compañía X toma la iniciativa lanzando un *smartphone* con nuevas características, una mejor cámara y una batería de mayor duración, buscando captar la atención del mercado y establecer un estándar. Como resultado de este lanzamiento ha aumentado su cuota de mercado.

2. Compañía Y observa el lanzamiento, analiza sus alternativas y responde con su propio modelo mejorado, que no solo iguala las características del competidor, sino que también introduce innovaciones adicionales, como una pantalla más avanzada o un sistema de inteligencia artificial más sofisticado.

3. Compañía X observa la reacción del mercado, analiza su siguiente movimiento y en función de la cuota que tiene posterior del lanzamiento de la Compañía Y inicia una campaña de fidelización para mantener su cuota y evitar fugas de estos hacia el nuevo modelo de *smartphone*.

4. Compañía Y reacciona con una campaña para atraer nuevos clientes al mercado y así reaccionar a la fidelización de la Compañía X con sus clientes.

La figura más aclaratoria indica los posibles escenarios que hipotéticamente fueron analizando los jugadores y se destaca las decisiones que tomaron en este juego sucesivo de suma no cero. Se puede observar que incluso en un posible escenario la Compañía Y termina siendo adquirida por la Compañía X. Pero, probablemente, aunque el pago era hipotéticamente mayor para la Compañía X, ese escenario no fue el optado.

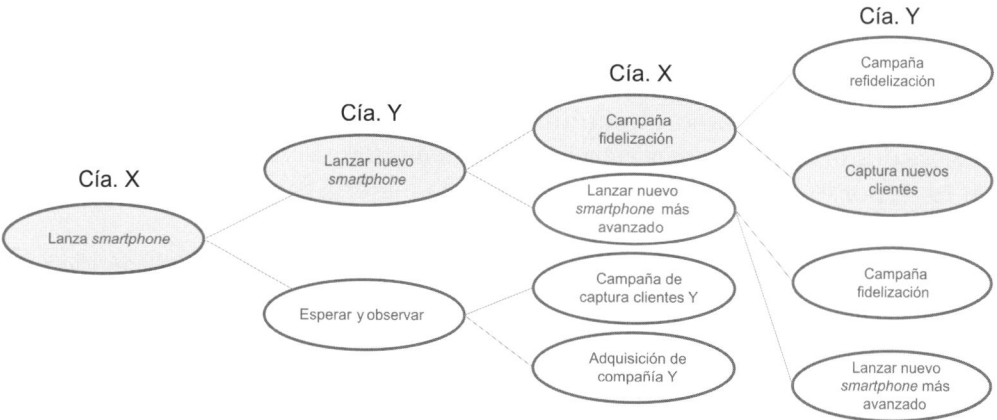

Figura 5.22. Árbol de juegos sucesivos del ejemplo.

Este juego sucesivo entre Compañía X y Compañía Y no solo afecta a los jugadores involucrados, sino también al mercado en general. La competencia constante impulsa la innovación y mejora los estándares de la industria, beneficiando a los consumidores con productos cada vez más avanzados y a precios competitivos. Sin embargo, también puede llevar a una carrera armamentista tecnológica, donde la presión por innovar rápidamente puede resultar en desafíos tanto operativos como financieros para las empresas.

El ejemplo de Compañía X y Compañía Y en el mercado de *smartphones* es un caso hipotético de juego sucesivo en la industria tecnológica. En realidad, son muchos más los factores que influyen y muchos más los pagos que hay que considerar.

Sin embargo, a pesar de ser un ejemplo hipotético y pauteado para este libro, es inevitable observar que cada jugador debe estar constantemente atento a las acciones del otro y estar preparado para responder de manera estratégica. Esta dinámica no solo demuestra la importancia de la innovación y adaptabilidad en un mercado competitivo, sino que también resalta cómo las decisiones sucesivas pueden influir significativamente en la dirección y el éxito en la industria, cualquiera que esta sea.

Equilibrio de Nash

John Forbes Nash Jr. (1928-2015) fue un matemático estadounidense cuyas contribuciones a la teoría de juegos, la geometría diferencial y el estudio de las ecuaciones diferenciales parciales le otorgaron un gran reconocimiento internacional, incluyendo el premio Nobel en Economía en 1994.

Publicó en 1949 un documento denominado "Equilibrium Points in N-person Games", en la revista *Proceedings of the National Academy of Sciences*. Esta publicación establecía los puntos de equilibrio que, unos años después y hasta ahora, se conocen como el equilibrio de Nash, en su honor precisamente. Nótese que el libro *Theory of Games and Economic Behavior* fue publicado apenas en 1944, por lo que la profundización en esta materia fue destacable, por decir lo menos.

El equilibrio de Nash ocurre en un juego cuando cada jugador ha elegido una estrategia y ningún jugador puede beneficiarse cambiando su estrategia mientras los otros jugadores mantengan las suyas constantes. En otras palabras, es una situación en la que cada jugador está haciendo lo mejor que puede, dadas las elecciones de los demás.

Dadas todas las opciones de los desempeños y resultados en los juegos, los equilibrios de Nash pueden tener las siguientes características.

Dependen de la racionalidad individual, puesto que cada jugador escoge la mejor estrategia posible para sí mismo, considerando las estrategias de los otros jugadores. Todos los jugadores conocen las estrategias de los demás y entienden que están decidiendo racionalmente. Cuando hay un equilibrio, ningún jugador tiene el incentivo de cambiar su estrategia actual, ya que hacerlo no mejoraría su situación.

El equilibrio de Nash además es posible encontrarlo en juegos sucesivos o simultáneos e incluso en un mismo juego puede haber más de un equilibrio.

Por ejemplo, imaginemos un mercado de telecomunicaciones donde dos empresas, Telecom A y Telecom B ofrecen planes de telefonía móvil y compiten solo por precio. Ambas compañías tienen la opción de adoptar una estrategia de precios altos o precios bajos para sus servicios. Las ganancias que obtienen dependen no solo de su propia estrategia de precios, sino también de la estrategia de precios de su competidor. Las posibilidades de combinar pagos se dan en 4 escenarios posibles: TA alto y TB alto, TA alto y TB bajo, TA bajo y TB alto, TA bajo y TB bajo.

Como este es un juego simultáneo, lo representaremos visualmente con una matriz de pagos.

Jugadores y estrategias Pagos		Telecom A	
		Precios altos	Precios bajos
Telecom B	Precios altos	A:20; B:20	A:5; B:25
	Precios bajos	A:25; B:5	A:10; B:10

Los equilibrios de Nash probables son:

- Si ambas compañías eligen precios altos, cada una gana 20. Si una de ellas cambia a precio bajo mientras la otra se mantiene en precio alto, la que cambia ganará 25 (mejor para ella), pero la que se queda en precio alto solo ganará 5.

- Si ambas compañías eligen precios bajos, cada una gana 10. Si una de ellas cambia a precio alto mientras la otra se mantiene en precio bajo, la que cambia ganará 25 (mejor para ella), pero la que se queda en precio bajo solo ganará 5.

En este juego, hay dos equilibrios de Nash: uno donde ambas compañías eligen precio alto y otro donde ambas compañías eligen precios bajos. En cada equilibrio, ninguna compañía tiene un incentivo para cambiar su estrategia de forma unilateral, ya que hacerlo reduciría sus ganancias.

En la práctica, este tipo de análisis ayuda a las empresas a prever las acciones de sus competidores y a formular estrategias que conducen a resultados.

Resumen

El análisis diagnóstico permite responder a la pregunta general de negocios: "¿por qué ocurrió?".

Para hacer un buen análisis diagnóstico es necesario definir muy bien el problema que necesitamos resolver, porque dicha definición nos va a llevar a conocer las posibles causalidades de dicho problema.

Para definir bien el problema, nos podemos ayudar por los análisis de causa y efecto, diagramas de flujo, probabilidad condicional y teoría de juegos. Todas estas herramientas nos darán un sustento argumental consistente para diseñar buenos modelos de datos y en consecuencia arquitecturas que ayuden a responder la pregunta "¿por qué ocurrió?".

Las definiciones anteriores solo son introductorias, y en ningún caso reemplazan un curso formal ni el estudio profundo de estos temas. Si te interesa conocer más de estas materias, te invito a seguir investigando tanto en los autores citados como en las decenas de publicaciones asociadas a cada materia.

6

El análisis predictivo

En este capítulo aprenderás:

- Qué es el análisis predictivo y sus orígenes.
- Fundamentos de aprendizaje automático e inteligencia artificial.
- Modelos de regresión lineal y análisis en series de tiempo.
- Principios de arquitectura para el aprendizaje automático e inteligencia artificial.

El análisis predictivo

Es quizás el análisis predictivo de datos la disciplina más antigua de la civilización. El ser humano desde tiempos inmemoriales ha tratado de predecir el comportamiento de distintos fenómenos naturales, el movimiento de las estrellas, la aparición de cometas, las llegadas de las lluvias y el término de estas, cuándo habría que migrar para buscar nuevas fuentes de recolección y caza y un sin número de actividades propias de la supervivencia, tanto en las épocas cuando éramos unos simples cazadores y recolectores hasta cuando domesticamos las plantas y los animales, dando origen a la civilización y las ciudades.

La responsabilidad de la predicción recaía siempre en algunos iluminados que, generalmente por gracia divina, profetizaban la ocurrencia de un hecho, aunque la evidencia acumulada a través de los años demuestra que lo que realizaban era la interpretación de patrones de algunos fenómenos; incluso, a medida que las civilizaciones antiguas fueron evolucionando, optaron por ir dejando registro de dichos patrones para poder traspasar ese conocimiento a futuras generaciones.

En otras palabras, gracias a esa capacidad de observación y deducción, pudimos aprender y luego traspasar ese conocimiento a futuras generaciones. Este conocimiento aprendido lo fuimos refinando y clasificando en disciplinas de aprendizaje, estas disciplinas las sistematizamos dando origen a las distintas ramas de la ciencia. Uno de estos conjuntos de conocimientos adquiridos fueron precisamente las matemáticas.

Imaginemos el siguiente escenario en una antigua ciudad del Oriente Medio cuando dejamos de ser cazadores recolectores para transformarnos en agricultores. En ese escenario, un pequeño agricultor llamado Adán planta un saco de trigo y cosecha, después de sus cuidados, 3 sacos de trigo; al año siguiente, planta 2 sacos de trigo y cosecha 6 sacos de trigo; al año siguiente, planta 3 sacos de trigo y cosecha 9 sacos de trigo. ¿Qué pasaría si al siguiente año Adán plantara 5 o 7 sacos de trigo?

Nuestro cerebro es capaz de identificar a través de la observación de datos de entrada y de salida una lógica o patrón de comportamiento, ese patrón de comportamiento obedece a una secuencia lógica de pasos sucesivos que interpretados matemáticamente nos permiten resolver un problema, en este caso cuántos sacos de trigo se cosecharán si Adán planta algunos.

Al adquirir el conocimiento de la secuencia lógica o fórmula, simplemente para responder algunas preguntas sobre el futuro aplicamos la fórmula deducida del paso anterior para calcular el resultado correspondiente a la aplicación de la fórmula en el problema.

Después de todo lo anterior, parece muy elemental: ordenamos los datos de entrada y salida y, a través de la observación, deduciremos el algoritmo predictor; y después de aplicar dicho algoritmo, valga la redundancia, podremos predecir el siguiente número. Por supuesto, ya que predijimos uno, podemos predecir todos los que queramos en el futuro porque detectamos ese patrón de comportamiento, como se ve en la tabla 6.1.

Tabla 6.1. Patrón de comportamiento de trigo cosechado.

Trigo plantado	Trigo cosechado
1	3
2	6
3	9
5	¿?
7	¿?

En consecuencia, podemos definir x como el valor del trigo plantado e y como el valor del trigo cosechado. Nuestra observación de los datos x e y nos lleva a deducir que:

$$y = 3x$$

Para cada valor de sacos plantados de trigo, Adán va a cosechar 3 veces ese volumen. Lo que nos lleva a concluir que para los valores 5 y 7, Adán cosechará 15 y 21 sacos respectivamente.

Parece simple, ¿no?

Egipto y el Nilo

El antiguo Egipto fue un gran ejemplo en gestión política basada en análisis predictivo de datos al gestionar la alimentación de la civilización completa (y los impuestos a recaudar), gracias a los patrones detectados en el comportamiento del río Nilo. El Nilo era la fuente de vida de Egipto, sus inundaciones anuales traían agua y suelo fértil necesario para la agricultura. Sin embargo, estas inundaciones variaban en intensidad y tiempo. Predecir estas inundaciones era vital para la planificación agrícola y la supervivencia.

Los egipcios observaron el cielo para predecir las inundaciones del Nilo. El evento clave era la aparición de la estrella Sirius, conocida como Sothis en Egipto. Esta aparición coincidía con el inicio de la temporada de inundaciones. Con base en estas observaciones, desarrollaron un calendario solar de 365 días, dividiéndolo en tres estaciones: inundación, siembra y cosecha.

Para ir corroborando lo anterior, los egipcios construyeron estructuras llamadas nilómetros a lo largo del río para medir el nivel del agua. Estos nilómetros, que eran muy parecidos a escalinatas que descendían al río, estaban marcados con inscripciones indicando niveles críticos del agua. Los sacerdotes y escribas registraban estas mediciones, las cuales eran usadas para predecir la calidad de la cosecha y determinar los impuestos. Cabe destacar que en la actualidad podemos visitar los nilómetros de Elefantina y Kom Ombo si alguna vez vamos a Egipto.

Utilizando registros acumulados durante años, los egipcios desarrollaron modelos predictivos rudimentarios. Estos modelos se basaban en correlacionar niveles pasados del Nilo con los resultados de las cosechas. Aunque no eran modelos matemáticos en el sentido moderno, representaban una forma temprana de análisis predictivo basado en datos.

Las predicciones del Nilo influían en la planificación agrícola y administrativa. Si se preveía una inundación débil, se tomaban medidas para almacenar alimentos y racionar el agua. En años de inundaciones fuertes, se preparaban para extensas siembras. Por supuesto, a pesar de todos estos esfuerzos, el sistema predictivo egipcio no estaba exento de errores. Las variaciones en el clima y factores exógenos no formaban parte de los modelos ni registros, como las guerras, las inundaciones o sequías en otras latitudes, etc.

El enfoque de Egipto en la predicción y gestión del Nilo puede verse como un precursor del análisis predictivo moderno. Su énfasis en la observación, registro e interpretación de datos es fundamental en la ciencia y la tecnología actuales.

Este legado del antiguo Egipto, a pesar de lo rudimentario de sus métodos en comparación con los actuales, demuestra que el deseo y la necesidad de comprender y predecir nuestro entorno es una búsqueda humana atemporal.

Mayas predictivos

La gestión predictiva de la civilización maya es un ejemplo fascinante de cómo una comprensión profunda de los ciclos naturales y astronómicos puede ser aplicada de manera práctica para el beneficio de una sociedad. Su habilidad para prever y planificar, a pesar de los desafíos, destaca la importancia de la observación cuidadosa y el análisis detallado en cualquier esfuerzo de planificación a largo plazo. Los mayas no solo construyeron una civilización impresionante en términos de arte y arquitectura, sino que también desarrollaron un sistema de gestión predictiva que, en muchos aspectos, era sorprendentemente moderno en su enfoque y aplicación.

La civilización maya, floreciente en Mesoamérica desde el 2000 a. C. hasta el siglo XVI, es conocida por su avanzada escritura, arquitectura impresionante y sistemas matemáticos y astronómicos sofisticados. El corazón de la gestión predictiva maya radicaba en su detallado conocimiento astronómico que derivó en la creación de complejos calendarios como el Tzolk'in (calendario sagrado de 260 días) y el Haab' (calendario solar de 365 días), siendo estos los más importantes. Tanto era su conocimiento en ciclos astronómicos que sus arquitectos comprendían a la perfección dichos ciclos que los llevaron a reflejar en sus diseños y construcciones. Por ejemplo, la pirámide de Kukulkán en Chichén Itzá está diseñada de tal manera que, durante los equinoccios, la sombra proyectada forma la imagen de una serpiente que desciende, un evento que marcaba un momento significativo en su calendario agrícola.

La agricultura maya dependía en gran medida de las temporadas de lluvias. Su conocimiento de los patrones estacionales, derivado de la observación astronómica, permitía a los mayas planificar la siembra y la cosecha. Además, les permitió el desarrollo de avanzados sistemas de captación y almacenamiento de agua, como aguadas y balsas, para gestionar el agua, especialmente durante las temporadas secas.

Los mayas llevaban registros detallados de todos estos eventos en sus códices y estelas, que incluían información sobre eventos astronómicos, reyes y acontecimientos importantes. Estos registros eran una parte integral de su sistema de gestión predictiva, permitiéndoles analizar patrones y prever eventos futuros.

La gestión predictiva también jugaba un rol en la planificación de eventos cívicos y ceremonias religiosas. Los líderes mayas, utilizando los calendarios y la astrología, determinaban los días más propicios para tales eventos, asegurando así la armonía y el orden social.

El enfoque predictivo de los mayas es un testimonio de su profundo entendimiento del mundo natural y su habilidad para integrar este conocimiento en la gestión práctica de su sociedad. Hoy en día, su legado continúa inspirando en campos como la arqueoastronomía, la gestión de recursos hídricos y la agricultura sostenible.

El imperio de Venecia

El uso de modelos predictivos por el imperio de Venecia subraya la importancia de la información, la observación y la experiencia en la toma de decisiones estratégicas. Aunque sus métodos diferían de las técnicas modernas de análisis predictivo, los venecianos demostraron una comprensión profunda de la necesidad de anticipar y prepararse para el futuro. Esta capacidad para prever y adaptarse fue fundamental para su éxito y permanece como un ejemplo relevante de planificación y estrategia en el mundo contemporáneo.

El imperio de Venecia, una potencia marítima y comercial durante la Edad Media y el Renacimiento, desarrolló sistemas predictivos avanzados para gestionar su extensa red de comercio, diplomacia y navegación. Estos modelos representaban un uso sofisticado del conocimiento acumulado, la observación y la experiencia práctica.

Uno de los aspectos más destacados de la gestión predictiva veneciana era su habilidad en la navegación. Venecia estaba en la vanguardia de la cartografía y la navegación marítima. Los cartógrafos venecianos recopilaban datos detallados sobre rutas marítimas, corrientes y condiciones climáticas. Esta información se utilizaba para predecir las mejores rutas y temporadas para la navegación, minimizando los riesgos y maximizando la eficiencia del comercio marítimo.

El comercio era el pilar de la economía veneciana, y la capacidad de predecir tendencias del mercado era crucial. Los mercaderes venecianos desarrollaron redes de información que les permitían anticipar cambios en la oferta y demanda de diversos bienes, como especias, seda y grano. Esta anticipación les permitía ajustar sus estrategias comerciales, optimizar precios y elegir rutas comerciales.

Venecia también utilizó modelos predictivos en su diplomacia y espionaje. A través de una red extensa de embajadores y espías, recopilaban información sobre los planes y movimientos de otros estados y potencias. Esta información era analizada para predecir acciones potenciales de rivales y aliados, lo que permitía a Venecia maniobrar estratégicamente en el complejo tablero de la política europea.

A lo largo de su historia, Venecia demostró una notable capacidad para adaptarse a cambios y desafíos, ya fueran económicos, políticos o ambientales. Su habilidad para anticipar y prepararse para estos cambios fue un factor clave en su longevidad y éxito como potencia marítima y comercial.

¿Conocer qué ocurrirá vale la pena?

Con todo lo anterior, creo que ya tenemos una idea general del impacto de responder la pregunta general de negocios "¿qué ocurrirá?": gestionar adecuadamente una organización *data driven* en análisis predictivo me atrevo a decir que es la clave del éxito en cualquier organización en estos días.

Fundamentos de aprendizaje automático e inteligencia artificial

Mucho se escribe, habla, publica y genera con respecto a inteligencia artificial en los últimos meses; a pesar de que es una disciplina relativamente nueva, esta tiene más de 80 años de investigación. Tanto es lo que se comunica sobre esto que ya la definición es un poco compleja y varía dependiendo del autor y del contexto de la publicación.

En 1956, McCarthy introduce el término "inteligencia artificial" en la llamada Conferencia de Dartmouth, conocida como la conferencia donde se da el inicio formal del estudio de la IA. Ese término es definido como "una subdisciplina del campo de la informática que busca la creación de máquinas que puedan imitar comportamientos inteligentes".

En la actualidad, la Real Academia Española de la Lengua define "inteligencia artificial" como: "Disciplina científica que se ocupa de crear programas informáticos que ejecutan operaciones comparables a las que realiza la mente humana, como el aprendizaje o el razonamiento lógico".

Estas definiciones son tan amplias que se podría considerar inteligencia artificial a cualquier comportamiento humano imitado. Imaginemos una máquina de café, que, al momento de presionar un botón, inicia una serie de secuencias que implican tomar un poco de grano, molerlo, pasar agua a 90 grados Celsius entre ellos y depositar esa infusión en un vaso, para que la persona que presionó dicho botón pueda extraer ese café y beberlo. Eso es un robot. ¿Es IA? Imaginemos las instrucciones que le doy a mi teléfono móvil cuando le pregunto: "Oye, Siri, ¿va a llover hoy?", esto es procesamiento de lenguaje natural. ¿Es eso también IA?

Si nos basamos en la definición original, efectivamente estas herramientas pueden imitar el comportamiento humano, pero claramente una experiencia distinta es programar una máquina para que aspire mi casa y otra muy distinta es programarla para que aprenda qué partes de mi suelo son rutas para aspirar, cuáles no y cómo debe moverse para aspirar rápidamente las partículas que caen al suelo.

Todo lo anterior nos ha llevado a clasificar las IA en dos grandes tipos:

- **Inteligencia artificial débil:** Se refiere a sistemas de IA que están diseñados para realizar tareas específicas y limitadas, como responder preguntas, jugar a un juego de mesa o ser los rivales de tu juego de acción favorito. Estos sistemas, si bien algunos tienen la capacidad de aprendizaje incorporada, no son lo suficiente complejos para razonar como los humanos y su inteligencia se limita a las tareas para las cuales fueron creadas.

- **Inteligencia artificial fuerte:** Es una forma teórica de IA que busca crear máquinas que puedan imitar la inteligencia humana en todos los aspectos. La IA fuerte tendría la capacidad de pensar, razonar, aprender y resolver problemas de manera similar a los seres humanos. Este tipo de IA aún se encuentra en definición teórica y, si bien hay investigación, a la fecha de esta publicación, marzo de 2024, no hay publicaciones que se atrevan a anunciar una fecha de lanzamiento de alguna de estas formas de IA en los próximos años.

Un poco de historia

Como ya imagino que estarás un poco acostumbrado de los capítulos anteriores, haré un poco de historia para comprender y contextualizar muchos de los conceptos que veremos a continuación.

Los inicios

La primera publicación de inteligencia artificial tuvo lugar en 1943, cuando McCullock y Pitt publican "A Logical Calculus of Ideas Immanent in Nervous activity" en el *Bulletin of Mathematical Biophysics* de la Universidad de Cambridge. Los autores propusieron un modelo simplificado de neuronas cerebrales y demostraron cómo estas podrían interpretar operaciones lógicas y computacionales. Este trabajo fue pionero al mostrar que redes de neuronas artificiales podrían, en principio, ejecutar cualquier cálculo computable, sentando las bases para lo que más tarde se convertiría en la teoría de las redes neuronales.

Tanto fue el impacto de la publicación de McCullock y Pitt que, en 1950, Allan Turing publica *Computing Machinery and Intelligence*, donde aborda la pregunta "¿las máquinas pueden pensar?" y plantea lo que ahora conocemos como "el test de Turing", que básicamente establece que una máquina puede considerarse inteligente si es capaz de imitar la comunicación humana al punto de que un interrogador humano no pueda distinguir razonablemente entre las respuestas de la máquina y las de un humano. Turing también reflexiona sobre diversos aspectos de la inteligencia artificial, como el aprendizaje, la conciencia y la creatividad, y anticipa muchas de las cuestiones éticas y técnicas que todavía discutimos hoy. Su artículo ha tenido un impacto duradero, estimulando décadas de debate, investigación y desarrollo en IA y ciencias cognitivas.

En 1957, Frank Rosenblatt presentó el perceptrón, la primera red neuronal artificial con la capacidad de aprender. Esta creación marcó un hito en la historia de la inteligencia artificial. El perceptrón fue diseñado para simular el proceso de toma de decisiones en el cerebro humano y se convirtió en el fundamento para las modernas redes neuronales. Rosenblatt demostró que estas estructuras podían ajustar sus pesos sinápticos en respuesta a estímulos externos, lo cual permitía realizar tareas simples de clasificación y reconocimiento de patrones. Este avance abrió la puerta a una nueva era de aprendizaje automático y sistemas inteligentes.

En 1959, Arthur Samuel de IBM utiliza por primera vez el concepto de aprendizaje automático (*machine learning* en inglés), definiéndolo como rama del campo de la inteligencia artificial que busca cómo dotar a las máquinas de capacidad de aprendizaje. Este aprendizaje automático se divide en supervisado, no supervisado y reforzado; ya profundizaremos en ello.

En 1965, el científico alemán Joseph Weizenbaum, del MIT, crea el primer software capaz de simular conversación, me refiero a ELIZA. Este programa lograba su propósito reconociendo palabras clave y preguntando sobre ellas como si fuera un psicólogo. Por ejemplo, si alguien mencionaba la madre en una frase, el programa automáticamente le pediría que le dijese más sobre su familia, de esta manera se creaba una ilusión de entendimiento e interacción real. Para llegar a ese resultado, Weizenbaum primero tuvo que identificar cinco problemas técnicos fundamentales que ELIZA tendría que superar. Estos eran la identificación de palabras clave, el descubrimiento de un contexto mínimo, la elección de transformaciones apropiadas, la generación de respuestas adecuadas y la capacidad de reaccionar ante la ausencia de palabras críticas. Podríamos decir que de alguna forma ELIZA es la abuela de Siri, Alexa, Ok Google y tantos otros sistemas conversacionales existentes en todo el espectro actual.

La segunda ola

Durante la década de 1980, la inteligencia artificial (IA) comenzó a popularizarse como una herramienta para el pronóstico en mercados financieros, incluyendo la bolsa de valores. El avance de la computación permitió manejar mayores volúmenes de datos históricos y realizar cálculos complejos a una velocidad mucho mayor que antes. Esto, combinado con la teoría financiera cuantitativa en desarrollo, abrió la puerta a nuevos métodos de análisis técnico y modelado cuantitativo.

Este periodo, conocido como la segunda ola de la IA, se caracterizó por el auge de los sistemas expertos, que eran programas diseñados para emular la toma de decisiones de un humano experto en un campo particular. Estos sistemas fueron adoptados por bancos, firmas de inversión e inversionistas individuales para obtener ventajas competitivas mediante la predicción de tendencias de mercado y movimientos de precios de acciones.

Los modelos predictivos de la época utilizaban una variedad de técnicas de IA, como redes neuronales, lógica difusa y algoritmos genéticos, para identificar patrones en datos financieros. Las redes neuronales, en particular, se volvieron muy populares debido a su capacidad para aprender de los datos y hacer predicciones sin una programación específica de reglas.

El uso de IA en la bolsa también trajo consigo debates sobre la ética, la regulación y el impacto en la estabilidad del mercado. Hubo preocupaciones sobre la posibilidad de que el uso de IA para la comercialización automática pudiera conducir a volatilidad excesiva o a eventos de mercado extremos, como el "Lunes Negro" de 1987, donde algunos argumentaron que los sistemas de *trading* automatizados contribuyeron a la rapidez y magnitud de la caída del mercado.

IA versus humanos

IBM Deep Blue es una computadora de ajedrez que se hizo famosa en la historia de la inteligencia artificial y del juego competitivo al ser la primera máquina en ganar contra un campeón mundial de ajedrez en condiciones de torneo regular. Su victoria contra Garri Kasparov en 1997 marcó un hito significativo en el desarrollo de la IA.

Deep Blue comenzó como un proyecto en IBM bajo el nombre original de "ChipTest" en la Universidad Carnegie Mellon a finales de los años 80, dirigido por Feng-Hsiung Hsu, seguido por el prototipo "Deep Thought". Posteriormente, el proyecto fue trasladado a IBM, donde el equipo fue expandido y rebautizado como "Deep Blue", un juego de palabras que hace referencia tanto a la "profundidad" de su sistema de análisis como al color corporativo de IBM.

En 1996, Deep Blue jugó su primer encuentro contra Garri Kasparov y perdió 4-2. Sin embargo, ganó una partida, convirtiéndose en la primera computadora en vencer a un campeón mundial en una partida bajo reglas de torneo.

En 1997, se llevó a cabo una revancha. Deep Blue fue mejorado significativamente por el equipo de IBM, con más potencia de procesamiento y un algoritmo de juego mejorado, que incorporaba el aprendizaje de partidas anteriores, incluida la experiencia adquirida de su confrontación previa con Kasparov. El *match* de 1997 constó de seis partidas jugadas en Nueva York. Kasparov ganó la primera partida, pero Deep Blue ganó la segunda. Las siguientes tres partidas terminaron en empate. La victoria de Deep Blue en la sexta partida decidió el encuentro a favor de la máquina.

La victoria de Deep Blue tuvo un profundo impacto en el campo de la IA. Demostró que las computadoras podían no solo emular, sino superar la capacidad humana en tareas específicas que requieren inteligencia y estrategia. El evento fue ampliamente publicitado y debatido, con algunos viendo la derrota de Kasparov como un presagio de futuros avances en la IA y otros argumentando que Deep Blue simplemente ejecutaba eficientemente algoritmos de fuerza bruta y no "pensaba" como un humano.

Kasparov, por su parte, expresó su descontento con varias decisiones durante el *match* y planteó preguntas sobre la intervención humana en la programación de Deep Blue durante el juego. A pesar de la controversia, la victoria de Deep Blue sigue siendo un evento icónico, marcando el momento en que una máquina pudo derrotar al mejor jugador de ajedrez del mundo en su propio juego.

La irrupción de los transformadores en las redes neuronales

Fue en la década de 2000 y principios de la de 2010 cuando el *deep learning* experimentó un crecimiento significativo tanto en investigación como en salida al mercado, gracias al aumento de la potencia de cómputo (especialmente a través de la mayor oferta y producción de chips de procesamiento gráfico o GPU), grandes conjuntos de datos disponibles y mejoras en los algoritmos de entrenamiento. En 2006, Geoffrey Hinton y sus colegas publicaron un trabajo fundamental que demostraba cómo entrenar eficazmente redes neuronales profundas, lo que ayudó a revitalizar el campo del aprendizaje automático con un enfoque en el aprendizaje profundo. Evidentemente esta irrupción permitió un desarrollo aventajado en materias de innovación de IA en campos como el lenguaje, la imagen y el sonido, aunque principalmente en el lenguaje.

En 2017 se publica el artículo "Attention is All You Need", por Vaswani *et al.*, introduciendo al universo arquitectónico de la inteligencia artificial un concepto denominado transformadores. Estos transformadores presentan una nueva arquitectura que se aleja de los modelos vigentes hasta el minuto como las redes neuronales recurrentes (RNN) y las redes de memoria a corto plazo largo (LSTM), que procesan los datos palabra por palabra.

La introducción de los transformadores permitió en el campo de la IA de lenguaje el desarrollo de los ahora llamados modelos de lenguaje enormes (LLM por sus siglas en inglés de *Large Language Models*), lo que ha permitido que en la actualidad podamos observar la traducción automática, el resumen de textos, la generación de texto, el reconocimiento del habla y el entendimiento del lenguaje natural.

Todo lo anterior, unido a que estos modelos se pueden extrapolar, lleva a que en 2012 se cree una red neuronal profunda capaz de detectar gatos en YouTube, esto es en definitiva algo trascendental en materia de aprendizaje profundo, porque nos permite como sociedad tomar un modelo entrenado para un objetivo, mezclarlo con un modelo entrenado para otro objetivo y ponerlo al servicio de un objetivo sumamente distinto.

En la actualidad, estamos observando cómo agregamos un nuevo tipo a la IA baja, la IA generativa, puesto que permite a través del uso del aprendizaje profundo generar nueva información o nuevos datos, con aplicaciones tanto en materias de lenguaje, imagen y sonido.

Conceptos generales en IA

Como seguro ya has notado, en la reseña histórica anterior hemos recorrido en parte la evolución de la inteligencia artificial desde sus inicios hasta la actualidad, dejándonos algunos conceptos para definir en esta parte del libro, conceptos que son claves para entender los modelos predictivos que abordaremos en los párrafos siguientes dentro de este capítulo.

Aprendizaje automático o *machine learning* es la forma en la cual enseñamos a una máquina a aprender de forma muy similar a como aprende un ser humano, y su aplicación como herramienta abarca en la actualidad IA enfocada en modelos matemáticos, modelos de lenguaje o texto, imagen, vídeo y sonido. Existen 3 grandes formas de aprendizaje automático:

1. **Aprendizaje supervisado:** ¿Recuerdas el ejemplo del principio del capítulo? Bueno, esa secuencia ordenada de datos de entrada y salida, en otras palabras, datos etiquetados, que nos ayudan a deducir el comportamiento de un dato y con esa ayuda predecir su comportamiento de forma correcta es efectivamente el aprendizaje supervisado. Quizás la forma más primitiva de emular el comportamiento del cerebro humano, a través de la colección de resultados de entrada y salida que gracias a las matemáticas nos permiten predecir resultados futuros.

2. **Aprendizaje no supervisado:** Es una técnica donde los modelos aprenden a identificar patrones y estructuras en datos que no están etiquetados. A diferencia del aprendizaje supervisado, donde los modelos se entrenan con datos cuyas respuestas o resultados son conocidos, el aprendizaje no supervisado trabaja con datos que no tienen etiquetas predefinidas, lo que permite al modelo explorar la información de manera autónoma. Se utiliza comúnmente para tareas de agrupamiento, reducción de dimensionalidad y detección de anomalías, descubriendo correlaciones ocultas y características intrínsecas de los datos sin orientación externa.

3. **Aprendizaje reforzado:** Es un tipo de aprendizaje automático donde un agente aprende a tomar decisiones a través de la experimentación en un entorno, recibiendo retroalimentación en forma de recompensas o penalizaciones por sus acciones. El objetivo del agente es maximizar su recompensa total a lo largo del tiempo. Este enfoque se basa en el principio de ensayo y error, donde el agente descubre gradualmente qué acciones llevan a los mejores resultados a través de la interacción directa con su entorno. Es ampliamente utilizado en situaciones donde el mapeo correcto de situaciones a acciones es complejo y no se conoce de antemano, como por ejemplo lo que hizo IBM DeepBlue.

La red neuronal artificial es un modelo computacional inspirado en la estructura y funcionamiento de las redes neuronales biológicas del cerebro humano. Estas redes están compuestas por unidades o "neuronas" conectadas en una serie de capas. Cada conexión tiene un peso que se ajusta durante el proceso de aprendizaje. Las RNA, en la figura 6.1, son capaces de recibir, procesar y transmitir señales a través de estas conexiones ponderadas.

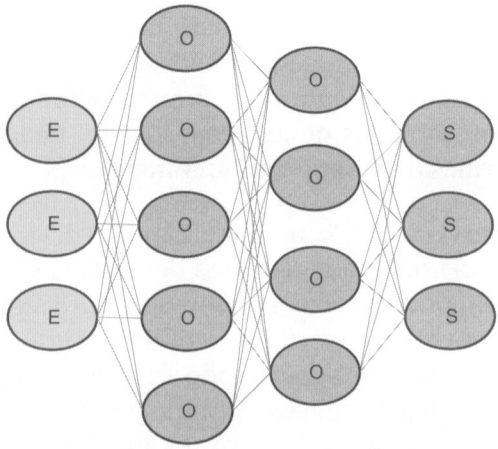

Figura 6.1. Red neuronal artificial.

El proceso de aprendizaje en una RNA implica ajustar estos pesos en base a la retroalimentación obtenida al comparar la salida de la red con el resultado deseado. Este ajuste se realiza a menudo mediante un proceso conocido como "retropropagación". La eficacia de una RNA depende en gran medida de su arquitectura, incluyendo el número y tipo de capas, así como de la cantidad y calidad de los datos utilizados para el entrenamiento. Su flexibilidad y capacidad para aprender a partir de ejemplos las hacen herramientas poderosas para abordar problemas complejos en áreas como el procesamiento de lenguaje natural, la visión por computadora y el análisis predictivo.

La imagen anterior representa una RNA con 1 capa de entrada compuesta por 3 nodos, interconectados con 2 capas ocultas, compuesta de 5 y 4 nodos respectivamente y una capa de salida de 3 nodos. Todos los nodos se encuentran interconectados entre las respectivas capas a través de enlaces (líneas). Esto funciona cuando un nodo le envía una señal al nodo de la capa siguiente y esa señal se pondera por un peso.

El aprendizaje profundo o *deep learning* tiene sus raíces en el campo de las redes neuronales artificiales; sin embargo, el término "*deep learning*" comenzó a usarse en la literatura científica en la década de 2000. Es una rama del aprendizaje automático basada en redes neuronales artificiales con múltiples capas. Estas redes imitan la estructura y función del cerebro humano para procesar datos y crear patrones para la toma de decisiones. El "profundo" se refiere a la cantidad de capas a través de las cuales los datos son transformados, permitiendo al modelo aprender características complejas y abstractas a niveles progresivamente más altos. Es fundamental en aplicaciones como el reconocimiento de voz e imagen, traducción automática y conducción autónoma, destacándose por su capacidad para procesar grandes cantidades de datos y realizar tareas altamente sofisticadas.

El procesamiento de lenguaje natural *o natural language processing* es una disciplina que se enfoca en la interacción entre las computadoras y el lenguaje humano. Su objetivo es permitir que las máquinas lean, comprendan y generen lenguaje de una manera que sea natural y útil para los usuarios. El PLN combina técnicas de ciencias de la computación, lingüística y ciencias cognitivas para procesar y analizar grandes cantidades de datos de lenguaje natural. Las aplicaciones de PLN incluyen la traducción automática, el reconocimiento de voz, la generación de texto, la extracción de información, el resumen automático y el análisis de sentimientos. Los sistemas de PLN utilizan una variedad de técnicas, desde reglas gramaticales y estadísticas hasta modelos de aprendizaje automático y aprendizaje profundo, para comprender y manipular el lenguaje. El PLN enfrenta desafíos únicos debido a la complejidad del lenguaje humano, incluyendo ambigüedades, variaciones en la estructura de la oración y diferencias en dialectos y jergas. La creciente sofisticación en el PLN está mejorando la forma en que interactuamos con la tecnología, haciendo que las computadoras sean más accesibles y eficientes para el uso humano.

Los modelos de lenguaje son herramientas computacionales utilizadas en el procesamiento del lenguaje natural para predecir la probabilidad de secuencias de palabras. Funciona generando o completando textos basándose en el contexto previo o en las palabras anteriores. Los modelos de lenguaje pueden ser entrenados con o sin RNA.

Los modelos de lenguaje largo son una variante avanzada de los modelos de lenguaje que se especializa en entender y generar texto con un contexto extenso. A diferencia de los modelos tradicionales, que pueden perder el hilo en textos más largos, estos modelos están diseñados para retener y procesar información a lo largo de grandes secuencias de palabras. Esto les permite mantener la coherencia y la relevancia en textos extensos, captando matices y relaciones complejas a lo largo de párrafos o incluso páginas. Son particularmente útiles en tareas como la generación de contenido extenso, resúmenes detallados y conversaciones naturales y prolongadas, donde la comprensión del contexto extendido es crucial. Otra característica de los MLL (*LLM* en inglés) es que se les ha entrenado en aprendizaje profundo, usando RNA de transformadores en sus nodos, lo que los vuelve bastante potentes, ejemplo de esto son ChatGPT, Google Bard, BingGPT y Llama.

La inteligencia artificial generativa son modelos capaces de crear o generar texto, imágenes, sonidos y otros tipos de contenido, lo que la convierte en una tecnología fantástica, cualquiera puede usarla solo con unas cuantas técnicas de instrucción o *prompting*. Se postula que estas IA son democratizadoras, ya que permiten lograr contenidos de alto impacto sin necesidad de tener conocimientos previos de SQL o JAVA o cualquier otro lenguaje que exista excepto el natural.

La figura 6.2 muestra cómo la inteligencia artificial y sus distintos subconjuntos interactúan destacándose en el inferior el aprendizaje profundo, las IA generativas y los PLN dando origen a los MLL como ChatGPT, Llama y otros.

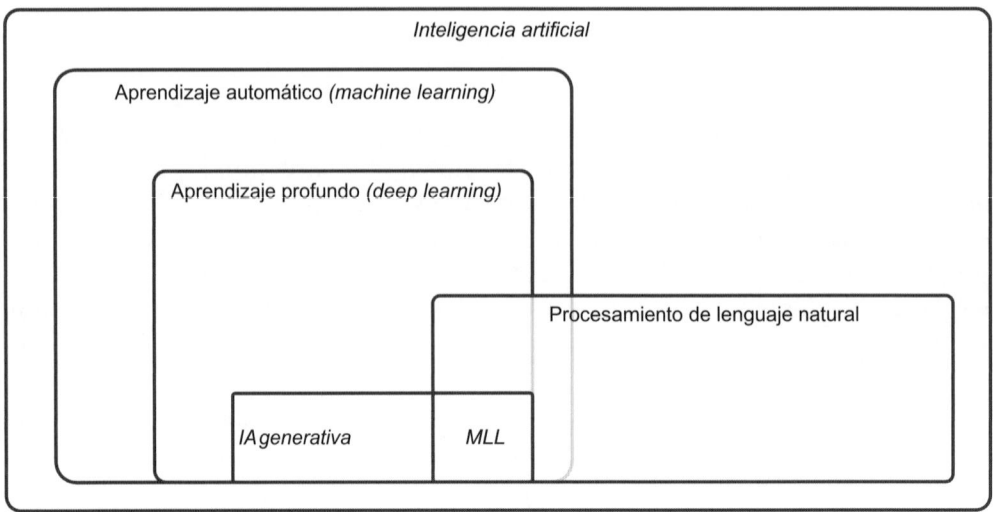

Figura 6.2. Distribución de conceptos básicos de IA.

A continuación, explicaré varios modelos matemáticos para analítica predictiva, dejando en claro que todos estos modelos son aplicables tanto en arquitecturas de redes neuronales o en arquitecturas tradicionales de cómputo o en arquitecturas de clústeres de cómputo y memoria. No profundizaremos sobre cuál es la arquitectura más adecuada para cada escenario, solo los definiré lo más didácticamente posible para en capítulos posteriores usar estas definiciones.

Modelos de regresión lineal y análisis en series de tiempo

Los modelos más usados y sencillos de aprender en analítica predictiva son los modelos lineales y de análisis en series de tiempo. Estos modelos por separado o mezclados permiten en gran medida realizar predicciones con un alto grado de certeza matemática convirtiéndolos en modelos inspiradores de modelos matemáticos más complejos.

Modelos de regresión lineal

La regresión lineal es uno de los modelos estadísticos más fundamentales y ampliamente utilizados en el análisis de datos. Su objetivo es modelar la relación entre una variable dependiente y una o más variables independientes. La premisa básica es simple: se busca una línea o un plano que mejor se ajuste a los datos.

Podemos encontrar dos tipos principales de regresión lineal, la regresión lineal simple y la regresión lineal múltiple.

Regresión lineal simple

Esta regresión se puede expresar mediante la ecuación:

$$y = b_0 + b_1 x$$

Donde y es la variable dependiente, b_0 es la coordenada de origen y b_1 la pendiente de la recta.

Dado lo anterior, definimos entonces a b_0:

$$b_0 = \bar{y} - b_1 \bar{x}$$

y a b_1 (la pendiente) como:

$$b_1 = \frac{\sum_{i=1}^{n}(x_i - \bar{x})(y_i - \bar{y})}{\sum_{i=1}^{n}(x_i - \bar{x})^2}$$

La ecuación resultante del modelo de regresión lineal simple no podrá acertar el valor exacto de todas las observaciones, ya que este modelo simplemente trata de encontrar una ecuación que aproxime la relación entre las dos variables.

Por esa capacidad de no acertar exactamente a las observaciones, vamos a definir como residuo a la diferencia entre el valor real y el valor estimado por el modelo de la regresión lineal:

$$e_i = y_i - \hat{y}_i$$

Donde:

- e_i es el residuo del dato i.
- y_i es el valor real del dato i.
- $\hat{y}_i$ es el dato proporcionado por el modelo de regresión del dato i.

En la figura 6.3, se observa cómo la línea de regresión obedece a la ecuación y la distancia entre cada punto y la línea de regresión es el residuo.

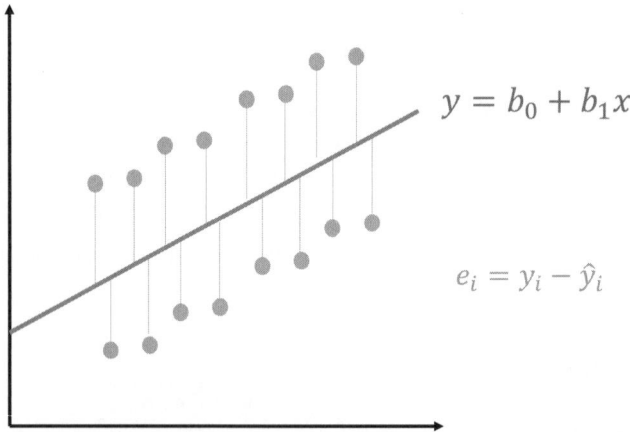

Figura 6.3. Modelo ilustrativo de regresión lineal.

Uno de los grandes problemas es que, en varias distribuciones, más de una línea de regresión puede interpretar el comportamiento de los puntos, por lo tanto, se ha definido este método para decidir cuál de todas las rectas interpreta mejor a los puntos. Este método se llama "ajuste de los mínimos cuadrados". Consiste en encontrar un modelo de regresión que minimice los cuadrados de los residuos. La ecuación obtenida del modelo de regresión será aquella cuyos cuadrados de las diferencias entre los valores observados y los valores ajustados sea mínima, como se ve en la figura 6.4.

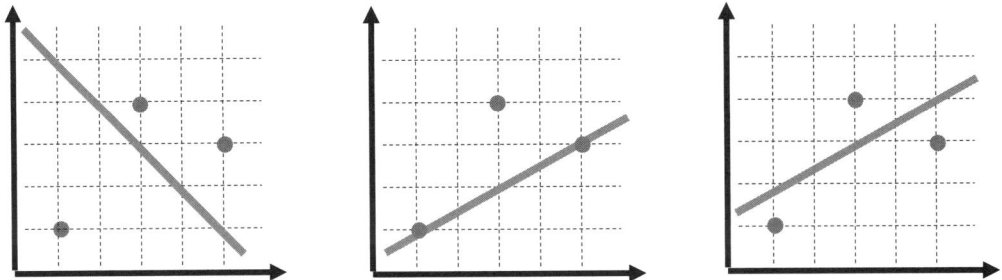

Figura 6.4. ¿Cuál de las regresiones es la más óptima?

El cuadrado de un error es el cuadrado de un residuo, por lo tanto, el cuadrado de un error es igual a la diferencia entre el valor real y el valor del modelo de regresión elevado también al cuadrado:

$$e_i{}^2 = (y_i - \hat{y}_i)^2$$

Así pues, el método de los mínimos cuadrados consiste en hacer un modelo de regresión minimizando la suma de los cuadrados de los errores. Por lo tanto, el criterio de los mínimos cuadrados se basa en minimizar la siguiente expresión:

$$[MIN] \sum_{i=1}^{n} e_i^2{}_i$$

$$[MIN] \sum_{i=1}^{n} (y_i - \hat{y}_i)^2$$

Regresión lineal múltiple

Es un modelo evolucionado del modelo de regresión simple, donde somos capaces de incluir dos o más variables independientes. Es decir, la regresión lineal múltiple es un modelo estadístico que permite relacionar varias variables explicativas con una variable respuesta de manera lineal.

Por ejemplo, la ecuación $y = 6w - 3z + 7x + 4$ es un modelo de regresión lineal múltiple, ya que relaciona matemáticamente tres variables independientes (w, z, x) con una variable dependiente (y) de manera lineal.

La ecuación que interpreta una regresión lineal múltiple es la siguiente:

$$y = \beta_0 + \beta_1 x_1 + \beta_2 x_2 + \cdots + \beta_m x_m + \varepsilon$$

Donde:

- y es la variable dependiente.
- x_i es la variable independiente i $(1,2,3, \dots , m)$.
- β_0 es la constante de la ecuación.
- β_i es el coeficiente de regresión asociado a la variable x_i.
- ε es el error o residuo o diferencia entre el valor real y el estimado.
- m es la cantidad total de variables del modelo.

Lo interesante de este modelo es que al tener n cantidades de variables podemos expresarlo de forma matricial y con ayuda de algún software como Excel o Jupyter Notebooks obtener los resultados mucho más rápido.

La ecuación desde una perspectiva matricial se vería así para n observaciones:

$$
\begin{pmatrix} y_1 \\ y_2 \\ y_3 \\ \vdots \\ y_n \end{pmatrix} = \begin{pmatrix} 1 & x_{11} & \dots & x_{1m} \\ 1 & x_{12} & \dots & x_{2m} \\ 1 & x_{13} & \dots & x_{3m} \\ \vdots & \vdots & \ddots & \vdots \\ 1 & x_{n1} & \dots & y_{nm} \end{pmatrix} * \begin{pmatrix} \beta_1 \\ \beta_2 \\ \beta_3 \\ \vdots \\ \beta_m \end{pmatrix} + \begin{pmatrix} \varepsilon_1 \\ \varepsilon_2 \\ \varepsilon_3 \\ \vdots \\ \varepsilon_m \end{pmatrix}
$$

Si a cada matriz le asignásemos un identificador, la formula sería:

$$Y = X\beta + \epsilon$$

Y tal como pasa en la regresión simple, hay que escoger la mejor regresión utilizando el criterio de los mínimos cuadrados que podríamos expresar de la siguiente forma:

$$\hat{\beta} = (X^t X)^{-1} X^t Y$$

Insisto, hacer esto de forma manual es bastante extenso y laborioso y, afortunadamente, Microsoft Excel y la librería Pandas para Python ya vienen con funciones predefinidas para asistirnos en esta tarea.

Coeficiente de determinación o R cuadrado

El coeficiente de determinación o R cuadrado expresa el porcentaje explicado por el modelo de regresión, de manera que cuanto mayor sea el coeficiente de determinación, mejor ajustado estará el modelo a la muestra de datos estudiada. Dicho de otra forma, mide qué tan bueno es un modelo de regresión para interpretar los datos originales.

El coeficiente de determinación es igual a uno menos el cociente entre la varianza residual y la varianza de la variable dependiente:

$$R^2 = 1 - \frac{\sigma_r^2}{\sigma^2}$$

Donde:

- R^2 es el coeficiente de determinación.
- σ_r^2 es la varianza residual.
- σ^2 es la varianza de la variable dependiente.

El coeficiente de determinación también se puede calcular restando uno menos la suma de los cuadrados de los residuos partido por la suma total de cuadrados:

$$R^2 = 1 - \frac{\sum_{i=1}^{n}(y_i - \hat{y}_i)^2}{\sum_{i=1}^{n}(y_i - \bar{y})^2}$$

Donde:

- R^2 es el coeficiente de determinación.
- y_i es el valor de la variable dependiente de la observación i.
- $\hat{y}_i$ es el valor del modelo para la observación i.
- $\bar{y}$ es la media de la variable dependiente de todas las observaciones.

No obstante, la bondad de ajuste de un modelo estadístico puede ser engañosa, especialmente en los modelos de regresión lineal múltiple, ya que al añadir cualquier variable al modelo el coeficiente de determinación aumenta, aunque la variable no sea significativa. Sin embargo, debemos maximizar el coeficiente de determinación intentando minimizar el número de variables, ya que así el modelo es menos complicado y más fácil de interpretar.

Para solucionar este problema, debemos calcular el coeficiente de determinación ajustado (R cuadrado ajustado), que es un coeficiente estadístico que mide la bondad de ajuste de un modelo de regresión penalizando por cada variable añadida al modelo, a diferencia del coeficiente de determinación sin ajustar que no tiene en cuenta el número de variables del modelo.

La fórmula para calcular este R cuadrado ajustado es la siguiente:

$$\bar{R}^2 = 1 - \frac{N - 1}{N - k - 1} * (1 - R^2)$$

Donde:

- $\bar{R}^2$ es el coeficiente de determinación ajustado.
- R^2 es el coeficiente de determinación.
- N es el tamaño de la muestra.
- k es el número de variables explicativas del modelo de regresión.

Así pues, el coeficiente de determinación ajustado nos permite comparar la bondad de ajuste de dos modelos con un número de variables diferente. En principio, debemos escoger el modelo que tiene un coeficiente de determinación ajustado mayor, pero, si los dos modelos tienen valores muy similares, es mejor seleccionar el modelo con menor número de variables, ya que es más fácil de interpretar.

En definitiva, los modelos lineales

Los modelos de regresión lineal nos ayudan a modelar e interpretar, ya sea con una recta o un plano, el patrón general de cómo se comportan los datos y poder estimar con cierto grado de certeza cómo estos serán en un futuro.

Son modelos bastante utilizados en varias disciplinas como la economía, en la predicción de indicadores económicos, como el PIB, basándose en factores como tasas de interés y niveles de empleo; cambio climático en los estudios de la relación entre variables biológicas, como cantidad de agua caída, rachas de viento, humedad relativa, etc.; marketing en el análisis del impacto de las campañas publicitarias en las ventas o de la cantidad de publicaciones en redes sociales y nuevos clientes. Y así sucesivamente en distintas áreas del quehacer profesional podemos usar modelos lineales.

A pesar de su utilidad, la regresión lineal tiene limitaciones:

- **Linealidad:** La regresión lineal asume una relación lineal entre las variables. Si esta suposición no se cumple, el modelo puede no ser adecuado.
- **Independencia de los errores:** Los términos de error deben ser independientes entre sí. La correlación entre estos términos puede indicar problemas en el modelo.
- **Homocedasticidad:** Los errores deben tener varianzas constantes. La heterocedasticidad puede llevar a conclusiones erróneas.
- **Multicolinealidad:** La presencia de una alta correlación entre variables independientes puede afectar la precisión de las estimaciones de los coeficientes.

Análisis de series de tiempo

Uno de los factores más interesantes de observar en análisis de datos es el factor tiempo. Analizar tendencias en grandes magnitudes de tiempo como años o magnitudes más inmediatas como segundos nos llevan a determinar uno de los elementos cruciales en toma de decisiones predictiva. A nadie le gustaría invertir mucho dinero en una moda pasajera, pero sí nos gustaría hacerlo en un negocio que "llegó para quedarse".

El análisis de series de tiempo, en la figura 6.5, se centra en el estudio de datos recopilados en intervalos regulares a lo largo del tiempo y nos ayuda a identificar tendencias, ciclos y patrones estacionales en datos temporales, lo que permite hacer predicciones sobre eventos futuros basándose en observaciones pasadas.

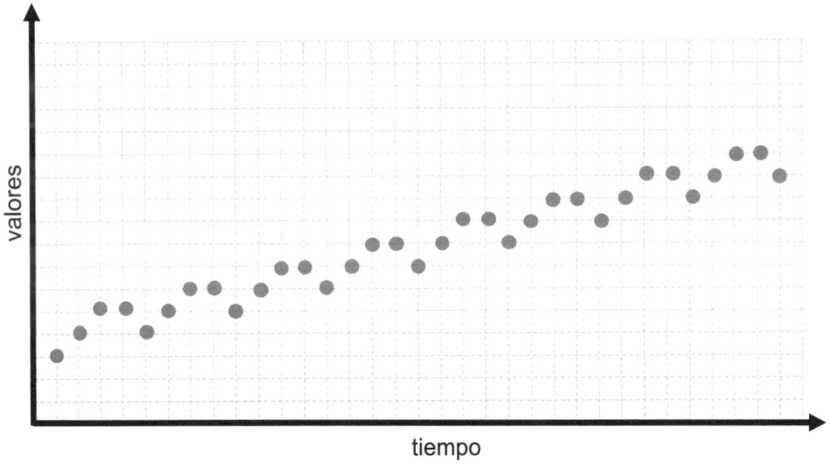

Figura 6.5. Vista típica de una serie de tiempo.

En la práctica, nos puede ayudar a realizar buenos pronósticos en movimientos de mercados, tasas de interés y precios de acciones, también para predecir patrones climáticos y fenómenos meteorológicos, e incluso en las industrias manufacturera o extractiva nos ayuda a monitorear y predecir la calidad de productos.

Diferentes modelos se utilizan para analizar y predecir series de tiempo, cada uno con sus características y aplicaciones específicas, todos de alguna forma están formados por algunos elementos propios del análisis de series de tiempo, como se ve en la figura 6.6:

- **Pendiente:** En el contexto de series de tiempo, la pendiente puede referirse a la tasa de cambio en la serie a lo largo del tiempo. Es un indicador de la tendencia o dirección del movimiento de los datos.

- **Tendencia:** La tendencia es un patrón persistente a largo plazo en una serie de tiempo que puede ser ascendente, descendente o constante. Las tendencias pueden ser lineales (cambios constantes) o no lineales.

- **Estacionalidad:** Se refiere a patrones o ciclos que se repiten a intervalos regulares, como diariamente, mensualmente o anualmente. La estacionalidad es común en datos relacionados con el clima, ventas minoristas y finanzas, entre otros.

- **Ciclicidad:** A diferencia de la estacionalidad, los ciclos son fluctuaciones que no tienen una longitud fija. Estos pueden ser causados por factores económicos, políticos o incluso naturales y no se repiten a intervalos regulares.

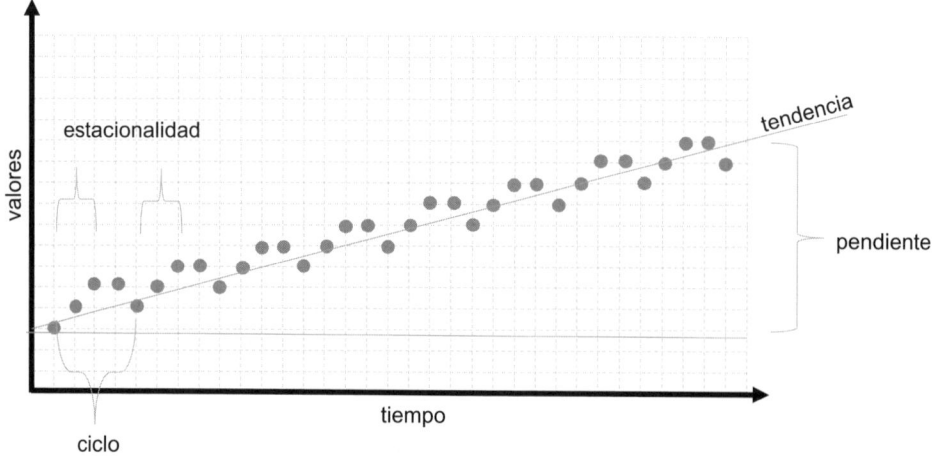

Figura 6.6. Elementos propios de series de tiempo.

Otros elementos también propios de las series de tiempo son los siguientes:

- **Nivel:** El nivel de una serie de tiempo es su valor medio o valor constante. Es un punto de referencia básico para la serie.

- **Ruido o irregularidad:** El ruido en una serie de tiempo es la variabilidad aleatoria que no puede atribuirse a la tendencia, estacionalidad o ciclicidad. Esencialmente, es la parte de la serie que no se puede explicar por modelos conocidos.

- **Estacionariedad:** Una serie de tiempo es estacionaria si sus propiedades estadísticas, como la media y la varianza, se mantienen constantes en el tiempo. La estacionariedad es una suposición importante en muchos modelos de series de tiempo.

- **Autocorrelación:** Indica la correlación de una serie de tiempo con sus propios valores pasados. La autocorrelación es una medida de la memoria o la dependencia temporal en una serie de tiempo.

- **Diferenciación:** Es el proceso de calcular la diferencia entre observaciones consecutivas. Se utiliza para estabilizar la media de una serie de tiempo, eliminando efectos como tendencias y estacionalidad, y hacerla más estacionaria.

- *Lag* **o retardo:** Se refiere a la posición de un punto de datos en relación con su posición anterior en el tiempo. Por ejemplo, un *lag* de 1 en una serie diaria significaría el valor del día anterior.

Cada uno de estos elementos interviene de mayor o menor forma en los modelos que pasaré a explicar a continuación: ARIMA, SARIMA y suavizados exponenciales.

ARIMA (*Autoregressive Integrated Moving Average*)

ARIMA es un modelo de análisis temporal que busca explicar una serie de tiempo a través de sus propias lagunas (retardos) y la tendencia a volver a la media; en otras palabras, se trata de un modelo dinámico de series temporales, es decir, las estimaciones futuras vienen explicadas por los datos del pasado y no por variables independientes.

El modelo ARIMA necesita identificar los coeficientes y número de regresiones que se utilizarán, ya que es muy sensible a la precisión con que se determinen sus coeficientes.

Se compone de tres elementos: AR (autorregresivo), I (integración), y MA (media móvil). Y producto de esta composición se suele expresar como:

$$ARIMA\ (p, d, q)$$

Donde los parámetros p, d y q representan los valores de AR; I y MA respectivamente. Por ejemplo:

ARIMA(0,1,0) se puede expresar como I(1).

ARIMA(0,0,1) se puede expresar como MA(1).

ARIMA(1,0,0) se puede expresar como AR(1).

- **Parámetro p o autorregresión (AR):** La componente "AR" del modelo ARIMA se refiere a la regresión de la variable de interés en contra de sus propios valores rezagados (o pasados). Esto significa que el valor actual de la serie se modela como una función de sus valores anteriores. El término autorregresivo captura la influencia de la memoria a corto plazo o la inercia en series de tiempo.

- **Parámetro d o integración (I):** Se relaciona con el proceso de diferenciación utilizado para hacer que la serie de tiempo sea estacionaria. Una serie de tiempo es estacionaria si sus propiedades estadísticas, como la media y la varianza, son constantes a lo largo del tiempo. En muchos casos, las series temporales originales no son estacionarias, pero pueden transformarse en estacionarias mediante diferenciación, es decir, calculando la diferencia entre observaciones consecutivas.

- **Parámetro q o media móvil (MA):** Se refiere al modelo de media móvil, donde se modela el error de predicción como una combinación lineal de los términos de error de periodos anteriores. 'q' es el número de términos de error incluidos en el modelo. Este componente ayuda a capturar los *shocks* o sorpresas aleatorias en la serie de tiempo que no se explican por la autorregresión.

Matemáticamente se puede expresar el modelo ARIMA como sigue:

$$Y_t = -\left(\Delta^d Y_t - Y_t\right) + \emptyset_0 + \sum_{i=1}^{p} \emptyset_i \, \Delta^d Y_{t-i} - \sum_{i=1}^{q} \theta_i \, \varepsilon_{t-i} + \varepsilon_t$$

Donde:

- d corresponde a las diferencias necesarias para convertir la serie original en estacionaria.

- $\emptyset_i$ son los parámetros de la parte autorregresiva (AR).

- θ_i son los parámetros de la parte medias móviles (MA).

- $\emptyset_0$ es una constante.

- ε_t es el término de error, innovación o perturbación estocástica.

Se debe tomar en cuenta que:

$$\Delta Y_t = Y_t - Y_{t-1}$$

Ejemplo con Excel

Necesitamos saber el valor de los tres meses siguientes de una serie de ventas en un periodo de dos años y para eso haremos un modelo ARIMA(3,1,3), es decir, consideraremos 3 periodos hacia atrás para calcular su autorregresión, 1 periodo para integrarlo y 3 periodos para la media móvil.

Para lograr este ejemplo, haremos el ejercicio en 3 partes: escribir las fórmulas en las celdas, usar la herramienta Solver de Excel para cambiar los parámetros y predecir los valores siguientes.

En la primera parte, haremos una plantilla Excel con la estructura que aparece en la figura 6.7 y escribiremos sus fórmulas.

	A	B	C	D	E	F	G	H	I	J
1						Error^2 Medio		PARAMETROS		
2								C	1,4	
3	Mes	Ventas Real	Dif V V-1	ARIMA(3,1,3)	Error	Error^2		p1	0,5	
4	2023-01	100						p2	0,5	
5	2023-02	103	3					p3	0,5	
6	2023-03	98	-5					q1	0,5	
7	2023-04	116	18					q2	0,5	
8	2023-05	120	4					q3	0,5	
9	2023-06	111	-9							
10	2023-07	130	19							
11	2023-08	133	3							
12	2023-09	118	-15							
13	2023-10	137	19							
14	2023-11	143	6							
15	2023-12	119	-24							
16	2024-01	132	13							
17	2024-02	136	4							
18	2024-03	121	-15							
19	2024-04	138	17							
20	2024-05	141	3							
21	2024-06	132	-9							
22	2024-07	146	14							
23	2024-08	151	5							
24	2024-09	148	-3							
25	2024-10	155	7							
26	2024-11	158	3							
27	2024-12	133	-25							
28	2025-01									
29	2025-02									
30	2025-03									

Figura 6.7. Plantilla Excel con fórmulas.

Por simple apreciación, vemos cómo he ordenado los datos reales de ventas entre los periodos 2023-01 y 2023-12, también en un color distinto se han dejado los periodos 2025-01 al periodo 2025-03.

Existe también el campo Dif V V-1, que tiene datos desde el 2023-02 en adelante, puesto que representa la diferencia entre la venta de este mes versus el mes anterior (integración 1).

También están los campos ARIMA(3,1,3), Error y Error cuadrático, que iremos completando a continuación en el ejemplo. Se aprecia también un recuadro con parámetros a utilizar en el cálculo. Los parámetros que ahí se han puesto son arbitrarios y solo nos van a servir en la primera parte para hacer bien las fórmulas.

A continuación, llenaremos los campos **Error** y **Error cuadrático**. El campo **Error** es la diferencia entre DIF_V_V-1 y ARIMA(3,1,3), y el campo **Error cuadrático** es, simplemente, el error elevado a 2, como vemos en la figura 6.8.

	A	B	C	D	E	F	G	H	I	J
E5			f_x	=C5-D5						
1						Error^2 Medio			PARAMETROS	
2						=PROMEDIO(F5:F27)		C	1,4	
3	Mes	Ventas Real	Dif V V-1	ARIMA(3,1,3)	Error	Error^2		p1	0,5	
4	2023-01	100		·				p2	0,5	
5	2023-02	103	=+B5-B4		=C5-D5	=E5^2		p3	0,5	
6	2023-03	98	=+B6-B5		=C6-D6	=E6^2		q1	0,5	
7	2023-04	116	=+B7-B6		=C7-D7	=E7^2		q2	0,5	
8	2023-05	120	=+B8-B7		=C8-D8	=E8^2		q3	0,5	
9	2023-06	111	=+B9-B8		=C9-D9	=E9^2				
10	2023-07	130	=+B10-B9		=C10-D10	=E10^2				
11	2023-08	133	=+B11-B10		=C11-D11	=E11^2				
12	2023-09	118	=+B12-B11		=C12-D12	=E12^2				
13	2023-10	137	=+B13-B12		=C13-D13	=E13^2				
14	2023-11	143	=+B14-B13		=C14-D14	=E14^2				
15	2023-12	119	=+B15-B14		=C15-D15	=E15^2				
16	2024-01	132	=+B16-B15		=C16-D16	=E16^2				
17	2024-02	136	=+B17-B16		=C17-D17	=E17^2				
18	2024-03	121	=+B18-B17		=C18-D18	=E18^2				
19	2024-04	138	=+B19-B18		=C19-D19	=E19^2				
20	2024-05	141	=+B20-B19		=C20-D20	=E20^2				
21	2024-06	132	=+B21-B20		=C21-D21	=E21^2				
22	2024-07	146	=+B22-B21		=C22-D22	=E22^2				
23	2024-08	151	=+B23-B22		=C23-D23	=E23^2				
24	2024-09	148	=+B24-B23		=C24-D24	=E24^2				
25	2024-10	155	=+B25-B24		=C25-D25	=E25^2				
26	2024-11	158	=+B26-B25		=C26-D26	=E26^2				
27	2024-12	133	=+B27-B26		=C27-D27	=E27^2				
28	2025-01									
29	2025-02									
30	2025-03									

Figura 6.8. Fórmulas en cada campo.

Como te das cuenta, según la figura 6.8, también he puesto en la celda F2 el promedio de todos los errores cuadráticos, esto nos va a permitir optimizar nuestro modelo cuando usemos Solver.

A continuación, vamos a llenar la fórmula del campo ARIMA(3,1,3) y aquí es preciso declarar que, como vamos a comenzar a predecir considerando los 3 periodos inmediatamente anteriores y modelaremos en función de la diferencia de los valores, la primera celda que nos permite ese modelado es la celda D8 o, en otras palabras, la que corresponde al periodo 2023-05. También para esta función usaremos la tabla parámetros que luego optimizaremos.

De la matemática que declaramos hace un momento, esta función se resuelve de la siguiente forma:

Constante C +

Parámetro *p1* multiplicado por la diferencia del periodo -1 +

Parámetro *p2* multiplicado por la diferencia del periodo -2 +

Parámetro *p3* multiplicado por la diferencia del periodo -3 +

Parámetro *q1* multiplicado por la diferencia del periodo -1 +

Parámetro *q2* multiplicado por la diferencia del periodo -2 +

Parámetro *q3* multiplicado por la diferencia del periodo -3.

Como los parámetros son constantes en la hoja Excel de ejemplo de la figura 6.9, los fijaremos usando el signo $.

En definitiva, la fórmula se escribe así para la celda D8:

```
=$I$2+$I$3*C7+$I$4*C6+$I$5*C5+$I$6*E7+$I$7*E6+$I$8*E5
```

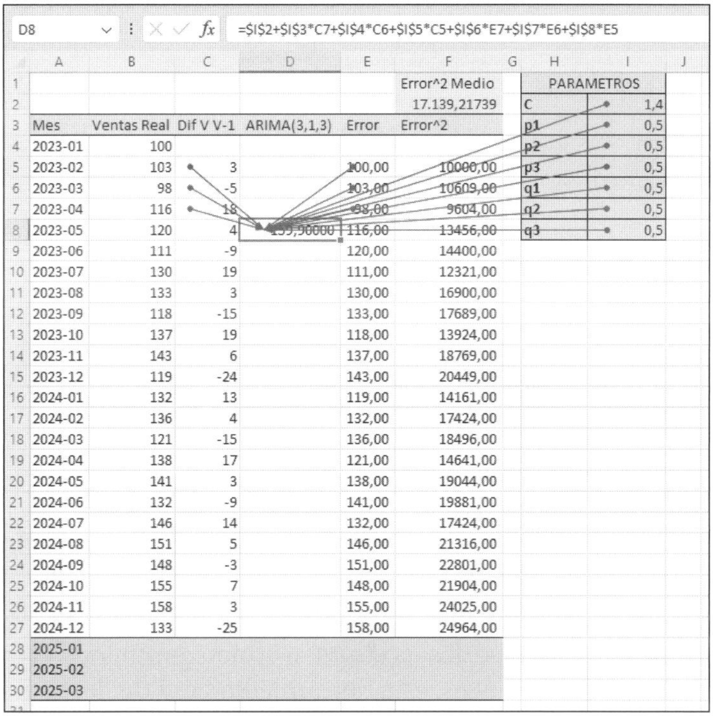

Figura 6.9. Parámetros en la hoja de Excel.

Una vez que ya escribimos nuestra fórmula, rellenamos hasta el ultimo periodo en blanco y luego, solo para efectos de tener un mejor desempeño del paso siguiente, en las celdas D5, D6 y D7, copiaremos el valor de la diferencia.

Con todo lo anterior, podemos iniciar la segunda parte de este ejemplo, que es usar la herramienta Solver.

La herramienta Solver se activa haciendo clic en el botón **Solver** que se encuentra al final del menú **Datos** en Excel, como se ve en la figura 6.10.

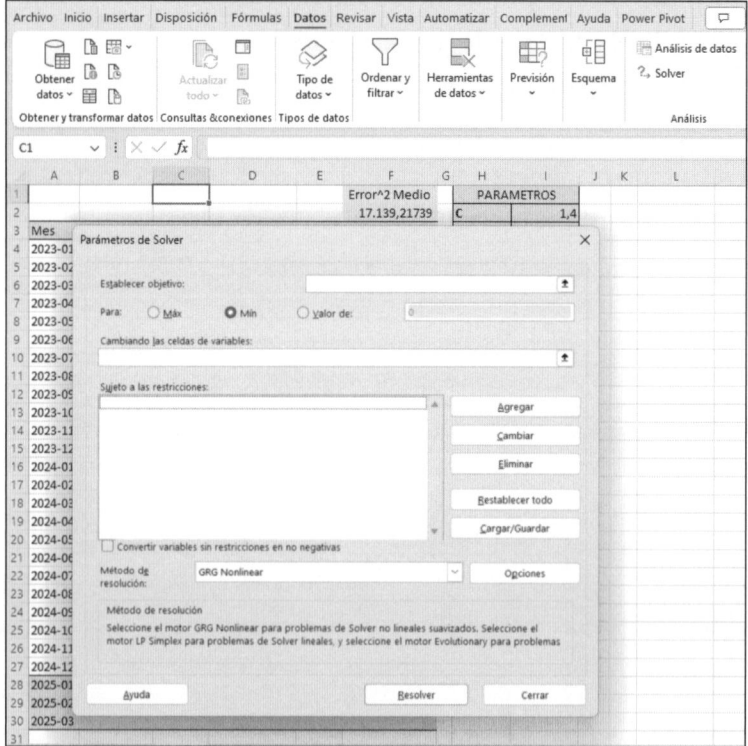

Figura 6.10. Herramienta Solver.

Esta herramienta se presenta como una ventana donde agregar algunos parámetros para que Excel realice distintas iteraciones de cálculo de forma interna y reemplace los parámetros iniciales con los nuevos que ha calculado.

Como anteriormente mencioné, los modelos se optimizan cuando el error cuadrático medio se minimiza; entonces, esta herramienta hará dichas iteraciones para lograr ese objetivo en este modelo Arima en Excel.

Declararemos en **Establecer objetivo** el campo F2, que es donde está nuestro error cuadrático medio y donde dice **Cambiando las celdas de las variables** escogeremos el rango de donde se encuentran nuestros parámetros, como se muestra en la figura 6.11. Pon mucha atención si estás repitiendo esto en Excel: **Para** debe indicar Min; debe estar desactivada la opción **Convertir variables sin restricciones en no negativas;** y la opción **Método de resolución** debe tener seleccionado el modelo GRG Nonlinear.

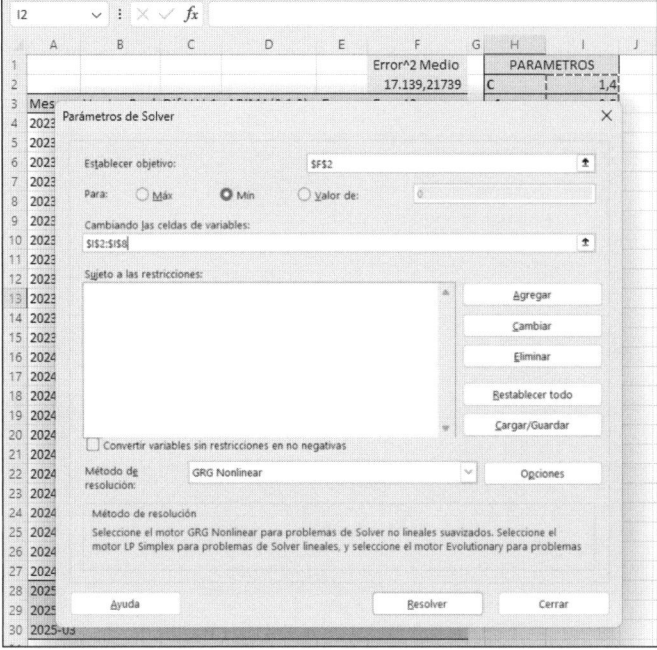

Figura 6.11. Establecer parámetros de Solver.

Hechas estas verificaciones, haces clic en el botón **Resolver**, que se encuentra abajo, y, al cabo de unos segundos, Solver nos devuelve los parámetros ajustados para que nuestro error cuadrático medio sea el mínimo posible, como se ve en la figura 6.12.

En la tercera parte, vamos a predecir los valores siguientes.

Antes de partir con el ejemplo en Excel escribimos que se debe tomar en cuenta que:

$$\Delta Y_t = Y_t - Y_{t-1}$$

En otras palabras, el valor diferencial corresponde al valor del periodo actual menos el del periodo anterior.

Entonces, para encontrar el valor siguiente, basta simplemente con adicionar a la predicción del periodo actual el valor del periodo anterior. Y esto lo haremos en Excel de la siguiente forma.

Copiamos las fórmulas del campo ARIMA(3,1,3) en las celdas siguientes que corresponden a los periodos 2025-01; 2025-02; 2025-03 y vemos que se obtienen resultados de calcular con los nuevos parámetros devueltos por Solver, como se ve en la figura 6.13.

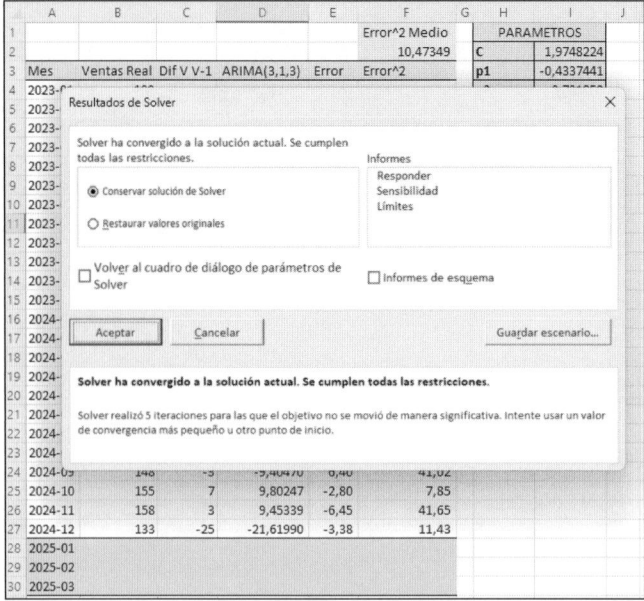

Figura 6.12. Parámetros ajustados.

	B28		f_x	=+B27+D28					
	A	B	C	D	E	F	G	H	I
1						Error^2 Medio		PARAMETROS	
2						11,10214		C	1,8413195
3	Mes	Ventas Real	Dif V V-1	ARIMA(3,1,3)	Error	Error^2		p1	-0,4434381
4	2023-01	100						p2	-0,7524378
5	2023-02	103	3	3,00000	0,00	0,00		p3	0,3780275
6	2023-03	98	-5	-5,00000	0,00	0,00		q1	0,9055131
7	2023-04	116	18	18,00000	0,00	0,00		q2	1,4770142
8	2023-05	120	4	-1,24429	5,24	27,50		q3	-0,9854587
9	2023-06	111	-9	-10,61767	1,62	2,62			
10	2023-07	130	19	18,83773	0,16	0,03			
11	2023-08	133	3	-0,93172	3,93	15,46			
12	2023-09	118	-15	-14,98181	-0,02	0,00			
13	2023-10	137	19	19,04892	-0,05	0,00			
14	2023-11	143	6	1,89093	4,11	16,88			
15	2023-12	119	-24	-17,11955	-6,88	47,34			
16	2024-01	132	13	15,03876	-2,04	4,16			
17	2024-02	136	4	0,34533	3,65	13,36			
18	2024-03	121	-15	-11,70832	-3,29	10,84			
19	2024-04	138	17	14,82396	2,18	4,74			
20	2024-05	141	3	0,60861	2,39	5,72			
21	2024-06	132	-9	-9,32755	0,33	0,11			
22	2024-07	146	14	11,68574	2,31	5,36			
23	2024-08	151	5	3,76198	1,24	1,53			
24	2024-09	148	-3	-10,09580	7,10	50,35			
25	2024-10	155	7	10,67514	-3,68	13,51			
26	2024-11	158	3	8,81739	-5,82	33,84			
27	2024-12	133	-25	-23,57872	-1,42	2,02			
28	2025-01	140		7,05850					
29	2025-02	165		25,41990					
30	2025-03	159		-6,20876					
31									

Figura 6.13. Resultados de calcular con los nuevos parámetros de Solver.

Finalmente, en la celda **Ventas Real** para los periodos a predecir simplemente escribimos una fórmula que sume, la venta real del periodo anterior más el valor del campo **ARIMA(3,1,3)** del periodo que corresponde.

Modelo SARIMA (*Seasonal ARIMA*)

El modelo SARIMA (*Seasonal Autoregressive Integrated Moving Average*) es una extensión del modelo ARIMA que incorpora componentes estacionales para el análisis de series de tiempo. Al igual que ARIMA, SARIMA es un modelo de análisis temporal que utiliza los datos históricos para predecir valores futuros, pero añade términos estacionales a los componentes ARIMA para modelar patrones que se repiten a intervalos fijos. Estos términos ayudan a capturar y explicar fluctuaciones que son inherentes a periodos específicos, como las ventas en épocas festivas o patrones climáticos. Por todo esto, SARIMA se denota de la siguiente forma:

$$SARIMA \ (p, d, q) \ (P, D, Q)s$$

Los parámetros (p, d, q) representan los componentes: autorregresivo, integración y media móvil del modelo ARIMA.

Los parámetros (P, D, Q) representan los equivalentes estacionales de los componentes AR, I, y MA respectivamente.

El parámetro (s) indica la periodicidad de la estacionalidad (por ejemplo, 12 para datos mensuales con estacionalidad anual).

- **Componente autorregresivo estacional (P):** Similar al componente AR en ARIMA, pero enfocado en la relación entre una observación y sus rezagos estacionales. Por ejemplo, en una serie temporal mensual con estacionalidad anual, se compararán los datos de enero de un año con los de enero del año anterior.

- **Componente de integración estacional (D):** Implica diferenciar la serie temporal, pero, en lugar de utilizar observaciones consecutivas, se utilizan observaciones de la misma temporada en periodos anteriores. Esto ayuda a lograr estacionariedad en presencia de patrones estacionales.

- **Componente de media móvil estacional (Q):** Se centra en el error de predicción, tomando en cuenta términos de error de temporadas pasadas para mejorar la precisión del modelo en la presencia de estacionalidad.

El modelo SARIMA es particularmente útil en contextos donde los datos muestran claros patrones estacionales. Sin embargo, la selección de los parámetros adecuados para los componentes estacionales puede ser compleja y requiere un análisis cuidadoso de los datos y el uso de herramientas estadísticas para identificar la periodicidad y la magnitud de los efectos estacionales. La precisión en la elección de estos parámetros es crucial para el rendimiento predictivo del modelo.

Principios de arquitectura para el aprendizaje automático e inteligencia artificial

A lo largo de este capítulo, hemos visto cómo distintas herramientas y estrategias nos permiten desarrollar analítica predictiva para dar una contundente respuesta a la pregunta "¿qué va a pasar?". Por supuesto, como imaginarás, muchas herramientas existen y muchas tecnologías al servicio del logro de estos objetivos, por lo tanto, armar arquitecturas adecuadas a estos fines es una tarea no menor considerando varios factores.

En esta parte no entraré en profundidad en arquitectura porque lo tocaré en capítulos finales, pero sí considero importante dejar algunos fundamentos en este capítulo para no definirlos más adelante.

Ciclo de desarrollo y consumo

Los modelos de analítica predictiva evidentemente tienen un ciclo de vida. En todo ese ciclo, es necesario ir pasando por las distintas etapas de un proceso destinado generalmente a producir 2 productos: modelos o set de datos.

Cada etapa de este ciclo es vital para el éxito de la analítica predictiva. La iteración y el aprendizaje continuo a lo largo de estas etapas son clave para adaptarse a las cambiantes necesidades del negocio y a las evoluciones en el campo de la analítica y el aprendizaje automático. Este proceso garantiza que los modelos y conjuntos de datos producidos no solo sean técnicamente sólidos, sino también relevantes y valiosos para la toma de decisiones.

Este ciclo de vida lo podríamos ordenar en cuatro grandes etapas y para cada una de ellas establecer su objetivo, como se ve en la tabla 6.2.

La etapa de investigación consiste en llevar a cabo la exploración y el análisis preliminar. Los objetivos principales de esta etapa son:

- Definir el problema, comprender y especificar claramente el problema o las preguntas que el modelo de analítica predictiva intentará responder.

- Recolectar datos, identificar y recolectar los conjuntos de datos necesarios. Esto incluye la identificación de fuentes de datos internas y externas.

- Análisis exploratorio, realizar un análisis exploratorio de datos para obtener *insights* preliminares, identificar patrones potenciales y comprender las limitaciones de los datos.

- Selección del o los modelos que resuelven el problema.

Tabla 6.2. Etapas y objetivos del ciclo de vida de analítica predictiva.

Investigación	Desarrollo	Testeo	Producción
Comprender el problema	Herramientas, lenguajes y plataformas	Validación cruzada	Integración del modelo
Recolectar datos	Resolver ingeniería de datos	Evaluación del rendimiento	Monitoreo y mantenimiento
Análisis exploratorio	Construir modelos	Ajuste fino	Actualización y mejora continua
Selección de modelos	Validación interna		

La etapa de desarrollo consiste en construir, gracias a las conclusiones de la etapa anterior, el modelo bajo condiciones óptimas. Los objetivos de esta etapa son:

- Decidir sobre las herramientas, lenguajes de programación y plataformas que se utilizarán durante el desarrollo del modelo.

- Resolver la ingeniería de datos, eso implica capturar los datos, limpiar, normalizar y transformarlos para hacerlos aptos para el modelado.

- Construir el modelo utilizando los datos preparados. Esto incluye codificar el algoritmo, ajustar parámetros y optimizar el modelo.

- Validar internamente y realizar pruebas preliminares para validar la eficacia del modelo utilizando subconjuntos de datos o pruebas de concepto.

La etapa de testeo es crucial para evaluar la precisión y la efectividad del modelo. Sus objetivos incluyen:

- Validación cruzada, utilizar técnicas como la validación cruzada para evaluar la robustez del modelo con diferentes subconjuntos de datos.

- Evaluación del rendimiento, medir el rendimiento del modelo utilizando métricas específicas, como la precisión, el área bajo la curva ROC, entre otras.

- Ajuste fino, hacer ajustes y mejoras en el modelo basándose en los resultados de las pruebas.

La etapa final producción implica implementar el modelo en el entorno real, es decir, lo que van a consumir los usuarios finales. Los objetivos de esta etapa incluyen:

- Integrar el modelo en los sistemas, aplicaciones o herramientas que lo utilicen.

- Monitorear y mantener, es decir, establecer procesos para monitorear continuamente el rendimiento del modelo en el entorno de producción y realizar ajustes según sea necesario.

- Actualizar y mejorar continuamente, hay que asegurar que el modelo se mantenga relevante y efectivo a través del tiempo, lo cual puede incluir el reentrenamiento con nuevos datos o la modificación del modelo para adaptarse a cambios en el entorno o en los datos.

Infraestructura para cada etapa

Desde el punto de vista de la arquitectura, distintos elementos se van a necesitar para cada una de las etapas. En algunos casos, bastará un ordenador personal, pero en otros necesitaremos máquinas virtuales con sistemas operativos específicos o entornos de clústeres Spark y un sinfín de otras herramientas.

Investigación

Para la etapa de investigación, todos estos componentes los montaremos bajo un ambiente llamado *sandbox*, caja de arena si lo traducimos. Ese concepto no se refiere al depósito de desechos de nuestros felinos en casa, se refiere al lugar donde los niños juegan en las guarderías anglosajonas. Pero, como no estamos acostumbrados a ese concepto en nuestro lenguaje, le seguiremos llamando por su nombre en inglés *sandbox*.

Un *sandbox* es un entorno lo suficientemente limitado para permitir la investigación. Puede incluir servidores, máquinas virtuales, servicios de nubes y otros componentes con la particularidad de encontrarse en una subred desconectada de otros nodos de la organización, porque, debido a que estamos investigando, muchas restricciones de seguridad quizás sean poco rigurosas. También la probabilidad de generar fallos y colgar procesos es alta, por lo tanto estas condiciones no deberían bajo ninguna circunstancia entorpecer al resto de la organización.

Es lo suficientemente flexible para una configuración rápida y fácil de diferentes entornos, sistemas operativos y herramientas. En un *sandbox* no hay que levantar un ticket al departamento de Tecnologías de Información para que instalen una librería de Python, por ejemplo.

Etapas de desarrollo, testeo y puesta en producción

Para estas etapas, la infraestructura requerirá elementos más robustos y seguros y aquí viene la parte interesante: cada etapa tiene los mismos componentes, pero con una capacidad distinta que se va incrementando a medida que se pasa de etapa. Por ejemplo, si en el *sandbox* se definió que se iba a usar una máquina virtual Linux, en el entorno de desarrollo esta máquina podría tener 4 GB de RAM y un disco de 512 GB; en el entorno de testeo podría tener 8 GB de RAM y 1 TB de disco; y en el de producción 16 GB de RAM y 2 TB de disco.

También para estas etapas requeriremos documentar y pasar de un entorno a otro de forma segura y controlada, por cuanto también debemos integrar *pipelines* de despliegue entre un entorno y otro, como se ve en la figura 6.14.

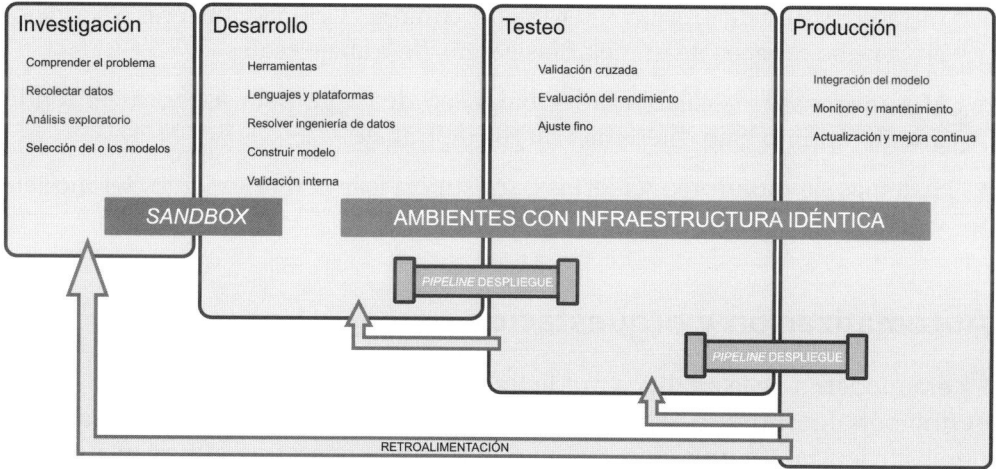

Figura 6.14. Entornos de desarrollo.

Por supuesto, el monitoreo constante de lo que sucede en cada entorno nos entrega la retroalimentación necesaria para un desarrollo continuo y actualizaciones constantes.

En el entorno de desarrollo podríamos encontrar:

- Estaciones de trabajo de alto rendimiento para el procesamiento de datos y el desarrollo inicial de modelos.

- Servidores o nubes para pruebas iniciales, donde se pueden probar los modelos en un entorno controlado.

- Herramientas de desarrollo y versionado, como Azure Devops u otros sistemas de control de versiones, para gestionar el código y colaborar.

En el entorno de testeo es importante encontrar:

- Ambientes de pruebas aislados, similares a los *sandbox*, pero con una configuración más cercana al entorno de producción.

- Herramientas de automatización de pruebas para realizar pruebas exhaustivas de los modelos.

- Recursos de computación escalables para simular diferentes cargas y escenarios de uso.

Por último, en producción esperamos ya encontrarnos con los usuarios finales que usarán los modelos o los conjuntos de datos; es por eso que se recomienda que se monte este entorno con al menos:

- Infraestructura de producción robusta, como servidores, clústeres o servicios en la nube capaces de manejar las cargas de trabajo reales.

- Mecanismos de escalabilidad y balanceo de carga para asegurar el rendimiento óptimo bajo diferentes cargas de trabajo.

- Sistemas de monitoreo y alertas para supervisar el rendimiento del modelo y actuar rápidamente en caso de problemas.

Automatización y orquestación

La era moderna de la analítica predictiva y el aprendizaje automático no solo se define por algoritmos sofisticados y grandes conjuntos de datos, sino también por la eficiencia y la precisión con que estos componentes se gestionan y se integran en flujos de trabajo complejos.

Aquí es donde entran en juego dos conceptos fundamentales: la automatización y la orquestación. Estos conceptos no solo optimizan los procesos, sino que también aseguran que los sistemas de analítica predictiva sean escalables, mantenibles y eficientes.

La automatización aumenta la eficiencia, mientras que la orquestación asegura que los diversos elementos del sistema trabajen juntos de manera armoniosa. Juntos, estos conceptos no solo aportan velocidad y precisión al proceso de analítica predictiva, sino que también liberan a los expertos para centrarse en la innovación y en la resolución de problemas más complejos. En el dinámico mundo del análisis de datos y la inteligencia artificial, la automatización y la orquestación no son solo herramientas valiosas, sino necesidades imperativas para mantenerse competitivos y ágiles.

Automatización

La automatización en el contexto de la analítica predictiva implica el uso de tecnologías para realizar tareas repetitivas sin intervención humana. Esto incluye desde la recopilación y limpieza de datos hasta el entrenamiento y ajuste de modelos.

Los principales beneficios de automatizar los encontramos en la reducción del tiempo y el esfuerzo necesario para realizar tareas rutinarias; aumenta la consistencia y la precisión, minimizando los errores humanos; permite a los científicos de datos y analistas centrarse en tareas más estratégicas y creativas.

Algunos ejemplos de automatizar en el ciclo de desarrollo son:

1. **Investigación:** Automatizar la recolección y el preprocesamiento de datos para agilizar el análisis exploratorio, ya sea con RPA o con Azure Data Factory.

2. **Desarrollo:** Utilizar *scripts* y herramientas que automatizan la codificación, el ajuste de parámetros y la validación de modelos, esto se puede lograr con la implementación de copilotos en la construcción de códigos.

3. **Testeo:** Implementar pruebas automatizadas para validar el rendimiento y la precisión de los modelos. Estas se pueden definir y ejecutar con algunos automatizadores como Azure Functions o Power Automate.

4. **Producción:** Automatizar el despliegue de modelos y la integración con sistemas existentes ya sea con artefactos de GitHub, Azure Devops u otros.

Orquestación

La orquestación en analítica predictiva se refiere a la coordinación y gestión de múltiples procesos y sistemas automatizados. Va más allá de la automatización individual, abordando cómo diferentes tareas y sistemas interactúan y se sincronizan entre sí. Las dos ventajas clave de orquestar son: mejorar la eficiencia operativa al sincronizar tareas y procesos y permitir una visión más clara y controlada de las operaciones de analítica predictiva.

Por ejemplo, para cada etapa del proceso podemos orquestar lo siguiente:

1. **Investigación:** Coordinar el flujo de datos entre sistemas de almacenamiento, análisis y visualización, Azure Data Factory ayuda bastante en esta etapa si estamos en nube o con SQL Server Integration Services si estamos trabajando con bases de datos en entorno *on-premise*.

2. **Desarrollo:** Orquestar el movimiento de modelos desde el desarrollo hasta las pruebas, asegurando que las transiciones sean fluidas y controladas. Aquí los artefactos de GitHub pueden ayudar bastante.

3. **Testeo:** Coordinar pruebas múltiples, incluyendo la integración con bases de datos y la simulación de entornos de usuario. La ejecución coordinada de *notebooks* si estamos trabajando en nube la podemos gestionar con Azure Databricks.

4. **Producción:** Gestionar la carga de trabajo entre servidores y servicios en la nube, asegurando la escalabilidad y la disponibilidad. Para esto podemos usar equilibradores de carga.

Integración continua y MLOps

No se puede hablar de arquitectura sin mencionar la importancia de la integración continua. Esta es una práctica esencial en los enfoques modernos de desarrollo de software y modelos de aprendizaje automático.

En este apartado, haré un paralelo entre las metodologías DevOps y MLOps, que en la práctica han permitido la fusión regular y sistemática del trabajo de los desarrolladores y científicos de datos, a menudo varias veces al día, para garantizar una cohesión y una calidad constante del código y de los modelos.

Al integrar y probar cambios frecuentes, los equipos pueden identificar y solucionar problemas rápidamente, mejorando así la eficiencia y reduciendo los tiempos de desarrollo.

En el contexto de DevOps, que se centra en la unificación del desarrollo de software y las operaciones de TI, la integración continua permite una colaboración más estrecha entre desarrolladores y operadores, lo que resulta en un flujo de trabajo más eficiente y en una entrega más rápida y fiable de software. Herramientas como Jenkins, CircleCI y Travis CI, integradas con sistemas de control de versiones como Git, son comúnmente utilizadas para automatizar la construcción y las pruebas de software en el proceso de integración continua. Este enfoque no solo facilita la detección temprana de errores y problemas de compatibilidad, sino que también fomenta una mayor transparencia y colaboración dentro del equipo.

MLOps, por otro lado, es una práctica similar aplicada específicamente al campo del aprendizaje automático. Combina las mejores prácticas de DevOps con los procesos de construcción y despliegue de modelos de aprendizaje automático. La integración continua en MLOps implica la actualización y prueba regulares de modelos de ML, lo que es crucial para adaptar rápidamente los modelos a los nuevos datos y cambios en los requisitos. Esto es especialmente importante, dado que los modelos de aprendizaje automático pueden degradarse con el tiempo si no se mantienen y actualizan correctamente. En MLOps, la integración continua ayuda a mantener los modelos robustos, precisos y alineados con las necesidades empresariales cambiantes.

Además, tanto en DevOps como en MLOps, la integración continua permite una entrega más rápida y fiable de productos. Reduce significativamente los riesgos asociados con el desarrollo y despliegue de software y modelos y mejora la calidad general del producto. Al adoptar esta práctica, las organizaciones pueden garantizar que sus equipos sean más ágiles, eficientes y capaces de responder a los cambios rápidamente, manteniendo al mismo tiempo un alto estándar de calidad y coherencia.

Resumen

Hemos explorado el concepto de análisis predictivo, sus orígenes y cómo ha evolucionado con el tiempo, resaltando su papel en diferentes civilizaciones antiguas.

También nos introdujimos en el aprendizaje automático y la inteligencia artificial, proporcionando una visión general de estos campos.

También vimos algunos modelos predictivos específicos como la regresión lineal y el análisis de series de tiempo.

Finalmente, vimos algunos principios de arquitectura relevantes para el aprendizaje automático y la IA, como los entornos de desarrollo en cada etapa del ciclo de vida de la analítica predictiva y finalizamos con la importancia de la integración continua, con un enfoque especial en las metodologías DevOps y MLOps.

Con todo lo anterior, creo que ya hemos respondido a la pregunta "¿qué pasará?", pregunta que da origen al análisis predictivo, te invito entonces a la siguiente etapa de este libro, donde responderemos la pregunta "¿cómo podemos hacer que ocurra?".

Análisis prescriptivo

En este capítulo aprenderás:

- Qué es el análisis prescriptivo y su impacto en la toma de decisiones.
- Modelos basados en optimización o ajuste matemático.
- Modelos de simulación.
- Modelos de recomendaciones.

El análisis prescriptivo

Cuando planteábamos en capítulos anteriores cuáles eran las preguntas generales de negocios, la última de estas preguntas era la que más valor le entrega a la compañía y, por supuesto, la que más dificultad representa para los analistas responder: "¿cómo podemos hacer que esto ocurra?".

Responder a esta pregunta es precisamente la misión del análisis prescriptivo y en la práctica analítica se encuentra presente efectivamente en todos los modelos de decisión estratégicas de las compañías.

El análisis prescriptivo, en pocas palabras, aprovecha todo lo generado por los análisis anteriores (descriptivo, diagnóstico, predictivo) y producto de todo lo anterior a través de algoritmos de optimización y recomendación ofrece distintas sugerencias hacia los tomadores de decisiones para lograr objetivos bastante dinámicos y desafiantes.

En este análisis, se encuentran viviendo gran parte de los algoritmos de sugerencias que en la actualidad viven en las diversas plataformas que a diario utilizamos, es común observar cómo plataformas con grandes cantidades de películas y series ofrecidas como *streaming* audiovisual como Disney+, Netflix, Amazon, AppleTV, etc., o redes sociales como TikTok, Instagram, YouTube y LinkedIn seleccionan previamente el contenido a mostrar en primera instancia a sus usuarios y cómo estos algoritmos van adaptándose a cada usuario según la frecuencia que estos consumen dicho contenido.

En este capítulo, analizaremos algunos de esos algoritmos y, dentro de lo posible, dejaré algunos ejemplos con sus códigos correspondientes para que puedas replicarlo si quieres en tu ordenador.

Pero, como no se puede correr sin antes caminar, iremos paso a paso. El primer paso antes de analizar prescriptivamente es entender su impacto. Y en el caso de las compañías *data driven* es más que evidente que no podrían sobrevivir sin este tipo de análisis, impactando no solo su operación, sino también su estrategia. Dicho sea de paso, me gustaría contar, guardando las proporciones, la historia de Mercado Libre, una compañía *data driven* latinoamericana que es referente en esta materia.

El caso Mercado Libre

Mercado Libre nace en marzo de 1999 de manos de Marcos Galperín, quien, mientras estudiaba su MBA en Stanford, le planteó a algunos de sus compañeros la idea de lanzar un sitio web que facilitara la venta de productos y servicios entre usuarios. Esto se concreta en Argentina y se expanden rápidamente durante ese año y el siguiente hacia México, Uruguay y Brasil. En el año 2001 firman una alianza con eBay y, después de unas cuantas adquisiciones y movimientos de mercado, en el 2005 ya tenía presencia en Colombia, Ecuador, Chile, Perú y Venezuela. A finales del 2006 se encontraron en Costa Rica, Panamá y República Dominicana, y en agosto del 2007 ingresa al mercado accionario norteamericano, posicionándose en el NASDAQ bajo el acrónimo MELI. Hasta esta fecha, la compañía tiene un posicionamiento tremendo en todos los países, incursionando no solo en materias de comercio B2P, sino también en Fintech a través de Mercado Pago.

La compañía partió primero como un negocio *marketplace*, es decir, conectando personas con personas; algo muy sencillo si lo miramos ahora, una persona cualquiera necesita vender algo que no usa y alguien en Internet podría comprarlo.

El primer cambio de la estrategia que realizó Mercado Libre al analizar sus datos fue la siguiente: gran parte de los usuarios de la plataforma buscaban la internacionalización del comercio y también que en algunos países donde se tenía presencia la infraestructura bancaria y transaccional local no era los suficientemente robusta para satisfacer la demanda del comercio electrónico. Esto hacía un poco dificultoso efectuar pagos desde un país hacia otro, e incluso dentro de los mismos países, y las plataformas como PayPal que ofrecen esos servicios tienen precios elevados en comisiones, lo cual encarecía bastante el precio final, logrando finalmente que muchos negocios no se concretaran.

Para aprovechar esta oportunidad, en 2003 crean la Fintech Mercado Pago, destinada a ser una plataforma de bajo coste que facilite la circulación de dinero dentro del mismo país y entre los países donde Mercado Libre tiene presencia comercial.

El segundo gran cambio provino de observar que gran parte de sus ofertantes eran pequeñas compañías o emprendimientos familiares que veían en la plataforma una oportunidad de crecimiento en ventas acelerada. Este enfoque abrió un nicho de mercado que no estaba para nada considerado en la concepción inicial: solucionar el problema de la última milla en la cadena logística para estas pequeñas organizaciones. Fue así como en 2013 se inaugura Mercado Envíos como una solución integral de logística destinada a solucionar el problema de la última milla de estos ofertantes en su plataforma.

Esta solución posee centros de distribución y una red de repartidores y puestos de recepción/envío, estratégicamente ubicada en todas las ciudades, que permite que un pequeño productor o comercio pueda tener cobertura nacional en sus ventas en muy poco plazo sin necesidad de gestionar él mismo el despacho del producto.

En la actualidad, a la fecha de publicación de este libro, Mercado Libre gestiona 483 visitas por segundo en su portal, lo que se traduce en 35 compras por segundo; además, su plataforma Mercado Pago soporta 160 transacciones por segundo, moviendo más de 101,3 billones de dólares procesados en pagos.

Mercado Libre es un ejemplo de empresa *data driven* y, por supuesto, para lograrlo, el análisis de datos está en su ADN, su cultura organizacional lo es todo y la gestión de datos es tan vital que son una compañía pionera en implementar arquitecturas Data Mesh, desarrollando incluso sus propias herramientas de analítica en un entorno que cariñosamente le llaman MELI.

Modelos basados en optimización o ajuste matemático

Estos modelos buscan proporcionar soluciones óptimas a problemas complejos en diversos contextos empresariales. Utilizan una serie de técnicas matemáticas y algoritmos para identificar la mejor solución posible dentro de un conjunto de opciones disponibles, basándose en ciertos criterios y restricciones.

En su forma más básica, un modelo de optimización consta de una función objetivo que se busca maximizar o minimizar. Por ejemplo, en un contexto empresarial, esta función podría representar la maximización de beneficios o la minimización de costes. Junto a la función objetivo, el modelo incluye una serie de restricciones que representan las limitaciones reales del problema, como presupuestos, recursos disponibles o capacidades de producción.

Existen diferentes tipos de modelos de optimización, cada uno adecuado para distintos tipos de problemas. Entre estos, los más sencillos para introducirnos en el tema son:

- **Programación lineal:** Utilizada para problemas donde la relación entre las variables es lineal. Es ampliamente aplicada en la planificación de recursos, asignación de tareas y problemas de logística.

- **Programación no lineal:** Adecuada para problemas donde las relaciones entre variables no son lineales. Se aplica en casos más complejos como la optimización de redes o la gestión de carteras de inversión.

Estos modelos son esenciales para abordar problemas complejos de toma de decisiones, permitiendo a las empresas identificar la mejor ruta de acción frente a múltiples opciones y limitaciones.

Antes de describir cada uno de ellos, partiré con un ejemplo de optimización utilizando Python en un Jupyter Notebook.

Ejemplo de optimización con Python

La compañía Sable de Luz fabrica uniformes para el gran imperio galáctico y sus ejecutivos deben decidir cuál es la cantidad máxima de uniformes que debe confeccionar para obtener el máximo beneficio mensualmente.

Esta compañía produce dos tipos de uniformes: blancos y negros. Para fabricarlos, cada trabajador tarda 45 minutos en el blanco y 30 minutos en el negro; a su vez, cada máquina utilizada para este proceso tarda en el blanco 15 minutos y en el negro 45 minutos. Se dispone para el trabajo manual de 180 horas en el mes y para el trabajo de las máquinas de 120 horas al mes. El beneficio por unidad para la compañía es de 125 créditos imperiales por el uniforme blanco y de 100 créditos imperiales para el uniforme negro.

Obtener la respuesta a la pregunta "¿qué debo hacer para obtener el máximo beneficio por fabricar uniformes?" deriva necesariamente de plantear el problema de forma matemática:

Sea x, la cantidad de uniformes blancos

Sea y, la cantidad de uniformes negros

Entonces nuestra función a optimizar es $F(x,y) = 125x + 100y$

Ya sabemos que tenemos algunas restricciones para fabricar. Estas restricciones están dadas por las horas disponibles para mano de obra y para uso de maquinarias. Para efectos de sencillez, pondremos estas restricciones en la tabla 7.1 y representaremos los valores de minutos en horas para hacer más uniforme la visualización.

Tabla 7.1. Restricciones por horas disponibles y uso de maquinarias.

	Uniforme blanco	Uniforme negro	Horas
Mano de obra	0,75 h	0,5 h	180 h
Máquinas	0,25 h	0,75 h	120 h

En notación matemática nuestro problema se resume a lo siguiente:

$$\max(125x + 100y)$$

$$0.75x + 0.5y \leq 180$$

$$0.25x + 0.75y \leq 120$$

Para resolverlo, podríamos dedicarle varias páginas a desarrollar las ecuaciones o simplemente usar Python invocando una librería bastante adecuada para estas tareas; así, con unas simples líneas de código obtendremos el resultado adecuado.

Como en un capítulo anterior ya usamos un Jupyter Notebook, en esta ocasión te recomiendo que abras un nuevo *notebook* y repitas este código que simplifica muy bien este problema de análisis prescriptivo usando la librería GEKKO. Por supuesto, este *notebook* también lo podrás encontrar en mi GitHub destinado para complementar este libro.

```
#importamos la libreria GEKKO, si no la tienes instalada debes hacerlo
previamente usando pip install gekko
from gekko import GEKKO

#definimos la función a optimizar y sus variables
m = GEKKO()

#variables
x = m.Var()
y = m.Var()

#función objetivo
m.Maximize(125*x+100*y)

#restricciones
m.Equation(0.75*x+0.5*y<=180)
m.Equation(0.25*x+0.75*y<=120)
m.solve(disp=False)

#cálculo de la solución óptima
p1 = x.value[0]; p2=y.value[0]
print (' (x) '+ str(p1))
print (' (y) '+ str(p2))
print (' solucion: '+ str(15*p1+10*p2))
```

Después de ejecutar este código, el *notebook* nos arrojará el siguiente resultado donde se obtiene el máximo de beneficio en la fábrica, con las restricciones ya entregadas. Esto quiere decir que para que nuestra función objetivo $F(x,y) = 125x + 100y$, los valores x e y que dan el resultado mayor son:

$$x = 171{,}42857143; y = 102{,}85714287$$

$$\therefore$$

$$\text{Max}(125x + 100y) = 3.600$$

Para obtener el máximo beneficio, 3.600 créditos imperiales, la compañía Sable de Luz debe fabricar 171 uniformes blancos y 103 uniformes negros.

Programación lineal

La historia de la programación lineal se remonta a Joseph Fourier, quien ideó el método de eliminación Fourier-Motzkin; es un recorrido fascinante desde sus orígenes hasta su uso actual.

Este modelo matemático, desarrollado en el contexto de la Segunda Guerra Mundial, se enfocaba en optimizar gastos y maximizar la eficiencia en el campo de batalla. No obstante, su aplicación práctica fue secreta hasta 1947, año en que George Dantzig publicó el algoritmo simplex, marcando un hito en su evolución. Junto a él, figuras como John von Neumann, con su teoría de la dualidad, y Leonid Kantoróvich, precursores en el campo y este último laureado con el Nobel en economía, cimentaron las bases de la programación lineal.

La evolución de la programación lineal continuó con el aporte de Leonid Khachiyan, quien, con su algoritmo del elipsoide, demostró que los problemas de programación lineal pueden resolverse eficientemente. Posteriormente, Narendra Karmarkar introduce el método del punto interior en 1984, lo que representa un avance significativo tanto teórica como prácticamente.

La forma más usual e intuitiva de describir un problema de programación lineal es en su forma estándar, el cual consiste en tres partes:

- Una función lineal que se desea maximizar, por ejemplo:

$$F(x,y) = 12x + 10y$$

- Restricciones lineales con ecuaciones o inecuaciones de la forma:

$$1x - 2y \leq 150$$

$$10x + 3y \leq 400$$

- Variables no negativas, por ejemplo:

$$y > 0$$

$$x \geq 0$$

El ejemplo introductorio con Python es efectivamente un ejemplo de programación lineal.

No voy a profundizar mucho en programación lineal puesto que al hacerlo tendría que dedicarles más páginas de las necesarias para un nivel introductorio. Por lo tanto, te invito, querido lector, a seguir profundizando si te ha interesado este método.

Programación no lineal

Según Brinkhuis y Tikhomirov en su publicación "Optimization: Insights and Applications", Princeton University Press (2005), la programación no lineal es el proceso de resolución de un sistema de igualdades y desigualdades sujetas a un conjunto de restricciones sobre un conjunto de variables reales desconocidas, con una función objetivo a maximizar (o minimizar), cuando alguna de las restricciones o la función objetivo no es lineal.

En la programación lineal, la función objetivo y las restricciones son funciones lineales de las variables de decisión. Por otro lado, en la programación no lineal, la función objetivo o las restricciones son funciones no lineales de las variables de decisión.

Los métodos para resolver problemas de programación no lineal son más complejos que los de programación lineal. Algunos de los métodos utilizados para resolver problemas de programación no lineal son: métodos gráficos, multiplicadores de Lagrange, cálculo de la gradiente, método de los pasos descendentes y método modificado de los multiplicadores de Lagrange.

Para efectos de ejemplo, optimizaremos un problema no lineal también con la librería Gekko en Python, pero esta vez también usaremos algo de Numpy.

Ejemplo de programación no lineal con Python

Imaginemos una situación en una pequeña empresa de fabricación de muebles, que produce sillas, mesas, estantes y armarios, representados por las variables x1, x2, x3 y x4, respectivamente. La empresa busca minimizar sus costes de producción por hora sujetos a ciertas restricciones.

La función objetivo representa una combinación de costes asociados a la producción y ensamblaje de estos muebles, donde x1 y x4 juegan un papel crucial en la eficiencia del proceso:

$$min\ x1 * x4\ (x1 + x2 + x3) + x3$$

Las restricciones son las siguientes:

La producción mínima de sillas, mesas, estantes y armarios debe ser al menos 25:

$$x1 * x2 * x3 * x4 \geq 25$$

Por el espacio disponible para almacenar la producción, la suma de los cuadrados de las cantidades de cada tipo de mueble debe ser igual a 40:

$$x1\char`\^2 + x2\char`\^2 + x3\char`\^2 + x4\char`\^2 = 40$$

La capacidad mínima y máxima de producción de cada tipo de mueble, debe estar entre 1 y 5:

$$1 \leq x1, x2, x3, x4 \leq 5$$

Con un punto de partida o inventario inicial de x1 = 1, x2 = 5, x3 = 5, x4 = 1, la empresa busca optimizar su producción para cumplir con las demandas y restricciones, manteniendo los costes al mínimo.

El *notebook* quedaría como sigue:

```
#importamos las librerías necesarias para este problema
from gekko import GEKKO
import numpy as np

#Iniciamos el Modelo
m = GEKKO()

#Definimos el Parámetro
eq = m.Param(value=40)

#iniciamos las variables
x1,x2,x3,x4 = [m.Var() for i in range(4)]

#Valores Iniciales
x1.value = 1
x2.value = 5
x3.value = 5
x4.value = 1

# Límites inferiores
x1.lower = 1
x2.lower = 1
x3.lower = 1
x4.lower = 1

# Límites superiores
x1.upper = 5
x2.upper = 5
x3.upper = 5
x4.upper = 5

#Ecuaciones de restricción
m.Equation(x1*x2*x3*x4>=25)
m.Equation(x1**2+x2**2+x3**2+x4**2==eq)

#Función Objectivo
m.Obj(x1*x4*(x1+x2+x3)+x3)

#Definimos las opciones globales
m.options.IMODE = 3 #Optimizacion Steady Stay

#simulamos para resolver
m.solve()

#Resultados
print('')
print('Results')
print('x1: ' + str(x1.value))
```

```
print('x2: ' + str(x2.value))
print('x3: ' + str(x3.value))
print('x4: ' + str(x4.value))
```

El resultado de este *notebook* usando Python nos indica que, para mantener el coste al mínimo de esta fábrica de muebles, las variables o tipos de muebles a fabricar deberían tener los siguientes valores por hora:

x1: [1.000000057]

x2: [4.74299963]

x3: [3.8211500283]

x4: [1.3794081795]

Modelos de simulación

Los modelos de simulación son herramientas analíticas usadas para imitar el comportamiento de sistemas reales o procesos complejos. Estos modelos permiten a los analistas y a los investigadores experimentar con diferentes escenarios y observar los resultados sin alterar el sistema real. Son especialmente útiles en campos donde los experimentos reales son costosos, peligrosos o impracticables.

Existen varios tipos de modelos de simulación, incluyendo simulaciones estocásticas (que incorporan elementos aleatorios), simulaciones determinísticas (sin elementos aleatorios) y la simulación usando el método Montecarlo. Hay muchas más, pero como es un libro introductorio solo me referiré a ellas.

Simulación estocástica

Son simulaciones donde se incorporan elementos de aleatoriedad para reflejar la incertidumbre y la variabilidad en los datos o condiciones del sistema.

Por ejemplo, supongamos que vendemos helados de 2 sabores distintos (vainilla y chocolate) y tenemos una política de reposición de *stock* que indica que, por cada unidad que vendo, debo reponer 2 unidades del sabor opuesto. Mi *stock* inicial es de 6 unidades de vainilla y 4 unidades de chocolate. Y debo liquidar o bajar los precios de un sabor cuando su cantidad supere 3 veces al otro sabor.

Para resolverlo, simularemos en un árbol de decisión, en la figura 7.1, los posibles escenarios adelantándonos a cuatro eventos de venta.

En este caso, hemos proyectado cómo los escenarios del *stock* de helados disponibles en nuestro punto de ventas pueden ser afectados dependiendo de la venta que se dé en la etapa anterior y hemos destacado los escenarios donde deberíamos liquidar el precio de alguno de ellos.

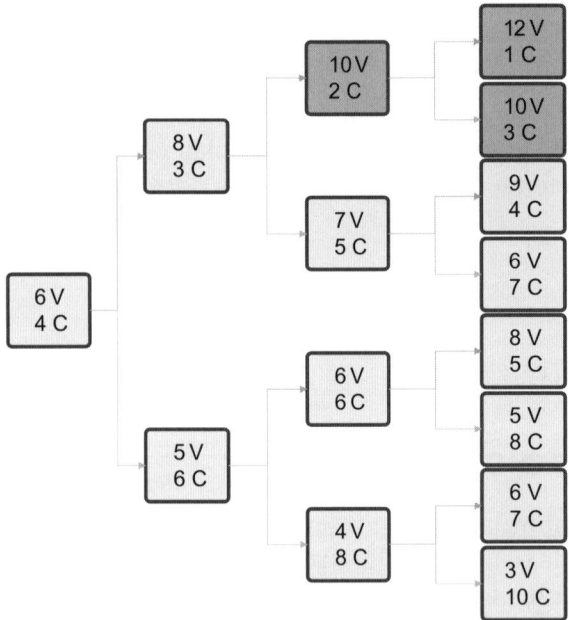

Figura 7.1. Árbol de simulación estocástico.

Podemos observar que en gran parte de las preguntas asociadas a este diagrama podríamos responderlas usando el teorema de probabilidad total y el teorema de Bayes que ya vimos en el capítulo de análisis diagnóstico. Sin embargo, cuando nos enfrentamos a múltiples repeticiones, el cálculo de las probabilidades se vuelve cada vez más complejo y requiere más unidades de cómputo; por lo tanto, es bastante adecuado utilizar algoritmos de aprendizaje automático sobre redes neuronales artificiales para resolverlo.

En la simulación estocástica, se buscan estrategias de decisión que sean óptimas en promedio o que maximicen la probabilidad de alcanzar ciertos objetivos, considerando la naturaleza aleatoria de los datos.

Simulación determinística

La simulación determinística es la que más se utiliza en términos prácticos, puesto que, al definirlos matemáticamente y observar en entornos controlados, permiten disminuir los riesgos inherentes de un experimento real.

Imaginemos que necesitamos simular el movimiento de un péndulo con algunas características para un estudio en particular y probablemente conseguir uno, y las herramientas para medir con precisión su oscilación son bastante difíciles de obtener, pero, como conocemos la física detrás del movimiento del péndulo perfectamente, podemos simular el movimiento con unas cuantas líneas de programación en Python:

```python
import numpy as np
import matplotlib.pyplot as plt
from scipy.integrate import odeint

# Definición de las constantes del péndulo
g = 9.81  # Aceleración debida a la gravedad en m/s^2
L = 1.0   # Longitud del péndulo en metros

# Ecuación diferencial del péndulo
def pendulum(y, t, L, g):
    theta, omega = y
    dtheta_dt = omega
    domega_dt = -(g / L) * np.sin(theta)
    return [dtheta_dt, domega_dt]

# Condiciones iniciales (ángulo inicial de 45 grados, velocidad angular inicial cero)
y0 = [np.pi / 4, 0.0]

# Creación de un arreglo de tiempo desde 0 hasta 10 segundos
t = np.linspace(0, 10, 1000)

# Resolver la ecuación diferencial
solution = odeint(pendulum, y0, t, args=(L, g))

# Extracción de los ángulos y las velocidades angulares de la solución
theta = solution[:, 0]
omega = solution[:, 1]

# Creación de gráficos para ángulo y velocidad angular
plt.figure(figsize=(12, 6))

plt.subplot(1, 2, 1)
plt.plot(t, theta)
plt.title('Ángulo vs. Tiempo')
plt.xlabel('Tiempo (s)')
plt.ylabel('Ángulo (rad)')

plt.subplot(1, 2, 2)
plt.plot(t, omega)
plt.title('Velocidad Angular vs. Tiempo')
plt.xlabel('Tiempo (s)')
plt.ylabel('Velocidad angular (rad/s)')

plt.tight_layout()
plt.show()
```

Este *notebook* nos arrojará como resultado dos gráficos que muestran la frecuencia en la cual el ángulo del péndulo va cambiando en el tiempo y cómo su velocidad angular se manifiesta, como se ve en la figura 7.2.

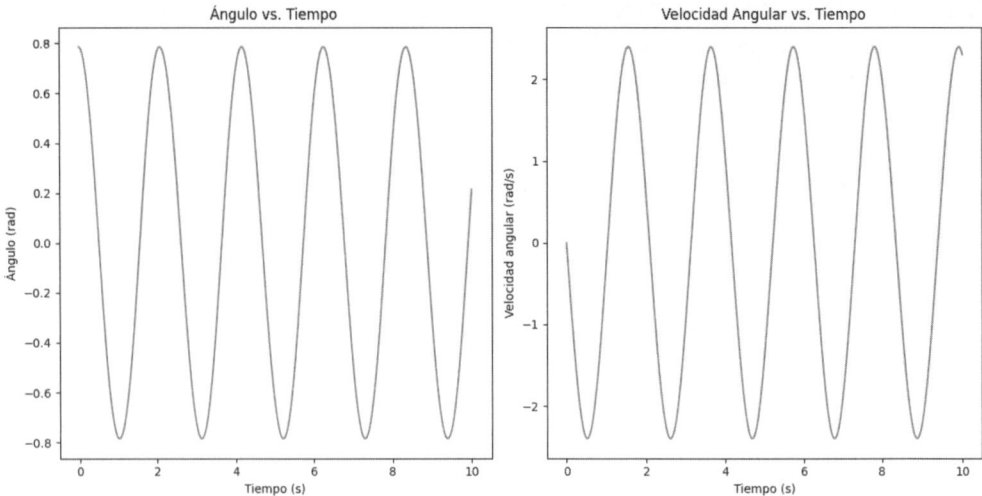

Figura 7.2. Resultado del *notebook* de simulación del movimiento de un péndulo.

Simular deterministamente es una excelente alternativa cuando tienes que evidenciar comportamiento o anticiparte a decisiones basado en datos y comportamientos no aleatorios.

Simulación de Montecarlo

La técnica de simulación de Montecarlo, ideada por figuras destacadas como John von Neumann y Stanislaw Ulam en el contexto de la Segunda Guerra Mundial, representa un método matemático revolucionario diseñado para mejorar la toma de decisiones en escenarios plagados de incertidumbres. Este método, que debe su nombre al emblemático distrito de Mónaco, famoso por su casino, se fundamenta en el azar como eje central de su enfoque de modelado, evocando el juego de la ruleta.

Desde su concepción, la simulación de Montecarlo se ha consolidado como una herramienta invaluable para evaluar el impacto del riesgo en escenarios reales, abarcando desde los juegos de azar hasta la previsión de ventas, pasando por la gestión de proyectos y la fijación de precios en los mercados financieros. Su capacidad para realizar análisis de sensibilidad y calcular la correlación entre variables de entrada representa una ventaja significativa sobre los modelos predictivos convencionales, que suelen basarse en entradas fijas. El análisis de sensibilidad permite a los tomadores de decisiones comprender cómo cada variable influye en los resultados finales, mientras que la correlación les ayuda a entender las interacciones y dependencias entre las variables.

¿Cómo opera la simulación de Montecarlo? A diferencia de los modelos predictivos tradicionales, esta técnica no se limita a un único conjunto de valores de entrada fijos. En su lugar, predice un abanico de resultados posibles, empleando un rango estimado de valores. Esto se logra mediante la creación de un modelo que utiliza distribuciones de probabilidad, como las distribuciones uniforme o normal, para aquellas variables sujetas a incertidumbre. El modelo recalcula los resultados en múltiples ocasiones, utilizando en cada iteración un conjunto distinto de números aleatorios que fluctúan entre los valores mínimo y máximo establecidos. En un experimento típico de Montecarlo, este proceso se repite miles de veces para generar un amplio espectro de resultados probables.

Este enfoque se presta particularmente bien para proyecciones a largo plazo, donde la precisión se vuelve crítica. A medida que se incrementa el número de variables de entrada, también se expande el conjunto de posibles resultados, lo que permite proyectar escenarios futuros con mayor exactitud. Al concluir una simulación de Montecarlo, se obtiene un rango de resultados posibles, cada uno acompañado de su respectiva probabilidad de ocurrencia.

Ejemplo Montecarlo con Python

Imaginemos que eres una persona que cada día debe tomar la decisión de tomar o no un taxi para llegar a tu trabajo. Tomar un taxi es más rápido, pero más costoso, mientras que no tomarlo implica un coste menor, pero un mayor riesgo de llegar tarde.

El objetivo de la simulación es determinar el coste promedio de esta decisión diaria a lo largo de un periodo extendido, considerando una probabilidad específica de tomar el taxi y los costes asociados con cada opción.

Los parámetros de la simulación son:

- Número de días simulados: 1.000 (representando cuatro años de decisiones diarias en días laborales).

- Probabilidad de decidir tomar un taxi: 50 %.

- Coste de tomar un taxi: 20 dólares por día.

- Coste de no tomar un taxi: 5 dólares por día (asumiendo que este coste representa llegar tarde todo el coste de oportunidad de tomar el taxi).

Los resultados esperados aparecen en la simulación que te proporcionará una distribución de los costes totales y un coste promedio. Esto te ayudará a entender si, en promedio, es más económico tomar el taxi o no, bajo las condiciones dadas.

Vamos entonces al *notebook*:

```python
import numpy as np
import matplotlib.pyplot as plt

# Parámetros de la simulación
num_simulaciones = 1000
probabilidad_tomar_taxi = 0.5
costo_taxi = 20
costo_no_tomar_taxi = 5

def simular_decision(probabilidad_tomar_taxi, costo_taxi, costo_no_tomar_taxi):
    decision = np.random.rand() < probabilidad_tomar_taxi
    return costo_taxi if decision else costo_no_tomar_taxi

costos = [simular_decision(probabilidad_tomar_taxi, costo_taxi, costo_no_tomar_
taxi) for _ in range(num_simulaciones)]
costo_promedio = np.mean(costos)

plt.hist(costos, bins=[0, costo_no_tomar_taxi, costo_taxi, costo_taxi+5],
edgecolor='black')
plt.xlabel('Costo')
plt.ylabel('Frecuencia')
plt.show()

print(f"Costo promedio: ${costo_promedio:.2f}")
```

Después de un par de segundos de simulación, el *notebook* nos entrega el siguiente resultado, un histograma y un número, como se ve en la figura 7.3.

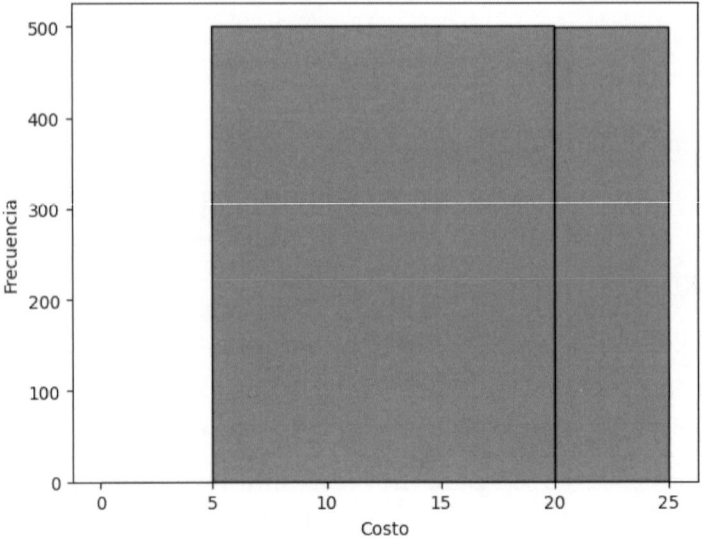

Figura 7.3. Resultados de la simulación Montecarlo.

El histograma muestra la distribución de los costes resultantes de una simulación Montecarlo de 1.000 iteraciones. En este histograma, el eje horizontal (X) representa los costes, y el eje vertical (Y) indica la frecuencia de cada rango de coste en las simulaciones realizadas. Podríamos interpretar el histograma de la siguiente forma:

- **Distribución de costes:** El gráfico muestra dos barras principales que representan los dos posibles costes en la simulación: uno de 5 dólares y otro de 20 dólares, que corresponden a los costes de no tomar un taxi y tomar un taxi, respectivamente.

- **Frecuencias observadas:** Las alturas de las barras indican que los costes de 5 dólares y 20 dólares ocurren con una frecuencia similar en las simulaciones. Esto sugiere que la probabilidad de tomar o no tomar un taxi en cada iteración de la simulación es aproximadamente la misma.

- **Coste promedio:** El coste promedio de 12,48 dólares está más cerca del coste de no tomar un taxi (5 dólares), lo que indica que, aunque tomar un taxi cuesta significativamente más, la decisión de no tomarlo prevalece ligeramente, reduciendo el coste promedio global. El coste promedio refleja el balance entre las dos decisiones posibles y sus costes asociados. No es simplemente el promedio de 5 dólares y 20 dólares, lo que implica que las probabilidades de tomar o no un taxi no son iguales o que el coste de 5 dólares tiene una probabilidad ligeramente mayor.

Las implicaciones prácticas, para una persona o entidad que toma la decisión de tomar o no un taxi, el coste promedio es una medida útil para presupuestar o entender el gasto esperado en un periodo prolongado. Si el objetivo es minimizar los costes, la simulación sugiere que optar por no tomar un taxi es la decisión más económica en promedio.

Este análisis asume que el coste de tomar un taxi es siempre 20 dólares y el coste de no tomarlo es siempre 5 dólares, y que no hay otros costes ocultos o factores externos que afecten la decisión. Para profundizar en el análisis, sería útil tener información adicional sobre la distribución exacta de las probabilidades y cómo fueron modeladas las decisiones en la simulación.

Modelos de recomendaciones

Antes de la existencia de estos modelos, probablemente estábamos acostumbrados a una palabra que poco a poco ha ido desapareciendo del torbellino de publicidad y comunicación cotidiana, me refiero al ranking.

La práctica habitual en la industria de la música y de las producciones cinematográficas consistía en la publicación de rankings o listados que reflejaban las preferencias generales, elevando a la cima aquellas películas, artistas o canciones que habían cosechado una mayor popularidad.

Este enfoque, de una democracia numérica en las elecciones de consumo, aún sigue vigente en determinados escenarios; evidencia de esto son las estanterías de las librerías, donde los *best sellers* gozan de un lugar privilegiado.

El ranking ofrecía una solución homogénea. Todos los usuarios recibían las mismas recomendaciones, una solución que, si bien ha demostrado su validez, deja en la sombra la diversidad de gustos y preferencias individuales.

Ahora bien, la realidad es distinta: no todos los usuarios siguen las tendencias mayoritarias y, probablemente, estamos desaprovechando la oportunidad de captar su atención y fidelidad con nuevos productos, servicios o estamos dejando de lado nuevas tendencias que prometen ser una nueva moda en un futuro.

Los sistemas de recomendación emergen como la evolución lógica en este panorama, una metamorfosis hacia la personalización detallada y minuciosa. La enorme cantidad de datos individuales que podemos recolectar en la actualidad nos brinda el poder de afinar nuestras recomendaciones, de sintonizar nuestras ofertas con la singularidad de cada usuario. Los orígenes de los sistemas de recomendación se remontan a la década de 1990, con el inicio de la era de la personalización en Internet. El crecimiento explosivo de la web generó una sobrecarga de información que necesitaba ser filtrada y personalizada para cada usuario. Las primeras instancias de estos sistemas estaban centradas en filtrar y recomendar contenido basado en textos y artículos noticiosos, y luego se expandieron a otros dominios.

Se trata de una estrategia que no solo aumenta la probabilidad de acierto en la oferta, sino que refina la experiencia del usuario en la red, evitando el desgaste que supone un bombardeo indiferenciado de productos.

Hoy en día, los sistemas de recomendación son omnipresentes en plataformas digitales, desde servicios de *streaming* como Netflix y Spotify hasta redes sociales como Facebook y LinkedIn. A medida que avanzamos hacia un futuro cada vez más *data driven*, los modelos de recomendación seguirán evolucionando, integrando nuevas fuentes de datos y enfoques de modelado para ofrecer experiencias aún más personalizadas y predictivas.

Pero no solamente podemos ocupar estos algoritmos en la navegación por Internet, también podemos llevarlo a la industria, como el *retail*, la minería o la agricultura. Podemos clasificar estos algoritmos en tres grandes grupos: de filtro basado en contenido, de filtro basado en usuario y de filtro híbrido.

Filtrado basado en contenido

Este método se inspira en la idea de que, si a un usuario le gusta un ítem con ciertas características, es probable que le gusten otros ítems similares. Por ejemplo, supongamos que últimamente he comprado y leído la saga *Trilogía de los Césares* de Francisco Ortega; un sistema de recomendación para libros sugeriría otros libros como los de Dan Brown o los de Baldacci, ya que son del mismo género literario. Esta técnica requiere una buena representación del contenido de los ítems y un perfil de las preferencias del usuario.

Las ventajas de estos filtros son varias, entre ellas, permite predecir desde el momento en que el usuario consume un producto. Si el usuario cambia de gustos, el algoritmo lo tendrá en cuenta rápidamente, son sistemas muy fáciles de escalar. El único problema o desventaja que podríamos notar es que son sistemas que por lo general recomiendan cosas muy parecidas; si, por ejemplo, siempre has leído novelas policiacas, difícilmente te recomendará una novela romántica del siglo XVIII.

Filtrado basado en el usuario

El filtrado colaborativo surgió como una técnica poderosa que se basa en el comportamiento colectivo de los usuarios, en lugar de las características de los ítems. Las primeras implementaciones de este método se pueden ver en el sistema de recomendación de Amazon, que utilizaba los datos de "los clientes que compraron este ítem también compraron" para generar recomendaciones. Este método tiene dos enfoques principales:

- **Basado en usuarios:** Calcula la similitud entre usuarios basándose en sus calificaciones o comportamientos de compra y recomienda ítems que usuarios similares han preferido. Por ejemplo, yo he comprado en la tienda de discos de vinilos algunos discos de rock clásico, entre ellos dos discos de Queen y uno de Pink Floyd. También gente de mi edad ha comprado, además de los mismos discos que yo, algunos de The Police y de Los Beatles. Lo más probable es que, cuando yo ingrese en la tienda de vinilos, The Police y Los Beatles serán sugerencias para mí.

- **Basado en ítems:** Identifica ítems que son similares entre sí en base a la calificación de los usuarios y recomienda estos ítems similares a los que el usuario ya ha valorado positivamente. Por ejemplo, en las tiendas de licores si he comprado botellas de whisky con una calificación de +7 puntos en una escala de 1 a 10, el sistema en mi próxima visita me recomendará otras marcas con calificaciones similares a mis compras anteriores.

La forma más común de realizar estas recomendaciones es con algoritmos matriciales, es decir, en filas pones los usuarios, en columnas los productos y en las celdas las calificaciones de los usuarios para cada producto, y recomienda a los usuarios que nuevamente visiten el sitio alguno de los elementos vacíos anteriores. A continuación, en la tabla 7.2, dejo una matriz genérica como ejemplo.

Tabla 7.2. Ejemplo de matriz genérica.

Productos	P1	P2	P3	P4	P5	P6	P7
Usuarios							
U1	5					1	
U2	4	5	5			1	
U3		1	5	5			
U4	3			3	5	5	
U5	5			3		4	5
U6		2					3

En la matriz anterior, hemos observado cómo 6 usuarios han consumido 7 productos distintos y han dejado sus calificaciones de 1 a 5 estrellas.

La gran ventaja de este método es que puede recomendar al usuario contenido diferente al habitual. Por otro lado, la principal desventaja es que requiere infraestructura demasiado robusta si tuvieses miles de productos y miles de usuarios recomendando, por cuanto son difíciles de escalar.

Filtrado híbrido

Los sistemas de filtrado híbrido combinan múltiples técnicas de recomendación para mejorar la calidad de las sugerencias y evitar problemas como el inicio en frío, donde el sistema no tiene suficiente información sobre nuevos usuarios o ítems para hacer recomendaciones precisas.

Con el advenimiento de técnicas más sofisticadas como el aprendizaje automático y, más recientemente, el aprendizaje profundo, los sistemas de recomendación han ganado en precisión y complejidad. Las redes neuronales, en particular, han permitido modelar interacciones complejas y no lineales entre usuarios e ítems, facilitando la creación de perfiles de usuario y de ítems altamente detallados y dinámicos.

Un algoritmo bastante adecuado para iniciar con el entendimiento del sistema de recomendaciones es el KNN en Python.

Algoritmo KNN y ejemplo de recomendación

El algoritmo KNN (*K-Nearest Neighbors*) o vecinos k-cercanos es un método de aprendizaje automático, supervisado simple y efectivo que se utiliza para clasificar nuevos casos basándose en una medida de similitud, como la distancia euclidiana, con casos conocidos. Este algoritmo asume que casos similares están cerca unos de otros. La "k" en KNN indica el número de vecinos más cercanos que el algoritmo examinará para asignar una clasificación o regresión al nuevo caso.

El funcionamiento básico del KNN consiste en:

1. **Calcular la distancia:** Se calcula la distancia entre el caso nuevo y todos los casos existentes. Esto puede hacerse utilizando diferentes métricas de distancia, siendo la euclidiana la más común.

2. **Ordenar la distancia de mayor a menor:** Así se sabe cuáles son los más cercanos y los más lejanos.

3. **Identificar los k vecinos más cercanos:** Se seleccionan los k casos más cercanos al nuevo caso, según las distancias calculadas.

4. **Se asigna la clase más común entre los k vecinos al nuevo caso:** O alguna otra medida de tendencia central de los valores de los k vecinos al nuevo caso.

Ejemplo de recomendación con KNN

Imaginemos que tenemos una base de datos de películas con dos características principales: género y duración. Queremos recomendar películas a un usuario basándonos en su edad, para el ejemplo hemos considerado que por su edad deberían tener gustos similares.

Los datos son los de la tabla 7.3.

Tabla 7.3. Base de datos de películas por género, edad y duración.

Duración película en minutos	50	80	90	45	60	75
Edad	48	32	35	25	18	20
Género	Acción	Romance	Acción	Romance	Comedia	Comedia

Usaremos el algoritmo KNN para encontrar los géneros de las películas más similares para dos nuevos clientes, uno de 30 años que escogió una película de 120 minutos, y otro de 38 años que escogió una película de 70 minutos.

Para este ejemplo, utilizaremos las librerías pyplot, pandas, seaborn y sklearn; recuerda tenerlas instaladas antes de hacer este ejemplo en tu ordenador.

- **Paso 1:** Instalamos las librerías en nuestro *notebook*:

```
import matplotlib.pyplot as plt
import pandas as pd
import seaborn as sns
from sklearn.neighbors import KNeighborsClassifier
```

- **Paso 2:** Ponemos los datos y entrenamos el modelo, saldremos con un gráfico de dispersión para observar ese entrenamiento:

```
#creamos datos de prueba y dos puntos nuevos (clientes) para visualizar
#todos los puntos estos datos en esta etapa se dibujarán con colores.

data = {'duracion': [50, 80, 90, 45, 60, 75],
        'Edad': [48, 32, 35, 25, 18, 20],
        'Genero': ['a', 'r', 'a', 'r', 'c','c']}

#definimos dos puntos nuevos que se dibujarán sin colores
punto_nuevo1 = {'duracion': [120], 'Edad': [30]}
punto_nuevo2 = {'duracion': [70], 'Edad': [38]}
df = pd.DataFrame(data)
punto_nuevo1 = pd.DataFrame(punto_nuevo1)
punto_nuevo2 = pd.DataFrame(punto_nuevo2)

# construimos nuestro gráfico.
ax = plt.axes()
#etiqueta películas de acción
ax.scatter(df.loc[df['Genero'] == 'a', 'duracion'],
           df.loc[df['Genero'] == 'a', 'Edad'],
           c="red",
           label="accion")
#etiqueta películas de romance
ax.scatter(df.loc[df['Genero'] == 'r', 'duracion'],
           df.loc[df['Genero'] == 'r', 'Edad'],
           c="blue",
           label="romance")
#etiqueta películas de comedia
ax.scatter(df.loc[df['Genero'] == 'c', 'duracion'],
           df.loc[df['Genero'] == 'c', 'Edad'],
           c="green",
           label="comedia")
# definimos que los puntos nuevos sean de color negro
ax.scatter(punto_nuevo1['duracion'],
           punto_nuevo1['Edad'],
           c="black")
ax.scatter(punto_nuevo2['duracion'],
           punto_nuevo2['Edad'],
           c="black")

#Imprimimos el gráfico de entrenamiento
plt.xlabel("duracion")
```

```
plt.ylabel("Edad")
ax.legend()
plt.show()
```

Del entrenamiento anterior podemos observar en el siguiente gráfico de la figura 7.4 cómo se pintan de colores los distintos géneros, duración y edades.

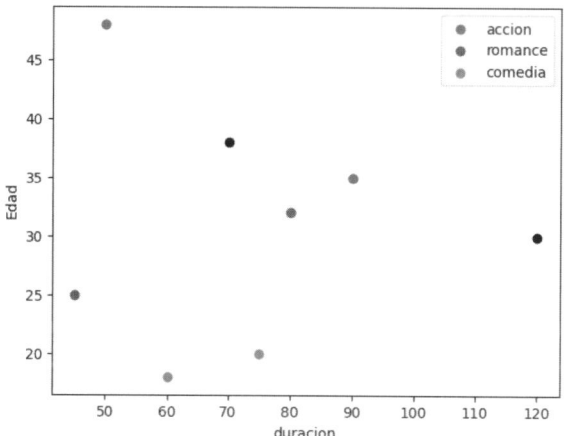

Figura 7.4. Género, duración y edades en color.

- **Paso 3:** Con el algoritmo ya entrenado hacemos las predicciones de género de película para los dos clientes nuevos:

```
from sklearn.neighbors import KNeighborsClassifier
import warnings

# Crea el clasificador KNN
knn = KNeighborsClassifier(n_neighbors=3)

# Prepara los datos de entrada y de salida
X = df[['duracion', 'Edad']]
Y = df['Genero']

# Entrenar el modelo
knn.fit(X, Y)

# Realizar predicciones
prediccion_1 = knn.predict(punto_nuevo1)
prediccion_2 = knn.predict(punto_nuevo2)

print('cliente_nuevo_1 '+ 'clasificacion ' + prediccion_1)
print('cliente-nuevo_2 '+ 'clasificacion ' + prediccion_2)
```

La predicción del algoritmo KNN nos indica que para ambos clientes el género que escogieron, dada su edad y duración de las películas, es películas de acción.

Resumen

El análisis prescriptivo representa una fase avanzada en la analítica de datos, ofreciendo no solo comprensión o predicciones, sino también recomendaciones prácticas y específicas para la acción.

El análisis prescriptivo emerge como la cúspide en el espectro de la analítica de datos, integrando la introspección del análisis descriptivo y la previsión del predictivo con la acción proactiva.

Esta acción proactiva nos permite dar respuesta a la pregunta: "¿cómo podemos hacer que esto ocurra?". Con todo lo que hemos visto en este capítulo, nos hemos dado cuenta de que los datos pueden ser transformados en decisiones estratégicas que impulsan el éxito de una organización.

Con todo lo que hemos visto hasta ahora, podemos afirmar que responder las preguntas generales de negocios a través de los cuatro grandes análisis de datos que existen permite a las organizaciones no solo comprender y anticipar fenómenos, sino también forjar caminos hacia futuros deseables mediante decisiones informadas y optimizadas.

El viaje analítico que comienza con la recopilación de datos culmina en la implementación de soluciones estratégicas, transformando así la gran cantidad de datos que hemos gestionado y almacenado en un activo tangible y accionable.

8

¿Qué son los datos?

Los datos

Etimológicamente, la palabra proviene del latín *datum*, que quiere decir "lo que se da", y que se utilizaba, principalmente, como una forma de categorizar todo aquello que podía usarse como base de un procesamiento del que, puesto bajo un determinado contexto, se podía obtener información. Por ejemplo, "atrapamos a este ladrón gracias a los datos que nos entregaron los testigos". Si bien este ejemplo no tiene mucha cercanía con aspectos informáticos, no deja de estar en lo correcto, ya que, para nuestra suerte, el análisis de datos parte de la tarea de contextualizar.

Otra definición, bastante aceptada, es la que establece que el dato es una representación simbólica (numérica, de texto, booleana, de tiempo, etc.) de un atributo o de una variable cuantitativa o cualitativa.

En esencia, para nuestros propósitos de análisis, y guardando las debidas proporciones, si esto fuera un libro de física, podríamos definir el dato como la partícula elemental de todo lo que conlleva la construcción del conocimiento. Sin los datos, ningún análisis de los que hemos visto hasta ahora sería posible.

La paradoja del dato

El dato, en sí mismo, es supercomplejo, pero, a la vez, por sí solo no sirve de mucho. Esto quiere decir que si solamente tengo un dato sin un contexto esto no me sirve para decidir, solo ocupa volumen y espacio en un lugar donde se almacenan, pero, al igual que todo activo, si no tiene rotación o no se utiliza tiende a degradarse y caer en obsolescencia. Haciendo una analogía con la física y si observásemos el dato como una partícula, nos daríamos cuenta de que contiene muchos elementos maravillosos como x cantidad de protones, y cantidad de neutrones, capacidad de absorción y emisión de energía, etc. Con todo lo anterior, se podría inferir teorías que expliquen su funcionamiento y hasta entender el universo entero a través de estas.

En los datos pasa casi algo similar. Si los observamos con detención, nos damos cuenta de que estas partículas esenciales pueden formar cadenas tremendas de elementos que nos permitirían categorizarlos por tipos, gracias a lo cual podríamos establecer el atributo esencial de la variable a la que pertenece, para poder contextualizarlo y construir informes. Pero, un dato, si está solo, al igual que una partícula flotando sola en el universo, no sirve de nada y solo ocupa un lugar en el espacio.

En el caso de los datos, al no contextualizarlos, no podemos definirlos en sí mismos. Según Lord Kelvin (1824-1907), "lo que no se puede definir no se puede medir, y si no se mide no se puede mejorar, y si no puede mejorarse se degrada siempre". Eso mismo les pasará a nuestros datos si no somos capaces de contextualizarlos, solamente ocuparán un espacio en nuestras memorias tendiendo a degradarse.

Dando valor al dato

John W. Tukey, en 1962 publica "Exploratory Data Analysis", la que se podría considerar como la primera publicación donde se expone una metodología de análisis de datos. Si bien no plantea una definición formal de qué es el análisis exploratorio de datos, sí deja testimonio de una serie de procedimientos que nos llevan a cumplir algunos objetivos del análisis de los datos.

Dicho sea de paso, Tukey hereda, además, al mundo de la informática y la estadística, algunos elementos que aún utilizamos como el gráfico de bigotes y cajas o *boxplot*, el término "bit" (abreviación de *binary digit*) y el término "software". Así es, esta palabra, más bien dicha frase, *Computer Software*, se utilizó por primera vez en una publicación de Tukey en 1958, en el *American Mathematical Monthly*.

Volviendo a Exploratory Data Analysis, si bien, como planteaba anteriormente, no existe una definición formal de qué es el análisis exploratorio de datos, varias frases se pueden desprender de esta publicación que nos llevan a hacernos una idea del concepto. Entre ellas, la que más llama la atención a este autor es: "Exploraremos los números. Necesitamos manejarlos fácilmente y mirar en ellos efectivamente. Usaremos técnicas para el manejo y el aspecto, ya sean gráficos, aritmética simple o intermedia. Lo más simple que podamos hacer estas técnicas, mejor, siempre y cuando funcionen y funcionen bien".

Luego, en 1983, el mismo autor, junto a otros colegas, desprende la siguiente frase: "El análisis exploratorio de datos aísla patrones y características de los datos y revela estos con fuerza al analista" (Hoaglin, Mosteller y Tukey, 1983, p. 1).

Para los profesionales no programadores, estas frases constituyen una verdadera guía en el desempeño de sus tareas, ya que el trabajo del analista de datos es el de un detective de números, teniendo que valerse de algunas técnicas de aritmética sencilla y de algunos gráficos para hacer que los números hablen y cuenten la historia que ocultan.

Física y electrónica de datos

Gran parte de la historia de los datos y sus sistemas de almacenamiento lo vimos en el capítulo 4 de este libro, también establecimos en el capítulo 2 que el rol del ingeniero de datos es el de capturar y mover estos datos desde su origen hasta el repositorio analítico. Bueno, en esta parte profundizaremos un poco con respecto a las características físicas y electrónicas de los datos. Vamos a establecer que nos encontraremos con dos grandes tipos de datos según estos se encuentran almacenados: los datos físicos y los datos electrónicos.

Los datos físicos son todos aquellos que su soporte material es tangible y palpable, es decir, se encuentran impresos en papel, en discos duros, en discos compactos, cintas magnéticas y cualquier otro dispositivo diseñado para este fin. Por supuesto que la duración de estos datos está sujeta a los resguardos de almacenamiento que a estos medios se les entregue, un dato impreso en un libro y guardado en una biblioteca probablemente dure más que aquel grabado en un disco de 3,5" (recuerdan los disquetes) y que quedó en un cajón de un escritorio de una oficina.

Los datos electrónicos, también conocidos como datos digitales, son nuestro punto de interés en esta parte del libro, puesto que tienen como característica principal que son construcciones binarias de algún elemento físico. Es decir, son copias o avatares de algo tangible que se almacena en código binario en un soporte de datos electrónico.

La gran ventaja de los datos electrónicos o digitales es que estos se pueden generar desde dispositivos electrónicos y transferir (o generar nuevas copias) de un sitio a otro e incluso transformar si fuese necesario.

Esta maravilla de los datos digitales nos lleva a encontrarlos en dos grandes tipos de agrupaciones: objetos binarios y objetos no binarios.

En un objeto binario, la información se almacena en sí misma utilizando el sistema de codificación binaria. Estos objetos pueden ser leídos y procesados por computadoras, pero no son directamente legibles por los humanos sin la ayuda de un software específico. También los conocemos como "archivos".

Un objeto no binario, en contraste con un objeto binario, se refiere a datos que están representados en un formato que no se basa exclusivamente en el sistema binario de ceros y unos. Generalmente, este término se asocia con datos que son legibles y comprensibles directamente por humanos, como textos en formatos como ASCII o Unicode, donde cada carácter está representado por un código específico. Estos objetos son más sencillos de interpretar sin la necesidad de software especializado, a diferencia de los objetos binarios que requieren programas específicos para su procesamiento y visualización.

Todas estas características han definido los mejores medios para almacenar y explotar estos datos dependiendo del uso que se les vaya a dar, muchos de ellos se guardan en bancos de datos y otros en sistemas de ficheros ordenados dentro de unidades magnéticas. Esta forma de almacenar y gestionar los datos nos permite clasificarlos primariamente en tres grandes grupos.

Clasificación primaria de los datos

Dependiendo de la forma en que estos datos electrónicos han sido gestionados y almacenados los clasificaremos en tres grandes categorías:

- **Datos estructurados:** Son objetos que tienen una estructura tabular definida, es decir, siempre tienen una vocación de almacenamiento y representación de tablas con filas y columnas, como en las bases de datos relacionales. Es importante que recordemos que estos datos siempre están tabulados o en formato tabla, tienen filas y columnas. Tienes un ejemplo en la tabla 8.1.

Tabla 8.1. Datos en formato tabla con filas y columnas.

Id	Nombre	Apellido	Edad	Ocupación
1	Andrés	Rodríguez	45	Taxista
2	Lucía	García	39	Médico internista

- **Datos semiestructurados:** Estos pueden ser objetos binarios o no binarios con una característica bastante particular. Tienen una estructura, pero no es tan rígida como los datos estructurados, es decir, tienen una estructura, pero esta estructura no necesariamente se refiere a tablas con filas y columnas, también pueden referirse a jerarquías. Son flexibles en términos de esquema y a menudo incluyen etiquetas o marcadores para separar elementos. Ejemplos comunes son los archivos XML y JSON. Ejemplo:

```
[
  {
    "Id": 1,
    "Nombre": "Andres",
    "Apellido": "Rodriguez",
    "Edad": 45,
    "Ocupación": {
      "Profesión": "Taxista",
      "Especialidad": ["Turístico", "Ejecutivo"]
    }
  },
  {
    "Id": 2,
    "Nombre": "Lucia",
    "Apellido": "Garcia",
    "Edad": 39,
    "Ocupación": {
      "Profesión": "Médico Internista",
      "Especialidad": ["Nutrición", "Diabetes"]
    }
  }
]
```

El ejemplo anterior, de fácil deducción, podríamos observar que son los mismos datos de la tabla en el ejemplo de datos estructurados, pero aquí se le agrega una característica adicional a la ocupación, la especialidad. Este ejemplo nos da una idea de la flexibilidad de los datos semiestructurados.

- **Datos no estructurados:** Son objetos binarios completos, muy ricos en metadata (ya veremos qué es esto) y que no tienen un formato o estructura específica, lo que hace difícil su análisis y procesamiento con métodos convencionales. Incluyen todo tipo de datos como texto libre, imágenes, vídeos, correos electrónicos, etc. En gran cantidad de oportunidades se presentan como objetos binarios con un nombre y una extensión, por ejemplo: `nombre.docx`; `alumnos.xlsx`; `video_aniversario.mov`.

No voy a poner un ejemplo en concreto, pero sí te invito a que abras cualquier carpeta en tu ordenador o mires la pantalla de inicio, todos esos iconos que ves son objetos binarios y, en consecuencia, datos no estructurados.

Generación y captura de datos

Si bien en capítulos posteriores profundizaremos más sobre esta materia, estableceremos en este capítulo las dos grandes formas de generación y captura de datos que existen en ingeniería de datos.

Por lotes o *batch*

Muchos sistemas realizan almacenamiento temporal de los datos que se generan, ya sea porque alguien está digitando algo frente a la pantalla o se están capturando códigos de barras o alguien está presionando botones en un teléfono móvil, y luego, en intervalos de tiempo regulares, toman ese conjunto de datos y lo escriben en sus sistemas de almacenamiento definitivos.

La estrategia de captura de datos en *batch* obedece a la misma lógica. Cada cierto intervalo de tiempo, se realiza una consulta al origen de datos, los datos que se obtienen de dicha consulta se capturan y se almacenan en un repositorio para ser transformados, analizados o consumidos más adelante.

Esta estrategia la hace ideal para capturar grandes volúmenes de datos que no requieren procesamiento inmediato y se puede programar que esta captura se realice en instantes de baja demanda de los sistemas (generalmente de madrugada) haciendo casi imperceptible la demanda de recursos para los usuarios.

Por último, esta estrategia permite generar o capturar datos de distinta categoría, estructurados, semiestructurados o no estructurados.

Tiempo casi real o *streaming*

Con la irrupción de los dispositivos electrónicos diseñados para interactuar "inteligentemente" con los usuarios, la cantidad de datos que se generan y capturan por estos dispositivos puede que no sean un gran volumen si son de alta velocidad.

Imaginemos que tenemos un sensor de lluvia en nuestro restaurante que permite desplegar y contraer la sombrilla para nuestros clientes que prefieren comer en la calle. Este sensor debería, a la primera gota que caiga, desplegar la sombrilla para que nuestros clientes puedan seguir disfrutando de su comida afuera a pesar de una fresca lluvia en tiempos de calor. El volumen del dato es pequeño, "llueve o no llueve", pero la velocidad que se requiere que ejecute es altísima, muy cercana al tiempo real.

Dejo en claro que hablaremos en adelante como *streaming* una unidad de tiempo cercana al tiempo real, es decir, algunas unidades de tiempo desfasadas desde que esto ocurre. Las únicas máquinas que ofrecen tiempo real son las que podemos ver en los hospitales conectadas a un paciente o en algunos dispositivos de visualización conectados directamente al sensor.

En otras palabras, si lo que vemos está conectado por cable o circuito al sensor, es tiempo real; si no, es cercano al tiempo real o *streaming*.

Los dispositivos electrónicos equipados con sensores y con capacidad de transmitir esos datos se conocen como dispositivos IOT, abreviación de su concepto en ingles *Internet of Things* o Internet de las cosas si lo traducimos.

Estos dispositivos transmiten los datos generados por sus sensores a través de mensajes, ya sea usando sus antenas conectadas a la red Wifi o a través de cualquier otra tecnología de emisión y captura de datos, Bluetooth, RFID, etc.

Los mensajes emitidos por estos dispositivos por lo general son objetos no binarios en formatos semiestructurados del tipo JSON muy similar al siguiente:

```
{
  "dispositivoId": "12345",
  "tipo": "Sensor de Temperatura",
  "ubicación": "Oficina Central",
  "lectura": {
    "temperatura": 22.5,
    "unidad": "Celsius",
    "timestamp": "2023-12-25T12:00:00Z"
  }
}
```

Capturar estos mensajes son una muy bonita estrategia en ingeniería de datos. Si bien lo profundizaremos más adelante, esbozaré que esta estrategia incluye la inclusión de una herramienta que captura el mensaje, lo encola y luego lo retransmite y replica para formar arquitecturas lambda o kappa. Dos de estas herramientas son Apache Kafka y Azure Event Hub, pero ya lo profundizaremos más adelante en el capítulo de ingeniería de datos.

Los metadatos

Los metadatos son tan cotidianos que después de definirlos muy probablemente vas a decir: "Ya lo sabía", porque son tan cotidianos que no nos cuestionamos mucho su existencia y utilidad.

La etimología de metadatos proviene del griego *meta*, que quiere decir "más allá", y del latín *datum*, que quiere decir "dato". Bajo ese contexto, metadatos quiere decir más allá del dato, lo cual en la práctica se traduce en "el dato del dato" o datos que describen otros datos.

Cuando publicamos una fotografía en Instagram, por lo general lo hacemos directamente desde un dispositivo móvil, en algún lugar del planeta y en algún instante del tiempo; además, etiquetamos a nuestros amigos que aparecen junto a nosotros en dicha fotografía y agregamos algunos elementos de etiquetado para ser más populares y lograr que dicha fotografía aparezca a todo el mundo que nos interese que le aparezca. Bueno, ¿qué sucede cuando publicamos esa fotografía? Instagram la almacena en su base de datos y la deja disponible en su red, lo que almacena físicamente es el objeto binario de la fotografía en sí misma, que tiene toda la codificación binaria para que, cuando se vea a través de otro dispositivo, la imagen pueda reproducirse; además de eso, toda la información que agregamos como personas, lugar, hora, dispositivo móvil, etc., también la almacena junto al objeto binario de la fotografía. Toda esta información adicional a nuestra fotografía es lo que llamamos metadatos.

El concepto de metadatos es anterior a Internet y a la web. Se utilizaban en varias industrias, principalmente en las bibliotecas. Algunos de vosotros, queridos lectores, seguramente habéis ido a pedir un libro a estos templos del saber y tuvisteis que recurrir primero al archivo de fichas bibliográficas, donde por orden alfabético buscabas el título del libro o el autor, luego con esa ficha ibas a la mesa donde el bibliotecario, gracias a las coordenadas que estaban escritas en dicha ficha, encontraba el libro y te lo entregaba para que lo leyeras o estudiaras.

Metadatos e indexación

De lo que hemos leído en los ejemplos anteriores, podríamos concluir que los metadatos son en esencia información no relevante para el usuario final, pero sí de suma importancia para el sistema que almacena y gestiona los datos.

Cuando la web aparece disponible para todo el mundo, el gran desafío era encontrar información relevante para el usuario. Uno de los principales elementos que ahí aparecieron para dar respuesta a esa necesidad fueron los motores de búsqueda, que, utilizando los metadatos del contenido que se publicaba en la red, indexaron con distintos tipos de palabras claves y códigos cada contenido publicado para transformarse en la puerta de entrada a la web. Cuando antes entrabamos a la biblioteca lo primero, después de saludar a nuestros amigos, era ir al estante de fichas y buscar. En la actualidad, muchos usuarios usan un buscador como su pantalla de inicio.

Esto ha dado lugar al nacimiento incluso de una especialidad en cuanto a marketing digital se refiere: la especialidad SEO, en inglés *Search Engine Optimization*, que trabaja principalmente con los metadatos, metaetiquetas y optimizando las palabras claves de la publicación en la web para que sea más sencilla la indexación que los buscadores hacen sobre el contenido en Internet.

Producto de lo anterior y con el objetivo de mejorar esta optimización de patrones de búsqueda es que muchos sitios web ofrecen pequeños trozos de código (*cookies*) para hacer trazabilidad de los usuarios que visitan su sitio y capturar metadatos, en algunos casos datos personales y sensibles.

En Big Data y análisis de datos, los metadatos son efectivamente un elemento de indexación, búsqueda, pero también de análisis, generándose una interesante paradoja: el metadato es dato cuando se puede analizar; por lo tanto, deja de ser metadato para convertirse en dato y eso da lugar a la generación de nuevos metadatos que permiten indexar ese nuevo dato.

Aunque, a primera vista, parece absurdo, los metadatos sobre metadatos pueden ser muy útiles. Imaginemos que tengo la información del punto de venta de una cafetería en línea y por análisis de metadatos encuentro que un cliente me pide siempre a las 8 y 10 de la mañana la misma bebida, y luego amplío la búsqueda y me doy cuenta de que 12 clientes tienen el mismo comportamiento. Bueno, esos macrodatos pasan a convertirse en datos generando un nuevo macrodato: la fecha, la hora y el objetivo para el cual cree ese dato, además del listado de clientes con ese mismo patrón. Perfectamente podría empezar a preparar esas bebidas algunos minutos antes para que el cliente no espere de más en la barra para recibir su vaso.

Desafíos y consideraciones de privacidad

Los desafíos y consideraciones de privacidad en los metadatos son aspectos críticos en la era digital. Los metadatos pueden revelar información personal o sensible sin que los usuarios sean conscientes de ello. Por ejemplo, los metadatos en fotografías pueden incluir ubicación y tiempo, y los metadatos en documentos pueden mostrar historiales de edición y autores. La práctica de etiquetar visitantes a un sitio web y capturar sus metadatos a través de *cookies* ha llevado a dictar mucha legislación asociada al uso y salvaguarda de la información personal, como el GDPR en Europa, aunque lamentablemente muchos países aún siguen sin legislación del tema.

Es muy importante que el trabajo de captura y análisis de macrodatos se encuentre bajo un marco ético regulatorio, ya sea una política interna auditable o una legislación local que prime sobre estos aspectos, incluyendo el anonimato de datos y la limitación del acceso a metadatos sensibles.

Los macrodatos

Probablemente, macrodatos es un término que puede parecer desconocido cuando se presenta de buenas a primeras, pero luego, cuando descubrimos que es en realidad la conceptualización en español del término Big Data, lo recibimos con una expresión de asombro y relativa tranquilidad.

Hablar de macrodatos en español es efectivamente lo mismo que hablar de Big Data en inglés, por lo tanto en esta parte final de este capítulo haremos una introducción histórica y conceptual de los macrodatos o Big Data si prefieres.

Una breve historia

Hagamos un breve viaje en el tiempo hasta la década de los 90 y principios del 2000, cuando las compañías generaban un volumen cada vez mayor de datos y la presencia y crecimiento del uso de Internet permitía detectar patrones de comportamiento esenciales para fundamentar la toma de decisiones. Junto con ese frenetismo que se incrementaba día a día y de forma exponencial, en paralelo las compañías fabricantes de dispositivos de almacenamiento y procesamiento de datos hacían lo mejor para responder a esa demanda tan acelerada, pero llegó un momento donde algo falló.

Imagina que eres un analista en una compañía y que para hacer tu trabajo capturaste todas las transacciones de un día de trabajo y tu ordenador no fue capaz de procesar ese volumen de datos.

En ese instante preciso, te ves enfrentado a un macrodato, término que hace referencia a una cantidad de datos tal que supera la capacidad del software convencional para ser capturados, administrados y procesados en un tiempo razonable.

Para responder a este problema de procesamiento de macrodatos, muchas investigaciones y desarrollos de prototipos se fueron probando y ensayando hasta que, en el año 2004, la Apache Software Foundation pone a disposición del mundo entero una herramienta revolucionaria llamada Hadoop.

Hadoop tenía la particularidad de que, gracias a un nuevo sistema de almacenamiento y codificación de archivos en disco (HDFS) y un negociador de recursos (YARN), cambiaron las reglas del juego en cuanto a la capacidad de procesar macrodatos. Se introdujo el concepto de procesamiento distribuido.

En términos muy sencillos, procesar de forma distribuida es el equivalente a tomar un gran conjunto de datos (millones de filas), dividirlas en varios paquetes de miles de filas, enviar cada paquete a una unidad de procesamiento independiente (nodos) y, una vez procesados, capturar esos resultados y concluir el análisis.

En 2009, Hadoop se probó con éxito para ordenar un petabyte de datos en menos de 17 horas para manejar miles de millones de búsquedas e indexar millones de páginas web.

Junto con el avance de Hadoop, otras cosas fueron también evolucionando. La irrupción de los *data lakes* para almacenar datos que descongestionaran los ya saturados servidores de bases de datos locales, la irrupción de muchas compañías ofreciendo software y servicios basados en Hadoop para procesar macrodatos dio un salto tremendo y un empuje sin antecedentes en la industria de la analítica.

En 2010, también a través de la Apache Software Foundation, se libera SPARK, un software de código abierto destinado a procesar macrodatos de forma distribuida y que además admita procesar elementos de aprendizaje automático utilizando lenguajes como Java, Python, R y Scala.

La disrupción de estas herramientas marcó los hitos más trascendentales en la historia de los macrodatos, facilitando el acceso a muchas compañías a procesar macrodatos y gestionar sus estrategias de decisión de forma óptima en la realidad actual.

Arquitecturas de macrodatos

Si bien gran parte de estos aspectos los trataré más adelante en profundidad, es pertinente destacar que la investigación asociada a macrodatos es constante y con una alta frecuencia de publicaciones. Junto con las publicaciones, muchas herramientas son liberadas al mercado para ser consumidas o testeadas, por cuanto el riesgo de obsolescencia en el corto plazo es relativamente alto cuando decidimos optar por una arquitectura basada en un componente.

Los arquitectos civiles plantean que el diseño obedece al espíritu del objeto y la forma obedece a la funcionalidad o realidad del instante. Sobre estos aspectos, el espíritu de los diseños que formulemos tiene que estar alineado con las decisiones que queremos tomar utilizando datos.

El diseño arquitectónico para análisis de datos debe considerar que la realidad de toda compañía es trabajar con macrodatos, para decidir oportunamente y enfrentar el mercado con la mejor decisión tomada basado en los datos que disponía en ese instante.

En consecuencia, nuestros diseños deben pensarse siempre considerando que necesitaremos al menos tres grandes componentes arquitectónicos para trabajar con macrodatos: el componente captura, el componente procesamiento y el componente consumo. El gran objetivo es que, en el menor tiempo posible, el dato que ingrese a nuestra arquitectura salga convertido en decisión.

Resumen

Hemos revisado qué es el dato, qué son los metadatos y nos introdujimos en los macrodatos que de alguna forma están presentes en nuestra realidad decisional. Nos dimos cuenta también de la importancia de salvaguardar el buen uso de los macrodatos y cómo estos han estado presente en nuestras vidas desde hace algún tiempo.

El siguiente capítulo profundiza un poco más en los distintos tipos de datos que existen y que van a ser fundamentales para formular estrategias de ingeniería de datos en los capítulos que siguen.

9

Tipos de datos

En este capítulo aprenderás:

- Qué tipos de datos existen y cómo se clasifican.
- Tipos implícitos.
- Según su almacenamiento físico.
- Según su encriptación y compresión.

Existen diversas clasificaciones de datos dependiendo de su naturaleza, de su origen físico, de su almacenamiento y, honestamente, dependiendo de cualquier particularidad existente o por existir. A pesar de esta dificultad de establecer algunos términos de clasificación generalmente aceptados, en este capítulo trataremos las principales clasificaciones de tipos de datos existentes, lo cual nos ayudará en la formulación de estrategias de arquitectura e ingeniería de datos, valga la redundancia.

Clasificación implícita

Los datos se pueden clasificar implícitamente, es decir, en lo que representan de forma implícita, en dos grandes grupos: los categóricos y los numéricos, los que, a su vez, se dividen en discretos y continuos, como se ve en la figura 9.1.

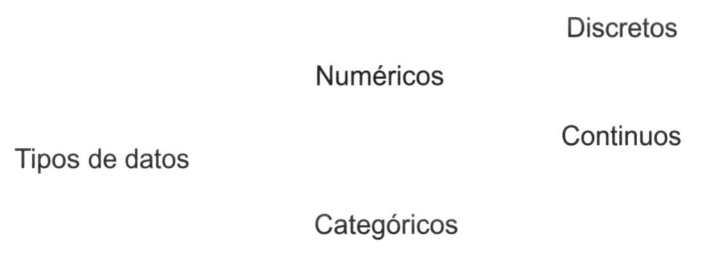

Figura 9.1. Tipos de datos implícitos (elaboración propia).

Datos numéricos

Son datos numéricos aquellos que representan y pertenecen al mundo de las matemáticas. Dentro de esta categoría, podemos distinguir dos tipos:

- **Datos continuos:** Aquellos sobre los cuales podemos aplicar todo tipo de pruebas aritméticas y estadísticas. En otras palabras, son datos continuos todos aquellos elementos que pertenecen al conjunto de los números reales e imaginarios, por ejemplo, la distancia recorrida por un vehículo, la altura de una montaña, las unidades de memoria consumidas por un programa, etc.

- **Datos discretos:** Son aquellos cuyos elementos pertenecen al conjunto de los números enteros, es decir, que no son divisibles ni fraccionables, por ejemplo, la cantidad de hijos de una persona, ya que no puede tener 2,5 hijos, o tiene 2 o tiene 3; la cantidad de vehículos que se pueden estacionar afuera de una oficina, pueden ser 3 o 4, pero no 3,25 vehículos.

Datos categóricos

Los datos categóricos son aquellos no numéricos que se pueden agrupar, contar, clasificar y, en algunos casos, jerarquizar, por ejemplo, colores, nombres, direcciones, etc. Con el fin de estudiarlos, el analista puede jerarquizar estos datos, por ejemplo, así:

1. **Jerarquía de una compañía:** Director general, director de Finanzas, jefe de área, supervisor, operario, etc.

2. **Jerarquía de tiempo:** Año, semestre, trimestre, mes, día, horas, minutos, segundos, etc.

3. **Jerarquía geográfica:** País, estado o región, provincia, municipio, pueblo, villa, calle, etc.

Los datos categóricos también se pueden utilizar para efectos de clasificación, pero no necesariamente jerarquizada, por ejemplo, color rojo para elementos peligrosos, amarillo para los leves y verde para los que cumplen una determinada norma de peligrosidad, etc.

Clasificación de tipo informática

No puedo dejar de mencionar que, desde el punto de vista informático, se clasifican los datos basados en sus propiedades binarias para lograr una mejor compilación de estos en las máquinas encargadas de su procesamiento. Entonces, es correcto decir que, en muchos casos, deben definirse antes de la creación de algún elemento recopilatorio, ya sea un arreglo, una lista o una tabla en una base de datos, etc. Principalmente distinguimos los siguientes tipos de datos en la clasificación que vemos en la tabla 9.1.

Tabla 9.1. Clasificación de tipos de datos.

Tipo dato informático	Formato en memoria o lenguaje
Números enteros	`integer`, 16, 32, 64 bits
Números reales	`float` y `double`, 32 y 64 bits
Números complejos	`complex`
Caracteres	`char`, `varchar`, `string` de distintas longitudes
Lógicos	`boolean`, `1-0`, `true/false`
Nulos	`null`, `nonetype`

Es importante destacar que cada uno de estos tipos de datos, a su vez, tiene otras clasificaciones y que, en definitiva, cada ambiente de desarrollo, sea este un *framework* de programación o de administración de bases de datos, posee una distinta gama de tipos de datos para optimizar su compilación, ya que cada tipo de datos posee un tamaño distinto. A mayor tamaño, se requiere mayor procesamiento, como se ve en la tabla 9.2.

Tabla 9.2. Tamaño de tipos de datos.

Tipo de dato	Descripción	Tamaño
byte	Enteros de 8 bits	1 byte
short	Entero corto de 16 bits	2 bytes
integer	Entero de 32 bits	4 bytes
long	Entero largo de 64 bits	8 bytes
single/float	Real de 32 bits	4 bytes
double	Real de 64 bits	8 bytes
decimal	Real de 128 bits	16 bytes
boolean	Lógico	2 bytes
date	Fechas o tiempo	8 bytes
char	Carácter de 16 bits	2 bytes
object	Objeto	4 bytes
string	Cadena de texto	Indefinidos bytes (depende del largo del texto)

A cada uno de estos elementos, además, se los puede compilar como constantes y variables, lo que, estimado lector, te llevará a imaginar una cantidad inmensa de combinaciones posibles de tipos de datos, dependiendo del objetivo para el cual fueron creados los softwares que se soportan con dichos datos.

Es por esto, la importancia para cada analista de datos, que debe comprender la esencia de lo que se analiza para no caer en sesgos de interpretación.

Según su forma de almacenamiento físico

A medida que las tecnologías han avanzado, distintos elementos se han utilizado para almacenar físicamente los datos. Podríamos remontarnos a la antigua Mesopotamia donde las tablillas de arcilla secadas al sol fueron los primeros almacenes de datos. Luego avanzamos hacia el papiro, el papel y una serie de otros soportes físicos que acumulaban inscripciones, pero que eran bastante difíciles de "leer rápidamente", es decir, solo se "compilaban" a velocidad de ojo humano.

Pasarían casi 5.000 años desde los primeros registros en arcilla hasta que en 1887 las primeras máquinas de cómputo utilizarían papeles perforados para almacenar datos; desde ahí, avanzamos mucho hasta que, en menos de 100 años, irrumpen los soportes magnéticos de almacenamiento, también conocidos como discos y luego tarjetas de memorias. En este apartado, veremos la clasificación de datos según su soporte de almacenamiento físico, ya que esto hace una gran diferencia en rendimiento y compresión.

Datos almacenados en filas

Al irrumpir los sistemas de almacenamiento magnéticos, ya sea en tarjetas o en discos, estos almacenamientos debían ir guardando en filas de memoria cada uno de los elementos de almacenamiento de forma ordenada y secuencial, un sistema bastante eficiente para operaciones CRUD (en inglés, *Create, Read, Update & Delete*).

Voy a utilizar un ejemplo para fines didácticos, omitiendo muchísimos pasos y estructuras electrónicas, metadatos, procesos secuenciales para explicar cómo funcionan los sistemas basados en filas.

Imaginemos que debemos guardar en una tabla la información de edad y ocupación de 8 personas que trabajan en mi organización. Esta tabla de datos será almacenada en un sistema de archivos basado en filas, como vemos en la tabla 9.3.

Tabla 9.3. Datos de trabajadores.

Nombre	Edad	Ocupación
María	34	Ingeniera
José	22	Estudiante
Ana	45	Médico
Carlos	50	Contable
Helena	29	Diseñadora
Luis	31	Programador
Fernanda	40	Arquitecta
Miguel	26	Analista de datos

Físicamente los datos serían guardados de esta forma:

| María | 34 | Ingeniera | José | 22 | Estudiante | Ana | 45 | Médico | Carlos | 50 | Contable | Helena | 29 | Diseñadora | Luis | 31 | Programador | Fernanda | 40 | Arquitecta | Miguel | 26 | Analista de datos |

En consecuencia, un dispositivo de lectura al momento de hacer una búsqueda debería recorrer la fila completa y guardar en memoria temporal el o los datos asociados a esta búsqueda.

Las características técnicas del almacenamiento de datos en filas son:

- **Almacenamiento secuencial:** En un sistema basado en filas, todos los valores de una fila se almacenan de forma contigua en la memoria o el disco. Por ejemplo, si tenemos una tabla con las columnas Nombre, Edad y Ocupación, el almacenamiento de la primera fila con los datos "María, 34, Ingeniera" sería seguido inmediatamente por los datos de la siguiente fila, digamos "José, 22, Estudiante".

- **Optimización para CRUD:** Estos sistemas están optimizados para operaciones CRUD (crear, leer, actualizar, eliminar). Al almacenar toda la información de una fila de manera contigua, las operaciones que afectan a registros completos son extremadamente eficientes. Este diseño es especialmente útil para sistemas donde las transacciones son complejas y a menudo implican múltiples filas y tablas.

- **Bloqueo a nivel de fila:** Otra característica importante de los sistemas basados en filas es el bloqueo a nivel de fila, que permite a múltiples usuarios acceder a la base de datos simultáneamente sin interferir entre sí. Cuando un usuario está modificando una fila, solo esa fila en particular se bloquea, en lugar de toda la tabla, lo que facilita un alto grado de concurrencia.

- **Índices:** Los sistemas de almacenamiento basados en filas a menudo hacen uso de índices para mejorar la velocidad de las consultas. Los índices permiten una búsqueda rápida de filas basada en las claves primarias o los campos indexados.

Las ventajas del almacenamiento de datos en filas, entre otras, son:

- **Alto rendimiento en operaciones transaccionales:** Los sistemas basados en filas son excelentes para manejar un gran volumen de transacciones que implican la inserción, actualización y eliminación de registros.

- **Concurrencia:** La capacidad de bloquear a nivel de fila permite un alto grado de concurrencia, lo que es esencial para aplicaciones con muchos usuarios.

Las desventajas, en cambio, de almacenar datos en filas son:

- **Ineficiente para consultas analíticas:** Este tipo de almacenamiento no es ideal para consultas que requieren solo un subconjunto de columnas. Los sistemas tienen que leer filas enteras, lo que puede ser ineficiente en términos de I/O.

- **Compresión limitada:** Dado que los datos están dispersos en filas, las técnicas de compresión son generalmente menos efectivas en comparación con los sistemas columnares.

En herramientas modernas, la gran mayoría de las bases de datos relacionales modernas ofrecen opciones de almacenamiento en filas. Herramientas como Microsoft SQL Server, PostgreSQL, MySQL, son ejemplos representativos que utilizan un almacenamiento basado en filas como opción predeterminada para ciertos tipos de cargas de trabajo, especialmente OLTP.

A su vez, los objetos binarios o archivos Excel, JSON, XML y CSV son formatos de datos comúnmente utilizados que, en cierto modo, adoptan un enfoque basado en filas para el almacenamiento de información. En un archivo CSV, cada fila del archivo representa un registro individual y las columnas se separan mediante un delimitador, como una coma. Excel, una hoja de cálculo, también sigue un enfoque similar, donde cada fila de la hoja representa un registro único.

En cuanto a JSON y XML, aunque son más flexibles en términos de estructura jerárquica, generalmente los verás usados de manera que cada "objeto" o "elemento" represente lo que sería conceptualmente una fila en una base de datos. En JSON, esto se logra a través de objetos dentro de un arreglo; en XML, a través de elementos anidados.

Es importante señalar que, aunque estos formatos se pueden interpretar de una forma "basada en filas", no están optimizados para operaciones de base de datos como lo estaría un Motor SQL. Sin embargo, su diseño sí facilita la importación y exportación de datos en sistemas que utilizan almacenamiento basado en filas.

Datos columnares

Los sistemas de almacenamiento columnar representan una técnica avanzada de gestión de bases de datos optimizada para el procesamiento analítico de grandes conjuntos de datos. A diferencia de los sistemas de almacenamiento basados en filas, que almacenan registros completos en secuencias contiguas, los sistemas columnares almacenan cada columna de datos por separado. Este enfoque tiene implicaciones profundas en el rendimiento, la eficiencia y la funcionalidad de las bases de datos.

Las características técnicas del almacenamiento columnar son:

- **Almacenamiento vertical:** En una base de datos columnar, cada columna de una tabla se almacena de manera independiente. Esto permite una compresión de datos más eficiente y optimiza la velocidad de las consultas que se centran en un subconjunto específico de columnas.

- **Compresión de datos:** Una de las grandes ventajas de los sistemas columnares es la compresión de datos. Como los datos similares se almacenan juntos, las técnicas de compresión, como la codificación por longitud de ejecución (RLE o el diccionario de codificación), son más eficaces. Esta compresión reduce significativamente la cantidad de espacio de almacenamiento necesario y mejora el rendimiento de las consultas al disminuir la cantidad de I/O necesaria.

- **Vectorización:** En los sistemas columnares, la vectorización permite operaciones más rápidas al procesar múltiples valores de una columna como un solo bloque. Esto mejora el rendimiento en tareas como la agregación y la filtración.

Las ventajas de este sistema de almacenamiento columnar son:

- **Eficiencia en consultas analíticas:** Los sistemas columnares están diseñados para consultas analíticas y operaciones de agregación. Al tener que leer solo las columnas específicas necesarias para una consulta, el rendimiento mejora drásticamente en comparación con los sistemas basados en filas.

- **Escalabilidad:** Los sistemas columnares están diseñados para escalar de forma horizontal, lo que los hace ideales para manejar grandes conjuntos de datos distribuidos en múltiples nodos o incluso en múltiples centros de datos.

En cambio, las desventajas del almacenamiento de datos columnares son:

- **Rendimiento en transacciones CRUD:** La inserción o actualización de un único registro puede ser menos eficiente en un sistema columnar porque cada valor de la fila debe escribirse en un archivo de columna separado. Esto hace que los sistemas columnares sean menos adecuados para entornos de procesamiento de transacciones en línea (OLTP).

- **Complejidad:** Los sistemas columnares pueden ser más complejos de diseñar e implementar. La compresión y la descompresión de datos, así como la coordinación entre columnas para consultas que requieren múltiples campos, añaden una capa adicional de complejidad.

En herramientas modernas, algunas bases de datos modernas que adoptan un enfoque columnar incluyen Delta Lake, Azure Synapse, HANA, entre otros, permitiendo a los usuarios aprovechar las ventajas específicas de esta arquitectura.

Siguiendo con el ejemplo anterior, en un sistema de almacenamiento columnar, cada columna de una tabla se almacena de manera independiente. Por lo tanto, los datos de cada columna se guardarían juntos en lugar de guardar cada fila como una unidad contigua, como se ve en la tabla 9.4.

Tabla 9.4. Almacenamiento de datos columnares.

Columna de nombre	Columna de edad	Columna de ocupación
María	34	Ingeniera
José	22	Estudiante
Ana	45	Médico
Carlos	50	Contable
Helena	29	Diseñadora
Luis	31	Programador
Fernanda	40	Arquitecta
Miguel	26	Analista de datos

Estos datos se guardarían en tres segmentos separados del disco duro o en diferentes bloques de memoria. Esto permite un alto grado de compresión, ya que los datos dentro de cada columna son generalmente más homogéneos que los datos de una fila completa, lo que facilita la aplicación de algoritmos de compresión más eficientes.

En consultas donde solo se necesita acceder a un subconjunto de columnas, un sistema columnar podría leer solo los datos de esas columnas específicas, evitando el coste de I/O asociado con la lectura de columnas innecesarias. Esto resulta en un procesamiento mucho más rápido y eficiente, especialmente útil en análisis de datos y operaciones de agregación.

Es importante notar que, en una implementación real de una base de datos columnar, el almacenamiento de estos datos estaría acompañado por estructuras adicionales, como índices y metadatos, que permiten realizar consultas de forma más eficiente. Sin embargo, el principio básico de almacenar datos por columna en lugar de por fila permanece constante.

Archivos Parquet

Los archivos Parquet son un tipo de formato de almacenamiento columnar que se utiliza comúnmente en entornos de Big Data como Hadoop, Spark y en soluciones de almacenamiento en la nube como Amazon S3 o Microsoft Azure Data Lake. Este formato ha ganado popularidad especialmente en el contexto de *data lakes* y *lakehouses* debido a sus capacidades de alta compresión y eficiencia en el escaneo de columnas.

Sus características principales son:

- **Alta compresión:** Dado que los datos se almacenan columnarmente, los archivos Parquet ofrecen una compresión muy eficiente. Esto es especialmente útil en *data lakes*, donde los volúmenes de datos pueden ser extremadamente grandes.

- **Optimización para consultas analíticas:** Parquet está optimizado para su uso en consultas que realizan operaciones de agregación sobre grandes volúmenes de datos. El almacenamiento columnar permite a los motores de consulta leer solo las columnas específicas que se necesitan para responder una consulta.

- **Soporte para esquemas complejos:** Parquet soporta estructuras de datos complejas como listas anidadas y estructuras jerárquicas. Esto lo hace muy flexible y capaz de manejar una amplia variedad de casos de uso.

- **Integración con herramientas de Big Data:** Parquet es compatible con una variedad de herramientas de procesamiento de datos en el ecosistema de Big Data, incluidos Apache Spark, Apache Hive, Azure Synapse y Microsoft Onelakem, entre otros, lo que facilita la transformación y análisis de datos en escala.

Otros formatos columnares en *data lakes* y *lakehouses* son:

- **ORC (*Optimized Row Columnar*):** Este formato también es popular en el ecosistema de Hadoop y ofrece beneficios similares a Parquet en términos de compresión y rendimiento de consulta. ORC suele estar más estrechamente asociado con Hive.

- **Apache Iceberg y Apache Hudi:** Estos son formatos de almacenamiento de tabla más recientes que también adoptan un enfoque columnar y ofrecen características adicionales como versionado de datos y transacciones ACID.

La adopción de formatos de archivos columnares como Parquet y ORC ha sido un cambio significativo en la forma en que se manejan los *data lakes* y *lakehouses*. Estos formatos aprovechan la eficiencia del almacenamiento columnar para ofrecer un rendimiento de consulta rápido y una compresión de datos altamente eficiente, lo que es fundamental en entornos donde se manejan grandes volúmenes de datos.

Según su encriptación y compresión

El almacenamiento y la manipulación de datos implican varios aspectos críticos como la eficiencia, la seguridad y el rendimiento. Dos características importantes que afectan estos aspectos son la encriptación y la compresión de datos.

Ambas características tienen implicaciones profundas en cómo se almacenan, acceden y utilizan los datos en una variedad de contextos.

Los tipos de datos basados en encriptación son:

- **Datos encriptados sencillamente:** Son datos que han sido cifrados utilizando algoritmos de encriptación simétrica como AES. Estos son eficientes, pero menos seguros si la clave de encriptación se ve comprometida.

- **Datos con encriptación de clave pública:** Utilizan algoritmos como RSA para garantizar que solo el receptor previsto pueda descifrar los datos. Este método es más seguro, pero computacionalmente más costoso.

- **Datos con encriptación homomórfica:** Permiten realizar operaciones en los datos cifrados sin tener que descifrarlos primero. Esto es beneficioso en entornos donde la privacidad y la seguridad son una preocupación máxima.

- **Encriptación a nivel de campo:** Aquí, solo campos específicos dentro de un registro se encriptan, permitiendo operaciones de búsqueda y filtrado más eficientes a expensas de una seguridad ligeramente reducida.

- **Datos con seguridad de múltiples partes (MPC):** Estos datos están divididos en partes y cifrados de tal manera que se necesita una combinación de múltiples claves para descifrarlos.

Los tipos de datos basados en compresión son:

- **Datos comprimidos sin pérdida:** Utilizan algoritmos como gzip o zlib para comprimir los datos sin perder ninguna información. Estos son ideales para archivos de texto y datos numéricos.

- **Datos comprimidos con pérdida:** Utilizan algoritmos como JPEG para imágenes o MP3 para audio, donde cierta pérdida de calidad es aceptable en favor de una reducción de tamaño significativa.

- **Datos con compresión de columnas:** Utilizados en bases de datos columnares, permiten una alta eficiencia en el almacenamiento y la consulta al almacenar cada columna de datos de manera comprimida.

- **Compresión diferencial o delta:** Aquí, solo las diferencias entre las versiones de un conjunto de datos se almacenan en lugar de guardar versiones completas cada vez. Esto es útil para datos y series temporales.

La compresión de datos tiene un impacto directo en la eficiencia del almacenamiento y puede reducir significativamente los costes asociados. Además, en el caso de las bases de datos columnares, también mejora el rendimiento de la consulta. Por otro lado, la encriptación es fundamental para garantizar la seguridad de los datos, especialmente en entornos donde se manejan datos sensibles. Es un requisito clave en muchas normativas, como el GDPR y la HIPAA.

Si bien la encriptación añade una capa de seguridad, también puede afectar el rendimiento debido al tiempo adicional necesario para cifrar y descifrar datos. La compresión, aunque mejora el rendimiento de almacenamiento, también puede ser costosa en términos de CPU. Los datos comprimidos deben descomprimirse antes de su uso, y los datos encriptados deben descifrarse, lo que podría afectar la accesibilidad y la usabilidad dependiendo del método utilizado.

Ambos, la encriptación y la compresión agregan una capa de complejidad al manejo de datos. Implementaciones más seguras y eficientes a menudo requieren hardware y software especializados, lo que puede incrementar los costes. Con todo lo anterior, la encriptación y la compresión de datos son características esenciales en el diseño y la operación de sistemas modernos de almacenamiento y procesamiento de datos.

En el mundo actual de Big Data y a raíz de las preocupaciones crecientes sobre la seguridad y la privacidad, es fundamental comprender y aplicar apropiadamente estos aspectos para diseñar arquitecturas que no solo sean eficientes y rápidas, sino también seguras y compatibles con las regulaciones vigentes.

10

Modelado dimensional de datos

En este capítulo aprenderás:

- Bases de Datos SQL y NoSQL.
- Qué son las vistas y procedimientos almacenados.
- Qué son los modelos estrellas y copos de nieve.
- Cuándo y cómo usar modelos constelación.

Las bases de datos

La primera evidencia verificable de nuestro afán por ordenar los datos para decidir sobre ellos data de hace 3.500 años antes de la era actual. Los babilonios usaron tablillas de arcilla para ordenar en filas y columnas los datos asociados al comercio y la propiedad, estas tablillas se reconocen ahora como la evidencia de la invención de la escritura.

La forma más sencilla de ordenar los datos para su análisis es tabularlos; en otras palabras, ordenarlos de forma lógica en función de columnas (agrupadas o discretas) y de filas.

Las tablas de datos son, en esencia, la piedra clave de todos los modelos de almacenamiento de datos e, independiente del soporte físico, estos se ordenan de dicha forma. No es descabellado encontrar antiguos libros llenos de registros tabulares; la contabilidad registrada bajo el principio de partida doble desde Paccioli en adelante se encuentra así registrada y guardada en tomos gigantescos de distintos elementos y fines.

Lo interesante es que estos libros se relacionan entre sí a través de referencias: el libro diario se relaciona con el libro mayor a través del número de registro diario; el libro mayor con el libro de balance de sumas y saldos a través del código de cuenta y la fecha.

Motores SQL

Con la llegada de la modernidad y la estandarización de los bancos de datos en motores de bases de datos como DB2, ORACLE, SQL Server, MySQL, Access, entre otros, y que se comunican a través de un lenguaje estándar denominado SQL (*Standard Query Language*), abrió la posibilidad de almacenar grandes volúmenes de información y de desarrollar software de gestión y soporte a las decisiones como los ERP.

Por otro lado, todo software o aplicación móvil que cotidianamente utilizamos en nuestros trabajos o en sociedad tiene una base de datos SQL que soporta dicha información en la capa denominada **Back Office**; eso quiere decir que esta oculta al usuario y el usuario interactúa con ella a través de una interfaz gráfica de un software.

Las bases de datos relacionales son, en esencia, conjuntos finitos de tablas de datos relacionadas o no entre sí. Las tablas que se relacionan entre sí, por lo general, lo hacen a través de campos comunes llamados también llaves. La importancia de estos campos en común la abordaremos más adelante.

¿Cómo se construyen las bases de datos?

La gran mayoría de los libros de diseño de bases de datos hacen mucho énfasis en el modelado de alto nivel o entidad (relación y de relaciones de tablas). Este enfoque está muy bien definido y soluciona varios requerimientos en cuanto a diseño de software se refiere.

No voy a entrar en detalle de los códigos de cómo construir bases de datos de cara al software, pero sí voy a describir la secuencia lógica de este proceso de construcción porque, para cuando diseñemos los modelos dimensionales o de extracción que veremos más adelante, es importante entender estos primero.

- **Paso 1. Diseño de la base de datos:** Toda la tarea de construir una base de datos inicia con una actividad denominada ERS o especificación de requisitos de software, donde el encargado de crear la base de datos se reúne con los usuarios del software para entender sus requisitos y diseñar lógicamente una base de datos que cumpla con las demandas del software. Luego se desarrollan otras actividades de diseño como: diseño conceptual, diseño lógico y diseño físico.

- **Paso 2. Diseño del modelo entidad relación:** De las conclusiones del diseño se diseñan las entidades que participarán de esta base de datos. Las entidades interactuarán a través de relaciones y cada entidad poseerá características llamadas atributos. Las entidades son débiles si dependen de otra entidad, y son entidades fuertes cuando no dependen de otra.

  Por ejemplo, vamos a diseñar una base de datos para registrar las ventas de zapatos por Internet. Esta base datos requiere a lo menos las siguientes entidades que interactuarán: PRODUCTO, CLIENTE, CUENTA BANCARIA.

  Cada entidad tiene sus propios atributos. PRODUCTO tendrá que registrar un código, un modelo, una marca, color, precio, etc.; CLIENTE tendrá un identificador, un nombre, una dirección, etc.; CUENTA BANCARIA tendrá un identificador, saldo, banco, código IBAN, etc.

  Cada entidad se relacionará con otra a través de alguna acción. CLIENTE se relacionará con PRODUCTO cada vez que este compre y se relacionará con CUENTA BANCARIA cada vez que pague el producto.

- **Paso 3. Diseño del modelo ER extendido:** En esta etapa se modela todo lo anterior y se agregan conceptos de jerarquía entre entidades. Si pensamos en una base de datos de vehículos y definimos varias entidades con atributos distintos en esta etapa se evidencia esa dependencia jerárquica.

Por ejemplo, VEHÍCULO es la entidad de la cual dependen las entidades DEPORTIVO, SEDÁN, SUV y COMPACTO, las cuales pueden tener sus propios atributos particulares, tal como vemos en la figura 10.1.

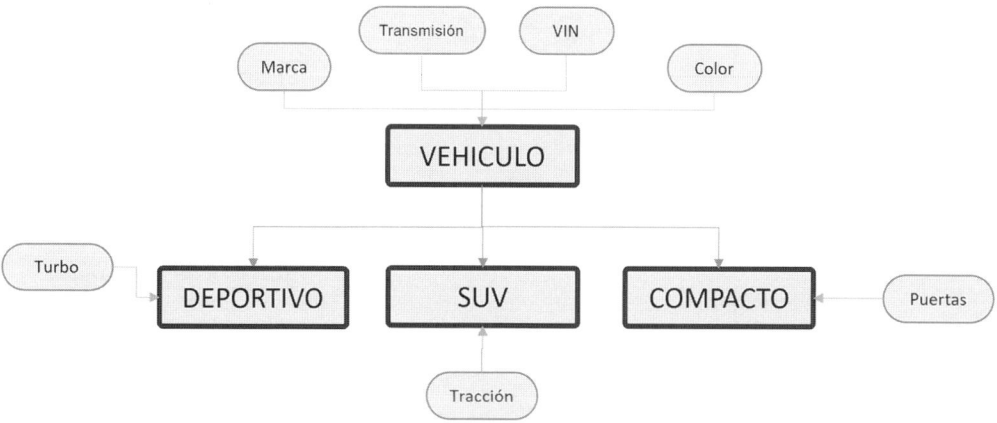

Figura 10.1. Modelo de entidad relación extendido.

Como se ve en la figura, los atributos de VEHÍCULO son comunes a todos los de su jerarquía, pero cada entidad subordinada tiene algunos atributos especiales que no los comparten con otras entidades.

- **Paso 4. Modelo relacional:** En este paso se construyen las tablas y se definen los campos que van a llevar cada una de las llaves de cada tabla que pueden ser primarias o foráneas, los tipos de datos de cada campo y las restricciones que en cada campo recaen. También podemos encontrar aquí la visualización de sus relaciones entre tablas. En el ejemplo de la figura 10.2, vemos el diseño de las tablas y cómo estas se relacionan entre ellas a través de sus llaves primarias y secundarias, descritas como PK y FK respectivamente.

- **Paso 5. Normalización:** En este último paso se realiza la validación del diseño anterior; en pocas palabras, en este paso se determina el nivel de vulnerabilidad de las tablas creadas verificando si hay redundancia en los datos, si eventualmente podrían existir anomalías de actualización o si al momento de realizar actualizaciones de los datos estos podrían afectarse de forma íntegra. Esta última etapa es llevada a cabo siempre por los administradores de bases de datos y es clave antes de llevar una base de datos a producción.

Hemos visto a grandes rasgos cómo se construyen las bases de datos y, si bien no he profundizado en el detalle de esto, he destacado las etapas clave de este proceso que nos ayudarán en unas páginas más adelante a modelar dimensionalmente.

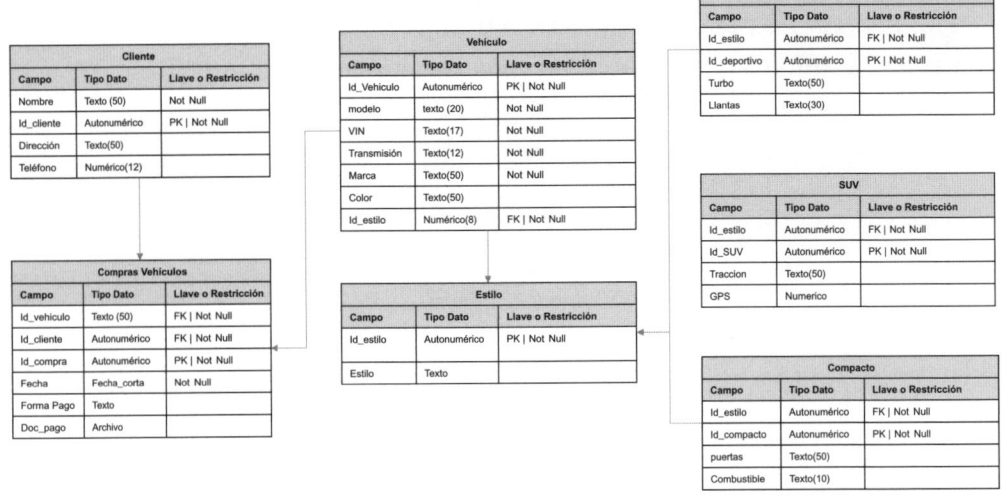

Figura 10.2. Ejemplo de modelo relacional.

Motores NoSQL

También existen otros motores de bases de datos que en su traducción al español se les llama no relacionales. Aquí quiero hacer un pequeño paréntesis antes de continuar.

SQLDB es el acrónimo en inglés para denominar a aquellos motores de bases de datos relacionales. *Standard Query Language Data Base* es la frase que da origen al acrónimo. NoSQLDB es el acrónimo que abrevia el concepto *Not Only Standard Query Language Data Base*, que podríamos traducir como No solamente SQL. Esto quiere decir que, además de SQL, podríamos encontrar otras cosas, pero por supuesto vamos a poder gestionar SQL dentro de ellas. Por esta razón, en adelante me referiré a estas bases de datos como NoSQL, ya que "no relacional" es una traducción un poco incompleta, ya que por cierto se pueden hacer consultas SQL dentro de estos nobles motores.

Ahora bien, estas bases de datos no son tan nuevas, datan de incluso antes de que se estandarizara el lenguaje SQL y funcionaban jerarquizando la información como si de un sistema de archivos se tratase. En otras palabras, se ordenaban en una carpeta principal que contiene otra carpeta y así sucesivamente hasta llegar al dato, que puede estar en un objeto binario o no. Esta forma de almacenar datos dejó de ser relevante para los datos normalizados o tabulados, pero siguió usándose sin inconvenientes para otros tipos de datos, sean estos semiestructurados y no estructurados. Por tanto, es muy fácil de entender porque lo vemos de forma cotidiana en nuestros ordenadores, sea un Mac, un Linux o Windows, lo que tengamos como sistema operativo. Las jerarquías de los datos se organizan en carpetas y subcarpetas estableciendo una jerarquía tangible.

A medida que los desarrollos de software fueron pensados para públicos más masivos, ya sea el desarrollo de aplicaciones móviles y redes sociales, la capacidad de crecer o escalar de una base de datos relacional se hizo cada vez más limitada y muchas veces a una velocidad poco adecuada para el mercado.

Por ejemplo, imagina que vendes helados desde 1970 en la esquina de tu calle y en los últimos 3 años has descubierto un nuevo sabor de helados servido en una taza y no en un cono como había sido tradicional. Desde una perspectiva SQL, tendrías que agregar nuevas entidades y nuevos campos a las tablas existentes, nuevamente definir relaciones y eventualmente agregar modificaciones a tu software de control de producción y venta de helados. Las bases de datos NoSQL permiten incorporar este cambio de una forma muy rápida. Simplemente agregas el nuevo sabor y la nueva presentación y ya está, tu software de siempre captura el nuevo elemento y permite que en un muy corto plazo dispongas de esa actualización. ¿Por qué es esto posible? Bueno, porque las bases de datos NoSQL usan esquemas distintos para relacionar entidades.

Esquemas en bases de datos NoSQL

En el ámbito de las bases de datos NoSQL, existen diversas formas de organizar y relacionar la información. A diferencia de las bases de datos SQL tradicionales, que se basan en un esquema relacional fijo, NoSQL ofrece flexibilidad en el manejo de datos. A continuación, exploramos cuatro esquemas fundamentales de almacenamiento en bases de datos NoSQL, cada uno con características y aplicaciones específicas:

1. **Par llave-valor:** El modelo de par llave-valor es uno de los más simples y eficientes en términos de acceso a la información. Se estructura alrededor de una tabla *hash*, donde cada elemento de datos se almacena como un par de clave (única) y valor. Este esquema es especialmente útil cuando se conoce la clave y se desea recuperar rápidamente el valor asociado, por ejemplo, almacenar la configuración de usuario con una clave única para cada usuario y un valor que contenga sus preferencias o configuraciones personalizadas. Al acceder con la clave del usuario, el sistema recupera instantáneamente sus configuraciones.

2. **Documentos y colecciones:** Representan una evolución del modelo de pares llave-valor. En este esquema, los datos se agrupan en documentos, que a su vez se organizan en colecciones. Cada documento puede contener pares

llave-valor anidados y estructuras más complejas, como listas o subdocumentos, permitiendo una gran flexibilidad en la representación de la información, por ejemplo, un sistema de gestión de contenido (CMS). En un CMS, cada artículo o publicación en un blog se puede almacenar como un documento independiente, con campos para el título, contenido, autor, etiquetas, etc. Las colecciones podrían representar diferentes categorías o tipos de contenido.

3. **Familias de columnas:** En estos esquemas, la información se almacena y se organiza por columnas en lugar de por filas. Este enfoque es altamente eficiente para operaciones que requieren acceder a grandes volúmenes de datos de una misma columna, ya que permite leer y escribir en bloques de una sola columna, optimizando tanto el almacenamiento como la recuperación de datos. Un ejemplo clásico es el análisis de grandes conjuntos de datos en el sector financiero, donde se requiere procesar rápidamente grandes volúmenes de información de una característica específica, como los precios de cierre diarios de las acciones. Al almacenar estos datos en un formato de columnas, se puede acceder y analizar rápidamente la información requerida.

4. **Grafos:** Son ideales para representar y trabajar con relaciones complejas entre datos. Utilizan nodos para representar entidades y bordes para representar relaciones entre ellos. Este modelo es particularmente potente para visualizar y navegar a través de relaciones complejas y redes interconectadas. Un ejemplo de aplicación de grafos está presente en las redes sociales, donde los usuarios (nodos) se conectan a través de amistades, intereses comunes o seguidores (bordes). Las bases de datos de grafos permiten analizar eficientemente estas conexiones para obtener *insights*, como la identificación de influenciadores clave o la recomendación de nuevos contactos y contenido personalizado.

Cada uno de estos esquemas de bases de datos NoSQL tiene sus fortalezas y aplicaciones particulares. La elección del esquema adecuado depende de la naturaleza de los datos a manejar y de las operaciones que se realizarán sobre ellos. La flexibilidad y la variedad de opciones que ofrecen las bases de datos NoSQL las hacen herramientas poderosas y versátiles para el manejo de datos en la era digital.

Los motores NoSQL más comunes en la fecha de publicación de este libro son, entre otros, los siguientes:

- **MongoDB:** Una base de datos orientada a documentos, es muy popular y conocida por su escalabilidad y su modelo flexible de documentos, que facilita el desarrollo de aplicaciones con estructuras de datos complejas.

- **Cassandra:** Una base de datos orientada a columnas, conocida por su alta escalabilidad y rendimiento, especialmente en sistemas que manejan grandes volúmenes de datos distribuidos.

- **Redis:** Un almacén de estructuras de datos en memoria, utilizado como base de datos de tipo llave-valor, caché y *broker* de mensajes. Destaca por su rapidez y capacidad para manejar datos en tiempo real.

- **Azure Cosmos DB:** Es un servicio de base de datos multimodal distribuido globalmente, ofrecido por Microsoft Azure. Soporta múltiples modelos de datos, incluyendo documentos, columnas, grafos y llave-valor. Cosmos DB es conocido por su alta disponibilidad, escalabilidad global y latencia baja.

- **Amazon DynamoDB:** Es la oferta NoSQL de AWS. Es una base de datos de llave-valor y documentos que ofrece rendimiento a cualquier escala. Es completamente administrada, altamente disponible y proporciona un almacenamiento duradero y escalable sin esfuerzo de mantenimiento.

Cada una de estas opciones ofrece características y capacidades que se adaptan a diferentes necesidades y escenarios de aplicación, desde el manejo eficiente de grandes volúmenes de datos hasta la alta disponibilidad y escalabilidad global.

¿Cuál usar: SQL o NoSQL?

Una base de datos NoSQL es nuestra mejor opción si estamos pensando en:

- Administrar datos de gran volumen, no relacionados, indeterminados o que cambian rápidamente.

- Aplicaciones en las que el rendimiento y la disponibilidad son más importantes que una coherencia alta.

- Aplicaciones siempre activas que dan servicio a múltiples usuarios de cualquier parte del mundo.

- Desarrollar aplicaciones móviles.

- Análisis en tiempo real.

- Administración de contenido.

- Desarrollos con alta personalización de cara al usuario.

- Software o aplicaciones de IoT.

Una BD SQL es nuestra mejor opción si estamos pensando en:

- Administrar datos relacionales con requisitos lógicos y discretos que se puedan identificar con antelación.
- Actualizar sistemas heredados creados para estructuras relacionales.
- Aplicaciones que requieren transacciones de varias filas o consultas complejas.
- Desarrollar sistemas de contabilidad, finanzas y bancarios.
- Desarrollar sistemas de administración de inventario.
- Desarrollar sistemas de administración de transacciones.

Plantillas de cálculo

No solamente vamos a encontrar tablas de datos en bases de datos SQL y NoSQL, sino que también hallaremos tablas de datos en archivos de hojas de cálculo, tales como Microsoft Excel, OpenOffice Calc, Google Sheet y otras. Sin embargo, tienen varias desventajas desde el punto de vista de seguridad de los datos, como las siguientes:

1. Cualquier usuario con los permisos puede editar esta tabla de datos cambiando su estructura al antojo y discreción.
2. No existe un lenguaje estándar para comunicar distintas tablas dentro de un libro de cálculo (no existe SQL aquí).
3. Poseen límites pequeños de capacidad de almacenamiento de filas de datos.
4. Objetivos distintos del almacenamiento. Una hoja de cálculo, en esencia, es eso, un lugar donde experimentar cálculos de tipo estadístico, financiero, matemático, físico, paleontológico, el que quieras. No está pensado como un lugar donde almacenar datos.

Sin embargo, estos lugares, por uso y costumbre, son los favoritos de los profesionales no informáticos, quienes acostumbran a utilizarlos, quizás porque la formación académica se asocia más al estudio de las estadísticas o porque la forma de mostrar los datos se asemeja más a la concepción neuronal del ordenamiento de datos.

En lo personal, no recomiendo usar plantillas de cálculo como bases de datos, pero, por desgracia (o fortuna), muchos de los trabajos que he tenido que realizar con mis equipos en distintos clientes de diferentes industrias y tamaños tienen como orígenes de datos este tipo de plantillas.

Vistas y procedimientos almacenados

Las vistas y los procedimientos almacenados son componentes claves en las bases de datos relacionales.

Permiten no solo simplificar las consultas complejas y mejorar la seguridad, sino también optimizar el rendimiento al ejecutar operaciones recurrentes. En esta sección, exploraremos las características y aplicaciones de estos elementos en el contexto de las bases de datos.

Pero, antes de introducirnos en el mundo de las vistas y los procedimientos almacenados, hay que hacer un pequeño paréntesis para explicar a grandes rasgos qué es una consulta.

Las bases de datos, desde el punto de vista de la analítica, se van a convertir en nuestra principal fuente de datos, y la forma adecuada de acceder a ellos es a través de una consulta SQL, o *query* por su nombre en inglés.

No voy a interiorizar mucho en este lenguaje propiamente tal, solo voy a dejar algunos esbozos de cómo funciona desde la perspectiva de la consulta o forma de traer datos desde distintas tablas.

Las bases de datos para su ordenamiento interno utilizan una agrupación llamada esquema; dentro de cada esquema, se crean y guardan las tablas, las vistas y los procedimientos almacenados.

Las tablas ya vimos que son los elementos donde se guardan nuestros datos en una base de datos.

Para traer datos con SQL, nuestro *script* básico será de esta forma:

```
SELECT
    Campo1, Campo2, Campo3, Campo4

FROM
    Tabla1

WHERE
    Campo1 = 'Valor1' AND Campo2 >= 0
```

Lo cual quiere decir: tráeme los campos 1, 2, 3 y 4, de la `tabla1`, donde el `Campo1` sea igual al `valor1` y el `campo2` sea igual o mayor que cero. En otras palabras, hemos pedido de la `tabla1` algunos elementos ya filtrados por algunas características.

Después del `SELECT` siempre pondremos qué queremos.

Después del `FROM`, de dónde lo queremos.

Y en `WHERE` pondremos el filtro o características específicas de lo que queremos.

La siguiente forma básica es pedir datos con agregaciones; en otras palabras, aquí pedimos que se utilice alguna operación matemática como suma, conteo, etc.

```
SELECT
    Campo1, sum (Campo2)

FROM
    Tabla1

WHERE Campo1 = 'Valor1'
GROUP BY Campo1
```

Se puede observar que estamos pidiendo que nos traiga el Campo1 y la suma del Campo2, junto con todo lo que vimos en la forma básica anterior. Aquí se agrega una cláusula llamada GROUP BY, que ordena a la base de datos a resumir los datos que sean Campo1.

Ahora que hemos explicado un poco las consultas básicas de SQL, podemos definir entonces qué son las vistas y los procedimientos almacenados.

Vistas

Una vista es una representación virtual de una o más tablas en una base de datos. Funciona como una ventana a través de la cual los usuarios y los desarrolladores pueden interactuar con los datos de manera más eficiente y segura. Las vistas pueden simplificar las consultas complejas, ocultar la complejidad de los datos subyacentes y proporcionar un nivel de abstracción que mejora la seguridad y la gestión de los permisos.

Ejemplo

Imaginemos que pertenecemos a una organización que compra y vende frutas en el centro de la ciudad y tenemos la siguiente base de datos: Esquema principal llamado "dbo" y dos tablas: stock_fruta y clientes.

Esto se vería algo así:

```
dbo
 |--stock_fruta
 |--clientes
```

El detalle de nuestra tabla dbo.stock_fruta es el que se observa en la tabla 10.1.

Nuestra organización tiene 1 departamento de cítricos y otro departamento de no cítricos. Cada departamento necesita conocer todos los días cuántos kilogramos de fruta existen en *stock* para hacer su trabajo.

Tabla 10.1. *Stock* de frutas en el almacén.

id_Fruta	Fruta	Cant_Kgs	Fecha
10045	Manzana	12	01-05-2022
10046	Pera	15	03-05-2022
10047	Naranja	23	05-05-2022
10048	Limón	65	07-05-2022
10049	Kiwi	45	09-05-2022
10045	Manzana	23	11-05-2022
10046	Pera	59	13-05-2022
10047	Naranja	84	15-05-2022
10048	Limón	11	17-05-2022
10049	Kiwi	16	19-05-2022
10045	Manzana	28	21-05-2022
10046	Pera	30	23-05-2022
10047	Naranja	18	25-05-2022
10048	Limón	35	27-05-2022
10049	Kiwi	78	29-05-2022
10045	Manzana	89	31-05-2022

Para poder hacerlo, alguien de cada departamento tendría que hacer la consulta correspondiente a la base de datos todos los días para conocer esa información.

O también, como todos los días se necesita conocer esa información actualizada para analizarla, se pueden crear dos vistas y que sean esas las que se consuman en algún lugar analítico.

Ya dijimos que todos los días los departamentos de cítricos y no cítricos harán uso de los datos y vamos a crear una vista para cada uno de ellos. Las instrucciones SQL para crear estas vistas serían las siguientes:

Para la vista de cítricos:

```
CREATE VIEW dbo.vw_stock_citricos AS
SELECT
    Fruta ,
    SUM (Cant_Kgs) as Kilos
FROM
    dbo.stock_fruta
WHERE
    Fruta IN ('Naranja', 'Limón') AND
    Fecha BETWEEN '2019-01-01' AND CURRENT_DATE
GROUP BY
    Fruta
ORDER BY Kilos ASC
```

Para la vista de no cítricos:

```
CREATE VIEW dbo.vw_stock_no_citricos
AS
SELECT
    Fruta ,
    SUM (Cant_Kgs) as Kilos
FROM
    dbo.stock_fruta
WHERE
    Fruta NOT IN ('Naranja', 'Limón') AND
    Fecha BETWEEN '2019-01-01' AND CURRENT_DATE
GROUP BY
    Fruta
ORDER BY Kilos ASC
```

> **NOTA:**
>
> *Fíjate en los filtros* WHERE. *Estos cambian para ajustarse a lo requerido por cada departamento.*

Después de estas instrucciones ejecutadas, nuestro esquema quedaría compuesto de esta forma:

```
dbo
 |--stock_fruta
 |--clientes
 |--vw_stock_citricos
 |--vw_stock_no_citricos
```

¿Qué es lo que tendría que hacer entonces cada departamento de forma diaria? Simplemente, invocar con una llamada cada vista.

En nuestro caso, para la vista que se creó para el departamento cítricos, la llamada sería:

```
SELECT * FROM vw_stock_citricos
```

Lo cual al ejecutarse se vería aproximadamente como en la tabla 10.2.

Tabla 10.2. Vista cítricos.

Fruta	Kilos
Naranja	125
Limón	111

En pocas palabras, una vista es la representación del resultado de una consulta, y nos va a permitir, en el ejemplo, que el responsable de cada departamento tenga su información sin la necesidad de estar escribiendo el código todos los días.

Vistas y vistas materializadas

Para comprender bien la diferencia entre estos tipos de vistas, debemos hacer primero una relación. Las bases de datos, y en general casi todos los componentes o artefactos computacionales, utilizan tres tipos de memoria para trabajar: la memoria física, la memoria virtual y la memoria de procesamiento.

La combinación de estos usos de memoria impacta en el hardware dispuesto para soportar cada elemento.

El uso de la memoria física impacta en los discos o en el hardware que haga las veces de discos.

El uso de la memoria virtual impacta en la RAM o en el hardware que haga las veces de RAM.

Al transformar datos físicos en virtuales son soportados por la memoria de procesamiento.

Como se observa en la figura 10.3, la configuración tradicional de los recursos en una base de datos está pensada para optimizar al máximo los recursos disponibles.

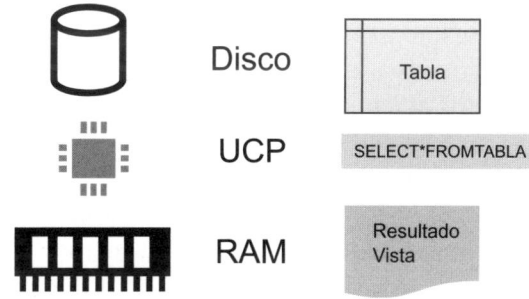

Figura 10.3. Paralelismo de elementos y hardware de un servidor de bases de datos.

Cuantas más consultas haga hacia una tabla, más demanda de los discos físicos voy a tener. Por otro lado, cuantas más consultas haga a una vista, más demanda de RAM voy a tener que soportar en el servidor de bases de datos.

Bajo esta premisa, voy entonces a explicar que una vista guarda en memoria física el código o consulta o *query*. Cada vez que la vista es llamada o invocada, se procesa ese código por la UCP y se envía a memoria virtual el resultado del procesamiento del código en forma de matriz o tabla.

Esto funciona de maravilla siempre y cuando la demanda de información o consumo no superen las capacidades instaladas de hardware.

Y es precisamente en esos casos donde aparecen las vistas materializadas.

A diferencia de las vistas comunes, las vistas materializadas son vistas cuyo resultado se almacena físicamente en el disco, actuando como una especie de caché para consultas complejas. Esto significa que, en lugar de calcular el resultado cada vez que se accede a la vista, el resultado se recupera directamente de esta "copia" almacenada. Las vistas materializadas son especialmente útiles en entornos donde las consultas son muy costosas en términos de recursos y cuando el conjunto de datos subyacente o resultado no cambia con frecuencia.

Las vistas materializadas son muy comunes en entornos de *lakehouse*, o en distribuciones de bases de datos de nube como Synapse, BigQuery y Athena, ya que optimizan los cobros de servicios de nube cuando se tiene un plan de tarifa por ejecución.

Imaginemos el caso de que 100 usuarios consultan la misma vista 10 veces al día. Eso implicaría 1.000 ejecuciones diarias. En cambio, si se usara una vista materializada, es solamente 1 ejecución diaria la que se pagaría, minimizando notoriamente el pago por servicios de nube en las organizaciones.

Consultas anidadas y CTE (*Common Table Expressions*)

Como hemos visto, las vistas y casi todo en general que tenga que ver con bases de datos desde la perspectiva analítica requiere que escribamos consultas o *queries* para traer los datos que necesitamos analizar, ya sea que estemos usando vistas o vistas materializadas o incluso una consulta directa hacia un servicio o software desde la base de datos.

Las distintas formas de escribir el código van a marcar una gran diferencia en cuanto a tiempos de respuesta y uso de recursos para la analítica. No es lo mismo combinar datos en el servidor de bases de datos que combinarlos fuera del servidor, no es lo mismo usar recursivamente la memoria temporal que usarla una vez y luego limpiarla. Es por esto que, antes de entrar en procedimientos almacenados, quiero que conozcamos la diferencia entre las dos grandes formas de escribir códigos de consulta que existen. Me refiero a consultas anidadas o subconsultas y las expresiones comunes de tablas o CTE.

Las consultas anidadas y las CTE son dos formas distintas de escribir consultas y que se diferencian una de otra por dos particularidades bien interesantes: la lectura de su código y el uso de memoria. Esto paso a explicar a continuación.

Lectura de código

La primera particularidad tiene que ver con la lectura del código SQL cuando se quiere entender qué se está haciendo y en qué orden se ejecutarán.

Una consulta anidada es una consulta que se encuentra dentro de otra consulta y se ejecuta y lee desde dentro hacia afuera.

Por ejemplo, siguiendo con la tabla de frutas, supongamos que queremos la lista de fechas en las que el volumen total de frutas superó el promedio general de volumen de frutas.

La consulta anidada quedaría así:

```
SELECT Fecha, SUM(Cant_Kgs) as Total_Kgs
FROM tabla_frutas
WHERE Fecha IN (
    SELECT Fecha
    FROM tabla_frutas
    WHERE SUM(Cant_Kgs) > (
        SELECT AVG(Cant_Kgs)
        FROM tabla_frutas
    )
    GROUP BY Fecha
)
GROUP BY Fecha
ORDER BY Total_Kgs DESC;
```

Se puede observar que existen tres instrucciones SELECT, y se ejecutan en orden desde el interior hacia el exterior, para hacer más fácil la lectura usaré la notación (. . .) para resumir la subconsulta cuando sea pertinente.

Primero:

```
SELECT AVG(Cant_Kgs) FROM tabla_frutas
```

Que me devuelve el promedio general de frutas.

Segundo:

```
SELECT Fecha FROM tabla_frutas WHERE SUM(Cant_Kgs) > (...) GROUP BY Fecha
```

Donde se seleccionan las fechas cuya cantidad total de frutas en *stock* es mayor que el promedio que fue calculado anteriormente.

Tercero:

```
SELECT Fecha, SUM(Cant_Kgs) as Total_Kgs FROM tabla_frutas Where (...(...))
GROUP BY Fecha ORDER BY Total_Kgs DESC
```

Si te das cuenta, no es tan sencillo de buenas a primeras poder interpretar las consultas anidadas o *Sub Querys* como se conocen en inglés.

Por otro lado, CTE es una forma de escribir consultas que ofrece una forma de definir temporalmente un conjunto de resultados que puedes referenciar dentro de una consulta más amplia.

Por ejemplo, el mismo objetivo anterior pero ahora con CTE:

```
WITH PromedioKgs AS (
    SELECT AVG(Cant_Kgs) AS Promedio
    FROM tabla_frutas
),
TotalPorFecha AS (
    SELECT Fecha, SUM(Cant_Kgs) AS Total_Kgs
    FROM tabla_frutas
    GROUP BY Fecha
)
SELECT t.Fecha, t.Total_Kgs
FROM TotalPorFecha t
JOIN PromedioKgs p ON t.Total_Kgs > p.Promedio
ORDER BY t.Total_Kgs DESC;
```

Por simple apreciación, podemos observar que la consulta escrita como CTE se lee de arriba hacia abajo, o de inicio a final, es mucho más amigable a como siempre leemos, y se entiende que primero define las "tablas temporales" y luego establece qué hacer con ellas.

`With PromedioKgs AS (...)` define el promedio de kilos.

`TotalPorFecha AS (...)` define el total de kilos por fecha.

Y finalmente la última consulta que inicia con `SELECT` es la que utiliza las dos consultas creadas de forma temporal en los pasos anteriores, los mezcla, filtra y devuelve el resultado esperado.

Uso de memoria temporal

En el mundo de las bases de datos, las consultas anidadas CTE son técnicas que nos ayudan a estructurar consultas complejas, pero difieren significativamente en su uso de la memoria temporal y en la forma en que procesan los datos en un servidor de bases de datos.

Una consulta anidada o subconsulta es esencialmente una consulta dentro de otra consulta, ejecutada en cada fila procesada por la consulta principal. Dependiendo de cómo se implemente, puede resultar en un uso intensivo de la memoria y en un rendimiento más lento, especialmente si la subconsulta es correlativa, lo que significa que debe ejecutarse repetidamente para cada fila de la consulta exterior. Esto puede generar una carga significativa en la memoria temporal, ya que los resultados intermedios deben almacenarse y recuperarse frecuentemente.

Por otro lado, las CTE crean un conjunto de resultados temporal que es definido al inicio de la ejecución de la consulta y es accesible de manera global en toda la consulta. Este conjunto de resultados se almacena de forma más eficiente y se procesa una sola vez, independientemente del número de veces que la CTE se refiera en la consulta principal. Esto puede llevar a un uso más eficiente de la memoria temporal y a un mejor rendimiento, especialmente en casos donde los mismos datos intermedios se necesitan múltiples veces.

Las CTE, al ser más legibles y organizadas, permiten un manejo más eficiente de las operaciones de consulta y un uso óptimo de los recursos del servidor, incluyendo la memoria temporal.

Mi consejo es que las subconsultas son adecuadas para operaciones simples y directas; en cambio, las CTE ofrecen una alternativa más robusta y eficiente en términos de memoria y procesamiento para consultas complejas y repetitivas. Si estás en un escenario simple, usa subconsultas; si estás en un escenario más robusto y de agregaciones recurrentes, usa CTE.

Procedimientos almacenados o funciones

Los procedimientos almacenados son bloques de instrucciones SQL que se almacenan en la base de datos y pueden ser ejecutados por un software o aplicación en cuanto al trabajo con el software se refiere. Recordemos que las bases de datos no solamente son para analizar datos, su principal uso es estar al servicio del software.

Los procedimientos almacenados también se definen como pseudoprogramas o rutinas que automatizan la ejecución de tareas dentro de la base de datos y que pueden ser invocados para que estas se ejecuten. Están diseñados para ofrecer una forma eficiente de encapsular la lógica de negocio, reducir el tráfico de red, optimizar el uso de memoria temporal y mejorar el rendimiento de las aplicaciones.

Entre otras cosas, un procedimiento almacenado se utiliza para actualizar tablas, ya sea agregando nuevos datos, eliminando datos o reemplazando datos. Hay más usos, pero nos enfocaremos solo en dos grandes usos en este libro: actualizar datos o UPDATE e insertar datos o INSERT. Por último, cerraremos este apartado con un concepto que mezcla ambos conceptos anteriores, el UPSERT.

Operaciones de UPDATE

En esencia, un UPDATE o actualización es reemplazar un dato que ya existía en la base de datos, por ejemplo, si queremos actualizar la dirección de un cliente en la tabla de clientes tendríamos que escribir un código como este:

```
UPDATE dbo.clientes
SET direccion = 'Nueva Dirección'
WHERE id_cliente = 'ID específico del cliente';
```

Ejecutar este código en la base de datos va a generar que, en la tabla **dbo.clientes**, en el registro específico de la dirección de un cliente el dato que ahí vivía, se borre y se registre la nueva dirección. Sencillo, ¿no?

Sigamos imaginando y pensemos que nuestra tienda de frutas atiende a toda la ciudad y tiene una aplicación móvil donde nuestros clientes piden su fruta para que se la enviemos a domicilio, por lo tanto, es muy importante que ellos puedan actualizar esta información usando la aplicación, porque de Perogrullo no le daremos acceso directo a la base de datos a nuestro cliente.

En este escenario, entran a la cancha de juego los procedimientos almacenados.

Vamos a crear un procedimiento almacenado que permita que, cuando se invoque un valor, se escriba o reemplace en la base de datos, y ese valor va a venir desde la aplicación móvil que el cliente tiene en su mano para que nosotros le despachemos la fruta.

El código para crear ese procedimiento almacenado es el siguiente:

```
CREATE PROCEDURE sp_update_cliente
    @ID_Cliente INT,
    @NuevaDireccion VARCHAR(255)
AS
BEGIN
    UPDATE Clientes
    SET Direccion = @NuevaDireccion
    WHERE ID_Cliente = @ID_Cliente;
END;
```

Se puede ver de forma muy sencilla que las instrucciones son:

1. Crea este procedimiento llamado `sp_update_cliente`.

2. Define dos parámetros para el ID del cliente y la nueva dirección, ambos parámetros parten con el símbolo arroba @ y tienen definido un tipo de dato.

3. Con los dos parámetros anteriores, ejecuta esta consulta UPDATE (ya la explicamos hace poco) entre el código BEGIN y END.

Cuando este procedimiento ya está creado, entonces puedo invocarlo desde la aplicación móvil, sin darle acceso al cliente a la base de datos.

Bueno, no detallaré el código de la *app* móvil porque no tiene sentido en este ejemplo, solo sigamos imaginando y veamos al cliente rellenando un formulario en su móvil donde le pide su nombre y su dirección nueva. Abajo del formulario hay un botón que dice enviar.

Cuando el cliente pulsa **Enviar**, lo que se ejecuta en el móvil es un código que invoca el procedimiento almacenado, le pasa los datos del formulario y muestra en pantalla un mensaje que dice **Actualización exitosa**.

El código que invoca el PA es el siguiente:

```
EXEC sp_update_cliente 12345, '123 Calle Nueva, San Antonio, Chile';
```

En ese preciso instante, nuestra base de datos queda actualizada y podemos despachar la fruta al domicilio de este cliente.

Operaciones de INSERT

Realizar un INSERT significa añadir nuevos registros a una tabla existente. Esta operación es muy necesaria cuando queremos añadir nueva información en nuestra base de datos. Supongamos que deseamos agregar un nuevo cliente a nuestra tabla de clientes. Para ello, necesitaremos ejecutar un código como el siguiente:

```
INSERT INTO dbo.clientes (id_cliente, nombre, direccion)
VALUES ('Nuevo ID', 'Nombre del Cliente', 'Dirección del Cliente');
```

Al ejecutar este código en nuestra base de datos, se crea un nuevo registro en la tabla **dbo.clientes**. Este registro incluirá un ID único, el nombre y la dirección del nuevo cliente. Es un proceso directo y eficiente para expandir nuestra base de datos con información fresca y relevante.

Ahora, imaginemos que nuestra tienda de frutas, además de ofrecer servicio a domicilio, también permite a los clientes inscribirse a través de la aplicación móvil. Para facilitar este proceso de inscripción y garantizar la seguridad y la integridad de los datos, nuevamente utilizamos procedimientos almacenados (PA).

Crear el PA para insertar un nuevo cliente se hace con el siguiente *script*:

```
CREATE PROCEDURE sp_insertar_cliente
    @ID_Cliente INT,
    @Nombre VARCHAR(255),
    @Direccion VARCHAR(255)
AS
BEGIN
    INSERT INTO Clientes (id_cliente, nombre, direccion)
    VALUES (@ID_Cliente, @Nombre, @Direccion);
END;
```

Las instrucciones de este procedimiento almacenado son claras:

1. Crea un procedimiento llamado sp_insertar_cliente.

2. Define tres parámetros: el ID del cliente, el nombre y la dirección. Cada parámetro empieza con el símbolo @ y tiene un tipo de dato asignado.

3. Utiliza estos parámetros para ejecutar la consulta INSERT entre el código BEGIN y END.

Una vez creado el procedimiento, se puede invocar desde la aplicación móvil. Imaginemos al cliente rellenando un formulario en su móvil con su nombre y dirección. Al presionar el botón Enviar, la aplicación ejecuta un código que invoca el PA, pasando los datos del formulario, y luego muestra un mensaje de Registro exitoso.

El código para invocar este PA desde la aplicación sería algo como:

```
EXEC sp_insertar_cliente 67890, 'Ana Pérez', '456 Calle Principal, San Antonio,
Chile';
```

En el momento en que el cliente envía el formulario, nuestro sistema de base de datos registra al nuevo cliente, y estamos listos para ofrecerle nuestros servicios y productos. Esta manera de operar no solo es eficiente, sino que también asegura que la información se maneje de manera segura y controlada.

UPSERT

Ya hemos visto con dos ejemplos muy sencillos sobre qué es lo que hace una operación UPDATE y qué hace una operación INSERT. Entonces, lógicamente, algún lector podría decir: "¿Y por qué no programamos algo que con un poco de lógica diga si este dato existe, lo actualizo y, si no existe, lo inserto? Ese razonamiento obedece a las operaciones UPSERT.

El término UPSERT es una combinación de UPDATE e INSERT. Describe una operación en bases de datos donde se verifica si un registro ya existe; si es así, se actualiza; y, si no, se inserta un nuevo registro. Esta operación es extremadamente útil en situaciones donde necesitamos asegurarnos de que no se creen duplicados innecesarios en nuestra base de datos. Imagina que en nuestra tienda de frutas queremos asegurarnos de que los detalles de un cliente estén siempre actualizados, pero sin crear múltiples registros para el mismo cliente.

Dependiendo del motor de bases de datos, como SQL Server o PostgreSQL, hay maneras específicas de realizar un UPSERT. Por ejemplo, en SQL Server se puede usar la sentencia MERGE, mientras que en PostgreSQL se puede emplear ON CONFLICT.

Supongamos que estamos usando SQL Server y queremos realizar un UPSERT en la tabla dbo.clientes. El código de creación del PA es el siguiente:

```
CREATE PROCEDURE sp_upsert_cliente
    @ID_Cliente INT,
    @Nombre VARCHAR(255),
    @Direccion VARCHAR(255)
AS
BEGIN
    MERGE INTO dbo.clientes AS target
```

```
    USING (VALUES (@ID_Cliente, @Nombre, @Direccion)) AS source (id_cliente,
nombre, direccion)
    ON target.id_cliente = source.id_cliente
    WHEN MATCHED THEN
        UPDATE SET nombre = source.nombre, direccion = source.direccion
    WHEN NOT MATCHED THEN
        INSERT (id_cliente, nombre, direccion) VALUES (source.id_cliente,
source.nombre, source.direccion);
END;
```

Este código realiza lo siguiente:

1. Compara la tabla **dbo.clientes** (*target*) con un conjunto de valores (*source*) que representan un cliente específico.

2. Si encuentra un registro con el mismo `id_cliente`, actualiza la información de ese cliente (nombre y dirección).

3. Si no encuentra un registro correspondiente, inserta un nuevo cliente con los detalles proporcionados.

En el contexto de nuestra tienda de frutas, podemos imaginar que un cliente utiliza la aplicación móvil para actualizar su información. Al enviar el formulario, la aplicación ejecutará un procedimiento almacenado que contiene una operación de UPSERT. Así, la base de datos se actualizará si el cliente ya existe o se creará un nuevo registro si es un cliente nuevo.

Un ejemplo de cómo invocar este procedimiento almacenado desde la aplicación podría ser:

```
EXEC sp_upsert_cliente 12345, 'Juan González', '789 Calle Secundaria, San
Antonio, Chile';
```

Con esta operación de UPSERT, nos aseguramos de que nuestra base de datos esté siempre actualizada y libre de duplicados.

Hemos visto hasta ahora la importancia de usar códigos SQL para automatizar tareas de analítica. Las vistas nos pueden ayudar muchísimo pensando en los modelos analíticos que veremos en los siguientes subtítulos de este capítulo y los procedimientos almacenados ayudarán muchísimo cuando necesitemos mantener nuestros datos actualizados para tomar decisiones con el menor error posible.

Por supuesto, todos estos códigos revisados anteriormente fueron creados para efectos ilustrativos y en la realidad puede que sean mucho más largos y más complejos. Aquí viene mi invitación a aprender y profundizar tus conocimientos en SQL. Ya sea que lo practiques con motores de código abierto o motores corporativos, el dominio de este lenguaje te dará una gran ventaja si estás pensando en ingresar al mundo de la analítica.

Modelos estrella y copos de nieve

Al iniciar este capítulo e introducirnos en el mundo de las bases de datos, comenté que, desde la perspectiva funcional, es decir, de cara al software que soportan estas bases de datos, se deben diseñar y modelar las distintas tablas en función de la lógica entidad-relación. Nos dimos cuenta de que efectivamente tiene todo el sentido del mundo hacerlo puesto que el software debe cumplir su función.

Haciendo un salto a la realidad práctica, los principales softwares que nos vamos a encontrar en el mundo organizativo son los ERP, CRM y satélites de gestión. Cada uno de ellos tiene bases de datos modeladas bajo la lógica entidad-relación que almacenan y gestionan todos los datos que manejan, ya sea que se ingresen nuevas transacciones, se actualicen o exporten.

De cara a la analítica, sin embargo, no es eficiente el modelado entidad-relación. Ya lo planteó Kimball en 1996 en su libro *Data Warehouse Toolkit*, donde, de manera extensa y argumentada, se detallan las premisas del modelado dimensional. Con el ánimo de no entrar en una réplica de los detalles ni parafrasear tanto a Kimball, simplemente resumiré todos los argumentos en la siguiente frase: los objetivos de la analítica son distintos al objetivo del software; por lo tanto, la lógica de los datos que alimentan la analítica tiene que ser distinta a la lógica que está al servicio del software.

De cara a la analítica, las entidades y relaciones pasan a un segundo plano, de cara a la analítica necesitamos diferenciar dos elementos fundamentales: hechos y dimensiones.

Este enfoque, distinto al de los modelos entidad-relación tradicionales, es lo que define la eficacia y especificidad de los sistemas de almacenamiento de datos (*data warehouses*) para el análisis de datos.

Las tablas de hechos son el núcleo del modelo dimensional. Albergan los datos cuantitativos o métricas que las organizaciones buscan analizar. Por ejemplo, en un *data warehouse* orientado a ventas, una tabla de hechos podría contener elementos como número de ventas, ingresos generados o costes asociados. Estos hechos son generalmente valores numéricos y son el resultado de eventos o transacciones de negocios. Lo más importante de una tabla de hechos es que cada registro representa una instancia específica de un evento de negocio, y estas métricas son las que se analizan para obtener *insights*.

Por otro lado, las tablas de dimensiones proporcionan el contexto necesario para los hechos. Estas tablas contienen los atributos descriptivos o cualitativos relacionados con los hechos. Siguiendo con el ejemplo de ventas, las dimensiones podrían incluir detalles sobre el cliente, producto y ubicación. Estos atributos enriquecen los hechos, permitiendo un análisis más profundo y detallado. Por ejemplo, no es solo cuánto se vendió, sino también quién compró, qué se compró, cuándo y dónde se realizó la compra.

El poder del modelado dimensional reside en su capacidad para simplificar los datos para los usuarios finales. En los modelos entidad-relación, los usuarios pueden necesitar unir múltiples tablas para obtener la información deseada, lo que puede ser complejo y poco intuitivo. En cambio, en el modelado dimensional, las tablas de hechos y dimensiones están diseñadas para ser fácilmente entendibles y accesibles, permitiendo a los usuarios finales, como analistas de negocios y tomadores de decisiones, realizar consultas e informes con mayor facilidad.

Además, en el modelado dimensional, las relaciones entre las tablas de hechos y las tablas de dimensiones suelen ser simples y directas, lo que facilita las consultas y mejora el rendimiento de la base de datos. Esto es crucial en entornos de grandes volúmenes de datos, donde la eficiencia y la rapidez en la recuperación de datos son esenciales.

Después de esta pequeña introducción, voy a enfatizar que es necesario al momento de analizar datos cambiar la lógica de los modelos. No podemos conectarnos directamente a una base de datos modelada como entidad-relación para hacer analítica; reitero, no podemos. Aparte de derrochar los recursos de memoria, al momento de actualizar la analítica muchos usuarios del software quedan sin recursos para funcionar, es básicamente algo inaudito.

Al respecto, en algunas conferencias que dicto, siempre hago énfasis en que, si Dante Alighieri hubiese escrito la *Divina Comedia* después de 1996, habría dejado un círculo del infierno especialmente dedicado para estas personas que se conectan directamente a la base de datos productiva para analizar.

Tenemos que cambiar la lógica hacia el modelado dimensional para enriquecer la analítica y este proceso de cambio de lógica se da precisamente en la construcción de los repositorios analíticos, ya sean estos un *data warehouse*, un *data lake*, un *lake house* o el que sea que se vaya a utilizar. Esta tarea se ejecuta en el proceso de ingeniería de datos que veremos en los siguientes capítulos.

Por el momento, seguiremos viendo algunos conceptos básicos de modelado dimensional.

Tablas de hechos y granularidad

En la arquitectura del almacenamiento de datos, las tablas de hechos ocupan un lugar central debido a su funcionalidad específica, ya que en estricto rigor son los registros de las cosas que ocurren, nuestro objeto de análisis.

La granularidad en las tablas de hechos se refiere al nivel de detalle con el que se registran estos hechos. Determinar el nivel adecuado de granularidad es un paso crucial en el diseño del modelo dimensional, ya que afecta directamente la flexibilidad y el rendimiento del sistema de almacenamiento de datos. Una granularidad más fina proporciona un mayor nivel de detalle, lo cual es beneficioso para análisis profundos, pero también puede incrementar la complejidad y el volumen de los datos almacenados. Por otro lado, una granularidad más gruesa simplifica el modelo y reduce el volumen de datos, pero puede limitar la capacidad de análisis detallado.

La elección de la granularidad adecuada depende de varios factores, incluyendo los requisitos de análisis, el volumen de datos y las capacidades de procesamiento del sistema. En muchos casos, es muy útil mantener varias versiones de una tabla de hechos con diferentes niveles de granularidad para satisfacer distintas necesidades de análisis.

Aclaremos todo con un ejemplo. Imaginemos que tenemos registros de ventas de productos para analizar y nuestra compañía ya no solo vende frutas, también se han agregado más grupos y familias de productos; además, vendemos a todas horas, todos los días del año en 15 sucursales por toda la ciudad. Analizar nuestras ventas requiere una tabla de hechos de ventas, pero ¿cuál es el nivel de detalle que le daré a esa tabla? Responder esta pregunta es definir la granularidad.

Nuestra tabla de ventas la llamaremos por convención: ft_vtas y tendrá los siguientes campos: Id_sucursal, fecha_hora, id_producto, id_cliente, cantidad y monto. Para cada campo existen varias formas de detalle posible, dependiendo de la naturaleza de los análisis que quisiéramos realizar, este nivel de detalle va a variar campo a campo. Esto lo podemos apreciar en la tabla 10.3.

Tabla 10.3. Campos de nuestra tabla de ventas.

Campo	Mayor granularidad posible	Mayor agregación posible
Id_sucursal	15 sucursales	Todos
fecha_hora	Hora: Minuto: segundo	Año
id_producto	Código producto	Código familia
id_cliente	Código cliente	Código cliente
cantidad	Cantidad de producto	Suma de cantidades
monto	Precio por producto	Suma de precios

Puedo detallar o agrupar por sucursal; puedo detallar o agrupar por fecha_hora de la venta, puedo detallar o agrupar por id_producto, lo que me permitiría analizar a nivel de producto individual o, en un nivel más agregado, por familia o grupo de productos. No puedo agrupar ni detallar por cliente, puesto que estos no se agrupan de ninguna forma, entonces siempre voy a necesitar todos los id_cliente en cada posible tabla de hechos.

Para la granularidad diaria, sucursal, producto, cliente.

Si en la práctica tenemos 450 productos en catálogo, 15 sucursales y 350 clientes, nuestra tabla de hechos podría fácilmente superar los 862 millones de registros por año aproximadamente. Se denotaría como ft_ventas_dia_producto_cliente.

Y se vería más o menos de la forma que se muestra en la tabla 10.4.

Tabla 10.4. Granularidad diaria.

Id_sucursal	Fecha	Id_producto	Id_cliente	Cantidad	Monto
1	2023-01-01	101	A001	20	200
1	2023-01-01	102	A002	15	150
...	...	...	...	...	...
...	...	...	...	...	...
15	2023-12-31	995	W352	25	250
15	2023-12-31	996	W352	30	300

Para la granularidad mensual, sucursal, por familia y cliente, considerando que tenemos 25 familias de productos, nuestra tabla de hechos tendría 1,5 millones de registros al año. Se denotaría como ft_ventas_mes_familia_cliente y se vería aproximadamente como en la tabla 10.5.

Tabla 10.5. Granularidad mensual.

Id_sucursal	Mes	Id_familia	Id_cliente	Cantidad	Monto
1	2023-01	10	A001	200	2.000
1	2023-01	11	A002	150	1.500
...	...	...	...	...	...
...	...	...	...	...	...
15	2023-12	99	W352	250	2.500
15	2023-12	99	W352	300	3.000

Si no definiéramos la granularidad sobre la cual vamos a trabajar de forma estandarizada en la organización, deberíamos crear, al menos, 15 tablas de hechos en nuestro repositorio analítico para que puedan ser consumidas por los analistas, considerando las posibles combinaciones de agregación a nivel de tiempo y producto. Estas se verían de esta forma en un esquema analítico suponiendo que nuestro repositorio analítico es una base de datos dentro de un esquema denominado dw:

```
dw
|--ft_ventas_dia_sku_sucursal
|--ft_ventas_dia_grupo_sucursal
|--ft_ventas_dia_familia_sucursal
|--ft_ventas_mes_sku_sucursal
|--ft_ventas_mes_grupo_sucursal
|--ft_ventas_mes_familia_sucursal
|--ft_ventas_trimestre_sku_sucursal
|--ft_ventas_trimestre_grupo_sucursal
|--ft_ventas_trimestre_familia_sucursal
|--ft_ventas_semestre_sku_sucursal
|--ft_ventas_semestre_grupo_sucursal
|--ft_ventas_semestre_familia_sucursal
|--ft_ventas_año_sku_sucursal
|--ft_ventas_año_grupo_sucursal
|--ft_ventas_año_familia_sucursal
```

Para cerrar el ejemplo, estas 15 distintas tablas de hecho son todas las posibles combinaciones de hechos "ventas" que ocurren en nuestras tiendas. Cada tabla posee un tamaño distinto en cantidad de filas y en consecuencia ocupan distintos tamaños en el repositorio analítico.

Tablas de dimensiones y multidimensionalidad

Mientras que las tablas de hechos son el núcleo cuantitativo del modelo dimensional, las tablas de dimensiones proporcionan el contexto cualitativo esencial para esos hechos. Estas tablas contienen atributos descriptivos que enriquecen los datos cuantitativos, permitiendo un análisis más detallado y significativo. En otras palabras, las tablas de dimensiones son el registro de las cosas que no ocurren, pero existen. Como un cliente, un producto, una sucursal, etc., y estas cosas que no ocurren, pero existen, son las que en definitiva enriquecen los análisis.

Siguiendo con nuestro ejemplo anterior, nuestras tablas de dimensiones serían las tablas de producto, sucursal, cliente y tiempo. Las denotaremos como: dim_producto, dim_sucursal, dim_cliente y dim_tiempo respectivamente, y si las almacenáremos en el mismo repositorio analítico del esquema dw, esto se vería así:

```
dw
|--ft_ventas_dia_sku_sucursal
|--ft_ventas_dia_grupo_sucursal
|--ft_ventas_dia_familia_sucursal
|--ft_ventas_mes_sku_sucursal
|--ft_ventas_mes_grupo_sucursal
|--ft_ventas_mes_familia_sucursal
```

```
|--ft_ventas_trimestre_sku_sucursal
|--ft_ventas_trimestre_grupo_sucursal
|--ft_ventas_trimestre_familia_sucursal
|--ft_ventas_semestre_sku_sucursal
|--ft_ventas_semestre_grupo_sucursal
|--ft_ventas_semestre_familia_sucursal
|--ft_ventas_año_sku_sucursal
|--ft_ventas_año_grupo_sucursal
|--ft_ventas_año_familia_sucursal
|--dim_producto
|--dim_sucursal
|--dim_cliente
|--dim_tiempo
```

Cada tabla de dimensiones evidentemente tendría sus propios campos, lo que nos permite en la práctica enriquecer los análisis que hagamos de los hechos. Para continuar con el ejemplo, los campos correspondientes a las tablas son las siguientes.

En la tabla 10.6, vemos los campos que corresponden a la tabla dim_producto.

Tabla 10.6. Campos correspondientes a la tabla dim_producto.

Campo	Descripción
Id_producto	Identificador único para cada producto.
Nombre_producto	Nombre o descripción del producto.
SKU	Código de *Stock Keeping Unit* del producto.
Id_grupo	Identificador del grupo al que pertenece el producto.
Nombre_grupo	Nombre del grupo de productos.
Id_familia	Identificador de la familia de productos.
Nombre_familia	Nombre de la familia de productos.
Precio_unitario	Precio por unidad del producto.
Marca	Marca del producto.
id_proveedor	Proveedor del producto.

En la tabla 10.7 vemos los campos de la tabla dim_sucursal.

Tabla 10.7. Campos de la tabla dim_sucursal.

Campo	Descripción
Id_sucursal	Identificador único de la sucursal.
Nombre_sucursal	Nombre de la sucursal.
Dirección	Dirección física de la sucursal.
Ciudad	Ciudad donde se encuentra la sucursal.

Campo	Descripción
Estado/Provincia	Estado o provincia de la sucursal.
País	País de la sucursal.
Teléfono	Número de teléfono de la sucursal.
Gerente	Nombre del gerente de la sucursal.
Fecha_apertura	Fecha en que se abrió la sucursal.

En la tabla 10.8 vemos los campos que corresponden a la tabla dim_cliente.

Tabla 10.8. Campos de la tabla dim_cliente.

Campo	Descripción
Id_cliente	Identificador único de cada cliente.
Nombre_cliente	Nombre completo del cliente.
Reg_fiscal	Número de registro para efecto de impuestos.
Fecha_nacimiento	Fecha de nacimiento del cliente.
Dirección	Dirección del cliente.
Ciudad	Ciudad del cliente.
Estado/Provincia	Estado o provincia del cliente.
País	País del cliente.
Segmento_cliente	Segmento del cliente (por ejemplo, minorista, mayorista).

En la tabla 10.9 vemos los campos correspondientes a la tabla dim_tiempo.

Tabla 10.9. Campos de la tabla dim_tiempo.

Campo	Descripción
Id_fecha	Identificador único para cada fecha.
Fecha	Fecha completa (año-mes-día).
Día	Día del mes.
Mes	Mes del año.
Año	Año.
Día_semana	Día de la semana.
Nombre_mes	Nombre del mes.
Trimestre	Trimestre del año.
Semestre	Semestre del año.

La multidimensionalidad en un modelo dimensional representa la capacidad de analizar datos a través de múltiples dimensiones de manera simultánea. Esta característica confiere a los modelos dimensionales una potente herramienta para el análisis de datos, ya que permite a los usuarios explorar los datos desde diferentes ángulos y combinar múltiples dimensiones, logrando así obtener *insights* más profundos y completos.

La representación de la multidimensionalidad se manifiesta en los modelos de datos, donde la mezcla armonizada de hechos y dimensiones se alinea para cumplir con los objetivos analíticos establecidos.

Los modelos de datos que exploraremos a continuación son los conocidos como modelos estrella, copos de nieve y constelación, cada uno con sus particularidades y aplicaciones específicas.

Modelos estrella

El modelo estrella es quizás el más simple y ampliamente utilizado en los entornos de analítica con foco en la inteligencia de negocios. En este modelo, una tabla central de hechos se conecta directamente a un conjunto de tablas de dimensiones. Cada tabla de dimensiones está vinculada a la tabla de hechos a través de una relación de llave foránea a llave primaria. Este diseño facilita la comprensión y la navegación, ya que reduce la complejidad de las relaciones y permite consultas eficientes y directas.

Un ejemplo con nuestros datos sería el siguiente: podemos armar un modelo analítico con la siguiente estructura desde el repositorio analítico, le llamaremos dm_mensual, lo que quiere decir que analizaremos hechos mensuales de forma dimensional:

```
dm_mensual
|--ft_ventas_mes_sku_sucursal
|--dim_producto
|--dim_sucursal
|--dim_cliente
|--dim_tiempo
```

Como se puede observar, analizaremos hechos mensuales a nivel de SKU y multidimensionalmente sacaremos conclusiones soportadas en un modelo estrella de datos, que se vería de la forma que aparece en la figura 10.4.

La tabla de hechos en el centro del modelo estrella representa los eventos o transacciones de negocio, almacenando datos cuantitativos clave. Las tablas de dimensiones circundantes ofrecen el contexto necesario para estos hechos, aportando detalles descriptivos como tiempo, cliente, producto, sucursal, entre otros.

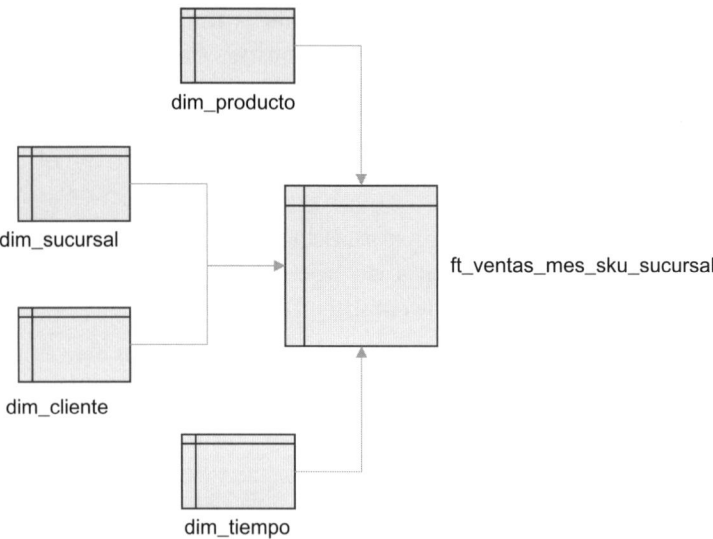

Figura 10.4. Modelo analítico estrella.

De aquí en adelante, el modelo estrella se destaca por su eficiencia en el procesamiento de consultas, lo que lo hace ideal para aplicaciones de analítica donde el rendimiento es un factor crítico. Además, su estructura simple y directa lo hace fácil de entender y manejar, incluso para usuarios no técnicos.

Modelos copo de nieve

El modelo copo de nieve es una variación del modelo estrella. La principal diferencia radica en que las tablas de dimensiones se normalizan, dividiéndose en estructuras más pequeñas y jerárquicamente relacionadas. Esto puede resultar en un esquema más complejo con múltiples niveles de tablas de dimensiones relacionadas entre sí.

Seguramente te diste cuenta de que, a medida que avanzábamos en el ejemplo, la tabla de producto incorporó un campo de id_proveedor, y que la tabla sucursal tiene el nombre del gerente, que en efecto es un empleado de la compañía.

En la figura 10.5, se observa cómo las tablas anteriores se "expanden" hacia otras que las complementan y enriquecen.

Aunque el modelo copo de nieve puede ser más eficiente en términos de almacenamiento de datos debido a su normalización, también puede complicar las consultas y reducir el rendimiento, ya que, en algunos casos, requiere varias subconsultas de filtrado para llegar a la información deseada.

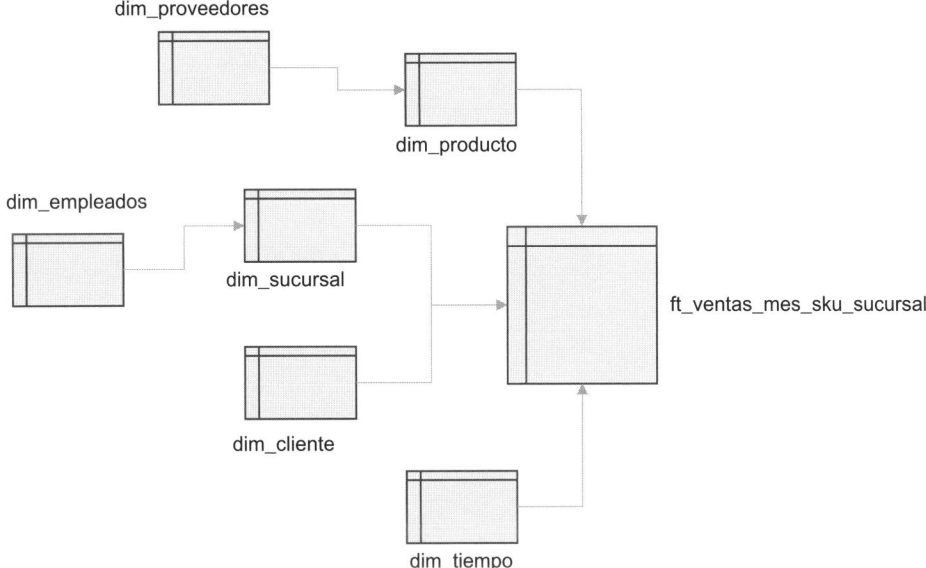

Figura 10.5. Modelo copo de nieve.

Este modelo es adecuado para situaciones donde la integridad de los datos y la minimización del almacenamiento son prioritarias.

Modelos constelación

Por último, tenemos estos modelos llamados constelación, la palabra constelación se define en sí misma como un conjunto de estrellas.

En muchas definiciones también se les llama "modelo estrella ampliado", podrías tener múltiples esquemas estrella, cada uno centrada en una tabla de hechos diferente, todas compartiendo las mismas tablas de dimensiones. Este enfoque es útil si diferentes analistas o tomadores de decisiones necesitan distintos niveles de granularidad en sus análisis.

Los modelos de constelación o estrella ampliada son variaciones avanzadas del modelo estrella tradicional. Estos modelos ofrecen una mayor flexibilidad y complejidad en la representación de los datos, adaptándose a necesidades analíticas más sofisticadas.

Por ejemplo, en nuestras tablas de ejemplo, un esquema estrella podría centrarse en ft_ventas_dia_sku_sucursal para análisis diarios detallados por SKU y sucursal, mientras que otro podría centrarse en ft_ventas_mes_grupo para análisis mensuales por grupo de productos, como se ve en la figura 10.6.

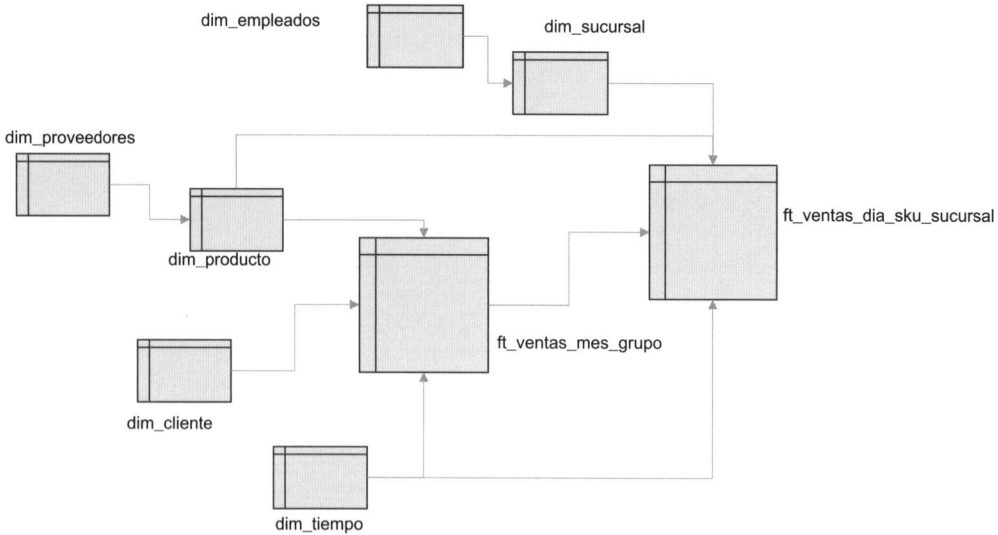

Figura 10.6. Modelo constelación.

A continuación, profundizaremos en sus ventajas y desventajas.

Dentro de las ventajas de implementar un modelo constelación nos encontraremos con la capacidad de realizar análisis integrados, es decir, diferentes áreas del negocio, permitiendo comparaciones y correlaciones entre distintos procesos; también nos encontraremos con una mayor flexibilidad para adaptarse a estructuras de datos complejas y a los cambiantes requisitos de negocio. Las constelaciones ofrecen una visión más holística del negocio al integrar diferentes procesos en un único esquema, y no menos importante, soportan distintos niveles de granularidad en las tablas de hechos, lo que es útil para análisis detallados y resumidos.

En cambio, tienen las siguientes desventajas: son más complejos en términos de diseño y mantenimiento. Requieren una comprensión profunda de las relaciones entre los datos. Pueden presentar desafíos en términos de rendimiento, especialmente con grandes volúmenes de datos y múltiples uniones entre tablas. La integridad y consistencia de los datos pueden ser más difíciles de mantener, especialmente cuando varias tablas de hechos comparten dimensiones. Por último, pueden ser menos intuitivos para los usuarios finales, especialmente aquellos que no están familiarizados con estructuras de datos complejas.

Al considerar la implementación de un modelo de constelación o estrella ampliada, hay que tener siempre en cuenta las necesidades específicas de análisis de la organización y el nivel de madurez de los usuarios finales en términos de analítica de datos. La complejidad adicional debe justificarse con un valor analítico claro y tangible. Además, es importante contar con procesos robustos de gestión y gobernanza de datos para mantener la calidad e integridad de los datos a lo largo del tiempo. La documentación detallada del modelo y la formación continua de los usuarios son esenciales para garantizar que el modelo sea utilizado de manera efectiva y eficiente.

Para finalizar, los modelos de constelación o estrella ampliada ofrecen una solución muy potente para organizaciones que requieren análisis detallados y multifacéticos de sus datos. Sin embargo, su éxito depende de un diseño cuidadoso, una implementación bien gestionada y la capacidad de los usuarios para navegar y aprovechar su complejidad.

Resumen

Hemos visto cuáles son las bases de datos más utilizadas y cómo las podemos clasificar en estructuradas y NoSQL; entre otras cosas, las primeras solo pueden escalar verticalmente y las segundas, horizontalmente.

Después nos metimos en las bases de datos relacionales y recorrimos conceptos extraordinarios como son las tablas, vistas y procedimientos almacenados. Vimos para qué sirven cada uno de ellos y a través de algunas líneas de código entendimos la importancia del lenguaje SQL en la analítica.

Finalmente, dimos un pequeño paseo en los modelos analíticos llamados estrella, copo de nieve y constelación, entendiendo las ventajas y desventajas de cada uno de ellos.

En el siguiente capítulo, ya comenzaremos a analizar en profundidad las arquitecturas de datos. Hasta ahora hemos recorrido con cierto nivel de alcance todos los conceptos básicos de análisis de datos que utilizaremos en los capítulos siguientes.

Ya sabemos para qué son las herramientas; ahora, a construir catedrales.

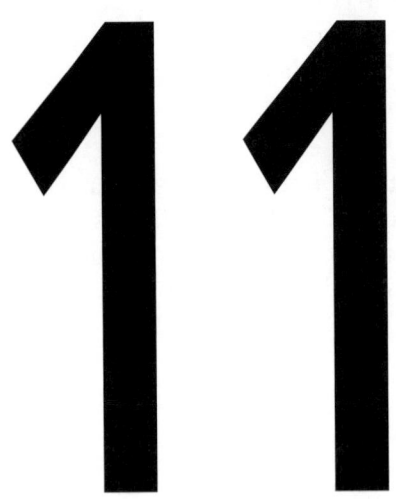

Diseñando arquitecturas de datos

En este capítulo aprenderás:

- Diseñar sistemas de almacenamiento y procesamiento de datos escalable, distribuido y adecuado a cualquier tamaño de organización.
- La misión de la arquitectura de datos.
- Evitar el enfoque individual y de silos.
- Escalabilidad.
- Integración continua.

La misión de la arquitectura de datos

Inevitablemente, hablar de arquitectura en términos generales nos lleva a imaginar grandes infraestructuras que han trascendido a la humanidad y de alguna forma son los testigos de nuestra evolución. ¿Cuántas guerras, hambrunas y desastres naturales han observado y muchas veces protagonizado los grandes edificios de la historia? Imaginemos cuánto han visto las pirámides de Egipto, los templos griegos, los moais de Rapa Nui, entre otros más antiguos.

Pero también tenemos muchos edificios "nuevos" que nos hablan de cómo hemos ido enfrentando las realidades y adaptando las infraestructuras a las necesidades humanas, testigos de esto son las catedrales que convocaban a toda la ciudad para el *religare*, los palacios dieron cobijo a todos los funcionarios que daban vida a la administración pública, los rascacielos fortalecieron el funcionamiento de la administración privada, las grandes bibliotecas almacenaron conocimientos y entretenimiento para todas las personas que supieran leer.

La arquitectura también debe obedecer al objeto comunicacional. La funcionalidad es parte importante, como vimos en el párrafo anterior, pero comunicar es tan vital como funcionar. Las campanas de las ciudades anunciaban grandes noticias, desde un matrimonio hasta un incendio, y para ser escuchadas necesitaban que sus ondas sonoras tuvieran la menor cantidad de barreras posibles; para eso construimos campanarios en altura y, alrededor de estos campanarios, edificios asociados a ese servicio, sean iglesias o estaciones de bomberos. La lógica arquitectónica está presente.

No solamente las grandes infraestructuras obedecen a una lógica arquitectónica, también las estructuras pequeñas obedecen a estas lógicas, es cosa de comparar entre los antiguos cuartos de baño romanos donde muchas personas se sentaban unos al lado de otros y compartían el *tersorium* para limpiar sus residuos versus los sofisticados cuartos de baño actuales, más privados y diseñados para una alta higiene y pulcritud. Esto también es una evolución arquitectónica.

No quiero que este capítulo se transforme en una oda a la arquitectura civil, pero no puedo dejar de destacar que en toda arquitectura están presentes dos conceptos fundamentales para el diseño de las infraestructuras. Estos conceptos son fuerza y belleza. La fuerza, en su sentido más literal, se refiere a la robustez y durabilidad de las estructuras, la capacidad de un edificio para resistir elementos físicos como el clima, los terremotos y el paso del tiempo. Sin embargo, la fuerza también tiene una dimensión simbólica en la arquitectura. Puede representar poder, estabilidad y seguridad. Los edificios fuertes a menudo son vistos como símbolos de la fortaleza de una institución, una cultura o incluso un país. En este sentido, la arquitectura no solo proporciona refugio físico, sino también un refugio psicológico y simbólico, comunicando mensajes de poder y resistencia.

La belleza en la arquitectura trasciende la simple estética visual. Es una experiencia holística que engloba la armonía de formas, la elegancia de líneas y el equilibrio en proporciones. Pero va más allá: la belleza arquitectónica también reside en cómo un espacio se siente y cómo interactúa con su entorno y con las personas que lo utilizan. Es la capacidad de un edificio para inspirar, calmar o asombrar. La belleza en arquitectura puede ser atemporal o reflejar una era específica, pero siempre busca conectar emocional y sensorialmente con el observador o usuario.

Pero volvamos a los datos. Ya hemos establecido en capítulos anteriores que lo datos son el combustible que utiliza el motor decisional en las organizaciones y por supuesto que también son el combustible para todo el desarrollo de la inteligencia artificial. En consecuencia, una arquitectura de datos es un diseño de componentes físicos, lógicos y virtuales que deben estar provistos de fuerza y belleza para tomar decisiones basadas en datos.

La arquitectura de datos es el diseño que soporta una serie de elementos que conectan datos. Si hacemos un paralelo con la arquitectura civil, la misión de la arquitectura de datos es muy equivalente a la especialidad urbanística de la arquitectura que se preocupa de permitir la fluidez de las personas y los bienes, integrándolas al entramado o tejido urbano sin provocar embotellamientos ni impactar los elementos necesarios para una vida urbana armónica. Tenemos que conectar los parques con las industrias y los hogares sin que esta conexión altere los parques, las industrias y los hogares. ¿Difícil? Puede ser, por algo mucha gente estudia muchos años para dedicarse a esto. ¿Imposible? Nada es imposible, solo que a veces no es factible, pero eso es otro problema.

En la práctica, muchas organizaciones poseen hermosos softwares que compilan datos transaccionales muy eficientemente, pero, por muy buena que sea la calidad de los datos, si no puedes moverlos eficientemente de un lugar a otro, no serán de mucha utilidad. Por lo tanto, los arquitectos de datos deben asegurarse de que existan rutas de datos eficientes y que puedan ser consumidos fácilmente por los usuarios finales y las aplicaciones.

Definición y capas de arquitectura

Vamos a definir arquitectura de datos como "el marco conceptual que permite a cualquier organización recopilar, almacenar y analizar grandes cantidades de datos para obtener patrones de comportamiento que sean relevantes para sus procesos de tomas de decisiones". Basado en lo anterior, toda arquitectura debe permitir diversos diseños que permitan la eficiencia para hacerlo al menor coste posible y escalabilidad para adaptarse rápidamente a los cambios.

Este marco conceptual se compone principalmente de cuatro grandes elementos que llamaremos capas principales y tres grandes elementos que llamaremos capas transversales.

Las capas principales son capa de orígenes de datos e ingesta, capa de procesamiento y almacenamiento de datos, capa de servicios y capa de consumo.

Las capas transversales son gobierno de datos, seguridad de datos y monitoreo.

La figura 11.1 muestra las capas principales en forma hexagonal y las capas transversales de forma horizontal; si bien nos referiremos en profundidad en cada una de estas capas en el capítulo 13, por el momento las definiremos de forma generalizada a cada una de ellas.

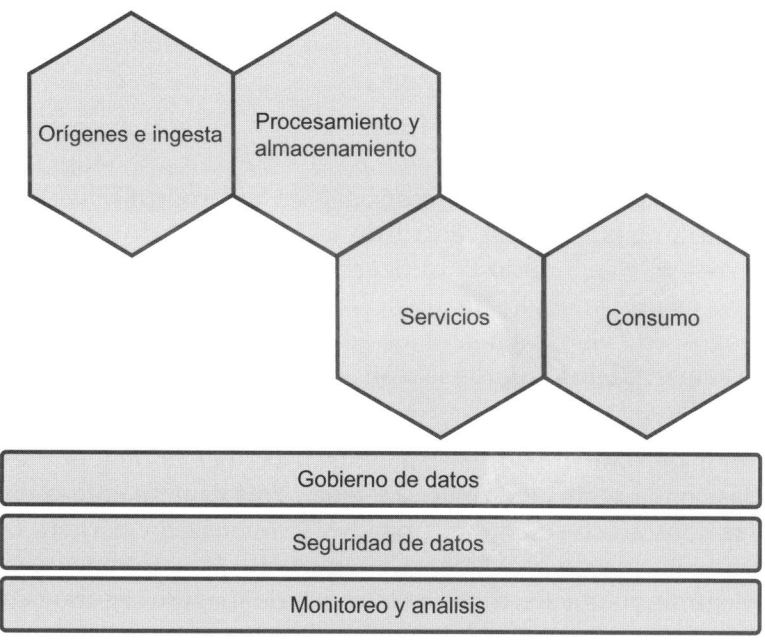

Figura 11.1. Capas de arquitecturas de datos.

Capas principales

- **Capa de orígenes de datos e ingesta:** Esta capa debe contener todos los procesos encargados de adquirir los datos relevantes para la organización, estos orígenes pueden ser de los más variados y diversos.

- **Capa de procesamiento y almacenamiento de datos:** Esta capa debe contener todos los procesos destinados a organizar y preparar los datos para su análisis. Estos procesos incluyen las tareas de integración de datos, transformación, limpieza, homologación y disponibilización gobernada de estos hacia los usuarios de interés. Estas herramientas pueden ser *data warehouse*, *data lakes*, *lakehouses* o *deltalakes*.

- **Capa de servicios:** Esta capa debe contener todas las herramientas destinadas a facilitar el trabajo analítico o de obtención de patrones de estos datos. Implica disponibilizar y mantener herramientas de procesamiento final para el análisis. En la capa de servicios pueden vivir herramientas como Synapse, Databricks, Athena o Google Big Query, entre otras.

- **Capa de consumo:** Aquí viven todas las herramientas y los usuarios finales de la analítica. Vamos a encontrar herramientas para análisis descriptivos, diagnósticos, predictivos y prescriptivos; en otras palabras, se deben considerar las herramientas que soportarán la respuesta a todas las preguntas de negocios que vimos anteriormente.

Capas transversales

- **Gobierno de datos:** Esta capa es esencial para la gestión efectiva de los datos. Incluye herramientas para el control de acceso, gestión de perfiles de usuario y encriptación, asegurando la utilización adecuada de los datos. También contempla mecanismos para mantener la calidad de los datos, como la gestión de catálogos, crucial para una buena gobernanza de datos. Este nivel garantiza que el manejo de los datos se realice de forma responsable y acorde a las políticas internas y externas.

- **Seguridad de datos:** Aquí se concentran las herramientas y estrategias alineadas con la seguridad organizacional. Esta capa se enfoca en proteger los datos contra accesos no autorizados y amenazas cibernéticas. Incluye la implementación de protocolos de seguridad y cumplimiento de normativas, asegurando que los datos se manejen de manera segura y conforme a las regulaciones pertinentes. La seguridad de los datos es fundamental para preservar la confianza y la integridad de la información de la organización.

- **Capa de monitoreo y análisis:** Esta capa es fundamental para asegurar la eficiencia y efectividad de toda la arquitectura de datos. Aquí, se deben integrar herramientas y procesos para el monitoreo constante de los sistemas de datos. Esto incluye la vigilancia del rendimiento, la detección de anomalías y la evaluación de la integridad y calidad de los datos. Es crucial para identificar oportunidades de mejora y asegurar el cumplimiento de los estándares de la organización. Las herramientas en esta capa pueden variar desde simples *dashboards* hasta sistemas complejos de inteligencia artificial que proporcionan análisis en tiempo real.

Con esta capa, se cierra el ciclo de la arquitectura de datos, asegurando un seguimiento constante y una retroalimentación que permite optimizar continuamente todos los procesos de la arquitectura. Esto garantiza que la organización no solo recopila, procesa y utiliza los datos de manera efectiva, sino que también mantiene su arquitectura de datos alineada con sus objetivos y necesidades cambiantes.

Principales desafíos de la arquitectura de datos

En esta parte de este capítulo, haré una recopilación de experiencias en la industria donde me he enfrentado a diversos escenarios. En esta recopilación pondré algunos ejemplos a los cuales he puesto un poco de ficción, pero están basados en casos reales, para destacar algunos conceptos claves en arquitectura de datos.

Difícilmente en la práctica nos vamos a encontrar con una organización que sea una especie de papel en blanco. Sería lo ideal partir desde cero con un diseño y colocando todos los componentes en orden para implementar arquitecturas. Siempre hay ya cosas y gran parte de nuestras estrategias irán en un sentido hacia la adopción de arquitecturas, con las herramientas que tenemos a mano y con las personas que existen en la organización.

Cuando iniciamos un trabajo como arquitecto de datos nuestra misión será diseñar e implementar un ecosistema analítico escalable, distribuido y adecuado a cualquier tamaño de empresa u organización. Para lograr este objetivo general tenemos también que cumplir los siguientes objetivos específicos:

- Evitar los silos de datos.
- Diseñar con espacio para escalar.

Enfoque individual o de silos

Juego individual

Tradicionalmente, los profesionales que nos dedicamos al análisis de datos o, mejor dicho, cualquier profesional que deba analizar datos para hacer su trabajo debe emprender una tarea solitaria al enfrentarse a los datos. Por lo general, esta tarea parte con la búsqueda de datos; cuando los encontramos, ya podemos importarlos con algún conector o simplemente copiar/pegar para luego iniciar el proceso de ordenamiento, generación de búsquedas y fórmulas de cálculo que terminan convirtiéndose en uno o dos informes que se imprimen o se pegan en unas diapositivas para alguna reunión.

Este proceso individual no es distinto cuando se cambia de herramienta de análisis, ya sea que estemos en una plantilla de Excel, en un Júpiter Notebook, en SPSS o en Power BI. Si tenemos que apostar al autoservicio es porque debemos resolver un problema individual y nuestro enfoque ahí va a estar.

Inevitablemente, dentro del afán de destacar sobre el resto, terminaremos perfeccionando nuestros conocimientos en las herramientas que nos permitan trabajar de forma individual, las combinaremos con otras herramientas que nos permitan hacer más rápido nuestro trabajo porque del desempeño de nuestro trabajo individual muchas veces dependen los incentivos del trabajo, las demostraciones de aprecio y por supuesto los reconocimientos académicos. En un mundo competitivo, ser un buen jugador individual cuenta muchísimo para diferenciarnos del resto en las carreras que emprendemos.

Pese a lo anterior, jugar individualmente nos puede ir en contra desde el punto de vista organizacional:

- ¿Qué pasa cuando me debo ausentar de mi trabajo?

- ¿Qué pasa cuando debo delegar mis plantillas?

- ¿Qué pasa cuando recibo modelados heredadas de colegas anteriores en mi puesto?

Apuesto a que más de alguno de los lectores va a recordar sus propias exclamaciones como:

- "Uf, parece que mi predecesor no se enteraba".

- "Parece que no tenía idea de fórmulas".

- "¿Por qué se dio esta vuelta?".

- "¿Qué es esta fórmula y para qué sirve?".

Exclamaciones y preguntas que derivan de la inevitable comparación de nuestra visión individual versus la visión individual de un predecesor.

Esta situación se vuelve mucho más compleja cuando nos toca trabajar a la par de otros colegas:

- "Haz esta parte; yo hago la otra".

- "Yo estoy en la página 2 y tú en la 1, y avanzamos".

- "¿Por qué usas esa fórmula si yo uso esta?".

- "Deja que yo lo hago, no te preocupes, gracias".

El trabajo en equipo es un gran desafío para todos los profesionales acostumbrados al desempeño individual, porque implica poner a disposición de otros tus conocimientos y habilidades. Afortunadamente, muchas personas han sabido superar esas premisas y han formado equipos bastante potentes en muchas organizaciones, equipos liderados por alguien excepcional y compuesto por "jugadores" de alto desempeño que conocen que su aporte individual se potencia con el aporte individual del resto del equipo, generando sinergias valorizadas en alcance de metas, reconocimientos al equipo, sentido de identidad y por supuesto creación de escuelas, donde profesionales jóvenes son recibidos para aprender y replicar lo aprendido en el equipo.

Lo bueno de la "escuelas" ocurre cuando los profesionales que dejan ese equipo se atreven a replicar la experiencia en otros equipos propagando la filosofía del trabajo en equipo hasta lograr la excelencia organizacional.

Precisamente, la lógica del trabajo en equipo implica una evolución desde la lógica individual. A nivel de análisis de datos, no es distinto.

Cuando existe una lógica de desempeño individual se tiende a almacenar datos, metodologías, plantillas e informes de forma aislada del resto de la organización:

- "Que nadie se meta ahí, son los datos de ventas".

- "Que nadie toque esa plantilla porque es mía".

- "Solo el encargado de compras entiende estas fórmulas y sabe lo que hizo".

Perfectamente, esto lo podemos extrapolar a nivel organizacional y observar que los sistemas de "producción", por ejemplo, solo son de exclusivo uso del personal de producción, incluyendo los datos generados. Los sistemas de recursos humanos, por ejemplo, son usados por los equipos de recursos humanos incluyendo los datos generados, lo que en consecuencia impide que se puedan analizar algunos comportamientos entre recursos humanos y producción, porque no hay acceso a esos datos.

Silos de datos

Silos de datos se les denomina a las agrupaciones de datos que se almacenan de forma aislada y sin integración con otras fuentes, dedicados exclusivamente a un departamento o a unas pocas áreas en general, prohibiendo el acceso del resto de la organización e imposibilitando la capacidad de analizar comportamientos donde sea requerido el acceso a los datos. Los silos de datos pueden ser causados por diferentes factores, como la falta de una estrategia de gestión de datos, la incompatibilidad entre sistemas o plataformas o la resistencia al cambio por parte de los responsables de los datos, entre otros.

Mantener silos de datos puede tener consecuencias negativas para las organizaciones, como la pérdida de oportunidades al no analizar correlaciones entre datos, la duplicación de esfuerzos al tener varios equipos buscando lo mismo, la inconsistencia de la información al no provenir de una misma fuente o la baja calidad de los datos.

Con todo lo anterior, observamos la importancia de nuestro primer objetivo en una buena arquitectura de datos: evitar la proliferación de los silos de datos.

Las buenas arquitecturas promueven la colaboración, la transparencia de las transacciones y el intercambio de información entre las distintas áreas de una organización, una buena arquitectura permitirá tener herramientas adecuadas y compatibles con los sistemas operacionales con los que la organización cuenta.

Escalabilidad en los datos

En pocas palabras, en este título veremos qué es la escalabilidad y cómo hacer que nuestro ecosistema crezca tanto como necesitemos y no se nos venga encima cuando sea muy grande.

Para hablar de escalabilidad, quiero primero partir con una historia de éxito con uno de mis clientes y reflexionar a continuación del por qué debemos pensar en escalabilidad.

Caso de éxito de escalabilidad

El siguiente es el relato de la historia de uno de mis clientes, fábrica de alimentos familiar de una de las ciudades del interior de Chile, que logró, gracias a la escalabilidad de su analítica, tomar decisiones a tiempo para mejorar tanto la gestión comercial como la gestión productiva de su organización.

Esta fábrica data de 1949, cuando su fundador decide iniciar la fabricación de alimentos de forma artesanal para llevar a las mesas de la ciudad donde está emplazada. A medida que los alimentos fueron teniendo una buena recepción del público en el corto plazo, se vio en la obligación de montar instalaciones más grandes y contratar personal tanto en venta como en producción. A los pocos años, esta fábrica alcanzó su máxima capacidad instalada y forma parte de las mesas de la ciudad instaurándose como una marca local sinónimo de calidad y sabor.

Pero no todo paraíso es eterno. Los distintos vaivenes de la economía y la irrupción de nuevas tecnologías en procesamiento de alimentos, más la amenaza constante de marcas globalizantes que disputan cuotas de mercado, obligan a la fábrica a estar más atenta a las entregas, ventas y hacer más eficientes sus procesos para maximizar las utilidades marginales de cada producto y poder seguir en competencia. Por supuesto, esta compañía no estaba preparada para enfrentar este desafío. Gran parte de sus procesos administrativos y de información eran artesanales, es decir, formularios en papel que hacían la trazabilidad de pedidos y de producción eran la base de la toma de decisiones, lo que requería un proceso de digitación en el ERP y luego exportar mucha *data* de forma desorganizada hacia plantillas Excel, dirigidos a los distintos niveles de toma de decisiones, lo que, si bien permitía decidir basado en datos, la oportunidad de la decisión se escapaba de la velocidad requerida por el mercado. En pocas palabras, esta compañía se enteraba 4 días después del número de ventas en unidades y productos, lo que retrasaba muchísimo la planificación de la producción y los despachos a los distintos clientes llegando tarde a los centros de abastecimiento. En consecuencia, se llegaba tarde en comparación con la competencia solo por no disponer a tiempo de la información requerida para decidir oportunamente.

El objetivo de la inteligencia de negocios es llegar a tiempo con la información requerida a las personas adecuadas y con eso mejorar la toma de decisiones. Por lo tanto, cuando fuimos consultados por esta empresa, nuestra primera solución a proponer fue implementar un ecosistema de inteligencia de negocios que fuera escalable y que no solamente solucionara sus problemas actuales, sino que permita incorporar a futuro nuevas fuentes de datos y nuevos paneles de decisión.

La solución que propusimos fue reemplazar todas las plantillas de Excel "informativas" por *dashboards* autoactualizables dirigidos a los distintos niveles de tomas de decisiones. Para lograr esta solución, se debía desarrollar una serie de tareas de extracción, limpieza y consolidación de datos hacia un repositorio estandarizado que permita desarrollar de forma adecuada una serie de paneles de información que fuera homologable a todos los niveles de decisión de la compañía. En este caso, implementamos la herramienta Power BI de Microsoft, la cual cubre en un bajo desembolso todas estas necesidades para el tamaño de la compañía.

Para la ejecución de esta tarea, primero se diseñó el *datamart* adecuado a las decisiones que se tomarían; luego, se construyeron las distintas *pipelines* que extraen la *data* desde los orígenes hacia ese *datamart*; y, finalmente, se construyeron los tableros autoactualizables destinados a los niveles de decisión correspondiente siguiendo la estructura de KPIs ya definidos por la cabeza de la organización.

Al cabo de un par de meses de implementación bajo una metodología ágil, ya estaban viendo la luz los primeros *dashboards* de ventas, margen, *fill-rate*, *on-time* y costes, los cuales contenían los indicadores claves para llegar a tiempo a los clientes con el producto. Permitían determinar rápidamente algún cambio en la tendencia de demanda de algún producto en particular para ofrecer un cambio de táctica comercial o establecer algún cambio en la planificación de la producción según fuera el impacto de dicho cambio de tendencia. En el primer año de implementación de este sistema de toma de decisiones basado en datos oportunos permitió a esta compañía recuperar su posición en el mercado objetivo y atreverse a lanzar nuevos productos para satisfacer esa demanda nueva que sus datos estaban entregando.

Actualmente, esta compañía se encarga de explorar tendencias basadas en sus datos y ha ido incorporando nuevas capturas a su matriz de datos para analizar comportamientos de consumidores basado en la depuración de los datos de ventas; ha permitido abrir un par de locales de comida rápida con sus productos, con un gran éxito y aceptación de sus consumidores; ha permitido negociar nuevos precios y cantidades al tener con un grado aceptable de certeza la demanda futura de sus productos y la planificación de su producción; ha podido optimizar las rutas de despacho de su flota de distribución para hacer más competitiva su entrega; y también ha desarrollado nuevos productos de forma sistemática para aprovechar los cambios en los gustos de los consumidores. Por supuesto, al ser una compañía que ya estaba digitalmente transformada, le fue muy fácil enfrentar la pandemia y los desafíos que eso trajo.

Los volúmenes de datos que maneja la compañía aún permiten que la infraestructura del servicio de Power BI funcione en óptimas condiciones, por lo tanto pueden pensar perfectamente en el desarrollo de herramientas basadas en IA para aplicativos de atención al cliente, captura de retroalimentación, análisis de sentimientos y detección de anomalías, lo que, unido a su capacidad de producción y de mantenimiento de la calidad de sus productos, augura varios años más de presencia en su ciudad como una marca local de tradición y prestigio.

Definición de escalabilidad

Como explicamos previamente, la capacidad de integrar los distintos orígenes de datos hacia una fuente compartida tiene un montón de ventajas comparativas, entre ellas, la capacidad de "cruzar" variables entre distintas perspectivas, evitar la duplicidad de tareas y promover la colaboración entre los distintos profesionales y departamentos de la organización, etc.

Esta perspectiva bastante moderna se ha materializado desde el punto de vista de los datos en la adopción de buenas prácticas de almacenamiento de datos, que, por cierto, se sustentan en las llamadas escuelas de almacenamiento de datos (*data warehousing*) de Innmon y Kimball, sobre las cuales nos referiremos en detalle más adelante.

Traigo a colación estas escuelas en este instante para mencionar que la perspectiva de trabajo colaborativo tiene muchos adeptos y además muchísima tecnología ya probada y comprobada, hasta tal punto que muchos manuales de buenas prácticas son constantemente emanados desde los principales actores del mercado de *data warehousing*, *data lakehousing*, y constantemente se publican muchos casos de éxito donde se destaca que las soluciones implementadas evitan los silos de datos y son además escalables, uno de los objetivos específicos en la arquitectura de datos.

Pero ¿qué es escalabilidad? Escalabilidad se refiere al término que utilizamos cotidianamente para referirnos a la capacidad de crecimiento de una arquitectura de datos determinada, ya sea en capacidad de almacenamiento, de procesamiento de datos y de complejidad de los datos que maneja.

En otras palabras, una arquitectura de datos escalable es aquella que puede soportar el aumento de las cargas de trabajo, las consultas y los análisis sin comprometer el rendimiento, velocidad, seguridad o la calidad de los datos.

La escalabilidad puede ser llevada a cabo como escalabilidad horizontal y escalabilidad vertical, dependiendo si se añaden más elementos a la misma capa o se agregan más componentes (hardware) a un elemento dentro de la capa.

Escalabilidad horizontal

La escalabilidad horizontal en la arquitectura de datos, en la figura 11.2, se refiere a la capacidad de un sistema para incrementar su desempeño y capacidad añadiendo más nodos o instancias en la misma capa. Esto implica distribuir la carga de trabajo entre múltiples máquinas, lo que permite un mejor manejo del aumento en el volumen de datos y solicitudes. Esta forma de escalabilidad es beneficiosa por su flexibilidad y coste generalmente menor, aunque presenta desafíos en la integración y el gobierno de los datos. Es ideal para sistemas que necesitan aumentar su capacidad de manera rápida y eficiente.

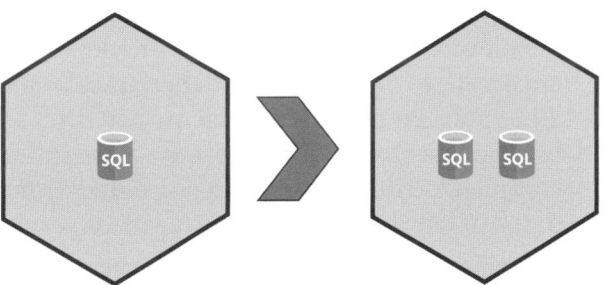

Figura 11.2. Escalamiento horizontal.

En pocas palabras, la escalabilidad horizontal se produce cuando agregamos más elementos a una capa de arquitectura. Por ejemplo, tenemos un motor de base de datos SQL Server que ha llegado al límite de su capacidad, entonces escalaremos horizontalmente este servidor creando una "granja" de servidores, es decir, agregando otro servidor al que ya tenemos y distribuir la carga entre estos dos servidores. Esto permite dividir la carga de trabajo y manejar un mayor volumen de datos y transacciones concurrentes, mejorando así el rendimiento y la escalabilidad del sistema.

Escalabilidad vertical

La escalabilidad vertical, en la figura 11.3, se centra en potenciar un sistema existente mediante la mejora de sus componentes internos, como aumentar la memoria, el procesador o el almacenamiento de un servidor. Este enfoque de escalabilidad no requiere de la adición de más máquinas, sino de la mejora del hardware existente. Aunque puede ser más costoso inicialmente y menos flexible que la escalabilidad horizontal, la vertical es útil para sistemas que requieren un alto rendimiento en una sola unidad y donde las mejoras pueden ser amortizadas a lo largo del tiempo.

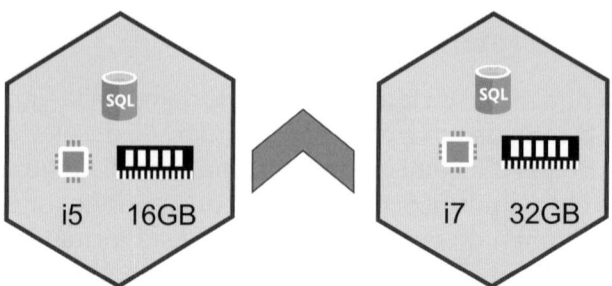

Figura 11.3. Escalamiento vertical.

En otras palabras, se produce cuando potenciamos una capa de arquitectura con más hardware. Por ejemplo, mismo caso de nuestro servidor SQL Server que llega a su límite. Para escalarlo verticalmente deberíamos aumentar la memoria RAM, mejorar la CPU o ampliar el almacenamiento con discos más rápidos y de mayor capacidad. Este tipo de escalabilidad permite manejar un mayor volumen de transacciones y complejidad de consultas sin necesidad de modificar la estructura de la base de datos o distribuir la carga entre varios servidores.

Resumiendo, la escalabilidad es la capacidad de crecer de nuestra arquitectura de datos, ya que permite aprovechar al máximo el potencial de los datos para generar valor e innovación.

La escalabilidad horizontal suele ser más flexible y económica, pero también implica más desafíos en cuanto a la integración y gobierno. En cambio, la escalabilidad vertical implica mejoras en los componentes que se poseen actualmente, lo que puede equivaler a inversiones que deben ser amortizadas en un periodo de tiempo y determinan generalmente los puntos de comparación en los análisis de coste-beneficio que deciden las estrategias de inversión de las organizaciones en el mediano plazo.

Enfoque de integración continua

Este título tiene relación con los productos que la analítica entrega hacia los usuarios, en cómo una arquitectura de datos debe permitir esa fabricación y llegar hacia el usuario final de forma adecuada y organizada.

Cuando pensamos en cuáles son los productos tangibles de la ciencia de datos, por lo general, nos vamos a referir a 3 grandes productos:

- Los modelos o algoritmos.

- Los set de datos.

- Los reportes.

Cada uno de estos productos se puede consumir de cara al usuario o servicio final de muchas formas. Por lo general, los modelos se pueden consumir como microservicios por algún software o derechamente a través de automatizaciones de procesos. Los set de datos deben incorporarse a algún repositorio, y los reportes se deben embeber en alguna aplicación o disponiblizar de alguna forma a los tomadores de decisiones.

Como es de imaginar, todos los productos anteriormente nombrados tienen un ciclo de vida en constante evolución, una evolución evidentemente dinámica y cambiante, basándose en un proceso iterativo que involucra fases de diseño, desarrollo, implementación, testeo, retroalimentación e implementación de mejoras. Esta evolución continua asegura que los productos (modelos, set de datos y reportes) se mantienen actualizados y alineados con las necesidades cambiantes de la organización y sus usuarios finales.

No podemos pensar en una buena arquitectura de datos si esta no tiene considerada una alta compatibilidad de herramientas de integración y desarrollo continuo, ya sea en sus capas de ingeniería o de analítica. Pero ¿qué es integración y desarrollo continuo en la analítica de datos? La respuesta es similar a la que entregaríamos desde la perspectiva del desarrollo de software y, dado que lo enfrentaremos con trabajo en equipo, estas herramientas toman especial relevancia en *data analytics*.

A continuación, veremos los siguientes conceptos que son transversales en las capas de CI/CD en arquitecturas de datos:

- Integración continua.
- DataOps.
- MLOps.

Integración continua (CI/CD)

Es una práctica de desarrollo de software donde los miembros del equipo integran o fusionan su trabajo frecuentemente, esto quiere decir que se trabaja en equipos de desarrollo buscando sinergias. Cada integración o fusión de código se verifica de forma manual o automática para detectar errores tan pronto como sea posible antes de proceder al fusionado del código en desarrollo.

Es costumbre de la práctica del CI CD trabajar en torno a herramientas de integración continua que se rigen bajo una lógica de ramas de trabajo, también son comunes a esta práctica conceptos como *fork*, *pull*, *push* y *merge*, entre otros, los cuales a continuación describo a grandes rasgos.

Lógica de ramas

En una lógica de ramas, en la figura 11.4, se encuentra la rama principal y las ramas aledañas o subsidiarias que se basan en este código principal para luego desarrollar los cambios independientes del código principal y, cuando estos cambios o adiciones se encuentran listos, estos se integran a la rama principal de forma armónica y sincronizada, fortaleciendo el desarrollo principal como resultado del trabajo sinérgico de los equipos de desarrollo.

En un proyecto de desarrollo, la rama principal, también conocida como *main*, guarda el código que se considera listo para producción, es decir, el código que ha pasado por todas las pruebas necesarias y se considera apto para ser desplegado en un entorno de producción. Este es el código que se considera estable y libre de errores o *bugs*. La rama principal sirve como una base sólida sobre la cual los desarrolladores pueden construir nuevas características o realizar correcciones de errores en ramas separadas, conocidas como ramas de desarrollo o *feature branches*.

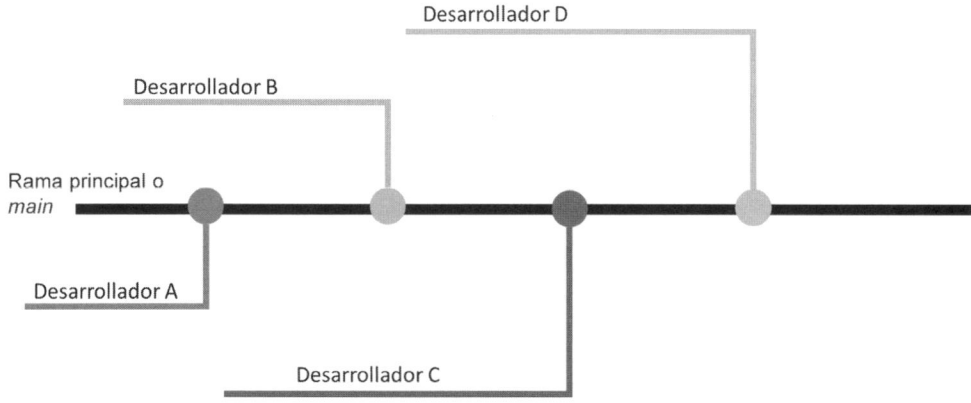

Figura 11.4. Diagrama de lógica de ramas.

Fork

El concepto de *fork* se refiere a la acción de tomar una "instantánea" o copia de un repositorio existente y colocarlo en su propio espacio de trabajo. Un desarrollador que "hace un *fork*" de un repositorio puede hacer cambios en ese código sin afectar el repositorio original. Esencialmente, el *fork*, en la figura 11.5, permite a los desarrolladores trabajar de manera independiente en el código base, haciendo las modificaciones necesarias según su criterio sin alterar el flujo de trabajo de los demás. Esto también facilita el proceso de probar nuevas características o solucionar errores antes de que estos cambios sean integrados a la rama principal.

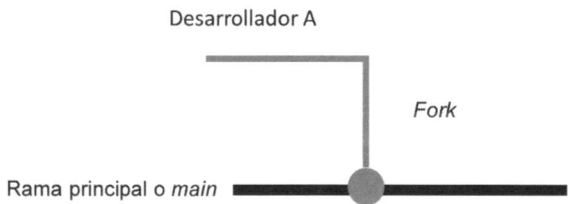

Figura 11.5. *Fork* o captura.

Pull

En cuanto a *pull*, es el acto de solicitar los últimos cambios de un repositorio o de una rama específica. Esto puede ser dentro del mismo repositorio o de un repositorio que ha sido bifurcado. Esta es una práctica común cuando los desarrolladores trabajan en equipo y necesitan estar actualizados con los cambios más recientes que otros miembros del equipo han realizado. Por lo general, una operación *pull*, en la figura 11.6, se realiza antes de hacer un *push*, para asegurarse de que se están integrando los cambios más recientes y evitar conflictos de código.

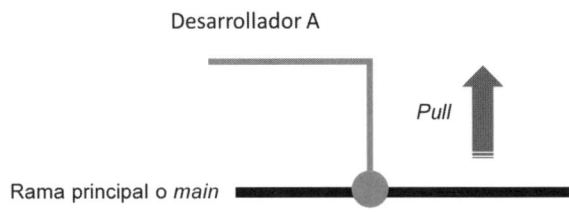

Figura 11.6. *Pull* o traer.

Push

Push, por otro lado, se refiere a la acción de enviar los cambios que se han realizado en la copia local de un desarrollador al repositorio remoto. Este es el mecanismo que los desarrolladores utilizan para compartir sus cambios con el resto del equipo. Una vez que un desarrollador ha terminado de trabajar en una nueva funcionalidad o en la corrección de un error, realiza un *push*, en la figura 11.7, de esos cambios a la rama correspondiente en el repositorio remoto para que otros desarrolladores puedan ver y trabajar sobre esos cambios.

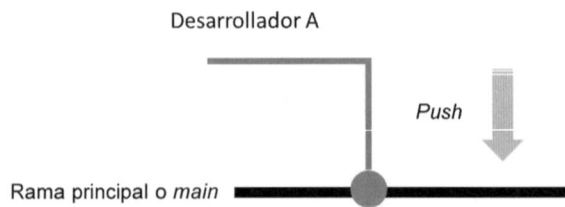

Figura 11.7. *Push* o enviar.

Merge

Finalmente, *merge*, en la figura 11.8, es la acción de combinar los cambios de una rama a otra. En la mayoría de los casos, esto se hace al combinar los cambios de una rama de desarrollo en la rama principal una vez que los cambios han sido revisados y aprobados. Sin embargo, también es posible fusionar cambios entre diferentes ramas de desarrollo. El proceso de fusión toma todos los cambios que se han realizado en una rama y los integra en otra. Los conflictos que puedan surgir durante este proceso deben ser resueltos manualmente por los desarrolladores.

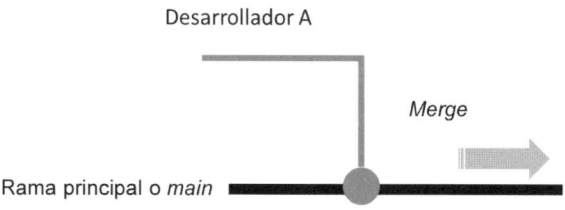

Figura 11.8. *Merge* o combinar.

Algunas herramientas de CI/CD

Las herramientas más utilizadas en los últimos 5 años para la integración continua en *data analytics* son GitHub y Azure DevOps. No obstante, en el último año, Databricks ha puesto mucho hincapié en la herramienta Huggingface, especializada en repositorios de inteligencia artificial y aprendizaje automático, donde ha depositado grandes ejemplos de integración de sus modelos LLM (*Large Language Models*), puesto que todas ellas ofrecen una *suite* completa y cohesiva que integra todas las fases del ciclo de vida de desarrollo de software.

La primera herramienta completa de CI/CD que traigo a colación es Azure DevOps, la cual es una opción muy viable para aquellos equipos que buscan una solución integral que abarque todo el ciclo de vida de desarrollo de software, especialmente para aquellos ya comprometidos con otras herramientas y servicios de Microsoft. Posee la capacidad de generar repositorios, flujos de trabajo y además *pipelines* de despliegue continuo en entornos de desarrollo, testeo y productividad.

La segunda herramienta que destaco y que le dedico varias líneas es GitHub. Si bien GitHub es popular entre desarrolladores de software, también lo es entre ingenieros y científicos de datos que utilizan principalmente el lenguaje Python para el desarrollo de sus soluciones debido a su alta compatibilidad y capacidad de coexistencia con las más diversas herramientas de software existentes. En GitHub, entre otras, se puede trabajar colaborativamente con:

- **Google Colab:** Es un entorno de cuaderno de Jupyter que se ejecuta completamente en la nube. Se integra perfectamente con GitHub, permitiendo a los usuarios guardar cuadernos directamente en repositorios de GitHub y cargar cuadernos de Jupyter desde GitHub. Google Colab también ofrece acceso gratuito a hardware de GPU y TPU, lo que lo hace ideal para experimentación y desarrollo de modelos de *machine learning*.

- **Jupyter Notebooks:** Otra herramienta popular de Python para aprendizaje automático y análisis de datos, también tiene una excelente integración con GitHub. Los cuadernos de Jupyter se pueden guardar en repositorios de GitHub, lo que permite a los equipos de desarrollo colaborar y compartir su trabajo. GitHub incluso renderiza cuadernos de Jupyter en su interfaz de usuario, lo que facilita la visualización y el seguimiento de los cambios.

- **Azure ML Studio:** Es una herramienta de Microsoft que proporciona un entorno de desarrollo interactivo basado en la nube para la creación, entrenamiento y despliegue de modelos de aprendizaje automático. Se pueden integrar repositorios de GitHub con Azure ML Studio, permitiendo un control de versiones eficiente de experimentos de aprendizaje automático y sus respectivos *notebooks*.

- **Otras herramientas y plataformas de aprendizaje automático, incluyendo TensorFlow, AWS SageMaker y más:** Esta amplia gama de integraciones facilita la creación, prueba y despliegue de modelos de *machine learning*, independientemente de las herramientas específicas que se estén utilizando.

Todas estas herramientas juegan un papel crucial en la implementación de la integración continua, facilitando la colaboración y la entrega rápida de productos analíticos de alta calidad. Asimismo, a nivel de entrega de desarrollos asociados a ingeniería de datos, se han de incorporar en las justas medidas y siguiendo las mejores prácticas, pero adaptadas a los ambientes propios de la analítica de datos.

Resumiendo, la integración continua está presente en todo el proceso productivo de la analítica. Para eso, adopta el mismo ciclo de integración continua del desarrollo de software. El ciclo de desarrollo continuo en software se conoce como DevOps. Para efectos de arquitecturas analíticas, nos encontraremos con dos ciclos de desarrollo continuo, que veremos a continuación: operaciones DataOps y operaciones MLOps.

Las operaciones de datos o DataOps

DataOps u operaciones de datos es una metodología de ingeniería de datos que se basa en los principios del desarrollo de software ágil, DevOps y la gestión Lean. Al igual que DevOps, DataOps busca mejorar la velocidad, la calidad y la confiabilidad del desarrollo y la entrega de productos de datos. Este enfoque utiliza tecnologías y prácticas modernas de CI/CD (integración continua/despliegue continuo), como el control de versiones, la prueba automatizada y la monitorización continua para lograr estos objetivos.

La figura 11.9 representa este proceso continuo de desarrollo de software llamado DevOps.

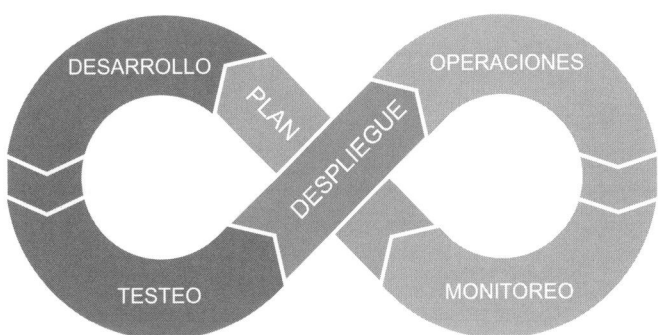

Figura 11.9. Esquema operaciones DevOps.

DataOps se aplica a la ingeniería de datos, el análisis y la inteligencia de negocio. En esencia, busca unir a todos los responsables de la creación, el despliegue y la monitorización de los productos de datos, lo que incluye a ingenieros de datos, científicos de datos, analistas de negocios, entre otros, con el fin de mejorar la comunicación y la colaboración.

En Azure podemos implementar un entorno DataOps utilizando las herramientas GitHub y Azure DevOps.

En la figura 11.10 se aprecia cómo los distintos equipos desarrollan sus trabajos de extracción de datos en ADF y en Event Hub. Estos códigos se gestionan vía GitHub y luego Azure Devops se encarga de desplegarlos en los distintos entornos hasta llegar al usuario final.

Los principios de DataOps fomentan un ciclo de vida más rápido y eficiente para el desarrollo y la actualización de los productos de datos, lo que puede llevar a una mejor toma de decisiones y un mayor valor para la empresa. La implementación de DataOps implica la automatización de muchas tareas manuales en la gestión de datos y la construcción de *pipelines* de datos, lo que puede resultar en operaciones más eficientes, una mayor calidad de los datos y, en última instancia, mejores *insights* basados en datos.

Así, podríamos considerar a DataOps como la aplicación de las mejores prácticas de CI/CD en el mundo de la ingeniería de datos. Combina la automatización, la colaboración y la monitorización continua para mejorar la velocidad y la calidad de la entrega de productos de datos. Al igual que DevOps, DataOps reconoce que la entrega de valor a través de los productos de datos es un flujo de trabajo que implica a muchas personas y requiere la coordinación de numerosas tareas y procesos.

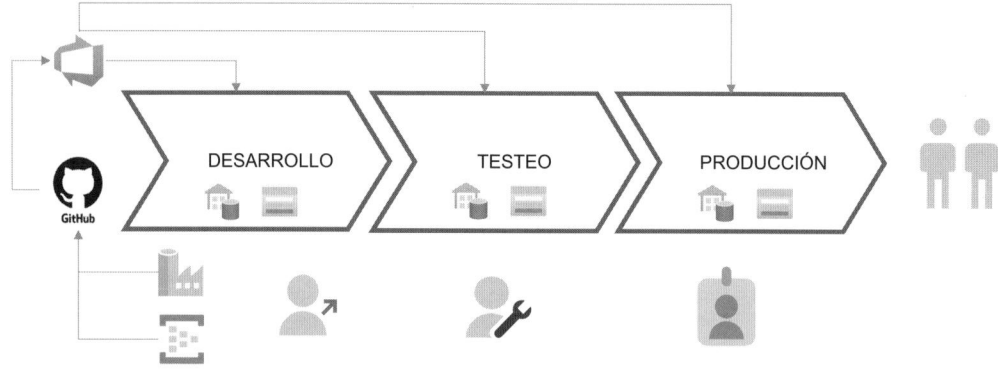

Figura 11.10. Entorno DataOps en Azure.

Las operaciones de *machine learning* o MLOps

MLOps, operaciones de aprendizaje automático o DevOps para el aprendizaje automático, es una práctica que combina el desarrollo de *machine learning* (ML) con la filosofía de DevOps. Es un conjunto de mejores prácticas para el despliegue, pruebas, monitorización y automatización eficientes de modelos de aprendizaje automático en producción.

El propósito de MLOps es estandarizar y simplificar la gestión del ciclo de vida de los modelos de *machine learning*, desde la fase de desarrollo hasta la producción. Esto incluye la creación de modelos, el entrenamiento, la validación, el despliegue, la monitorización del rendimiento, el reentrenamiento y la mejora continua. Como se aprecia en la figura 11.11, se puede observar cómo la herramienta KEDRO integra cada tarea de cada desarrollador en sus modelos y códigos hacia los ambientes de desarrollo, testeo y producción.

MLOps busca resolver varios desafíos asociados con la implementación de modelos de aprendizaje automático en producción. Estos desafíos pueden incluir la gestión de dependencias, la automatización de despliegues de aprendizaje automático, la garantía de la calidad de los modelos, la monitorización del rendimiento y la escalabilidad.

También se centra en mejorar la colaboración entre los científicos de datos, que a menudo crean los modelos de aprendizaje automático, y los ingenieros de software, que son responsables de mantener las aplicaciones en producción.

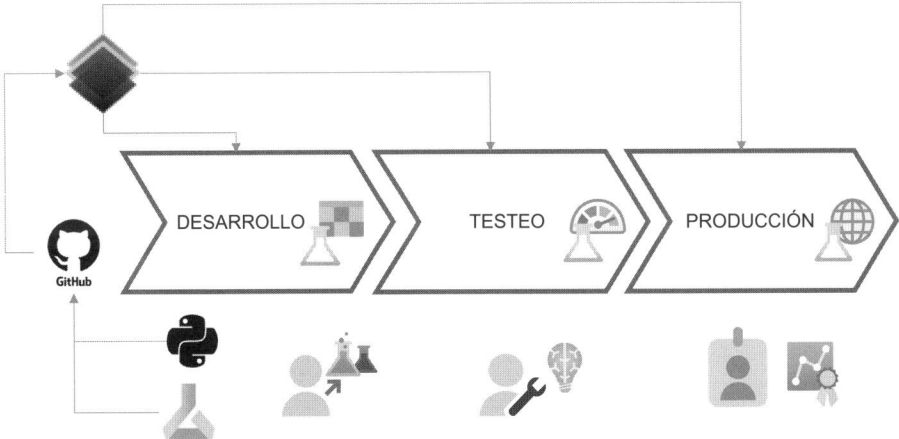

Figura 11.11. Operaciones MLOPS.

Las prácticas de MLOps están estrechamente alineadas con las de DataOps, ya que ambas buscan mejorar la calidad, la velocidad y la confiabilidad de los productos de datos. Sin embargo, MLOps tiene un enfoque más específico en los modelos de *machine learning*. Esta disciplina reconoce que estos modelos presentan desafíos únicos en comparación con el software tradicional, como la necesidad de gestionar y versionar conjuntos de datos de entrenamiento, la importancia de la monitorización del modelo en producción y la necesidad de reentrenar modelos periódicamente a medida que llegan nuevos datos.

Al igual que con DataOps, la implementación de MLOps es esencial para garantizar la calidad y la entrega rápida de productos analíticos de alta calidad.

Resumen

La misión de la arquitectura de datos es construir entornos de analítica que sean integrados, escalables y que permitan con dinamismo la integración y desarrollo continuo de las soluciones.

Vimos también que una arquitectura de datos se divide en siete capas lógicas y cómo interactúan estas. En los siguientes capítulos profundizaremos en los elementos que forman cada una de ellas.

Vimos qué es la escalabilidad horizontal y vertical y qué implica cada una de ellas.

Por último, entendimos qué es la integración y el desarrollo continuo, comprendiendo que existen estrategias DevOps, DataOps y MLOps que aplican en lo particular para cada tarea de datos.

Diseños principales de arquitecturas de datos

Evolución de los sistemas de almacenamiento analítico

Si no conocemos nuestra historia, estamos obligados a repetirla y cometer los mismos errores para aprender. Esta frase puede sonar muy manipulada, pero no deja de tener razón. El tiempo que tenemos actualmente es tan poco que un paso hacia atrás nos puede costar no tan solo mucho dinero, sino que también la pérdida de posición en el mercado. Por eso, es importante conocer cómo las arquitecturas de datos han evolucionado para no cometer los mismos errores y contextualizar la posición actual de nuestra organización.

Los primeros pasos (1887-1990)

Máquina tabuladora e IBM

En 1887, Herman Hollerith construye la primera máquina de cómputo y almacenamiento de datos bautizada como "máquina tabuladora". Después de una serie de intentos fallidos y algunos fracasos en materias de financiamiento se comienza el testeo de esta máquina perforadora de tarjetas y ordenadora de información dentro del Departamento de Salud de Baltimore con mucho éxito.

Tras este éxito y para llevar a cabo el Censo de Estados Unidos en 1890, se le encarga la confección de 56 máquinas tabuladoras que se utilizaron para tabular y computar los resultados del censo de ese año, con tal éxito que se pudo procesar la información de 56 millones de personas en algunos meses, tarea que, de haberse hecho a mano, hubiese tomado 10 años aproximadamente.

Tras este éxito, muchas de sus máquinas se vendieron en otros países y al cabo de unos años la compañía fundada para este propósito con el nombre de CTR, al cabo de unas cuantas fusiones con otras compañías de aparatos tecnológicos, cambia su nombre de Computing Tabulating Recording Company a International Business Machine o IBM, perdurando hasta el día de hoy.

No fue hasta la década de 1950 que se da el siguiente salto en la historia de la evolución de métodos de cómputo y almacenamiento de datos, cuando la IBM saca al mercado diversos productos destinados al procesamiento y almacenamientos de datos de carácter militar que fueron capaces incluso de incorporar elementos de inteligencia artificial en sus procesos, como lo fue el caso de la IBM 704 donde Arthur L. Samuel programa un método para jugar damas inglesas en el que la máquina puede "aprender" a partir de su propia experiencia.

Aparece SQL

Evidentemente, al tener una posición dominante en el mercado, la IBM establece su propio método de almacenamiento de datos llamado "base de datos jerárquica", la cual le producía muchísimos ingresos. Como es esperable en todo mercado con una compañía con posición dominante muchas investigaciones y desarrollo intelectual iba destinado hacia el desarrollo de un método de almacenamiento más eficiente y asequible para más consumidores, lo anterior derivó a que en 1970 un informático inglés, empleado en la IBM llamado Edgar Frank (Ted) Codd publicara un artículo intitulado "A relational model of Data for Large Shared Data Banks" o, en español, "Un modelo relacional de datos para grandes bancos de datos compartidos", lo que hasta el día de hoy se conoce como el artículo precursor del lenguaje SQL, que es hasta el momento el estándar con el cual todos los motores de bases de datos relacionales funcionan internamente y se comunican entre sí a través de distintos softwares, interfases de comunicación y otros métodos destinados al traspaso, cómputo y almacenamiento de datos.

Análisis exploratorio

Con todos estos adelantos de la época, fue John W. Tukey (1915-2000), considerado el "padre" del análisis exploratorio de datos, quien planteó las primeras metodologías de análisis computacional de datos. Su legado es tan grande que incluso introdujo dos palabras a nuestro lenguaje, palabras que ahora usamos comúnmente; estas son bit (abreviación de *binary digit*) y software.

Fuera de legarnos estas palabras, también resolvió varios problemas matemáticos durante su paso en Princeton como académico e investigador; además, fue el creador de algunos gráficos esenciales para detectar *outliers* en los datos que pueden sesgar su interpretación. El más conocido de estos gráficos es el gráfico de cajas y bigotes, también conocido como *boxplot*. También justificó matemáticamente el uso del estadístico llamado media móvil en el análisis de series de tiempo estadísticas. Tukey plantea la metodología que aún utilizamos para convertir los datos en sabiduría: analizar exploratoriamente y luego confirmar el comportamiento detectado en dichos análisis.

En la época de 1980, el crecimiento de la industria y la llegada al mercado de la IBM PC (*Personal Computer*) más la estandarización del lenguaje SQL, junto con la aparición de nuevas compañías de software y sistemas operativos, hacen un salto significativo en el desarrollo de la informática. La masificación del uso de computadoras permite que muchas compañías pequeñas sean capaces de almacenar y analizar grandes volúmenes de datos propios de sus negocios.

La revolución analítica de los 90

Todo este impacto del desarrollo tecnológico llevó a que se desarrollara también una forma de analizar todos estos datos generados por estos sistemas computacionales de forma eficiente y estandarizada. Ya contábamos con el lenguaje SQL para las bases de datos, pero necesitábamos pasar del almacenamiento de datos para el software al almacenamiento de datos para el análisis.

Bill Innmon y el *data warehouse*

En 1992, Bill Innmon publica *Building the Data Warehouse,* un libro que en definitiva revolucionó el entendimiento de los datos y de cómo estos deben ser almacenados en un repositorio distinto a los originales debido a que prestan utilidades distintas. Aunque en capítulos posteriores profundizaremos un poco más sobre Innmon, puedo adelantar que su obra aún se encuentra vigente, puesto que tiene varias revisiones y una versión 2.0 publicada en 2008 bajo el título *DW 2.0: The Architecture for the Next Generation of Data Warehousing*.

En pocas palabras, *Building the Data Warehousing* es considerado uno de los textos fundamentales en el campo de la arquitectura de datos y la inteligencia empresarial. Inmon, a menudo referido como el "padre del *data warehousing*," presenta un enfoque detallado sobre cómo las organizaciones pueden gestionar y utilizar de manera efectiva sus recursos de datos para obtener una ventaja competitiva.

El concepto central del libro es el *data warehouse,* una estructura de almacenamiento de datos que sirve como repositorio centralizado para toda la información que una empresa genera y recopila. A diferencia de las bases de datos operativas, que están diseñadas para transacciones en tiempo real, un *data warehouse* está optimizado para el análisis y la consulta de datos. Inmon aboga por un enfoque de arriba hacia abajo en el diseño del *data warehouse*, comenzando con los requerimientos del negocio y trabajando hacia las necesidades técnicas.

Inmon también introduce el concepto de *datamart,* que son subconjuntos de *data warehouses* diseñados para satisfacer las necesidades de departamentos o funciones empresariales específicas. Los *data marts* pueden ser más fáciles y rápidos de implementar que un *data warehouse* completo, pero Inmon advierte que deben ser parte de una estrategia más amplia para ser realmente efectivos.

Otra idea clave en el libro es la de ETL (extracción, transformación y carga), un conjunto de procesos mediante los cuales los datos se extraen de sistemas fuente, se transforman a un formato que puede ser analizado y luego se cargan en el *data warehouse*.

Inmon ofrece directrices detalladas sobre cómo manejar cada etapa del proceso de ETL para asegurar que los datos sean precisos, coherentes y útiles para el análisis. También aborda los desafíos y las mejores prácticas en áreas como la calidad de datos, la seguridad y la gobernanza de datos.

Propone métodos para evaluar la calidad de los datos y establecer métricas para el rendimiento del *data warehouse*. Asimismo, enfatiza la importancia de mantener la seguridad de los datos y ofrece estrategias para gestionar el acceso y la autorización.

El libro destaca que la implementación de un *data warehouse* no es simplemente un proyecto técnico, sino que requiere una estrecha colaboración entre los departamentos de TI y las unidades de negocio. La alta dirección debe estar comprometida con el proyecto, y debe existir una clara alineación con los objetivos empresariales.

Ralf Kimball y el modelo dimensional

Al poco de salir la publicación de Innmon y después de las primeras implementaciones de *data warehousing* a nivel corporativo, seguir al pie de la letra las recomendaciones de Inmon resultaba a veces bastante costoso para el momento histórico que se atravesaba. A partir de eso y basado en los fundamentos planteados por Innmon, Ralf Kimball publica en 1996 *The Datawarehouse Toolkit*. Esta obra es, junto con la anterior, considerada esencial en materia de ingeniería de datos.

A diferencia de Bill Inmon, que defiende un enfoque de arriba hacia abajo, Kimball promueve un enfoque más pragmático y centrado en el negocio, conocido como de abajo hacia arriba.

Desde una perspectiva empresarial, Kimball argumenta que la implementación de un *data warehouse* debe comenzar identificando áreas específicas del negocio donde un almacenamiento de datos podría ofrecer el máximo valor. Se concentra en la creación de *data marts*, que son básicamente segmentos del *data warehouse* más pequeños y manejables que atienden a necesidades específicas del negocio.

Según Kimball, los *data marts* permiten implementaciones más rápidas y ofrecen un retorno de inversión más rápido, lo que es especialmente atractivo para las organizaciones.

En el aspecto técnico, el libro de Kimball se centra profundamente en el proceso ETL (extracción, transformación y carga), similar al enfoque de Inmon. Sin embargo, la metodología de Kimball pone más énfasis en la importancia de la transformación de datos y en cómo los datos deben ser modelados para facilitar el análisis y la generación de informes.

Introduce conceptos como el diseño de estrella y el diseño de copo de nieve para el modelado de bases de datos, que permiten una recuperación y análisis de datos más eficientes.

Además, Kimball se adentra en las diversas herramientas y tecnologías que pueden ser útiles para la implementación de un *data warehouse*. Desde herramientas ETL hasta software de inteligencia empresarial, ofrece un análisis profundo sobre cómo elegir las soluciones más adecuadas en función de las necesidades específicas de un negocio.

Otro aspecto importante que Kimball aborda es la calidad de los datos. Argumenta que la gobernanza de datos es crucial para mantener la integridad y la calidad de los datos almacenados. Este aspecto es crucial para cualquier empresa que dependa del análisis de datos para la toma de decisiones estratégicas. En este sentido, el autor ofrece mejores prácticas y directrices para implementar políticas de gobernanza de datos que aseguren la calidad y la coherencia de los datos a lo largo del tiempo.

En resumen, mientras que Inmon ve el *data warehouse* como un sistema monolítico y altamente estructurado, Kimball adopta una visión más modular y flexible, que permite una implementación más ágil y centrada en las necesidades inmediatas del negocio. Ambos enfoques tienen sus méritos, pero el método de Kimball puede ser especialmente atractivo para organizaciones que buscan resultados rápidos y un retorno de inversión más inmediato en su infraestructura de datos.

El libro *The Data Warehouse Toolkit* es, en esencia, una guía práctica que abarca tanto la teoría como la implementación del *data warehouse*, haciendo especial énfasis en cómo alinear la tecnología de almacenamiento de datos con las metas y objetivos empresariales. Su enfoque pragmático lo convierte en una lectura esencial para profesionales de negocio y técnicos por igual que estén interesados en el diseño e implementación efectivos de un *data warehouse*.

Los 2000 y el Big Data, un cambio de reglas del juego analítico

El término "Big Data" fue acuñado por Roger Magoulas en 2005 para describir un volumen de datos tan grande que era casi imposible de manejar con las herramientas SQL tradicionales disponibles en ese momento. Ningún sistema de *data warehousing* por muy apegado que se encuentre a Innmon o Kimball es capaz de procesar ese volumen, velocidad y variabilidad de datos, por cuanto se hizo necesario investigar y desarrollar algo más potente.

Fue en 2008 que Apache Fundation desarrolló y liberó Hadoop, la primera herramienta de Big Data en la historia, lo que permitió proporcionar el motor de necesario para localizar y procesar datos no estructurados en una escala masiva.

El concepto *data lake* fue acuñado en octubre de 2010 por James Dixon, fundador y ex CTO de Pentaho. Dixon, en una conferencia, utilizó una metáfora para referirse a los *data marts*, dijo que su capacidad de almacenamiento y procesamiento era similar al de una botella de agua y que en realidad se requería una tecnología capaz de almacenar y procesar un lago de datos y que eso último era lo que debía soportar el Big Data. En otras palabras, para la realidad del momento se requería de un gran cuerpo de agua donde los datos fluyen desde diversas fuentes, y los usuarios pueden explorar y extraer muestras a voluntad.

Los *data lakes* surgieron así como un concepto revolucionario para el almacenamiento y análisis de datos en sus diversas formas: no estructurados, semiestructurados y estructurados. Estos repositorios centralizados se crearon con la idea de almacenar datos que "podrían tener valor", aunque su utilidad específica podría no ser inmediatamente evidente.

Desde esta época, los *data lakes* han evolucionado para convertirse en una solución integral para el almacenamiento y análisis de una amplia gama de datos, complementando y, en algunos casos, reemplazando a los *data marts* y *data warehouses* tradicionales. Su desarrollo y adopción han sido impulsados por las crecientes necesidades de manejar y extraer valor del Big Data, ofreciendo una flexibilidad y escala que las soluciones anteriores no podían proporcionar.

Es importante señalar que, sin la aplicación de buenas prácticas, los lagos de datos podrían degenerar en "acumulaciones de datos" sin sentido convirtiéndose en un "pantano de datos" que, en vez de facilitar, entramparían las cosas.

2020: nace el *lakehouse*

Con la irrupción del Big Data y el gran aporte de Apache Fundation en la investigación y desarrollo de tecnologías de análisis a grandes volúmenes de datos, llega a la vida Spark, un motor de análisis distribuido que incorpora conceptos como clústeres de procesamiento que puede montarse directamente sobre un *data lake* siguiendo buenas prácticas de desarrollo. Spark ha integrado perfectamente en su explotación conceptos como *notebooks* y se ha adherido al lenguaje Python de forma casi nativa, lo cual lo ha convertido en unos pocos años en el motor de analítica por excelencia para los científicos de datos. A partir de Spark, nace Databricks, una compañía destinada a llevar soporte y versiones de desarrollo controladas hacia el mundo privado distintas soluciones de analítica.

Entre el año 2019 y 2020, Databricks, de la mano de su cofundador y CTO Matei Zaharia, ha impulsado y acuñado el concepto de *lake house*, una forma de describir una arquitectura que combina lo mejor de los *data lakes* y los *data warehouses*, ofreciendo la flexibilidad y escalabilidad de los *data lakes* con la gobernabilidad, rendimiento y facilidad de uso de los *data warehouses*.

Varios documentos de investigación, blogs y presentaciones de expertos en la industria han contribuido al desarrollo y adopción de la arquitectura *lake house*. La idea ha sido discutida y perfeccionada en conferencias académicas y de la industria, pero Matei Zaharia y Databricks han sido especialmente influyentes en dar forma al concepto y popularizarlo.

Es importante tener en cuenta que, aunque Databricks ha sido un jugador clave en la popularización del término, muchas otras compañías y proyectos *open source* están trabajando en soluciones y herramientas que se ajustan al paradigma *lake house*.

El paradigma *lake house* se fundamenta en la capacidad de esta arquitectura para manejar una gran diversidad de datos, darles gobernabilidad y seguridad, capacidad de ejecutar consultas de alto rendimiento y por supuesto permitir su escalabilidad.

Un *lake house* debe montarse siempre sobre algún sistema de archivos distribuido como HDFS o almacenamientos de objetos como Azure Blob Storage para manejar grandes cantidades de datos.

Debe permitir un motor de consultas SQL sin servidor como Apache Spark SQL, Synapse Analytics o Microsoft Fabric. Debe ser capaz de gestionar capas de metadatos para mantener los esquemas y la estructura de los datos, lo que facilita las consultas y mejora la gobernabilidad de los datos. También debe permitir la integración de herramientas ETL-ELT, que son fundamentales para mover datos entre sistemas y transformarlos en formatos utilizables.

La cumbre de la montaña actual, Delta Lake 2022

Delta Lake es un proyecto de almacenamiento de datos que trae características de *data warehouse* al mundo de los *data lakes*. Fue desarrollado por Databricks y se integra perfectamente con Apache Spark, lo que lo convierte en la opción más factible para construir un *lake house*.

Delta Lake se presenta ante el mercado como un estándar que permite transacciones ACID, lo que garantiza la integridad de los datos incluso en entornos con múltiples usuarios; esquema evolutivo, lo que significa que puede manejar cambios en el esquema de datos con el tiempo; indexación y particionamiento para mejorar el rendimiento de las consultas, lo cual es crítico para el rendimiento analítico en un *lake house*; *time travel* o la capacidad de "viajar en el tiempo" a versiones anteriores de los datos, lo que es útil para la auditoría y la recuperación de datos; y, por último, permite interoperabilidad entre distintas herramientas, lo que permite una perfecta integración con una variedad de fuentes de datos y plataformas.

UCAD, unidad centralizada para análisis de datos

Como vimos en el apartado anterior, con la irrupción en los 90 de los *data warehouse* para analizar datos y gracias a los consejos de Innmon y Kimball, las organizaciones adoptaron estas herramientas y, dentro de esa adopción, también debieron adaptar sus organigramas.

Hasta antes de los *data warehouse*, todo lo que tenía que ver con computación e informática dependía en gran medida de los departamentos de Tecnologías de Información (TI).

La primera división

Al incorporarse a las organizaciones los cargos de ingenieros de datos y analistas de datos o macrodatos, muchas organizaciones responden a este cambio con la creación de departamentos de BI (inteligencia de negocios), independientes de TI, como se ve en la figura 12.1. La misión de estos departamentos era la de centralizar los esfuerzos de ETL, administrar el *data warehouse* y proporcionar analítica a todos los clientes internos y externos de la organización.

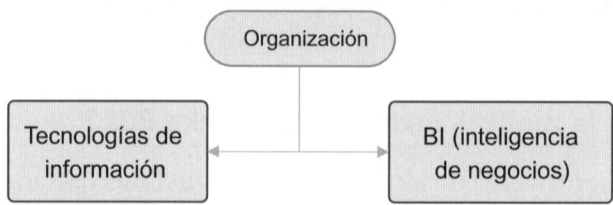

Figura 12.1. División TI-BI (inteligencia de negocios).

Los departamentos de TI se encargan en adelante de todo lo que tiene que ver con la implementación y desarrollo de software, mantenimiento de redes y todo lo que tiene que ver con infraestructura operacional.

Los departamentos de BI se encargan de centralizar las distintas extracciones de datos desde los orígenes internos y externos hacia un *data warehouse* central y son los encargados de elaborar los distintos informes requeridos por los diferentes tomadores de decisiones.

En la práctica, aún podemos ver que estos dos departamentos se encuentran separados en las compañías más grandes y en las más pequeñas se encuentran fusionadas; y, en algunos casos, dependiendo del tamaño de la organización, se encuentran externalizados hacia compañías proveedoras de servicios. Con el paso de los años, estos departamentos se han ido adaptando a las realidades corporativas y se encuentran presente en todas las industrias.

La segunda división, autoservicio y UCAD

Como especificamos anteriormente, una de las tareas del departamento de BI era la de generar informes. Esta tarea, conocida como reportería, empezó a ser una de las más demandadas por los clientes internos de las organizaciones, hasta tal punto que muchos tomadores de decisiones ante los cuellos de botella por la falta de capacidad de BI para responder a los requerimientos de reportería comenzaron a requerir el acceso a los datos para ellos realizar sus propios análisis. Esta práctica, adoptada en muchas organizaciones, fue bienvenida por la industria y varias herramientas de inteligencia de negocios migraron sus estrategias comerciales hacia el autoservicio.

Por otro lado, los datos no solo eran demandados para hacer reportes, también se demandaban para realizar analítica predictiva y prescriptiva hacia ordenadores locales. Como, por excelencia, las herramientas de analítica predictiva son principalmente de autoservicio, la industria también reaccionó de buena forma entregando herramientas también con enfoque en el autoservicio.

Este cambio en la forma de trabajar da lugar a que los departamentos de BI evolucionen hacia un enfoque de administración de herramientas de extracción y almacenamiento de datos y de disponibilizar puntos de acceso a los usuarios de autoservicio analítico. Esta liberación de la presión del *reporting* permitió que estos departamentos pusieran gran foco en la seguridad de la información y el gobierno de datos.

A esta evolución le llamaremos UCAD, unidad centralizada para analítica de datos, y da forma a las principales estrategias de arquitecturas de datos que actualmente existen.

Como vemos en la figura 12.2, una arquitectura UCAD se compone de tres grandes componentes: el mundo operacional, la unidad central de almacenamiento de datos y el mundo analítico, que obedecen jerárquicamente en las organizaciones a TI, a BI y a sus respectivos departamentos de toma de decisiones respectivamente.

Bajo este paradigma, TI en adelante sigue realizando su misión de mantener funcionando en todo instante el software y hardware necesario para el funcionamiento de la organización. BI, en cambio, se enfoca principalmente en extraer la *data* desde las fuentes operativas y debe además disponibilizar esta información a los usuarios analíticos bajo herramientas de autoservicio supervisada. Por último, los usuarios analistas, cada uno dentro de sus ámbitos de decisión, realizan sus análisis respectivos gracias a los datos proporcionados por la UCAD.

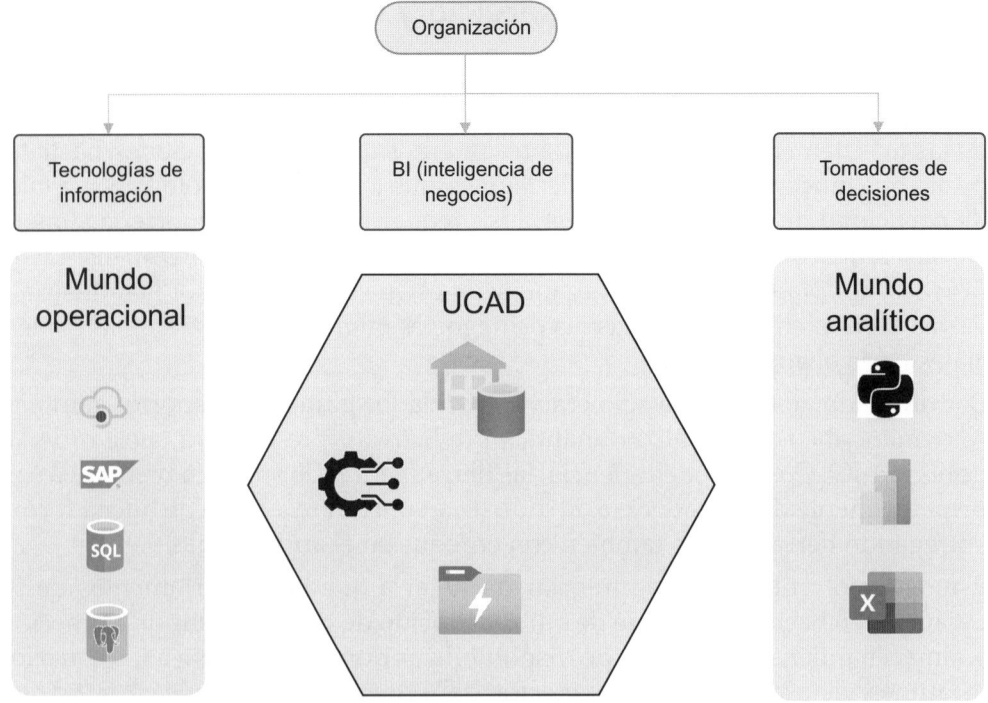

Figura 12.2. La UCAD en la organización.

Fortalecimiento de arquitecturas UCAD

Las arquitecturas son dinámicas y deben permitir diseños adecuados a la realidad organizacional. Con el paso del tiempo, las arquitecturas UCAD se han fortalecido y adoptado elementos trascendentales para las buenas prácticas y seguridad de los datos.

El fortalecimiento de las arquitecturas UCAD incluyen la incorporación de las capas transversales de gobierno, seguridad y monitoreo y una división funcional en los elementos de mundo operacional y mundo analítico.

El mundo operacional se subdivide en datos externos, es decir, que son obtenidos desde fuentes externas a la organización, y datos internos, TI por lo general es quien salvaguarda esta división del mundo operacional. En cambio, datos externos debe ajustarse a las políticas de gobierno y seguridad que la organización establece antes de poder ser incorporados por UCAD al resto de la organización, como se ve en la figura 12.3.

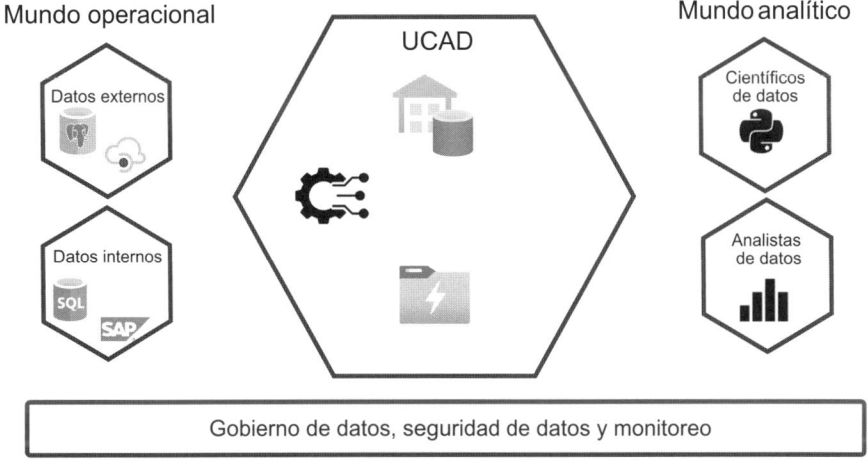

Figura 12.3. UCAD gobernado.

El mundo analítico se subdivide en dos grandes áreas: científicos de datos y analistas de datos. Esta división obedece principalmente a la necesidad de gobernar cada una de las herramientas que utilizan. Este gobierno siempre recae en UCAD o en alguna gerencia especializada bajo la estricta mirada de gobierno, seguridad y monitoreo.

El paradigma Data Mesh

Ya hemos conversado bastante con respecto a lo que UCAD viene a representar en el mundo analítico y han demostrado con los años lo exitoso que es enfrentar de una forma centralizada la analítica hacia los usuarios analíticos.

Por otro lado, las organizaciones que tienen arquitecturas UCAD gobernadas no tienen silos de datos, por cuanto en lo que respecta compartir datos internos desde la perspectiva analítica es muy factible tecnológicamente, solo tienen que cumplir con las políticas respectivas y ya está. Existen organizaciones que en la práctica han adoptado UCAD con tanto éxito que, producto de ese éxito, llega un instante donde la demanda de servicios analíticos es mucho mayor que la que es capaz de satisfacer UCAD. Como una forma de responder a ese colapso de UCAD, producto de su éxito, nace Data Mesh como una evolución arquitectónica.

Los productos analíticos

Si hacemos una mirada hacia los componentes internos de UCAD, nos daremos cuenta de que existen muchas tareas de extracción, transformación y almacenamiento de datos en los repositorios analíticos pertinentes y que estos son accedidos por usuarios analíticos en distinta frecuencia y demanda. A esto lo llamaremos producto analítico.

Los productos analíticos son, en esencia, lo que se fabrica por UCAD y se consume por el usuario analista. Cada producto analítico debe cumplir con todas las políticas y regulaciones de gobierno y seguridad.

En la práctica, cuando el usuario analítico requiere una pequeña variación del dato proporcionado, ya sea una nueva agregación en una tabla de hechos, más datos de una dimensión o un set de datos proporcionado por un proveedor, básicamente lo que está requiriendo es un nuevo producto analítico y, como todo producto interno, para que sea fabricado se debe solicitar a UCAD para que esta unidad fabrique dicho producto y lo deje a disposición del usuario analista. Aquí principalmente es donde se encuentran los cuellos de botellas. Los ingenieros de datos en organizaciones UCAD exitosas tienen una demanda tremenda de fabricación de productos que las colas de fabricación son demasiado largas y no siempre se aprovechan las oportunidades de la analítica a tiempo.

Volviendo al punto, el producto analítico, en la figura 12.4, en esencia es una agrupación de origen transformación y destino, que cumple con los requisitos de las políticas de gobierno y seguridad (G&S) y en gran parte de las organizaciones termina como un set de datos almacenado en un repositorio.

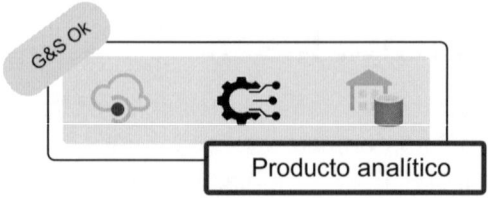

Figura 12.4. Producto analítico.

Domain Driven Design

Erik Evans publica en 2003 su obra *Domain-Driven Design: Tackling Complexity in the Heart of Software*. Este libro introduce el concepto de *Domain-Driven Design* (DDD), una metodología para el desarrollo de software que prioriza la complejidad del dominio de negocio en el proceso de diseño.

Evans destaca la importancia de un lenguaje ubicuo, es decir, un lenguaje común entre desarrolladores y expertos del dominio, para mejorar la comunicación y asegurar que el software refleje fielmente las necesidades del negocio. Propone un enfoque colaborativo, donde el conocimiento y la experiencia del dominio son claves en el proceso de diseño.

Una de las contribuciones más significativas del libro es la distinción entre entidades y objetos de valor, conceptos fundamentales en DDD. Las entidades son objetos que se definen por su identidad, mientras que los objetos de valor se definen por sus atributos. Esta distinción ayuda a manejar la complejidad y a modelar de manera más efectiva el dominio del negocio.

Otro aspecto central de DDD es el diseño orientado a servicios, que promueve la creación de software en módulos pequeños y bien definidos, cada uno responsable de una parte específica del dominio. Esto facilita la mantenibilidad y la escalabilidad del software.

En resumen, *Domain-Driven Design* de Eric Evans es una guía esencial para desarrolladores y arquitectos de software que buscan entender y aplicar principios de diseño que les permitan crear sistemas más robustos, escalables y alineados con las necesidades del negocio. Su enfoque en el dominio y en la colaboración entre expertos del dominio y desarrolladores es un cambio de paradigma en el desarrollo de software.

Productos analíticos orientados al dominio

Traje a colación en el apartado anterior a Evans porque su obra es uno de los pilares del paradigma Data Mesh. Ya dijimos que tenemos productos analíticos almacenados en un repositorio analítico, y que estos productos ya cumplen con las políticas de G&S organizacionales.

Bajo la abstracción de la figura 12.5, podríamos imaginar que cada producto analítico tiene objetivos específicos, en varios casos objetivos comunes y otros para nada comunes en la organización.

Si llevásemos entonces el planteamiento DDD de Evans, podríamos perfectamente identificar que los intereses u objetivos comunes de los productos analíticos obedecen a una lógica de dominio. En palabras de Evans, muchos productos de dominio serían un objeto de valor dentro de una determinada entidad o dominio.

Como la figura 12.6 muestra, una unidad centralizada de productos analíticos perfectamente puede dividirse en dominios de interés, y aquí viene la parte entretenida: cada dominio es responsable de crear y almacenar sus productos analíticos, además debe cumplir con todas las políticas de G&S para disponibilizarlos al resto de la organización de forma segura y organizada.

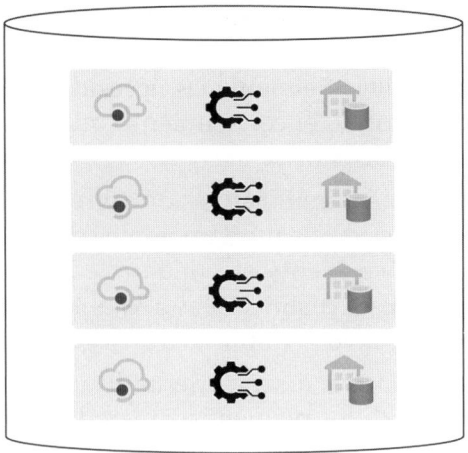

Figura 12.5. Almacenamiento de productos analíticos bajo UCAD.

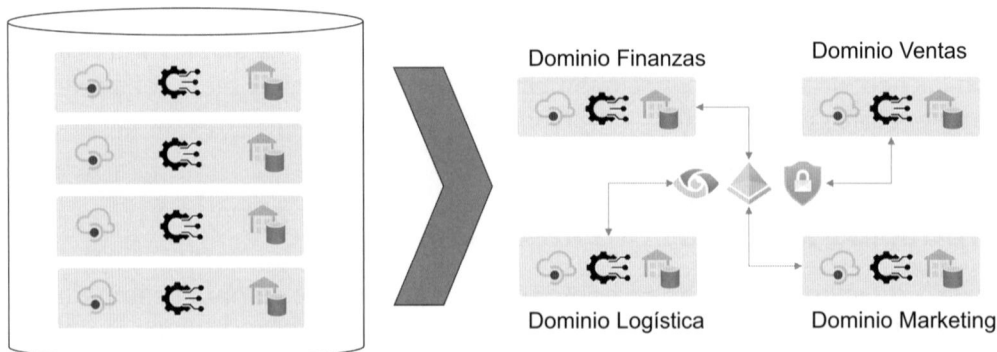

Figura 12.6. Productos analíticos en Data Mesh.

En resumen, Data Mesh es la manera de diseñar arquitecturas de datos de una forma descentralizada y enfocada en el dominio, donde los productos analíticos cobran gran relevancia para el usuario y la organización. Cada dominio asume la ingeniería de datos respectiva y el almacenamiento de los productos analíticos en entornos que no sean silos de datos, porque deben ser accesibles por el resto de la organización que tenga interés en esos productos, cumpliendo cabalmente con las políticas.

Data Mesh permite que UCAD se enfoque en fortalecer gobierno, seguridad y monitoreo de datos, delegando las tareas de ingeniería de datos hacia los dominios. Lo anterior elimina las colas de fabricación de productos analíticos y eleva los estándares de datos en toda la organización.

Dilema *on-premise* versus nube

Para terminar este capítulo, es importantísimo tocar este tema tan relevante al momento de diseñar arquitecturas de datos. La implementación de arquitecturas analíticas en la nube ha crecido a pasos agigantados en los últimos 10 años. En mi caso particular, en los últimos 3 solo he visto arquitecturas en la nube, casi nada *on-premise*. Sin embargo, aún existen organizaciones que tienen varias razones por las cuales desean implementar sus soluciones en su propia infraestructura.

Algunas organizaciones tienen la percepción de que, si mantienen sus datos *on-premise* aumentan su seguridad. Otras organizaciones más pequeñas sienten que su volumen no es tan grande aún para tener que adoptar una nube y con lo que tienen es suficiente. Y, bueno, también hay algunas organizaciones altamente reguladas que tienen la obligación de mantener físicamente sus datos en alguna tecnología particular o en alguna región física dentro de un territorio.

Cualquiera que sea la razón de mantener la data *on-premise*, las organizaciones que así lo decidan deben enfrentar algunos desafíos como escalabilidad, optimización de costes, agilidad y obsolescencia:

- **Escalabilidad:** Como vimos en capítulos anteriores, la escalabilidad tiene que ver con la capacidad de crecer analíticamente hablando. Lo más probable es que las organizaciones que decidan mantener sus soluciones *on-premise* deben buscar diversas estrategias para mantener funcionando sus granjas de servidores, sus equilibradores de carga, la distribución de tráfico por subredes y todo lo que implica aquello. Escalar horizontalmente no es tan sencillo como agregar un servidor más a la granja y ya. Lo mismo pasa con escalar verticalmente: cambiar un chip y luego correr la máquina a veces no es tan sencillo. De una u otra forma, va a llegar el momento que la capacidad máxima instalada va a ser completada y las organizaciones deben decidir si agregan más hardware o eliminan *data* antigua. Por supuesto que la última decisión no es la más beneficiosa para la analítica.

- **Optimización de costes:** Las implementaciones *on-premise* nunca son 100 % coste-efectivas y eso es porque la capacidad instalada requiere siempre una capacidad ociosa para operar. A diferencia de la mayoría de las soluciones en la nube que tienen una tarificación "Paga lo que usas". Lo explicaré con dos conceptos: desembolsos de capital o CapEx y desembolsos operacionales o también OpEx:

  - CapEx es el concepto que se refiere a la cantidad de dinero que debemos desembolsar en alguna adquisición de activos inmovilizados y que al cabo de un tiempo llamado vida útil podemos amortizar dicha inversión hacia nuestros resultados operacionales. La adquisición de un ordenador o un servidor e incluso la adición de algunas partes claves en esos componentes son ejemplos de CapEx.

- OpEx es el concepto de gasto o desembolso operacional, básicamente es lo que debo llevar a mis estados financieros como coste o gasto, según corresponda por uso de herramientas tecnológicas.

Mantener una solución *on-premise* requiere un monitoreo constante de CapEx y OpEx; en cambio, una solución en la nube solo genera OpEx, y este último en la mayoría de los casos obedece a una relación directa de uso/coste.

- **Agilidad:** Las infraestructuras *on-premise* adolecen de agilidad en muchos casos, si acaso para un experimento de inteligencia artificial necesitaremos usar mucha memoria por pocos minutos, eso implica en muchos casos poner la memoria en el hardware. Muy poco ágil en el estricto sentido de la palabra. En la nube, en cambio, en minutos o segundos, podemos contar con la capacidad del experimento y, luego, si no nos satisface, dar de baja el servicio sin mayor coste que el uso y con una rápida obtención de retroalimentación.

- **Obsolescencia:** Cuando tenemos que administrar nuestra propia infraestructura, indudablemente seremos presas de la obsolescencia. La industria rápidamente saca componentes nuevos y óptimos al mercado de forma constante, y en analítica muchas veces necesitamos contar con la última distribución de un clúster, la última versión de un lenguaje o la última actualización de un software para aprovechar al máximo la oportunidad del conocimiento analítico. Definitivamente, una arquitectura *on-premise* siempre va a quedar obsoleta en el corto plazo.

Estrategias de arquitecturas en la nube

Ya que hemos visto a grandes rasgos lo que implica estar *on-premise* versus lo que implica estar en nube, ahora describiré las tres principales estrategias de arquitecturas en la nube. Me refiero a la estrategia de nube privada, pública e híbrida.

Estrategia de nube privada

Una nube privada es un modelo de nube donde los servicios y la infraestructura están mantenidos en una red privada. Estas nubes son utilizadas exclusivamente por una sola organización, proporcionando control completo sobre los datos, la seguridad y la calidad del servicio.

Las nubes privadas pueden estar físicamente ubicadas en el centro de datos de la empresa o ser alojadas por un tercero. Ofrecen ventajas en términos de seguridad y personalización, pero pueden requerir una mayor inversión en recursos y gestión.

En una nube privada, los recursos son exclusivos de una organización. Esto ofrece mayor control sobre la infraestructura y los datos, y es ideal para empresas con requisitos estrictos de seguridad y privacidad.

Estrategia de nube pública

En una nube pública, los recursos de computación son proporcionados por un proveedor de servicios externo y están disponibles para el público general o una gran industria a través de Internet. De aquí el concepto público, porque para acceder a ellas hay que hacerlo a través de la red pública o Internet.

Este modelo ofrece una alta escalabilidad y flexibilidad, permitiendo a las empresas pagar solo por los recursos que utilizan. Sin embargo, la nube pública puede ofrecer menos personalización y control en comparación con una nube privada. Es ideal para empresas que buscan reducir costes de hardware y mantenimiento.

También la nube pública ofrece servicios donde los recursos son compartidos entre varios usuarios. Esta opción es más rentable, ofrece escalabilidad instantánea y elimina la necesidad de mantenimiento de hardware.

Es ideal para organizaciones que buscan flexibilidad y eficiencia en costes.

Estrategia de nube híbrida

Una nube híbrida combina elementos de nubes privadas y públicas, ofreciendo lo mejor de ambos mundos. Permite a las organizaciones almacenar datos críticos en una nube privada, mientras aprovechan la flexibilidad y escalabilidad de la nube pública para aplicaciones menos sensibles.

Esta mezcla, si bien ofrece mayor flexibilidad y optimización de recursos, permitiendo a las empresas aprovechar la nube pública para demandas pico y mantener datos sensibles bajo su control, también demanda que parte de nuestro personal de TI o BI se encuentre monitoreando constantemente ambos entornos o la mezcla de entornos. Una arquitectura de nube híbrida bien gobernada es ideal para organizaciones que buscan un equilibrio entre seguridad, personalización y costes.

Caminos para la adopción de nube

Muchas veces nos encontraremos con escenarios donde las organizaciones han decidido adoptar la nube como su escenario analítico ideal y vamos a vernos inmersos en los escenarios de adopción de nube.

Azure, en particular, ofrece dos escenarios de adopción: el CAF y el WAF, abreviaciones de *Cloud Adoption Framework* y *Well Architechted Framework*, conceptos que, traducidos al español, serían algo como "marco de trabajo de adopción" y "marco de trabajo de buena arquitectura".

Adopción de la nube

El CAF es un conjunto de documentos, guías y herramientas de soporte audiovisual que buscan hacer muy fácil la adopción de nube. Está pensado en organizaciones que tienen muchas cosas *on-premise* y llevarán gran parte de esos elementos hacia la nube de Microsoft.

El CAF establece un flujo de trabajo donde se establece un recorrido por diversas etapas o tareas a abordar por la organización para finalmente migrar hacia la nube sus componentes *on-premise*.

Este flujo de trabajo tiene dos líneas principales. La primera es una línea dedicada a analizar los principales escenarios posibles de adopción y ofrece marcos de referencia en: definir estrategia, planificar la adopción, preparación para la adopción y finalmente la adopción. La segunda línea de trabajo tiene que ver con evaluar y tomar acciones en cuanto a seguridad informática, administración de la(s) plataformas y gobierno.

Para mayores detalles en el proceso CAF, recomiendo visitar el sitio de Azure que se encuentra en constante actualización con herramientas y guías de adopción: `https://azure.microsoft.com/es-es/solutions/cloud-enablement/cloud-adoption-framework/`.

El CAF es un buen marco de trabajo para organizaciones pequeñas y que deben mezclar no solamente un cambio de herramientas, sino también algunos cambios de cultura organizacional.

El WAF, marco de buena arquitectura de Azure

En lo personal, prefiero el marco de trabajo WAF, puesto que enfatiza en procesos desde la perspectiva de cinco pilares de implementación de arquitecturas de nubes y su aplicación en datos es altamente abordable.

También este marco de trabajo es constantemente actualizado y tiene muchísima documentación asociada. Puedes visitar su documentación en el siguiente vínculo: `https://learn.microsoft.com/es-es/azure/well-architected/`.

No voy a hacer un copia/pega de la documentación que acabo de vincular. Para efectos de este libro, voy solamente a limitarme a explicar a grandes rasgos cada uno de los pilares del WAF y qué aspectos son claves en cada pilar al momento de abordar una buena arquitectura en Azure.

Los cinco pilares del WAF son: confiabilidad, seguridad, optimización de costes, excelencia operativa y eficiencia del rendimiento. Cada uno de estos pilares contribuye a diseñar y construir una arquitectura robusta y eficiente en Azure, asegurando que la adopción de la nube no solo cumpla con los requisitos técnicos, sino que también se alinee con los objetivos de negocio de la organización:

1. **Confiabilidad:** Se enfoca en la capacidad del sistema de recuperarse de fallos y continuar operando de manera eficaz. Esto incluye la gestión de incidentes y la capacidad de adaptarse a cambios. En este pilar los conceptos clave son la alta disponibilidad y recuperación de desastres.

    Alta disponibilidad se refiere a la capacidad de responder ante una caída o amenaza de cara al usuario final y tiene mucho que ver con la redundancia.

    Recuperación de desastres se refiere a la frecuencia de respaldo de las herramientas y de los datos y cómo estos pueden volver a ser desplegados. Es un concepto pensado en evitar la pérdida permanente de datos después de una catástrofe.

2. **Seguridad:** Trata de proteger aplicaciones y datos de amenazas, enfatizando en la importancia de la privacidad, control de acceso y protección de datos. No todos los usuarios tienen que tener los mismos permisos, privilegios ni harán las mismas tareas en los componentes; por eso, es importante adoptar un concepto clave: el principio del menor privilegio. Cada vez que adoptemos herramientas en Azure debemos pensar en la seguridad y para eso cada componente debe ser capaz de administrar los accesos de los usuarios o servicios que lo utilicen a través de servicios IAM (*identity access management*) y servicios RBAC (*role based access control*).

3. **Optimización de costes:** Se centra en conseguir el máximo valor económico, asegurando que los recursos se utilizan de manera eficiente y se ajustan a las necesidades reales. En este pilar, es importante evaluar nuestra capacidad de administración y conocimientos de las herramientas, eventualmente podríamos montar una solución de analítica usando la nube como infraestructura como servicio, pero deberíamos tener más responsabilidad sobre el

componente, o podríamos montar sobre plataforma como servicio o software como servicio. Cada servicio tiene precios distintos y requiere mayor o menor responsabilidad en materias de administración. Lo importante de este pilar es lograr el equilibrio entre capacidad y coste por uso de nube.

4. **Excelencia operativa:** Aborda la habilidad de soportar y mejorar procesos y procedimientos operativos, promoviendo la automatización y la mejora continua. Ya profundizamos sobre CI/CD en el capítulo anterior. Este pilar precisamente trata de aquello, debemos ser capaces de implementarlo en cada componente.

5. **Eficiencia del rendimiento:** Se refiere a la capacidad de utilizar recursos para satisfacer los requisitos de rendimiento y escalar para adaptarse a las cargas de trabajo de manera eficiente. Este último pilar ofrece una serie de conceptos a tener en cuenta al momento de adoptar la nube de Azure para evitar cuellos de botella y detectar estrangulamientos a tiempo. Por lo general, estos conceptos se mantienen como políticas de arquitectura para la organización y se transmiten de arquitecto en arquitecto.

   Los conceptos claves en este pilar son: adoptar una postura *data driven*, usar particionamiento de los datos, desnormalizar de la *data*, manejar la retención y el crecimiento de los datos y optimizar consultas SQL e indexar.

Resumen

En este capítulo recorrimos la historia de la evolución arquitectónica de datos desde Hollerit en 1887 hasta el 2020 con Delta Lake.

Posteriormente, vimos de qué tratan las dos principales arquitecturas para análisis de datos: UCAD y Data Mesh, viendo cómo cada una de ellas aborda la administración de los productos analíticos.

Luego, interiorizamos en el dilema de adopción de la nube, vimos los desafíos de mantener una arquitectura *on-premise* y finalmente vimos las distintas estrategias de nube existentes.

Para finalizar, hicimos un recorrido rápido por los dos marcos de adopción ofrecidos por Azure para la nube. Estos son el CAF y el WAF, deteniéndonos en este último para mirar con detención los cinco pilares que sustentan este marco de trabajo bastante interesante para adoptar arquitecturas bien diseñadas no solamente en Azure, sino que también en cualquier otra nube pública, puesto que son conceptos transversales.

13

Capas de arquitectura

- Diseñar arquitecturas de datos con algunas herramientas *on-premise* y Azure.
- Las siete capas de una arquitectura de datos.
- Diseños de alto nivel.
- Diseños de detalles.

Las siete capas de arquitectura

Como lo introdujimos en el capítulo 11, las capas de arquitectura de un diseño arquitectónico base son cuatro capas principales y tres capas transversales. En este capítulo, profundizaremos en los principales desafíos que implica abordar estas capas desde el punto de vista de diseño arquitectónico de datos.

Las arquitecturas de datos son ecosistemas vivos donde trabajan una serie de personas, estas personas en general tienen un rol clave en cada etapa de la generación de valor desde los datos.

En general, nos encontraremos con ingenieros de datos, analistas de datos, científicos de datos, equipos de ciberseguridad, equipos de gobierno de datos y por supuesto a los arquitectos.

Como es de esperarse, en cada capa de arquitectura trabajarán principalmente algunos equipos de generación de valor; por lo tanto, es muy probable que las herramientas que aquí se mencionen puedan ir cambiando dependiendo de la plataforma y el alcance de los equipos que ahí trabajan.

La composición de equipos y su correspondencia en las capas de arquitectura se puede observar en la tabla 13.1.

Tabla 13.1. Composición de equipos y correspondencia en capas.

Grupo	Capa	Disciplinas
Principal	Origen e ingesta	Ingeniería de datos
	Procesamiento y almacenamiento	
	Servicios	
Transversal	Consumo	Analistas y científicos de datos
	Gobierno	Gobierno de datos
	Seguridad	Ciberseguridad
	Monitoreo	Arquitectura de datos

Como se aprecia, los ingenieros de datos son los que más herramientas y protagonismo tienen en este ordenamiento de capas. También están los analistas y científicos de datos y, por último, el resto de los equipos transversales.

A continuación, explicaré cada una de las capas de datos y las consideraciones principales para el diseño de arquitecturas en cada capa, como una lista de requisitos y habilidades o documentación que hay que tener en cuenta antes de definir herramientas que ocupen sus lugares en cada capa.

Capa de origen e ingesta de datos

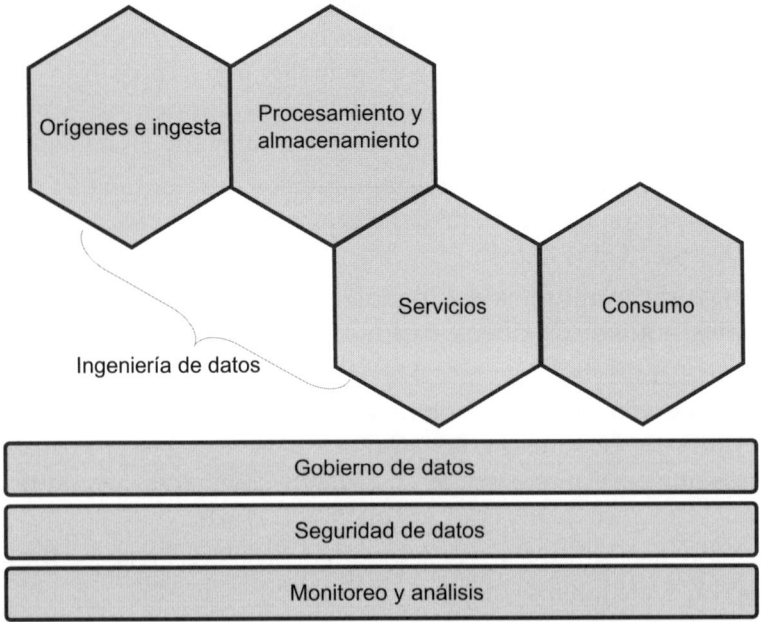

Figura 13.1. La ingeniería de datos dentro de la arquitectura de referencia.

Esta capa es la primera de lo que llamaremos ingeniería de datos, en la figura 13.1. Se caracteriza porque su objetivo es definir dos aspectos fundamentales del proceso de captura de datos: identificar el origen y definir las estrategias de captura.

Orígenes de datos

Bases de datos relacionales y NoSQL

En capítulos anteriores, ya hablamos en extenso de qué se tratan estas bases de datos, así que en esta ocasión solo enfatizaré en los requerimientos para trabajar con estos orígenes.

Para acceder a estos orígenes, se requiere una dirección de servidor, que puede ser un número IPv4 en redes privadas o una dirección IPv6 para entornos más extensos y modernos. En el caso de distribuciones en la nube, se accede mediante URL. Cada tipo de dirección refleja el entorno en el que la base de datos opera, ya sea en un entorno local (IPv4), uno más amplio y posiblemente internacional (IPv6) o en la nube, donde la accesibilidad y la escalabilidad son claves.

Estas diferencias son cruciales para entender cómo se conecta y accede a los datos, y tienen implicaciones directas en la seguridad, la latencia y la gestión general de la base de datos.

Se pueden usar tres tipos de usuarios para consultar los datos. Evidentemente, la mejor cuenta va a depender de las herramientas y servicios que se utilicen para la extracción. Estos tipos de usuario son: cuentas de servicio, usuario/contraseña de base de datos o red y usuarios con autenticación MFA:

- **Cuentas de servicio:** Estas cuentas están diseñadas para procesos automatizados y aplicaciones, no para individuos. Ofrecen control y seguridad, ya que sus permisos pueden ser restringidos específicamente para las tareas que deben realizar.

- **Usuario/contraseña de base de datos o red:** El método tradicional de acceso, donde cada usuario tiene un nombre de usuario y contraseña. Este método es simple, pero puede ser menos seguro si no se manejan adecuadamente las credenciales.

- **Usuarios con MFA (autenticación multifactor):** Ofrecen un nivel adicional de seguridad. Junto con el nombre de usuario y la contraseña, se requiere un segundo factor, como un código enviado a un teléfono móvil. Esto es ideal para proteger contra accesos no autorizados, especialmente en entornos donde la seguridad de los datos es crítica.

Por último, para acceder a estos orígenes de datos, necesitamos conocer el esquema y el catálogo de datos. Este requisito es clave al momento de hacer consultas hacia el origen, ya vimos en capítulos anteriores que por lo general vamos a encontrar estas bases de datos con un modelado entidad-relación y debemos transformar ese esquema hacia un modelado dimensional cuando hablamos de analítica; en consecuencia, tener la documentación a mano para escribir buenas consultas es un requisito clave y forma parte de la documentación de inicio que debemos solicitar cuando vamos a extraer desde una base de datos.

Archivos, ficheros u objetos binarios

Esta categoría abarca una amplia gama de formatos, desde documentos de texto y hojas de cálculo hasta archivos multimedia como imágenes y vídeos.

Para trabajar con estos datos, hay que tener en cuenta los siguientes elementos: ubicación, tipo de archivo, tamaño y encriptación. También hay que saber si para la analítica necesitamos el contenido del fichero u objeto binario o solamente la metadata, ya que eso cambia absolutamente la perspectiva de la ingesta.

Si el objetivo del análisis es el contenido de los archivos, hay que tener en cuenta las características específicas de estos archivos, como su tamaño, tipo de compresión y si están encriptados o no, ya que el tratamiento puede que no se logre con una sola herramienta, sino con la interacción de varias herramientas.

La ubicación de estos objetos puede encontrarse en general en los siguientes sitios:

- Carpeta compartida en una red local.

- Servidor local de documentos.

- Servidor SharePoint instalado localmente.

- Servidores FTP o SFTP.

- Sitio de Sharepoint compartido en nube.

- Servicios Drive como Google Drive, Apple iCloud, Dropbox, etc.

- Bases de datos NoSQL.

- *Data lakes*.

Para acceder a estos datos es necesario, además de contar con la URL correspondiente, un usuario/contraseña de red o alguna cuenta de servicios al sistema de archivos con los permisos correspondientes. Además, se debe considerar la seguridad y la gestión de permisos para acceder a estos archivos, especialmente cuando contienen información sensible o confidencial.

Además, las herramientas de procesamiento de archivos deben ser capaces de manejar grandes volúmenes de datos, especialmente en el caso de objetos binarios como imágenes o vídeos, que requieren una gran cantidad de almacenamiento y potencia de procesamiento. Por último, es clave contar con una estrategia de respaldo y recuperación para estos archivos, garantizando así la seguridad y la disponibilidad de los datos en todo momento.

Llamadas de API

Esta fuente de datos se encuentra dentro de las fuentes de datos de origen web; en mi opinión, permite mucha flexibilidad y personalización del origen.

Una fuente de datos web tiene la peculiaridad de que transporta datos a través de Internet. Podemos distinguir dos tipos aquí: las que hacen *scrapping* y las que gestionan paquetes de datos.

Una fuente web hace *scrapping* cuando transforma lo que se ve en pantalla en datos. Imaginemos una tabla de conversión de monedas publicada por un sitio de datos financieros o de noticias y que se actualiza constantemente: capturar ese dato que se muestra en pantalla es una fuente web de *scrapping*, no necesita mayores permisos salvo los requeridos por el desarrollador de la web, en su gran mayoría son de acceso público por cuanto se pueden capturar con usuarios anónimos. Una fuente web gestiona paquetes de datos cuando la URL que invoco en la llamada no me abre un sitio propiamente tal, sino que me devuelve una cadena de texto semiestructurada generalmente de tipo JSON o XML.

Las fuentes web que gestionan paquetes de datos en su gran mayoría obedecen a una llamada API. API es el acrónimo de interfaz de programación de aplicaciones, que en pocas palabras es una tecnología que permite que dos aplicaciones o software interactúen entre ellos invocando algunos microservicios. Las API, por lo general, se usan invocando algunas llamadas, que pueden ser GET, POST, PUT, DELETE y PATCH. Están diseñadas para darle continuidad al software que requieren salvaguardar los procesos CRUD y por esta misma razón son muy utilizadas a nivel de desarrollo de software.

A nivel de analítica de datos, la llamada más utilizada en una API es la llamada GET, que si lo hacemos un poco símil a SQL, es muy similar a un SELECT.

Cada desarrollador de API establece y documenta la forma de realizar llamadas, por lo cual es muy importante contar con toda esa documentación, ya que establece las particularidades del código y entrega todos los filtros disponibles para personalizar la llamada o el resultado que uno busca.

La autenticación del usuario que puede utilizar la API por lo general obedece a usuario-contraseña (*user-secret*) o a un *token* generado de un método de validación temporal.

Ejemplo de código de llamada API: supongamos que tenemos un proveedor que nos avisa cuánto es el *stock* de sus productos en línea. Para eso, tenemos que invocar su API con una llamada GET y nos va a devolver un dato semiestructurado con el *stock* actual de productos. Si invocamos esa llamada con Power Query, el código sería el siguiente:

```
let
    Url = "https://api.ejemplo.com/productos",
    Token = "tu_token_de_autenticacion_aquí",

    // Encabezados para la autenticación Bearer
    Headers = [
        #"Authorization" = "Bearer " & Token,
        #"Content-Type" = "application/json"
    ],

    // Obtener la respuesta de la API
    Llamada = Web.Contents(Url, [Headers = Encabezados]),
    Json = Json.Document(Llamada)
in
    Json
```

Esta llamada de API nos devolverá un texto semiestructurado, en este caso de formato JSON con el *stock* actual de los productos que estamos consultando. Este código puede luego ser transformado en una tabla o almacenado en algún repositorio para analizarlo más tarde:

```json
{
  "productos": [
    {
      "id": 101,
      "nombre": "Leche Entera 1L",
      "categoria": "Lácteos",
      "stock": 120
    },
    {
      "id": 102,
      "nombre": "Pan Integral 500g",
      "categoria": "Panadería",
      "stock": 80
    },
    {
      "id": 103,
      "nombre": "Manzanas Rojas",
      "categoria": "Frutas",
      "stock": 150
    },
    {
      "id": 104,
      "nombre": "Jabón Líquido 1L",
      "categoria": "Limpieza",
      "stock": 60
    },
    {
      "id": 105,
      "nombre": "Cereal de Avena 500g",
      "categoria": "Desayuno",
      "stock": 90
    },
    {
      "id": 106,
      "nombre": "Huevos Organicos x12",
      "categoria": "Huevos",
      "stock": 40
    }
  ]
}
```

Mensajes de sensores o dispositivos IoT

Estos dispositivos, que pueden variar desde sensores de temperatura en un almacén hasta sistemas de localización en vehículos, generan una cantidad ingente de datos, los cuales son esenciales para la toma de decisiones informadas en diversas industrias y sectores.

Los mensajes de sensores o dispositivos IoT son, en esencia, paquetes de datos que contienen información recopilada por estos dispositivos. Estos mensajes pueden incluir una amplia variedad de datos, como lecturas ambientales, estados de los dispositivos, alertas y mucho más. La naturaleza de estos mensajes depende en gran medida del tipo de sensor o dispositivo, así como del propósito para el cual ha sido desplegado.

En el contexto de la arquitectura e ingeniería de datos, el manejo de estos mensajes de IoT representa un desafío y una oportunidad significativos. Sin embargo, también presentan retos únicos en términos de volumen, velocidad, y variedad de datos, comúnmente conocidos como las tres "V" de Big Data.

Los mensajes por lo general llegan en paquetes y son también cadenas de *data* semiestructurada JSON.

Para acceder a ellos, se deben configurar cadenas de conexión donde generalmente se entrega un puerto de entrada, uno de salida y un código largo de texto que posee las credenciales y la configuración del destino del mensaje.

Este tipo de datos es por lo general de alta velocidad y es aquí donde se utilizan las estrategias de ingesta en *streaming*, las que veremos a continuación en el siguiente apartado.

Estrategias de ingesta

Ya hemos visto las principales fuentes de datos que nos encontraremos en esta capa y cuáles son algunas características generales para cada una de ellas. A continuación, veremos las dos principales estrategias de ingesta de estos datos.

Ingesta por lotes o *batch*

Una ingesta por lotes o *batch* básicamente consiste en hacer una copia de los datos y guardar dicha copia en un repositorio.

Se utiliza principalmente cuando estos datos no requieren ser procesados en tiempo real y se pueden "acumular" en grupos o lotes para ser procesados a futuro. Esto puede abarcar desde unas pocas horas hasta días, dependiendo de la naturaleza de los datos y los requisitos del negocio.

Procesar datos en lotes permite optimizar el uso de recursos, dado que las operaciones se realizan en momentos específicos y no constantemente, lo que también permite acumular grandes volúmenes de datos y, además, un manejo más flexible de los datos. Se pueden aplicar transformaciones complejas, limpieza de datos y otras operaciones que serían difíciles de realizar en un entorno de procesamiento en tiempo real.

Muchas herramientas de ingesta para ingeniería de datos parten con la ingesta por lotes o *batch* por defecto en sus configuraciones. Se pueden utilizar herramientas de alto código como Apache Airflow, SQL Server Integration Services o Pentaho. Como también herramientas de bajo código como Power Query, Azure Data Factory y Microsoft Fabric. Cada una tiene sus fortalezas y desventajas, pero es algo que veremos más adelante.

Ingesta de datos en *streaming*

La ingesta de datos en *streaming* se convierte en un gran desafío para la arquitectura de datos. La alta velocidad y el gran volumen de datos han forzado que las grandes nubes generen herramientas específicas para la captura de estos mensajes y luego replicarlos hacia sus repositorios o centros de consumo.

En *streaming*, más adelante, profundizaremos en dos tipos de arquitectura diseñadas específicamente para esta captura de datos: las arquitecturas lambda y kappa.

Ambas arquitecturas invitan a dividir los mensajes de los dispositivos en dos grandes capas, la primera llamada **Caliente** y la segunda llamada **Fría**. La capa **Caliente** es la que mantiene la velocidad del *streaming*; la capa **Fría** se transforma en un grupo *batch* y se trabaja bajo esa lógica a futuro.

Como hemos visto hasta ahora, son varios aspectos que se deben considerar en la primera capa de una arquitectura. Todos estos aspectos forman la puerta de entrada al resto de las capas.

Capa de procesamiento y almacenamiento de datos

En esta capa montaremos todas las herramientas necesarias para realizar los procesos de ETL, ELT y captura de datos, dependiendo del origen desde donde provienen nuestros datos.

Antes de continuar, haremos una definición importante a estas alturas: la diferencia entre ETL y ELT, antes de definir que ambos conceptos se utilizan indistintamente en herramientas de ingesta por lotes o *batch*.

ETL es el acrónimo del proceso *Extract, Transform & Load*, que en español quiere decir "extraer, transformar y cargar". ELT, en cambio, solo cambia el orden de los últimos dos conceptos: "extrae, carga y luego transforma". Cuándo ocupar el uno o el otro lo veremos a continuación.

Como se aprecia en la figura 13.2, los procesos de ETL deben en la misma ejecución leer, transformar y luego escribir en el destino y para realizar transformaciones utiliza memoria volátil (caché) para los datos que requiera memorizar.

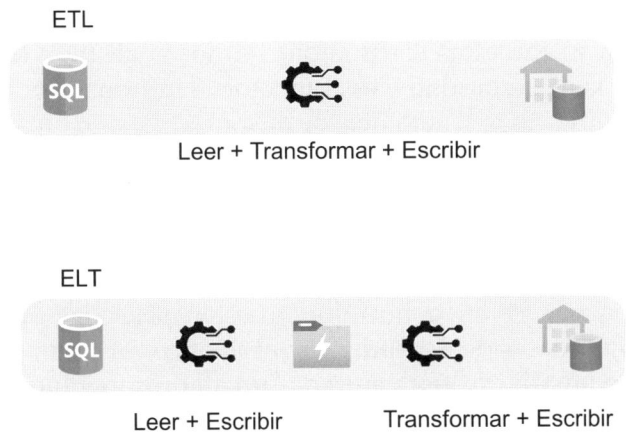

ETL

Leer + Transformar + Escribir

ELT

Leer + Escribir   Transformar + Escribir

Figura 13.2. ETL versus ELT.

ELT divide la ejecución en dos; la primera, donde copia los datos en una memoria temporal, también llamada *stage, staging* o estacionaria y, luego, a partir de esos datos estacionados, realiza las transformaciones pertinentes para escribir luego el resultado en el destino.

ETL es una buena estrategia para cuando las cargas de los datos son relativamente bajas y la memoria volátil de la herramienta es suficiente para utilizarla en estos procesos; en cambio, cuando no es suficiente, se debe realizar un proceso de ELT con la incorporación de una capa estacionaria o temporal de datos.

Las otras herramientas de captura de datos son las herramientas de gestión de *data* en *streaming* que en capítulos siguientes las abordaremos con más detalle.

Independiente de la herramienta o estrategia que estemos utilizando, los datos tendremos que almacenarlos en algún repositorio analítico. Los más comunes son *data warehouse*, *data lake* y *data lakehouse*; a continuación, explico a grandes rasgos las características de cada uno.

Data warehouse

Un *data warehouse* es un repositorio de datos construido generalmente sobre un motor de bases de datos relacional, es decir, funciona con lenguaje SQL y podemos encontrar en él esquemas, tablas, vistas y procedimientos almacenados o funciones.

En su estructura lógica, pueden encontrarse una serie de *datamarts* interconectados o una jerarquía de tablas de hechos y dimensiones almacenados en distintas granularidades para servir a alguna herramienta de BI o analítica.

Por lo general, se acostumbra a que las tablas del *data warehouse* almacenen la *data* ya depurada y sean estas consumidas por los analistas a través de vistas, dependiendo de la granularidad y demanda de la información.

Se administra con la misma experiencia de administración de bases de datos relacionales y, entre sus ventajas, se encuentra que muchos de ellos pueden particionar las tablas para optimizar las consultas. Permiten además grandes combinaciones de elementos de distintas tablas para lograr una gran diversidad de opciones de salida o de servicio.

Entre sus desventajas, se encuentra que no están pensadas para soportar las principales herramientas de aprendizaje automático, es decir, grandes sets de datos que se puedan dividir para entrenar un algoritmo y luego para ponerlo a prueba.

Resumiendo, los *data warehouse* son soluciones muy sólidas para la analítica descriptiva y diagnóstica, pero no son lo suficientemente flexibles para la analítica predictiva y prescriptiva. Para ellos principalmente se utilizan los *data lake*.

Data lake

Un *data lake* es un sistema de almacenamiento que permite guardar una gran cantidad de datos en su forma cruda o natural, sin necesidad de un esquema fijo al momento de almacenarlos. A diferencia del *data warehouse*, que se estructura en torno a tablas y esquemas predefinidos, los *data lakes* están diseñados para manejar una gran variedad de tipos de datos, desde datos estructurados hasta no estructurados, como textos, imágenes, vídeos y más.

Este enfoque de almacenamiento es especialmente útil en el contexto de Big Data y la analítica avanzada, ya que permite a las organizaciones almacenar todos sus datos en un solo lugar, facilitando el acceso y el análisis posterior. Los *data lakes* son flexibles, escalables y capaces de manejar volúmenes masivos de datos, lo cual es clave en estos días.

A diferencia de los *data warehouses*, que requieren que los datos se limpien y transformen antes de ser almacenados, los *data lakes* permiten almacenar datos en su estado original. Esto es especialmente valioso para conservar la integridad de los datos y para situaciones donde no se sabe de antemano cómo se utilizarán los datos.

Los *data lakes* son capaces de almacenar todo tipo de datos, ya sean estructurados, semiestructurados o no estructurados. Esto los hace ideales para aplicaciones que involucran diversas fuentes de datos, como redes sociales, dispositivos IoT, transacciones en línea, entre otros.

Dado su diseño, los *data lakes* son altamente escalables y pueden almacenar petabytes de datos a un coste relativamente bajo, especialmente cuando se utilizan soluciones en la nube.

Los *data lakes* son compatibles con herramientas de análisis de datos avanzadas, incluyendo aprendizaje automático y procesamiento de datos en tiempo real. Esto los hace ideales para la analítica predictiva y prescriptiva.

Aunque los *data lakes* permiten una gran flexibilidad, esto también puede resultar en dificultades para localizar y acceder a datos específicos si no se implementa una estructura y metadatos adecuados.

En resumen, los *data lakes* ofrecen una solución flexible y escalable para el almacenamiento de grandes volúmenes de datos diversos, apoyando una amplia gama de análisis y aplicaciones de Big Data. Son especialmente potentes para empresas que buscan aprovechar el análisis predictivo y prescriptivo. Sin embargo, su éxito depende de una gestión eficaz, que incluye una buena gobernanza de datos, seguridad y organización para evitar convertirse en un pantano de datos inmanejable.

Data lakehouse

Hasta el momento, hemos visto que los *data warehouse* son una buena solución de cara a la inteligencia de negocios, y los *data lake* son muy buenos de cara a la analítica avanzada. Si hacemos un paralelismo, podríamos mirar esta composición de la siguiente perspectiva que aparece en la tabla 13.2.

Tabla 13.2. *Data lake* y *data warehouse*.

Área	Data lake	Data warehouse
Almacenamiento	*Data* estructurada, semiestructurada y estructurada, mantiene la *data* de origen independiente de su fuente y tipo.	Solo captura y guarda *data* estructurada. La *data* debe ser transformada y limpiada antes de ser almacenada aquí.
Esquemas	El esquema se define después de que los datos se almacenan. Esto ofrece una alta agilidad y una captura de datos bastante fácil, pero requiere trabajo al final del proceso.	El o los esquemas se definen antes de que los datos se almacenen. Requiere trabajo al inicio del proceso, pero ofrece rendimiento, seguridad e integración.
Calidad de datos	Cualquier dato que puede o no estar tratado (como datos en bruto).	Datos altamente tratados que sirven como la versión central de la verdad.
Usuarios	Ideal para usuarios que se sumergen en análisis profundos, como científicos de datos, ingenieros de datos y analistas de datos.	Ideal para usuarios operativos como analistas de negocios debido a que está bien estructurado y es fácil de usar y entender.

Área	Data lake	Data warehouse
Coste y desempeño	El coste de almacenamiento es relativamente bajo, en comparación con un almacén de datos, y los resultados de las consultas son más rápidos.	El coste de almacenamiento es alto y los resultados de las consultas consumen mucho tiempo.
Accesibilidad	Tiene pocas restricciones y es fácilmente accesible. Los datos pueden cambiarse y actualizarse rápidamente.	Es estructurado por diseño, lo que lo hace difícil de acceder y manipular.

Desafortunadamente, mantener ambas infraestructuras funcionando deriva en altos costes y grandes esfuerzos a nivel de ingeniería de datos para mantener ambos repositorios con *data* actualizada y también grandes esfuerzos de parte de gobierno para mantener todo seguro y monitoreado. Por otro lado, no se cumple con la idea de eliminar los silos, puesto que cada elemento vendría a ser un gran silo.

De la mano de Databricks se acuña el concepto de *lakehouse*, una solución que mezcla lo mejor de ambos mundos en una sola herramienta, implementando para ello dos grandes aportes al mundo del código abierto: Delta Lake y Photon.

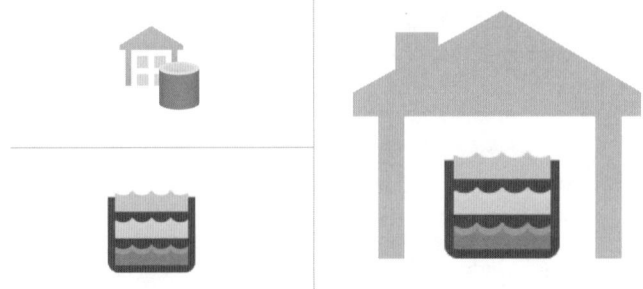

Figura 13.3. *Lakehouse.*

Lakehouse, en la figura 13.3, es el enfoque moderno para construir una plataforma de análisis escalable para el creciente patrimonio de datos de una empresa. Combina la precisión de un *data warehouse* tradicional con la escala masiva y la flexibilidad de un *data lake*.

Al ser una concepción de código abierto, cualquier organización puede construir un *lakehouse* que satisfaga las necesidades de ingenieros de datos, analistas de negocios y científicos de datos, todos compartiendo una única copia de los datos, almacenados en un formato abierto y gobernados por un catálogo unificado.

El repositorio *lakehouse* se está popularizando muchísimo en distintas compañías. La capacidad de montarlo y gobernarlo desde cualquier nube ha masificado su uso. Cuando se adopta Databricks o la capacidad Fabric de Power BI, el *lakehouse* es el concepto nativo estándar de estas plataformas.

Lakehouse es muy compatible con cualquier herramienta de BI de cualquier nube, y con cualquier herramienta de aprendizaje automático que utilice Python con librerías para lenguaje distribuido como PySPARK.

Capa de servicios

La capa de servicios es el núcleo donde se concentra el valor agregado de nuestra arquitectura de datos. En esta etapa, el enfoque se desplaza de la mera recolección de datos a su transformación en un recurso valioso y utilizable. Aquí, las herramientas seleccionadas juegan un papel crucial en la optimización y preparación de los datos para la inteligencia de negocios y la analítica avanzada.

Primero, consideremos la importancia de la preparación de datos. Esta tarea es fundamental para garantizar que los conjuntos de datos estén limpios, completos y estructurados, de manera que los algoritmos de aprendizaje automático puedan procesarlos de manera eficiente. La limpieza de datos implica la eliminación de errores, duplicados y discrepancias que podrían sesgar los resultados del análisis. Esta etapa también incluye la transformación de datos en formatos adecuados y la normalización para garantizar la coherencia.

Además, en la capa de servicios, se diseñan y construyen específicamente los *datamart* para facilitar el acceso y el análisis en el contexto de la inteligencia empresarial (BI). Estos subconjuntos de datos están orientados a un área específica del negocio y están optimizados para consultas y análisis rápidos. Permiten a los analistas de negocios obtener *insights* valiosos y realizar informes precisos y oportunas. Por lo general, intervienen los modelos semánticos en esta capa.

La preparación y el montaje de servicios para terceros interesados también es un componente de esta capa. Esto implica crear API u otros mecanismos que permitan a los usuarios externos acceder y utilizar los datos de forma segura y eficiente, promoviendo así la colaboración y el intercambio de datos.

El uso de servicios en la nube, especialmente soluciones de *platform as a service* (PaaS), es lo que más encontraremos en esta capa. Estas plataformas ofrecen un entorno de desarrollo y hospedaje integrado, lo que facilita la implementación y el mantenimiento de aplicaciones de análisis de datos. Herramientas como Databricks, Snowflake, Azure Synapse, Microsoft Fabric, Google Big Query, AWS Athena y AWS Redshift son ejemplos destacados. Cada una de estas plataformas tiene sus propias fortalezas, y la elección entre ellas puede depender de varios factores como la escala del proyecto, los requisitos de rendimiento y la familiaridad del equipo con la tecnología.

Adicionalmente, la tendencia hacia soluciones *serverless* en esta capa es particularmente interesante. El enfoque *serverless* elimina la necesidad de gestionar la infraestructura de servidores, permitiendo a los equipos concentrarse en el desarrollo de la lógica de negocio y la analítica de datos. Esto no solo reduce los costes operativos, sino que también acelera el proceso de desarrollo y despliegue de aplicaciones.

En resumen, la capa de servicios es donde los datos brutos se transforman en información valiosa. La elección de herramientas y tecnologías en esta capa debe ser meticulosa, ya que influyen significativamente en la capacidad de una empresa para extraer *insights*, realizar análisis predictivos y prescriptivos y, en última instancia, tomar decisiones informadas basadas en datos.

Capa de consumo

En esta capa, se montan las herramientas finales de analítica. Son las que utilizan los analistas de negocios, equipos de inteligencia de negocios y equipos de analítica avanzada.

En general, tendremos tres grandes tipos de usuarios en esta capa: los usuarios de inteligencia de negocios, principalmente en plataformas de autoservicio; los usuarios de analítica avanzada, que deben consumir modelos o set de datos; y usuarios interesados externos, ya sea que debemos compartir información por fiscalización o transparencia o porque derechamente son clientes externos que requieren nuestros datos asociados a sus intereses particulares.

La capa de consumo es multifacética, dinámica y flexible y debe ser diseñada con una visión clara de los distintos usuarios y sus necesidades. La selección de herramientas adecuadas y la configuración de estas para facilitar el acceso, análisis y visualización de datos es lo más desafiante para un arquitecto de datos para el éxito de cualquier arquitectura de datos. La eficiencia, seguridad y facilidad de uso son aspectos clave que definen el valor que esta capa aporta a la organización.

En esta capa, podemos distinguir tres grandes tipos de usuarios:

- **Usuarios de inteligencia de negocios:** Estos usuarios suelen ser analistas de negocios o gerentes que requieren acceso a datos de manera fácil y rápida para tomar decisiones informadas. Utilizan plataformas de autoservicio de BI que les permiten crear *dashboards* y reportes sin necesidad de conocimientos técnicos avanzados. Estas plataformas, como Power BI o Tableau, ofrecen interfaces intuitivas y la capacidad de arrastrar y soltar elementos, lo que facilita la visualización de tendencias, patrones y anomalías en los datos. Además de Power BI, otras herramientas como Reporting Services, Qlik, Cognos o Looker Studio son comunes para consumir informes detallados y visualizaciones atractivas. Cada una de estas herramientas tiene características únicas que pueden ser más adecuadas para diferentes tipos de usuarios o requisitos de la organización.

- **Usuarios de análisis avanzado:** Este grupo incluye científicos de datos y analistas especializados que necesitan acceder a modelos de aprendizaje automático y conjuntos de datos complejos para realizar análisis más profundos. Estos usuarios se benefician de herramientas como Jupyter, que les permite escribir y ejecutar código en múltiples lenguajes de programación, así como visualizar los resultados de manera interactiva. Herramientas como SPSS también son comunes en este segmento, proporcionando capacidades estadísticas y de modelado avanzado.

  También se utilizan muchísimo las distribuciones SPARK para análisis de datos, ya que su interfaz basada en la experiencia de *notebooks* hace muy intuitivo para los usuarios de analítica avanzada desarrollar sus modelos y algunas herramientas como Databricks permite que accedan de forma segura a los datos modelados en la capa anterior, facilitando el procesamiento y análisis en tiempo real o con el mínimo retraso posible.

- **Usuarios interesados externos:** Estos pueden ser reguladores, socios comerciales o clientes que necesitan acceso a datos específicos. En este caso, es crucial garantizar la seguridad y el cumplimiento normativo, al mismo tiempo que se proporciona la información necesaria. Aquí, las herramientas de API como API REST o Graph API son fundamentales, ya que permiten compartir datos de manera controlada y segura, manteniendo la integridad y confidencialidad de la información.

Con esto, damos por terminada la descripción de las capas principales en una arquitectura analítica; ahora veremos las capas transversales.

Gobierno de datos

Gobernar datos no tiene mucho que ver con la implementación de una estructura burocrática rígida donde un ente centralizado decide qué hacer o no hacer con los datos; al contrario, para los tiempos actuales, caracterizados por una creciente utilización de los datos, gobernar significa tomar las acciones adecuadas para lograr los siguientes objetivos:

- Gestionar un escenario de datos que crece constantemente de forma interna, sin perder de vista lo que sucede en la industria, adaptándose al crecimiento de la organización o del negocio con la consecuente incorporación de nuevas fuentes de datos.

- Superar los silos de datos, patrocinando migraciones hacia arquitecturas UCAD o Data Mesh y, mientras eso ocurre, implementar soluciones de gobernanza que brinden visibilidad y control sobre los diferentes silos de datos, ya sean internos o externos.

- Aumentar la agilidad de los datos que permita a la organización adaptarse rápidamente a los cambios tecnológicos, reflejando nuevas tendencias o influencias de forma ágil y no bajo una burocracia rígida que impida el aprovechamiento de los beneficios de la implementación tecnológica evolutiva.

- Cumplir con las regulaciones pertinentes como el GDPR (Reglamento General de Protección de Datos) en la Unión Europea, las normas locales de algunos países, la adopción de cumplimiento de estándares de calidad como ISO y el manejo adecuado de datos sensibles, fortaleciendo la protección y privacidad de los datos.

En esta capa, intervienen todos los actores que vimos en el capítulo de roles en ciencia de datos y de forma activa se organizan en comités para lograr los objetivos que acabamos de ver.

También se implementan herramientas como Microsoft Purview o Databricks Unity Catalog que, sin duda, ayudan a tener una visualización completa de lo que sucede con nuestros datos.

Y, por último, se implementan estándares de gobierno de datos como DCAM o DAMA; me referiré en muy breves palabras a cada uno de ellos a continuación.

DCAM (Data Management Capability Assessment Model) y DAMA (Data Management Association) son estándares de gobierno de datos reconocidos internacionalmente. DCAM proporciona un modelo integral para evaluar y mejorar la gestión de datos en las organizaciones, enfocándose en áreas clave como la calidad de los datos, la arquitectura de datos y la protección de datos. Por otro lado, DAMA es una asociación profesional que ofrece un cuerpo de conocimientos (DAMA DMBOK) que abarca los principios y mejores prácticas en la gestión de datos. Ambos, DCAM y DAMA, son fundamentales para establecer un marco sólido de gobierno de datos, asegurando la calidad, eficiencia y cumplimiento normativo en el manejo de la información corporativa.

Seguridad de datos

Esta capa requiere un libro en sí mismo; técnicamente, es bastante extenso de explicar en detalle, por lo que me referiré a grandes rasgos sobre el propósito de la capa de seguridad de datos, cuáles son sus tareas específicas y algunas herramientas que utilizan para lograr este propósito.

El propósito de esta capa es no permitir que quien no tenga el privilegio acceda a los datos, ya sea de forma interna o externa. Y, para ello, lo logra enfocando sus esfuerzos en las siguientes tareas:

- **Protección de datos:** Principalmente, aquí se usan herramientas de encriptación para la *data* que está "quieta" y la *data* que está en "movimiento".

- **Control de acceso:** Se implementan y configuran herramientas que permitan el control de acceso según los roles de las personas o de elementos no personas, como las aplicaciones. Aquí se gestiona principalmente Active Directory con la definición de permisos, roles y funciones, ya sea usando herramientas IAM enfocadas a usuarios o grupos de usuarios.

- **Autenticación:** Se implementan y hacen exigibles políticas de contraseñas rígidas, encriptación de contraseñas de cuentas de servicios o aplicaciones, exigencia de autenticación multifactorial para usuarios personas y por supuesto se establecen las reglas en los *firewalls*.

- **Seguridad de red:** Se diseñan e implementan los mapas de las redes de la organización generando redes principales, subredes y cómo estas se exponen o no hacia redes virtuales públicas o privadas. Entre las herramientas que se utilizan aquí, están los *firewalls* y las propias de red como VNet, VPN, etc.

- **Protección contra ataques:** Esta tarea es siempre la primera línea de defensa de la seguridad de nuestra arquitectura. Se compone de herramientas como antivirus, centinelas activos y otras destinadas a detectar comportamientos anómalos en las cargas, escrituras o eliminación de ficheros en algunos repositorios. Por ejemplo, ¿es normal que borres 150 ficheros en un día desde tu carpeta Mis documentos? Si no es normal, esta capa debería avisarte y aislar ese entorno hasta que confirmes que fuiste tú quien borró esos ficheros y no un software malicioso o una persona infiltrada con tus credenciales. Hay muchas cargas de trabajo que se podrían exponer a ataques como ingesta en *streaming*, capturas hacia fuentes externas o configuraciones de puertos hacia Internet sin supervisar. Por eso, esta tarea es nuestra primera línea de defensa.

Monitoreo y análisis

Esta capa, como adelanté al inicio del capítulo, está enfocada para el arquitecto de datos. Se deben monitorear todos los componentes desde una perspectiva operativa y de cara a la no interrupción del servicio. ¿Qué pasaría si estoy capturando datos desde un proveedor en el extranjero y se corta la energía eléctrica en ese servidor de origen? Lo más probable es que todas las tareas dependientes de esta primera tarea no puedan ser ejecutadas y nos enfrentemos a un cuello de botella con la consecuente falta de actualización en la analítica.

En esta capa, se apuesta a diseñar y mantener grandes "torres de control" con muchos indicadores de ejecución de tareas, detección de cuellos de botella, detección de encolamientos o anomalías en tiempos de ejecución de tareas frecuentes.

También en esta capa se le da mucho valor al análisis de los llamados *logs* de ejecución, que en esencia son el registro de las operaciones realizadas por un sistema informático o una aplicación durante su funcionamiento. Un *log* de ejecución suele incluir información como la fecha y hora del evento, el tipo de acción realizada, el resultado de la operación, el origen y el destino de los datos, etc. Gestionarlo de forma activa en la capa de monitoreo nos ayudaría a detectar cuellos de botella o estrangulamientos de procesos a tiempo para permitir una fluidez de los datos en nuestra arquitectura.

Diseños de arquitectura

Alto nivel

Ya hemos visto hasta este instante qué contiene cada capa de nuestra arquitectura analítica de datos, un viaje hasta ahora bastante interesante e iluminador.

En este apartado, aprenderemos algunos diseños básicos de arquitecturas destinados a mostrar al público no especializado los componentes que forman nuestra arquitectura y cómo esta se despliega en sus respectivas capas.

Como estos diseños están dirigidos a público no especializado o no técnico, los llamaremos de alto nivel o, dicho de otra forma, "mirado desde arriba" o en una perspectiva general sin entrar demasiado en detalles.

Partiremos definiendo algunas reglas básicas para estos diseños: representamos flujos, siempre de izquierda a derecha y de arriba abajo, donde al menos representaremos las capas principales, las capas transversales y las herramientas que se utilizarán. Nada más.

Ejemplo 1

Como se aprecia en la figura 13.4, vemos un diagrama de extracción desde SAP hacia Power BI, un diseño en alto nivel de esta arquitectura muestra cómo desde un servidor SAP, usando una herramienta de ingesta llamada SSIS (SQL Server Integration Services), se envían los datos hacia el *data warehouse* y luego hacia el servicio de Power BI, desde donde finalmente se consumen por los usuarios finales como reportes, informes de metas y plantillas Excel conectadas. También se aprecia que en las capas transversales se utilizan las herramientas Purview para gobierno, KeyVault, EntraID y Defender para seguridad y HD Insight, Monitor y Metrics para monitoreo.

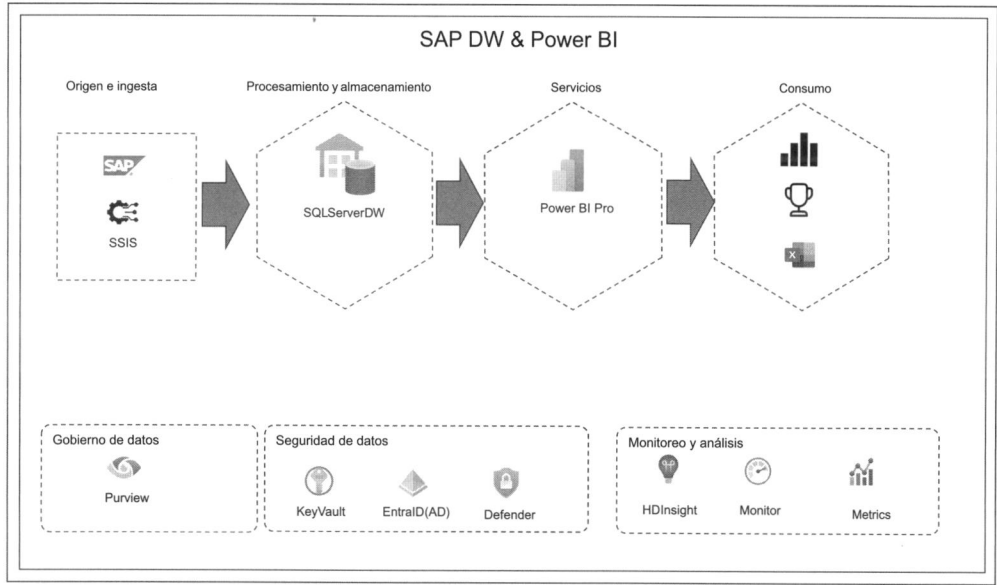

Figura 13.4. Arquitectura alto nivel SAP-*data warehouse*-Power BI.

Un diseño en alto nivel busca precisamente comunicar a grandes rasgos el flujo del dato desde el origen hasta la capa final sin entrar en detalles. Estos diseños son muy recomendados para presentaciones con personas no especializadas.

Ejemplo 2

La figura 3.5 representa una arquitectura en alto nivel para Microsoft Fabric conectada a herramientas productivas en una organización.

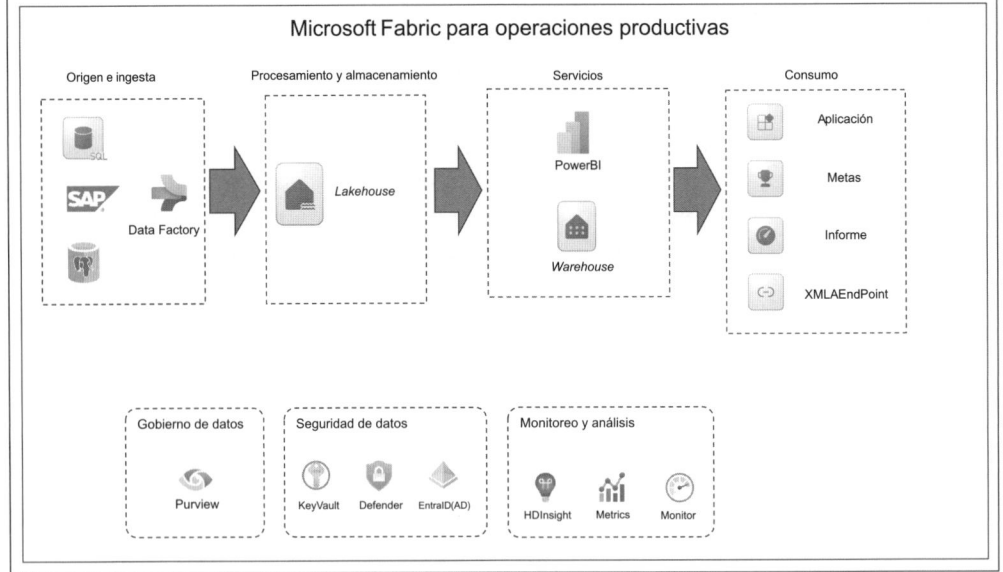

Figura 13.5. Arquitectura alto nivel Microsoft Fabric.

En esta arquitectura, destacan los pasos a seguir por la *data* y queda muy claro también que se utilizará un *lakehouse* para almacenar la *data* extraída y luego depurarla. No se indica el cómo. Después, se observa que la *data* llegará a un *warehouse* y un Power BI como servicios de cara al usuario final, que se nutrirá desde una *app*, un reporte de metas, un informe y una conexión al modelo de datos para sus propios fines.

Ejemplo 3

A continuación, en la figura 13.6, les presento una arquitectura donde capturamos *data* en *streaming* desde el dispositivo GPS de un taxi y del aparato de pagos que usan los pasajeros, lo anterior para observar varias cosas en un tiempo cercano al real, anomalías en los viajes, como cuando un pasaje paga menos que el resto por el mismo tiempo/distancia, eventuales alertas de caída o tráfico denso y también analítica predictiva para decidir si enviamos más vehículos de la flota al tráfico de la ciudad.

A diferencia de los ejemplos anteriores, este diseño de alto nivel se enfoca en la funcionalidad de los componentes y no tanto en las capas. Se puede ver que, si bien el dato recorre de izquierda a derecha, tiene un enfoque de distribución del flujo. Se aprecia que los datos son capturados por Event Hub y que estos los envían a Eventstream, que distribuye a los distintos elementos en la capa de servicios. Kusto DB es una base de datos en *streaming* muy buena para almacenar y luego mostrar *dashboards* en tiempo real. Data Activator es una *suite* que muestra comportamientos anómalos y envía alertas y, por último, los envía hacia nuestro *lakehouse*, que enriquece la *data* con analítica predictiva y tiene como salida un reporte predictivo sobre los eventuales aumentos o baja de demanda de pasajeros en la ciudad.

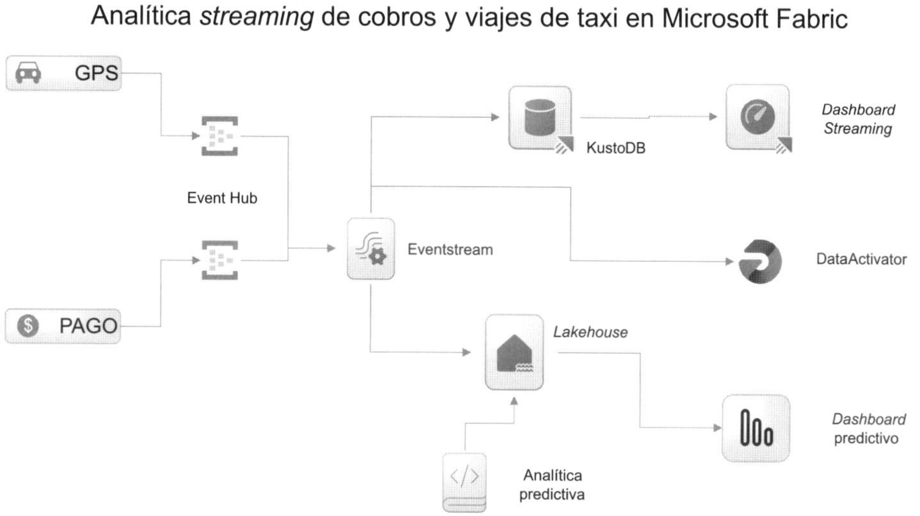

Analítica *streaming* de cobros y viajes de taxi en Microsoft Fabric

Figura 13.6. Arquitectura alto nivel analítica *streaming* en Microsoft Fabric.

Diseños de detalles

Antes de finalizar este capítulo y adentrarme en lo que sigue, que es revisar algunos ejemplos de arquitecturas con detalles, vamos a hacer un breve paréntesis.

Este libro está dedicado a profesionales no especialistas en desarrollo de software y a principiantes en analítica, ingeniería y arquitectura de datos; en consecuencia, hay muchos aspectos que estoy omitiendo deliberadamente para fines didácticos. Mi intención es comunicar gran parte de estos conocimientos de forma más elemental y didáctica posible para entusiasmar al lector o lectora de este libro para que profundice en aquellos temas que sean de tu interés.

Cerrado el paréntesis, sigo ahora con el diseño de arquitectura de detalles.

En términos generales, existen varios autores y escuelas sobre diseño de arquitecturas de software y por derivación de arquitecturas de datos. La principal diferencia entre estos diseños radica principalmente en cuáles son los objetos de dichos patrones. Por lo general, nos vamos a encontrar con dos grandes tipos de arquitecturas de datos: arquitecturas *on-premise* o para desarrollos locales, tradicionales, y arquitecturas para soluciones en la nube.

Estos tipos de arquitectura varían porque tienen características fundacionales distintas, entre otras, podemos observar las siguientes en la tabla 13.3.

Tabla 13.3. Características de arquitecturas *on-premise* y arquitecturas en nube.

Arquitecturas *on-premise*	Arquitecturas en nube
Monolítica	Descompuesto
Diseñada para una escalabilidad predecible	Diseñado para un escalado elástico
Procesamiento sincronizado	Procesamiento asincrónico
Diseño para evitar errores	Diseño para errores
Actualizaciones grandes ocasionales	Pequeñas actualizaciones frecuentes
Administración manual	Administración automatizada

La frecuencia con la que se actualizan los componentes de nube es tan alta y también la frecuencia con la cual nuevos componentes aparecen en el mercado que obligan a un arquitecto de datos a estar constantemente probando nuevas tecnologías a través de la ejecución de pruebas de concepto o prototipos. Eso implica que muchas de las soluciones que se diseñen deben cumplir con al menos algunas buenas prácticas. Para eso, se sugiere adoptar una metodología de diseño de arquitecturas en nube.

Microsoft Azure sugiere en su documentación adoptar una serie de pasos para lograr un diseño arquitectónico bien acabado. Esos pasos son:

1. Seleccionar un estilo arquitectónico.

2. Elegir la tecnología a utilizar.

3. Aplicar la arquitectura en prototipo-prueba de concepto.

4. Implementar bajo el marco de arquitectura bien diseñada (WAF).

Estilos arquitectónicos

Según Microsoft, existen seis estilos arquitectónicos de soluciones, cada uno con sus características, los cuales describo en la tabla 13.4. Estos estilos satisfacen el diseño de soluciones en la nube dependiendo del enfoque u objeto de la solución. Para efecto de diseñar arquitecturas de datos, nosotros escogeremos el estilo llamado Big Data.

Tabla 13.4. Estilos arquitectónicos.

Estilo de arquitectura	Características	Enfoque
N niveles	El más usado para diseñar software y muestra distintos niveles horizontales divididos por subred.	Desarrollo tradicional. La frecuencia de las actualizaciones es baja.
Web-cola-trabajo	Usado para trabajos de *front end* y *back end*, desacoplados mediante mensajería asincrónica.	Tareas de uso intensivo de recursos.
Microservicios	Servicios descompuestos verticalmente (funcionalmente) que se llaman mutuamente mediante API.	Actualizaciones frecuentes.
Basado en eventos	Productores y consumidores. Vista independiente por cada subsistema.	IoT y sistemas en tiempo real.
Big Data	Divide un conjunto de datos grande en fragmentos pequeños. Procesamiento en paralelo en los conjuntos de datos locales.	Análisis de datos por lotes y en tiempo real. Análisis predictivo mediante aprendizaje automático.
Gran cómputo	Asignación de datos a miles de núcleos.	Procesos intensivos de cálculo como simulaciones.

Estilo Big Data

Big Data permite dividir un conjunto de datos muy grande en fragmentos, realizando un procesamiento paralelo en todo el conjunto, con fines de análisis y creación de informes.

En la arquitectura de detalles, debemos separar los componentes en capas funcionales, como se ve en la figura 13.7, y destacaremos la interconexión de los elementos entre las capas.

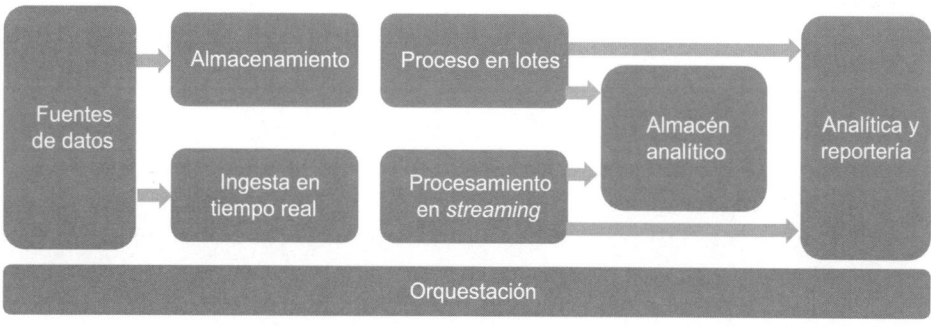

Figura 13.7. Capas funcionales de una arquitectura de Big Data.

Definido el estilo, viene la elección de la tecnología para cada capa funcional. Detallaré algunas capas a continuación con algunas tecnologías más adecuadas dentro de Azure:

- **Orígenes de datos:** Todas las soluciones de Big Data se inician con uno o varios orígenes de datos. Pueden ser bases de datos relacionales o NoSQL, archivos o ficheros estáticos generados por aplicaciones y orígenes de datos en tiempo casi real, como dispositivos GPS y sensores.

  En Azure usaremos Azure Data Factory o Azure Event Hub en esta capa; a nivel de código abierto, podemos usar Apache Kafka o Apache Airflow.

- **Procesamiento de flujos:** Una vez capturados los mensajes en tiempo real, la arquitectura debe procesarlos. Eso implica hacer filtros, agregaciones o bien preparando los datos para su análisis. Los datos procesados se escriben entonces en un receptor de salida.

  Azure Stream Analytics proporciona un servicio de procesamiento administrado basado en consultas SQL de ejecución permanente que operan en secuencias. También se puede utilizar tecnologías de *streaming* de código abierto como Apache Spark Streaming.

- **Almacenamiento de datos:** Ya explicamos anteriormente de qué va este componente, así que iré a lo que podemos usar para montar un *data lake* o un *lakehouse* en esta etapa. En Azure, el componente más adecuado para esta tarea es Azure Storage Account en Gen1 o Gen2.

- **Procesamiento por lotes:** Como los conjuntos de datos son tan grandes, a menudo una solución de Big Data debe procesar los archivos de datos mediante trabajos por lotes de ejecución prolongada para filtrar, agregar o preparar de cualquier otra forma los datos para su análisis. Normalmente, estos trabajos implican leer archivos de código fuente, procesarlos y escribir la salida en nuevos archivos.

  Las opciones en Azure pueden ser Azure Data Lake Analytics; en código abierto, podemos incorporar Hive, Pig, Hadoop, o con el uso de *notebooks* de Scala o Python en un clúster de Spark.

- **Aprendizaje automático:** Al leer los datos preparados para el análisis (paso anterior), los algoritmos de aprendizaje automático se pueden usar para crear modelos que puedan predecir resultados o clasificar datos. Estos modelos se pueden entrenar en grandes conjuntos de datos y los modelos resultantes pueden usarse para analizar nuevos datos y realizar predicciones. Esto puede hacerse mediante Azure Machine Learning.

- **Almacén de datos analíticos:** Muchas soluciones de Big Data preparan los datos para el análisis y luego entregan los datos procesados en un formato estructurado que se puede consultar mediante herramientas de análisis.

  Se puede montar en esta etapa un *data warehouse* de estilo Kimball, como se ve en la mayoría de las soluciones tradicionales de inteligencia de negocios.

  También es posible que los datos se presenten a través de una tecnología NoSQL de baja latencia como Cosmos DB, o una base de datos de Hive interactiva. También se pueden utilizar Azure Synapse Analytics, Azure Databricks, Hive, HBase y Spark SQL, para proporcionar datos para el análisis.

- **Análisis e informes:** El objetivo de la mayoría de las soluciones de Big Data consiste en proporcionar información sobre los datos a través de análisis e informes. Para permitir que los usuarios analicen los datos, la arquitectura puede incluir una capa de modelado de datos, como un cubo OLAP multidimensional o un modelo de datos tabulares en Azure Analysis Services. También se puede utilizar Microsoft Power BI.

  Los análisis y la creación de informes también pueden adoptar la forma de exploración interactiva de datos por parte de científicos o analistas de datos. En estos casos, muchos servicios de Azure como Synapse o Databricks admiten *notebooks* analíticos, como Jupyter, lo cual permite a estos usuarios aprovechar sus conocimientos existentes con Python, tanto de manera independiente como con Spark.

- **Orquestación:** Las soluciones de Big Data constan de operaciones de procesamiento de datos repetidas, encapsuladas en flujos de trabajo, que transforman los datos de origen, mueven datos entre varios orígenes y destinos, cargan los datos procesados en un repositorio analítico o envían los resultados directamente a un informe o un panel.

  Para automatizar estos flujos de trabajo, se puede utilizar Azure Data Factory o Apache Oozie y Sqoop.

Una vez definida la solución y sus componentes, viene la etapa de aplicar la arquitectura en prototipo-prueba de concepto.

La figura 13.8 muestra cómo algunos de los componentes anteriormente nombrados interactúan entre sí, la vista de diseños de detalles no se limita solamente a cómo pasan los datos de una capa a otra. A partir de esta diagramación, se pueden detallar más aún los elementos, como definir puertos, usuarios, clústeres y otras definiciones específicas para cada uno de ellos; no lo haré en este caso por asuntos de espacio.

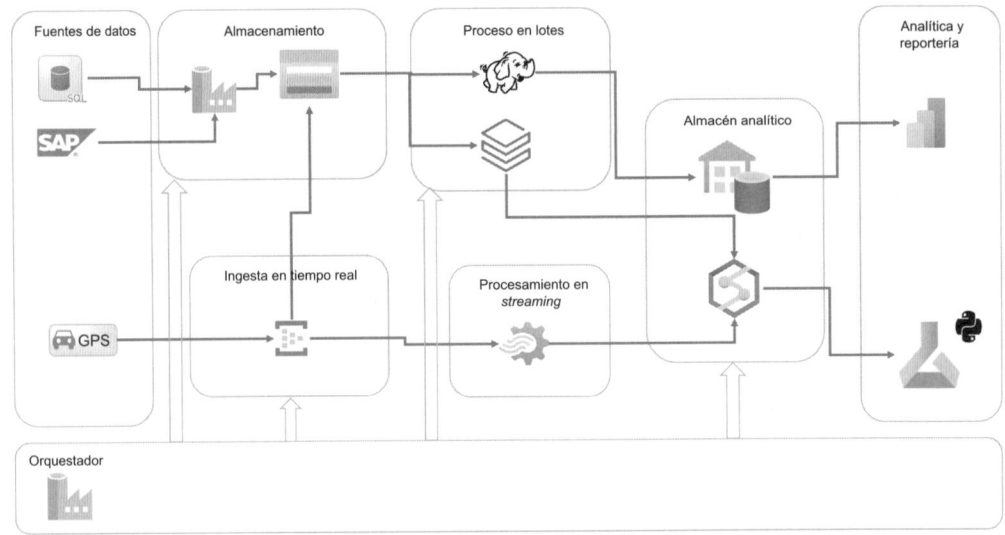

Figura 13.8. Diseño de arquitectura Big Data con componentes.

Este diseño debe implementarse para probarlo conceptualmente y a nivel de prototipo medir las cargas para entender comportamientos en condiciones de estrés, detectar los costes asociados a las cargas de trabajo que sometamos el prototipo, detectar posibles brechas de acceso, seguridad, exposición y eventuales caídas por rendimiento. Cumplir con todo aquello en el paso de prototipado nos va a llevar finalmente a contar con una arquitectura bien diseñada.

¿Qué implica esto? Revisar los cinco pilares que vimos en el capítulo 12, que nos recuerdan que una arquitectura bien diseñada busca la optimización de costes, la confiabilidad, la seguridad, la excelencia operativa y la eficiencia en el rendimiento.

NOTA:

Todo este marco de diseño se encuentra más detallado en la página: `https://learn.microsoft.com/es-es/azure/architecture/guide/.` *Y el marco del WAF en la página:* `https://learn.microsoft.com/es-es/azure/well-architected/.`

Resumen

Hemos visto cada una de las capas que forman una arquitectura de datos, cómo los distintos componentes tienen una función esencial destinada a salvaguardar el proceso de convertir un dato en una decisión, permitiendo que cada actor pueda realizar su función lo mejor posible. Además, hemos aprendido las practicas básicas para diseñar arquitecturas de datos, ya sea en alto nivel o en detalle.

Puedes ver más de 800 diseños de arquitectura para análisis de datos en la página de aprendizaje de Azure: `https://learn.microsoft.com/en-us/azure/architecture/browse/`, donde podrás familiarizarte con los componentes y cómo se relacionan unos con otros.

Para diseñar arquitecturas, puedes utilizar una herramienta gratuita y de nube llamada Azurediagrams, que puedes encontrar en `https://azurediagrams.com/`. Tiene una interfaz muy amigable y además permite guardar tus diseños y compartirlos con la comunidad o guardarlos en tu propio espacio privado.

También puedes trabajar con Microsoft Visio o con el humilde Power Point descargando los paquetes de iconos como imágenes desde el sitio de Azure.

Con este capítulo, terminamos los temas básicos de arquitectura de datos. A continuación, partiremos con la parte con más ejemplos de este libro: la ingeniería de datos.

14

Ingeniería de datos

En este capítulo aprenderás:

- Qué es la ingeniería de datos.
- Cuáles son las herramientas de extracción más utilizadas.
- Cómo organizaremos un *data lake* o *data lakehouse*.
- Cómo ejecutar nuestra primera extracción y carga en ADF.

Ingeniería de datos

Tradicionalmente, el trabajo de la ingeniería de datos es un trabajo que tiene muy poca visibilidad, ya que su principal área de desarrollo y desempeño se encuentra en el *back-office*, es decir, tras bambalinas, una serie de tareas que no son observables por el usuario final ni tampoco por el analista de datos.

A pesar de esa invisibilidad, la demanda por ingenieros de datos se ha incrementado significativamente en los últimos años debido al creciente interés por el análisis de datos y la inteligencia artificial.

Muchas organizaciones están invirtiendo en tecnologías de análisis de datos y necesitan profesionales capacitados para manejarlas. Al no existir la suficiente fuerza laboral especializada, estos puestos terminan ocupándose por ingenieros de sistemas en primera instancia, programadores en segunda instancia, pero también por profesionales de otras disciplinas que han derivado hacia la analítica de datos, como ingenieros civiles, industriales, comerciales, contables, entre otros.

Es interesante observar que muchos de estos profesionales se han autoformado, adquiriendo conocimientos en una primera instancia como producto de una necesidad específica dentro de su campo laboral y muchos han descubierto habilidades y pasión en lo que realizan.

Para todos ellos va este capítulo, para quienes partieron hacia la ingeniería de datos y necesitan un marco autoformativo con el cual profundizar el camino hacia una certificación o hasta el logro de un reconocimiento del mercado, como lo sería una contratación como ingeniero de datos.

Las tres primeras capas

En el capítulo anterior, vimos las siete capas que forman una arquitectura de datos, también establecimos que las tres primeras es el lugar donde trabajan los ingenieros de datos realizando trabajos de captura, limpieza, almacenamiento y servicio de datos. La puerta de entrada al proceso analítico de cualquier organización, ya sea que se haga un análisis en BI o en IA, requiere partir por las primeras tres capas. Si guardamos las proporciones y vemos al dato como el alimento de la toma de decisiones y la inteligencia artificial, la ingeniería de datos vendría a constituir todo el sistema digestivo: boca, estómago y resto de los órganos destinados a convertir el alimento en energía y nutrientes.

También en el capítulo anterior vimos las principales fuentes de datos y cómo conectarse a ellas, y definimos las dos estrategias principales de ingesta; después, vimos las características de los repositorios analíticos y un esbozo de las capas de servicio. Ahora profundizaremos mucho más en extracción, transformación, carga, almacenamiento y orquestación.

Herramientas de extracción

Las herramientas de extracción son tan variadas que van desde algunos softwares de código abierto, pasando por software de licenciamiento privado, soluciones PaaS de nubes públicas hasta librerías de un lenguaje que tú tienes que programar en tu propio entorno.

Por supuesto, todas estas herramientas tienen su vocación y características que las hacen más o menos personalizables. Para eso, voy a clasificar estas herramientas en una matriz para organizar mejor la búsqueda cuando nos veamos enfrentados a una selección. Esta matriz la construiré sobre los siguientes ejes:

- Según el entorno donde se ejecutan: nube-*on-premise*.
- Según el tipo de extracción que realizan: `Batch-Streaming`.

En la figura 14.1 he clasificado algunas herramientas más comunes para realizar extracción y comentaré rápidamente sus características y métodos de uso más comunes, podemos distinguir rápidamente las siguientes.

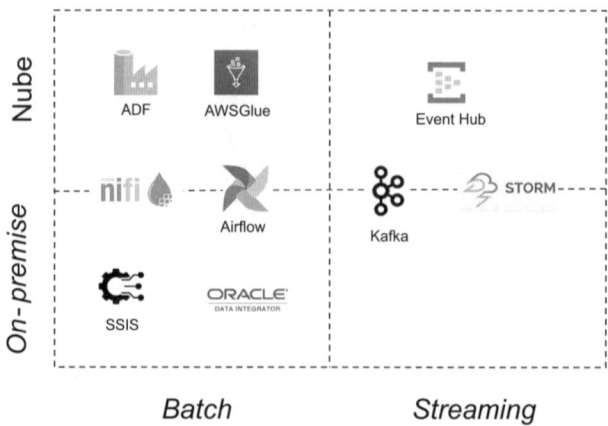

Figura 14.1. Clasificación de algunas herramientas de extracción.

Herramientas corporativas

ODI junto con SSIS son herramientas corporativas de más uso a nivel *on-premise*, ya que la presencia en el mercado de Microsoft y Oracle en cuanto a servidores de bases de datos se trata es altísima. ODI (Oracle Data Integrator) es la herramienta para realizar los procesos de ETL para los motores Oracle. Está pensado para procesos de movimiento de datos en *batch* dentro de una red corporativa donde los servidores de bases de datos son precisamente motores Oracle. Tiene una interfaz denominada Data Integrator Studio y para quien vaya a trabajar en esta herramienta es muy necesario que tenga altos conocimientos de SQL y del dialecto PL/SQL.

SSIS (SQL, *Server Integration Services*) es la herramienta de SQL Server para realizar los procesos de ETL. Se instala junto con el paquete de instalación del SQL Server, ya sea en un servidor dedicado a estas tareas o en un servidor compartido. El objetivo es mover datos desde la capa operacional hacia un *data warehouse* todo dentro de la misma red; en consecuencia, es una herramienta *on-premise*.

Para trabajar con esta herramienta se puede utilizar la interfaz de SQL Server también llamada SQL Server Management Studio o con la herramienta Data Tools para Visual Studio. En cuanto a formación, se requiere que el ingeniero de datos tenga altos conocimientos de SQL y del dialecto T-SQL.

Herramientas de código abierto

Tenemos en este grupo a Apache Airflow, Nifi, Kafka y Storm. Si te fijas en el recuadro, he puesto a todas las herramientas Apache en el límite entre *on-premise* y nube, puesto que se pueden utilizar indistintamente en cualquier ambiente. Se tienen que montar en servidores dedicados y eso permite, gracias a la virtualización, disponer de sus bondades según lo estime la organización que los use.

Apache Nifi parte del ecosistema Apache. Es una plataforma de automatización de flujo de datos diseñada para mover, transformar y gestionar datos entre sistemas. Su interfaz gráfica de usuario (GUI) basada en web facilita el diseño, control y monitoreo de flujos de datos. NiFi sobresale en la integración y orquestación de datos en tiempo real, ofreciendo capacidades robustas para el manejo de datos en movimiento. Su arquitectura basada en flujos permite a los usuarios construir procesos de datos que pueden ser tan simples o complejos como se requiera, arrastrando y soltando componentes en un lienzo. Los profesionales que trabajan con NiFi deben tener una sólida comprensión de los principios de procesamiento de flujo y familiaridad con Java, ya que muchas extensiones y personalizaciones en NiFi se realizan a través de este lenguaje.

Apache Airflow también parte de la familia Apache. Es utilizada para programar, coordinar y monitorear flujos de trabajo. Airflow se destaca en la programación y automatización de flujos de trabajo, permitiendo a los usuarios definir tareas y sus dependencias en Python. Esto la convierte en una herramienta sumamente flexible y potente para la gestión de flujos de trabajo complejos, especialmente en entornos de Big Data. Airflow no está diseñado para el procesamiento en tiempo real, sino para trabajos programados y automatizados, haciendo énfasis en la planificación y secuenciación de tareas. Los usuarios de Airflow deben tener un conocimiento avanzado de Python, ya que es el lenguaje central para definir los DAG (*Directed Acyclic Graphs*), que son el corazón de cualquier flujo de trabajo en Airflow.

Apache Kafka es una plataforma de *streaming* de datos distribuida que permite leer, escribir, almacenar y procesar flujos de datos en tiempo real. Originalmente desarrollado por LinkedIn y luego donado a Apache, Kafka se utiliza ampliamente para la construcción de sistemas de procesamiento de datos en tiempo real y para la integración de sistemas a gran escala. Su arquitectura basada en el concepto de "tópicos" permite a los sistemas publicar y suscribirse a flujos de datos, facilitando así la distribución eficiente de información. Kafka es fundamentalmente una plataforma de mensajería, pero su capacidad para manejar grandes volúmenes de datos y su baja latencia lo hacen ideal para escenarios de Big Data e IoT. Los usuarios de Kafka deben tener un conocimiento sólido de Java o Scala, ya que estos son los lenguajes principales utilizados para interactuar con la plataforma.

Apache Storm es una plataforma de computación distribuida para procesar grandes volúmenes de datos en tiempo real. Storm se enfoca en el procesamiento de datos en tiempo real, lo que la hace ideal para escenarios que requieren respuestas rápidas, como el análisis de tendencias en redes sociales o la monitorización de sensores en tiempo real. Storm permite definir topologías de procesamiento de datos, donde cada nodo en la topología representa un proceso de cómputo. Los usuarios de Storm necesitan tener un conocimiento en Java o en otros lenguajes compatibles con la JVM (*Java Virtual Machine*), ya que es el lenguaje predominante para la creación de topologías.

Herramientas de nubes públicas

Aquí tenemos a Azure Data Factory, Event Hub y AWS Glue. Por definición se gestionan y ejecutan en la nube y se puede acceder a ellos por intermedio de una suscripción a las respectivas nubes. Sus planes de pago son siempre Pay as you Go, y tienen una muy alta adopción a nivel corporativo para tareas de ETL y ELT.

Azure Data Factory es un servicio de integración de datos en la nube ofrecido por Microsoft. Permite a los usuarios crear, programar y orquestar flujos de datos entre diversos almacenes de datos, tanto en la nube como en entornos locales. Su capacidad para integrar y transformar datos a gran escala lo convierte en una opción robusta para proyectos de ETL (*Extract, Transform, Load*) y ELT (*Extract, Load, Transform*). La interfaz de Azure Data Factory es visual y basada en GUI, lo que facilita la creación de flujos de datos sin necesidad de escribir mucho código. Sin embargo, tener un conocimiento profundo de SQL y de los servicios en la nube de Microsoft es esencial para utilizar esta herramienta de manera efectiva.

Azure Event Hub, también de Microsoft, es un servicio de *streaming* de eventos a gran escala. Está diseñado para capturar, retener y procesar grandes volúmenes de eventos en tiempo real, como los generados por dispositivos IoT, aplicaciones, o cualquier fuente de datos que produzca eventos a gran velocidad. Event Hub puede manejar millones de eventos por segundo, facilitando la construcción de soluciones que requieren un análisis en tiempo real a gran escala. La interacción con Azure Event Hub requiere conocimientos de programación en lenguajes compatibles con la plataforma Azure, como C#, .NET, Java o Python.

Amazon Web Services Glue es un servicio ETL completamente gestionado en la nube, ofrecido por Amazon. Proporciona un entorno de trabajo sin servidor para la preparación y carga de datos, simplificando el proceso de ETL al automatizar muchas de las tareas asociadas con la integración de datos. AWS Glue es capaz de descubrir automáticamente los esquemas de datos, lo que facilita la integración y catalogación de datos de diferentes fuentes. Los usuarios de AWS Glue deben tener un conocimiento de los servicios de AWS y estar familiarizados con lenguajes como Python y Scala, que se utilizan para escribir *scripts* de transformación de datos personalizados en Glue.

Organizando nuestro *data lake* o *lakehouse*

También forman parte de nuestras capas principales la capa de almacenamiento. Ya hemos hablado en extenso sobre la ventaja de usar un *lakehouse* sobre un *data lake*, así que no entraremos en eso. En esta ocasión, veremos cómo organizar nuestro repositorio de forma óptima para que los datos puedan convivir y moverse sin inconvenientes.

Para hacer más didáctica la explicación que sigue, dejaré también una secuencia de creación y configuración de un *data lake* en Azure.

Para todos los efectos que sean pertinentes, en lo que resta del capítulo, cada vez que diga *data lake* es perfectamente aplicable para un *lakehouse*; por eso, no me referiré en específico a este.

Seleccionar el tipo de sistema de archivo

Para montar un *data lake* debemos pensar que el sistema de archivos de ese lago no es el mismo de un disco duro. Son sistemas distintos y para un *data lake*, por lo general, se opta por dos tipos: los HDFS y los BLOB.

- **HDFS (*Hadoop Distributed File System*):** Es el sistema de archivos distribuido que forma parte del proyecto Apache Hadoop. Diseñado para almacenar grandes volúmenes de datos de manera confiable y eficiente en clústeres de hardware de bajo coste, HDFS ha sido una pieza clave en la revolución del Big Data. Su arquitectura se caracteriza por su modelo de almacenamiento distribuido y su tolerancia a fallos.

El HDFS divide los archivos en bloques de datos (por defecto, 128 MB o 64 MB, dependiendo de la versión), y estos bloques se distribuyen en diferentes nodos del clúster. Esto no solo permite el almacenamiento de grandes canti-' dades de datos, sino que también facilita el procesamiento paralelo, ya que los datos pueden ser procesados donde están almacenados. La tolerancia a fallos se logra a través de la replicación de datos, donde cada bloque de datos se replica en múltiples nodos, asegurando la disponibilidad y la resistencia ante fallos de hardware.

Para los ingenieros de datos, el conocimiento de HDFS implica entender cómo interactuar con el sistema de archivos a través de interfaces como la línea de comandos de Hadoop, APIs de alto nivel como las proporcionadas por Apache Spark y lenguajes de programación como Java, Python o Scala. La eficiencia en el manejo de HDFS es crucial para el procesamiento eficiente de grandes conjuntos de datos en proyectos de Big Data.

- **BLOB (*Binary Large Object*):** Es un término genérico utilizado en el ámbito de las bases de datos para referirse a campos de datos que almacenan grandes objetos binarios, como imágenes, archivos de audio, vídeos o incluso bloques de texto de gran tamaño. Los BLOB son esenciales en aplicaciones que manejan grandes cantidades de datos multimedia o datos no estructurados.

  A diferencia de los tipos de datos tradicionales (como enteros, cadenas de texto o fechas), los BLOB permiten el almacenamiento de datos en su forma cruda (*raw data*). Esto es particularmente útil en contextos donde los datos no se pueden o no se deben dividir en tipos más pequeños y manejables. Las bases de datos modernas, tanto relacionales como NoSQL, ofrecen soporte para BLOB, permitiendo a los usuarios almacenar y recuperar grandes volúmenes de datos no estructurados.

Una vez hayamos escogido el sistema con el que vamos a montar nuestro *data lake*, debemos considerar los siguientes aspectos: redundancia y la capa de acceso.

Definir redundancia y capas de acceso

La redundancia nos va a indicar la cantidad de copias que se generarán de nuestros recursos en distintas regiones de la nube, eso constituye la base de nuestro respaldo de recuperación ante desastres.

La capa de acceso es una clasificación de la frecuencia con la cual nos haremos uso de la data en la nube, en Azure hablaremos de capa caliente, capa fría y capa de archivo. La capa caliente está destinada para guardar en ese lugar los datos que se utilizarán frecuentemente; la capa fría, aquellos de baja consulta; y, por último, la capa de archivo, que se accederá en muy baja frecuencia. Esto es sumamente importante definirlo, puesto que el coste de un servicio de *data lake* depende de esos aspectos. También definirá la latencia o "tiempo de respuesta" de las consultas que hagamos a esos datos.

En la figura 14.2 muestro esta relación de costes y latencia por capas de acceso.

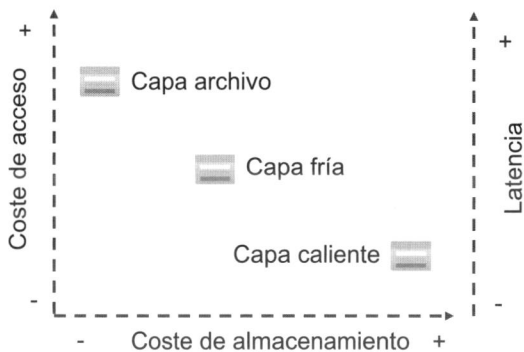

Figura 14.2. Coste de acceso, almacenamiento y latencia por capa de acceso.

Como te puedes dar cuenta, la capa definida como archivo tiene el menor coste de almacenamiento, pero el coste de acceso es mayor y su latencia es alta; por otro lado, la capa caliente tiene un muy bajo coste de acceso y una muy baja latencia, pero su coste de almacenamiento es mayor.

Definido todo lo anterior, ahora dividiremos nuestro *data lake* en tres grandes capas lógicas.

Capas lógicas de un *data lake*

Por convención, todos los *data lakes* son montados en tres capas lógicas. Si bien no existe una regla, un estándar ni una ley que obligue a tal distribución, gran parte de los arquitectos de datos utilizan esta distribución, entendiéndose como las más adecuadas para manejar los datos que llegan al *data lake*. Todo lo anterior quiere decir que, si una organización decide montar cinco capas, no estaría mal, ya que la génesis de las capas tiene que ver con limitar accesos, distribuir las capacidades, hacer separación de costes y manejar distintas frecuencias de acceso a los datos que ahí vivirán.

Dicho lo anterior, la figura 14.3 muestra una división de capas lógicas de un *data lake*.

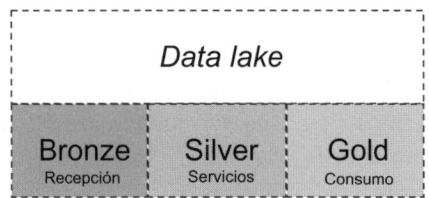

Figura 14.3. Capas lógicas de un *data lake*.

Para el ejemplo, hemos dividido el *data lake* en tres capas lógicas: la primera se llama **Bronze**, y se utilizará como el lugar donde se recibirán todos los datos provenientes de los procesos de extracción; la segunda se llamará **Silver** y es donde se almacenarán todos los datos inherentes a la capa de servicios de nuestra arquitectura; y, por último, la capa **Gold**, que es donde se almacenarán los datos ya destinados a ser consumidos por algún grupo de interés en la analítica.

Es muy común nombrar **Bronze**, **Silver** y **Gold** a estas capas; sin embargo, existen otros nombres comúnmente utilizados como:

- Raw, Enriched, Curated.
- Staging, Analytics, Consumption.
- Ingest, Process, Serve.

Cada uno de estos tríos de nombres refleja un camino progresivo en el trata-miento de los datos, desde su forma más cruda hasta su estado más refinado y útil para propósitos específicos de análisis y toma de decisiones. La elección de los nombres para estas capas a menudo depende de la cultura organizacional y del enfoque específico del *data lake* en cuestión.

Ejemplo con Azure

Asumiremos que ya tenemos una suscripción en Azure y creados los grupos de recursos pertinentes, más adelante viene un capítulo de fundamentos de Azure donde explico mejor esos conceptos si no estás familiarizado con ello.

- **Paso 1:** Montamos un Azure Data Lake Storage en nuestro **Grupo de recursos** teniendo especial cuidado en definir las **Zonas**. Para esto, en el **Marketplace** de Azure, buscaremos el recurso llamado **Cuenta de almacenamiento**, le asig-namos un nombre, una región, rendimiento y redundancia, luego hacemos clic en **Siguiente**, como se ve en la figura 14.4.

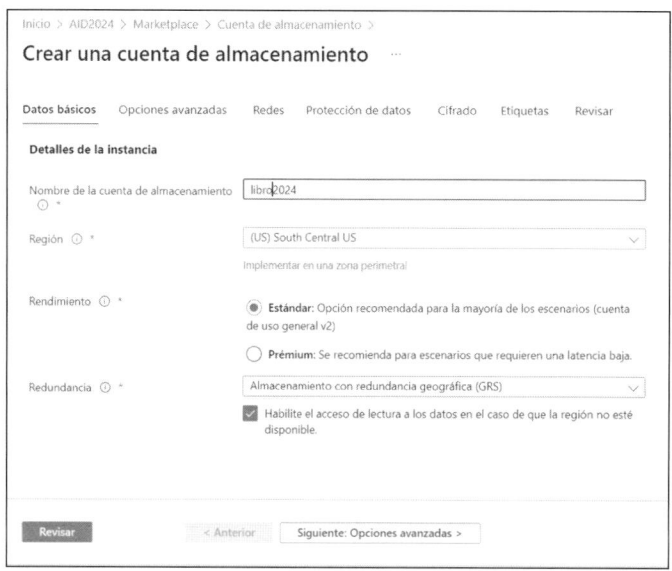

Figura 14.4. Datos básicos en cuenta de almacenamiento en Azure.

- **Paso 2:** En Opciones avanzadas seleccionamos la opción Habilitar el espacio de nombres jerárquico y hacemos clic en Siguiente hasta finalizar, como se muestra en la figura 14.5.

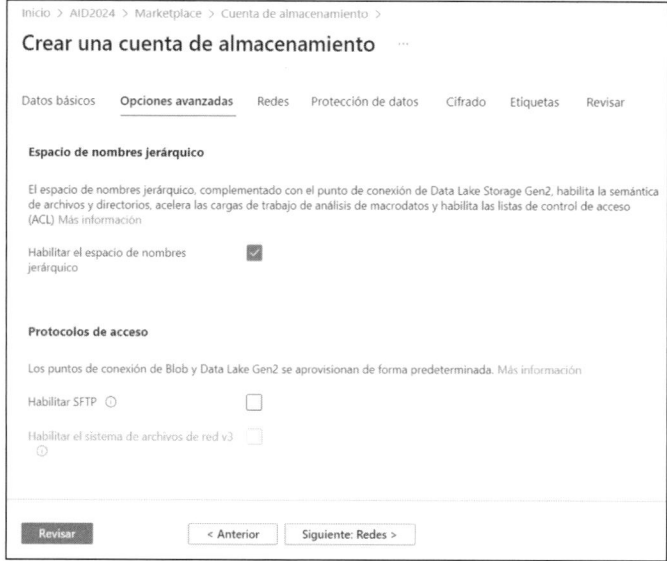

Figura 14.5. Opciones avanzadas de cuenta de almacenamiento en Azure.

- **Paso 3:** Como no modificamos nada en las opciones por defecto, debería estar habilitado el botón **Crear**, como se ve en la figura14.6.

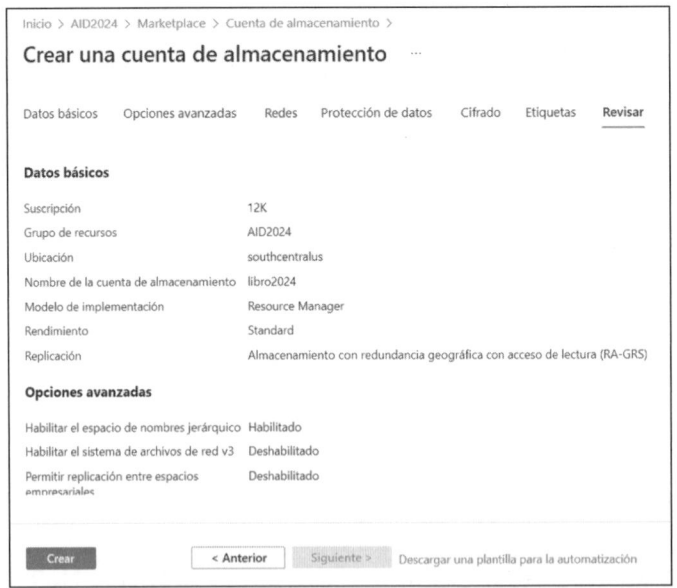

Figura 14.6. Crear cuenta de almacenamiento.

- **Paso 4:** Una vez que el recurso esté creado, vamos a acceder a él para configurar las capas lógicas. Para eso, hacemos clic en el botón **Ir al recurso**, como se ve en la figura 14.7.

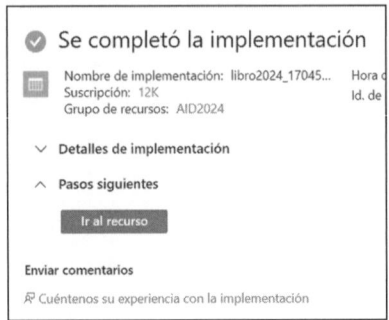

Figura 14.7. Ir al recurso creado.

- **Paso 5:** Veremos la pantalla principal de la administración del recurso y, en el panel izquierdo, buscaremos el menú **Contenedores**. Una vez hagamos clic en él, veremos lo que se muestra en la figura 14.8.

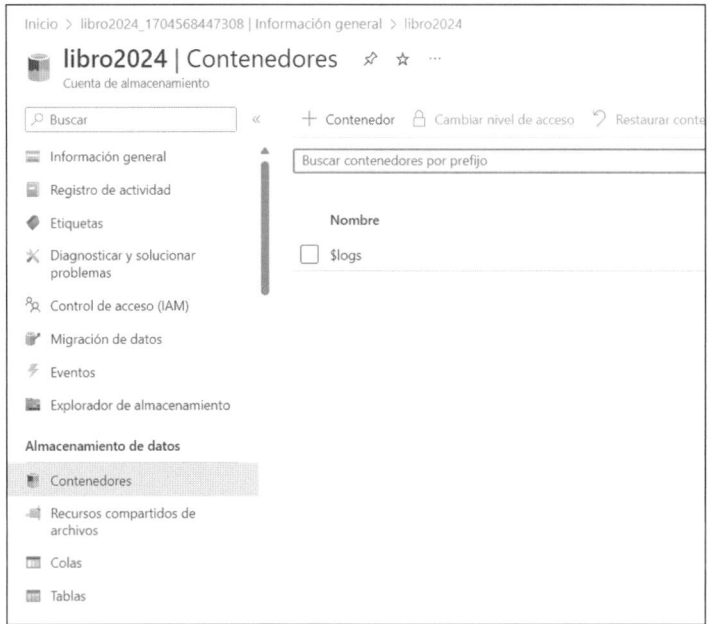

Figura 14.8. Cuenta de almacenamiento.

- **Paso 6:** Hacemos clic en el botón **+ Contenedor**, que está arriba, y agregamos un nuevo contenedor. Quiero dejar claro que cada contenedor que agreguemos va a representar una capa lógica de nuestro *data lake*; en consecuencia, agregaremos un contenedor para **Bronze**, otro para **Silver** y otro para **Gold**. La pantalla cuando estamos agregando contenedores se ve como en la figura 14.9.

Figura 14.9. Nuevo contenedor.

- **Paso 7:** Ya tenemos nuestras capas lógicas montadas y se ven como se muestra en la figura 14.10.

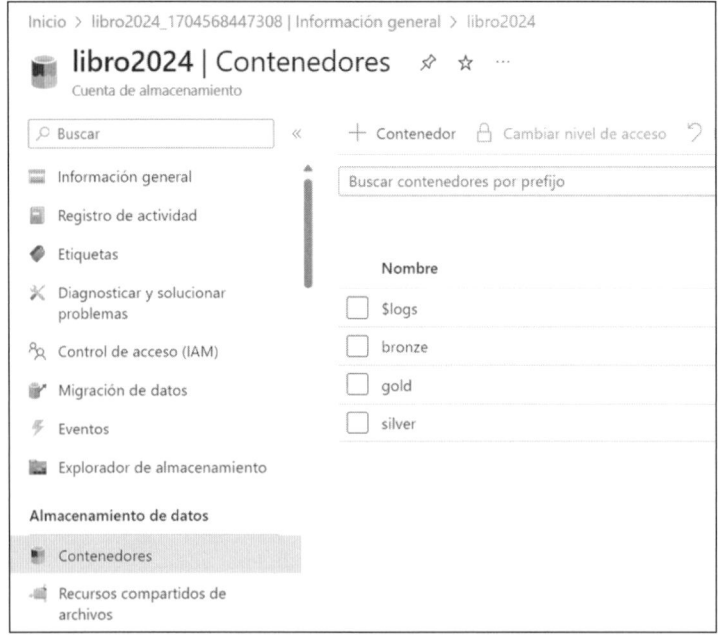

Figura 14.10. Lista de contenedores.

En adelante, todos los ejemplos que hagamos los desarrollaremos hacia este *data lake*.

Azure Data Factory

Azure Data Factory (ADF) es una herramienta que trabaja bajo el formato de *pipelines* o canalizaciones de datos y además realiza tareas de orquestación. Ya vimos que orquestar es básicamente automatizar tareas bajo un programa de ejecución.

ADF trabaja todas sus orquestaciones bajo la lógica de *pipelines* o canalizaciones, que son secuencias lógicas donde se pueden realizar varias actividades de forma secuencial desde una simple lectura de un dato y escribirlo en algún sitio, hasta la lectura, transformación, escritura y orquestación de otras canalizaciones.

La figura 14.11 muestra gráficamente cómo se compone una canalización de ADF, y explicaré esos elementos a continuación.

Origen y destino son lugares físicos donde se encuentran y van a llegar los datos; pueden ser bases de datos, sitios web, terminales de API, *data lakes*, etc., cualquier origen de los que ya hemos hablado anteriormente. Ambos se conectan a una canalización a través de un componente que se llama LS, que es la abreviación de *Linked Service*.

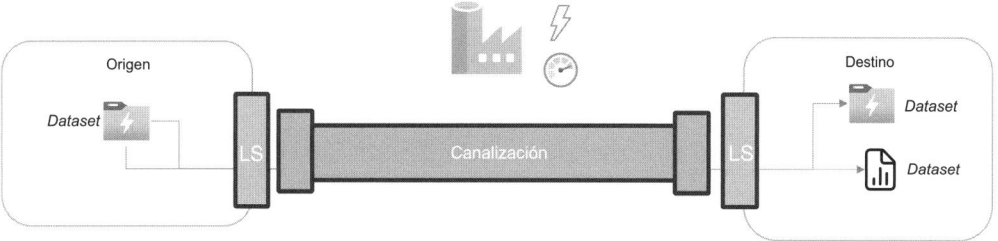

Figura 14.11. Componentes de ADF.

LS es una interfaz o puerta de enlace para que ADF pueda conectarse, leer y escribir datos dentro de un origen o destino. Cuando un LS debe conectarse a una fuente *on-premise*, se utiliza un software que se instala en la red donde se encuentra ese origen/destino y de forma segura encripta y envía/recibe hacia ADF los datos. Ese software se llama IR, abreviación de *Integration Runtime*. Por defecto, lo que viene en Azure viene con un IR llamado `AutoResolveIntegrationRuntime`, también vienen en ese `AutoResolve` las configuraciones por defecto de acceso a web, redes públicas y conectores certificados para ADF.

A través de las canalizaciones se mueven datos, los cuales se configuran en elementos llamados *datasets* y se programan actividades.

También se pueden agregar a una canalización componentes de "desencadenamiento" o *triggers* y, por supuesto, cada ejecución de canalización se puede monitorear.

Ejemplo de extracción y carga

Definido todo lo anterior, vamos ahora a nuestro ejemplo de mover datos.

Este ejercicio práctico de extracción y carga en `batch` lo puedes replicar si quieres utilizando Azure Data Factory. Constará de una tarea muy sencilla, vamos a ir al repositorio público de datos asociados al cambio climático en Chile y llevaremos esos datos hacia una capa **Bronze** en un *data lake*.

El objetivo va a ser mover el repositorio donde se actualizan diariamente los registros de temperatura en Chile desde 1956 en adelante. Este es un repositorio público, por lo que no tiene ninguna restricción de uso.

Todos estos datos están en el siguiente repositorio de GitHub: `https://github.com/MinCiencia/Datos-CambioClimatico`.

Para lograr este ejemplo haremos cuatro pasos: configurar ADF, crear los *datasets*, crear las *pipelines* y montar un desencadenador.

Configuración de ADF

Antes de mover datos, debemos configurar ADF para nuestro trabajo. Esto implica principalmente tres cosas:

1. **Montar un ADF en nuestro grupo de recursos de Azure:** Esto es relativamente rápido. Vamos al Marketplace de Azure y buscamos Data Factory. Inmediatamente, nos aparecerá una pantalla como la que se muestra en la figura 14.12 y le damos al botón Crear.

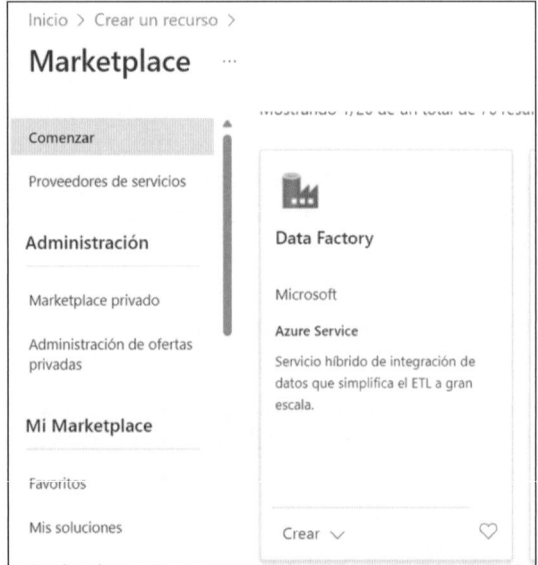

Figura 14.12. Data Factory en Azure.

Luego ponemos especial cuidado en escoger la suscripción, grupo de recursos, el nombre del ADF, la región y la versión de ADF que suscribamos; en este caso, fue la V2. Después hacemos clic en Revisar y crear, como se ve en la figura 14.13.

Una vez que hayamos creado el recurso, lo abriremos en el grupo de recursos y haremos clic en el botón Iniciar Studio, como se muestra en la figura 14.14.

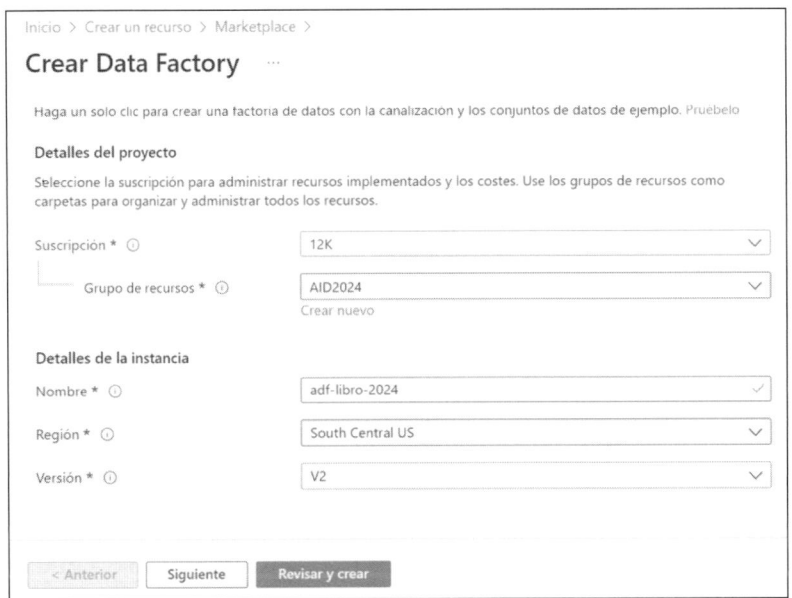

Figura 14.13. Crear Data Factory.

Figura 14.14. Iniciar Studio en Azure.

Dentro del ADF Studio, que es la interfaz donde trabajaremos con esta herramienta, veremos que existe un panel a la izquierda que contiene los cuatro componentes principales de ADF: **Inicio, Autor, Monitor** y **Administrar**. También hay un vínculo a más recursos de aprendizaje, como se ve en la figura 14.15.

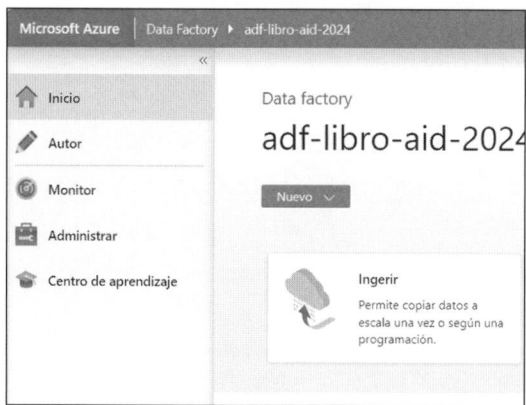

Figura 14.15. Componentes principales de ADF.

Para los siguientes pasos ingresaremos al componente Administrar.

2. **Configurar un repositorio de Git Hub o Azure DevOps para el CI/CD:** Este paso muchas veces lo ofrecen como opcional; sin embargo, aunque estemos ensayando algunas tareas o haciendo pruebas, yo recomiendo siempre conectar nuestro ADF al repositorio Git Hub o Devops. A veces, necesitamos volver atrás con algunos ensayos y la única forma de no perder tiempo en la recuperación de errores o montar todo nuevamente es la conexión a nuestro repositorio.

   Para configurar GitHub, debes contar con una cuenta en este sitio, el cual es gratuito, solo debes tener un correo electrónico y ya está; después, crear un repositorio. Una vez ya tengas el repositorio creado en Git Hub, te vas al menú Administrar de ADF, buscas el menú Configuración de Git y lo vinculas a ADF siguiendo el asistente de conexión.

   Una vez configurado, el asistente se verá parecido a lo que se muestra en la figura 14.16. En este caso, yo vinculé un repositorio de GitHub, pero en la imagen he borrado deliberadamente algunos códigos que son propios para cada conexión y no tiene mayor valor compartirlos en este libro.

3. **Crear los LS a nuestros orígenes/destinos de datos:** Para el ejercicio vamos a utilizar dos orígenes-destinos de datos: el sitio del Ministerio de Ciencias de Chile en GitHub y el *data lake* que hemos creado anteriormente.

   Para configurar sus accesos, iremos al menú Servicios vinculados, en el mismo panel Administrar, y haremos clic en el botón Nuevo. Ahí nos aparecerá un asistente y, como nuestro origen es una web de acceso público, escogeremos el conector HTTP, como se ve en la figura 14.17.

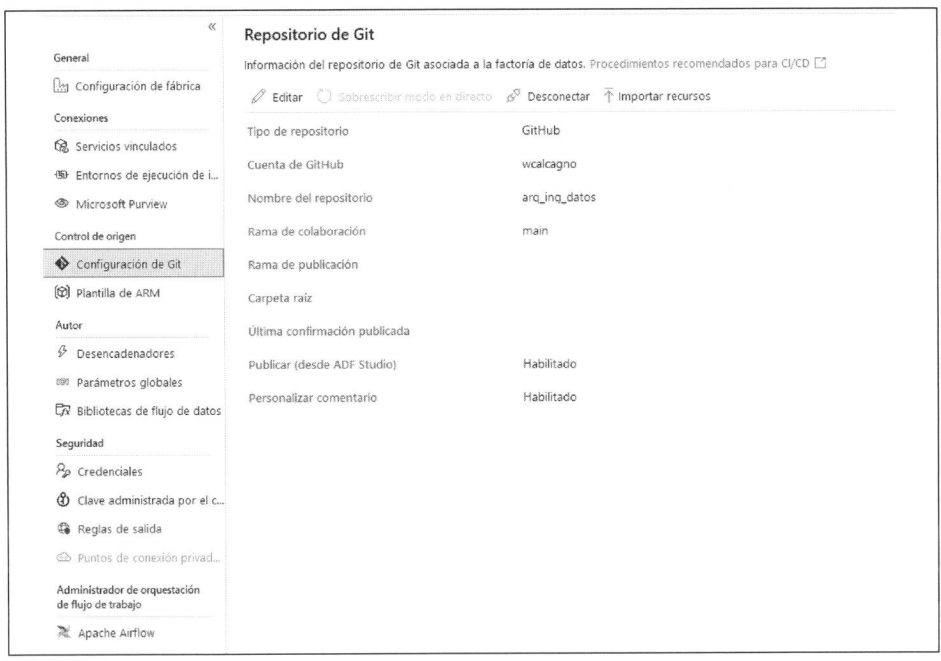

Figura 14.16. Repositorio de Git.

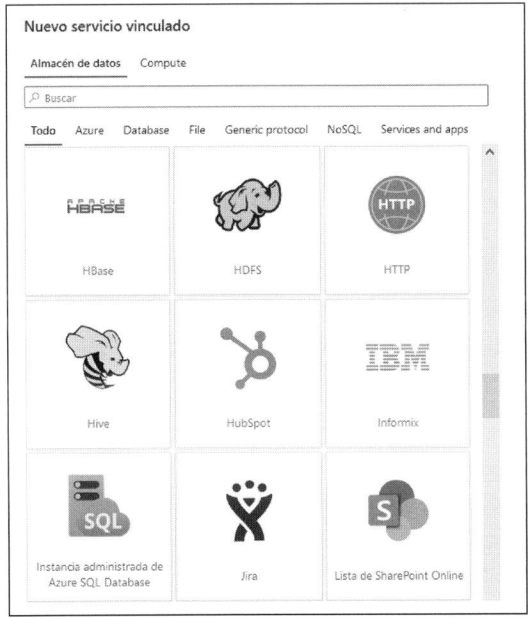

Figura 14.17. Nuevo servicio vinculado.

Luego deberemos escribir los parámetros necesarios para acceder a nuestro origen. Como es una web pública, es relativamente sencillo. Lo primero es darle un nombre a nuestro *linked service* y, como buena práctica, siempre es bueno nombrar esto con la siguiente estructura de texto: "LS_Servicio_Identidad_propósito". En este caso le llamaremos LS_GitHub_MinCiencia.

Luego escribimos la URL base y para saber cuál es observemos lo siguiente.

En nuestro ejemplo, iremos a buscar los registros de temperatura en Chile desde 1950 en adelante, estos se encuentran en esta URL: `https://raw.githubusercontent.com/MinCiencia/Datos-CambioClimatico/main/output/temperatura_dmc/1950/1950_temperatura_dmc.csv`.

Esta URL nos entrega exactamente la dirección donde están los datos de temperatura de 1950; en consecuencia, también podemos observar por simple deducción que se puede dividir en tres partes:

- **URL principal:** `https://raw.githubusercontent.com/MinCiencia/`.
- **Directorio del fichero-archivo-dato:** `Datos-CambioClimatico/main/output/temperatura_dmc/1950/`.
- **Fichero-archivo-dato:** `1950_temperatura_dmc.csv`.

Entonces lo que deberíamos anotar en nuestro ADF es la URL principal y, luego, como es una web de acceso público, deshabilitamos la validación de certificado del servidor, como se ve en la figura 14.18, y seleccionamos Tipo de autenticación como Anónimo.

Finalmente, hacemos clic en Crear y seguimos con la creación de nuestros LS al *data lake* que montamos previamente.

Como en el paso anterior, haremos clic en el botón Nuevo y buscaremos el conector llamado Azure Data Lake Storage Gen 2, como se ve en la figura 14.19.

Como nos conectaremos a un servicio de Azure desde ADF, incluso dentro de la misma suscripción es muy rápido encontrar los elementos para configurar el LS.

Le llamaremos LS_ADLS_libro_2024 y, en el menú desplegable que indica Nombre de cuenta de almacenamiento, escogeremos el elemento que habíamos creado anteriormente. Finalmente hacemos clic en el botón Crear, como se muestra en la figura 14.20.

Ya tenemos creados los dos LS para nuestro ADF y se ven como en la figura 14.21.

Nuevo servicio vinculado

🌐 HTTP   Más información ☐

Nombre *

LS_GitHub_MinCiencia

Descripción

Conectar mediante Integration Runtime * ⓘ

AutoResolveIntegrationRuntime   ⌄

URL base *

https://raw.githubusercontent.com/MinCiencia

⚠ La información se enviará a la dirección URL especificada. Asegúrese de que confía en la
dirección URL introducida.

Validación del certificado del servidor ⓘ

◯ Habilitar   ◉ Deshabilitar

Tipo de autenticación * ⓘ

Anónimo   ⌄

Encabezados de autenticación ⓘ

╋ Nuevo

Anotaciones

╋ Nuevo

| Crear | Atrás | 🔌 Prueba de conexión   Cancelar |

Figura 14.18. Crear nuevo servicio vinculado en HTTP.

Figura 14.19. Buscar Azure Data Lake Storage Gen2.

Figura 14.20. Nuevo servicio vinculado en Azure Data Lake Storage Gen 2.

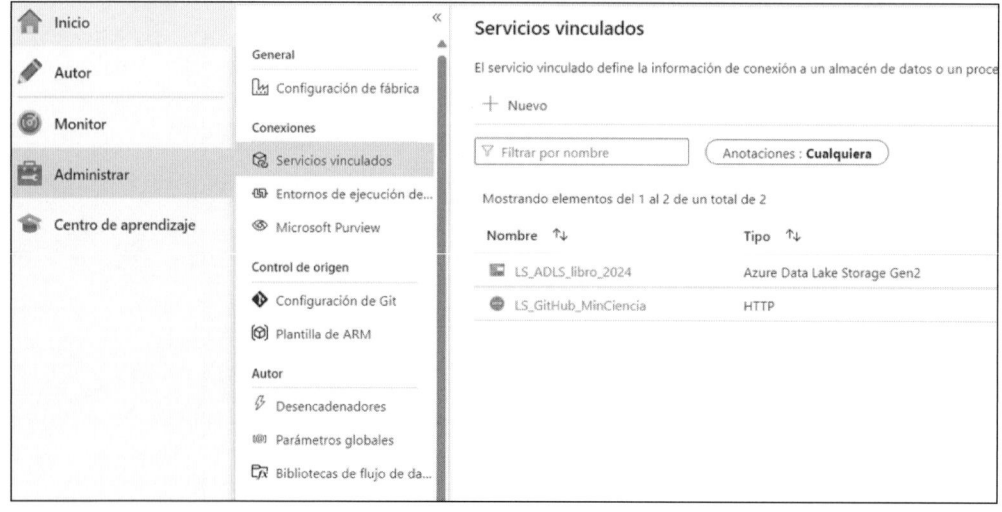

Figura 14.21. Los dos LS para nuestro ADF.

Ya podemos proseguir con la creación de los sets de datos, en otras palabras, lo que moveremos dentro de nuestra canalización.

Crear los *datasets*

Para esta parte del ejercicio, vamos a entrar al componente **Autor** de nuestro ADF y veremos que tenemos varios recursos disponibles:

- Canalizaciones, que es donde crearemos y configuraremos las canalizaciones o *pipelines*.

- Captura de datos modificados, es una versión preliminar de unos componentes que no veremos en esta ocasión.

- Conjuntos de datos, aquí es donde trabajaremos para los *datasets*.

- Flujos de datos, son unos componentes para hacer transformaciones muy versátiles y dinámicas.

- Power Query, podemos hacer transformaciones usando Power Query si vienen de Power BI o Excel, esto te va a resultar muy familiar.

- Plantillas, vienen varios asistentes para ayudar a los menos experimentados. Es muy útil para aprender más sobre ADF y ponerse ejercicios o desafíos.

Sin más preámbulos, seleccionaremos el recurso **Conjuntos de datos**. Al final veremos unos puntos suspensivos, hacemos clic encima de esos puntos suspensivos y vamos con la creación de un nuevo conjunto de datos, como se ve en la figura 14.22.

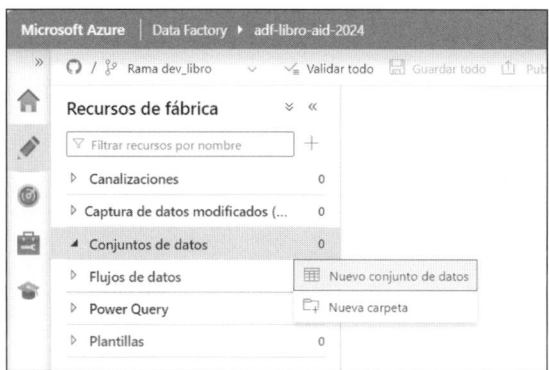

Figura 14.22. Crear un nuevo conjunto de datos.

Primer *dataset*

Vamos a crear el conjunto de datos de origen, es decir los que vienen del ministerio de ciencias, así que buscaremos **HTTP** y lo seleccionamos, como se muestra en la figura 14.23.

Figura 14.23. Seleccionar HTTP.

Una vez seleccionado, nos va a preguntar por el formato del fichero o archivo de datos, entonces seleccionamos CSV, como se ve en la figura 14.24.

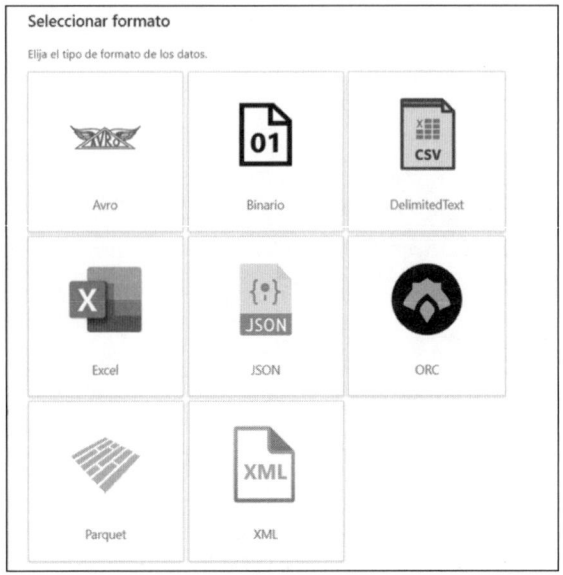

Figura 14.24. Seleccionar formato.

Ahora debemos poner un nombre; como buena práctica, recomiendo siempre partir con el prefijo ds_. Para el caso, será `ds_temp_minciencias`.

Luego nos pide un **Servicio vinculado** y seleccionamos el que ya tenemos listo, que es **LS_GitHub_MinCiencia**, y se nos aparece un nuevo formulario que nos pide una URL relativa.

¿Recuerdas cuándo dividimos la URL? Aquí ese conocimiento es bastante útil; en consecuencia, escribiremos: `Datos-CambioClimatico/main/output/temperatura_dmc/1950/1950_temperatura_dmc.csv`.

Agregamos la opción **Primera fila** como encabezado y nos aseguramos de que en la opción **Importar esquema** aparezca **Ninguno**; luego, hacemos clic en el botón **Aceptar**.

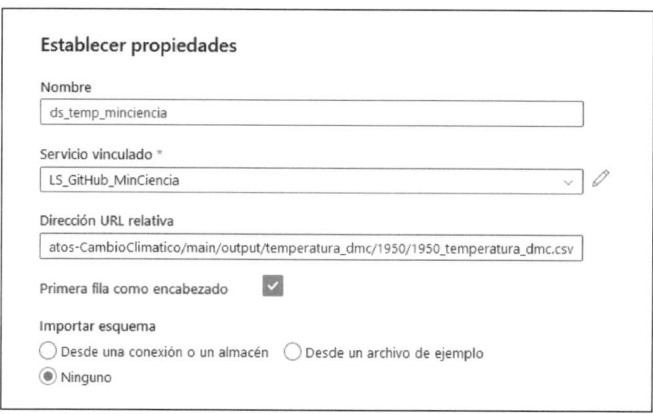

Figura 14.25. Establecer propiedades.

Una vez que hacemos clic en **Aceptar**, veremos cómo ADF muestra la estructura del *dataset* en cuanto a su configuración, como se ve en la figura 14.26.

Es importante observar que se aprecian dos grandes paneles: uno a la derecha, que se llama **Propiedades**, y uno abajo del icono del *dataset* que muestra las características de este: **Conexión**, **Esquema** y **Parámetros**.

Segundo *dataset*

Para crear el segundo *dataset* que usaremos en este ejercicio, haremos nuevamente el paso de los puntos suspensivos y crearemos un nuevo *dataset*.

Ahora bien, para este ejercicio haremos una copia íntegra de los datos de origen en la capa **Bronze** de nuestro *data lake*; por lo tanto, escogeremos, en los siguientes pasos, una conexión a nuestro **Azure Data Lake Storage Gen 2** y luego un formato **CSV**, como se ve en las figuras 14.27 y 14.28.

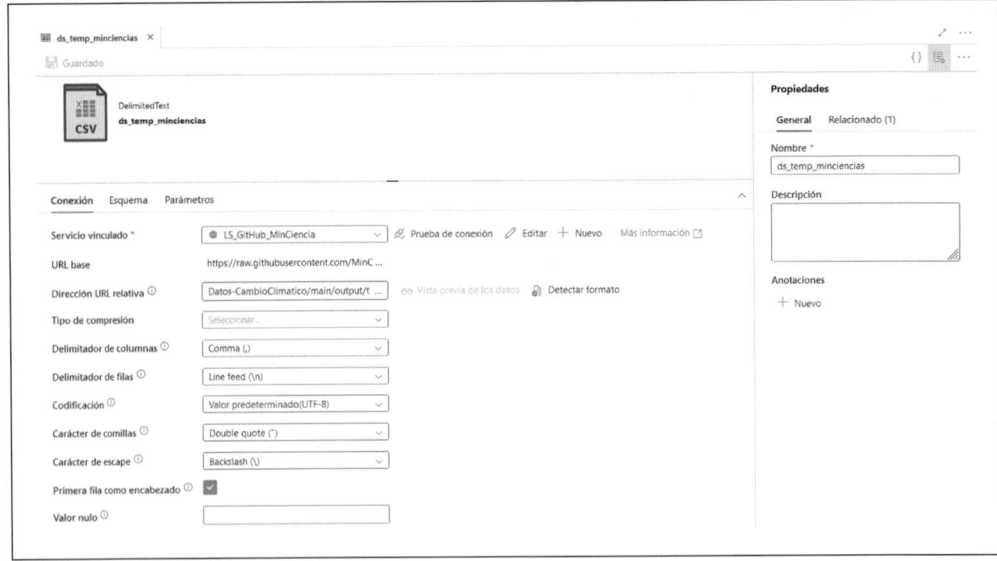

Figura 14.26. Estructura del *dataset*.

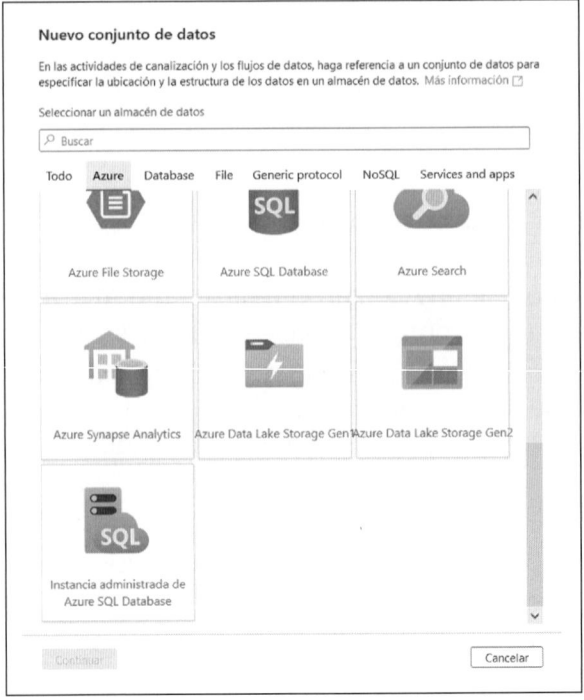

Figura 14.27. Nuevo conjunto de datos en Azure Data Lake Storage Gen 2.

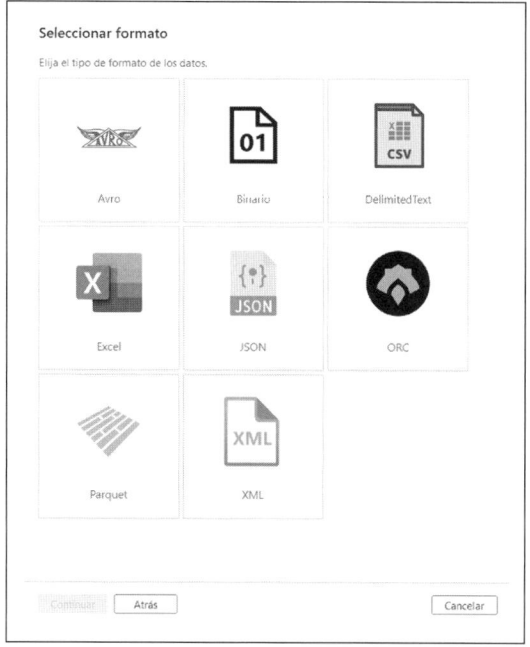

Figura 14.28. Formato CSV.

Ahora en la ventana **Establecer propiedades** tenemos que darle un nombre a este *dataset*. Por buena práctica, lo llamaremos: **ds_temp_minciencia_bronze**. Luego, buscamos el LS que ya hemos creado y en la **Ruta de acceso del archivo** vamos a ver que aparecen tres "cajas" para escribir texto. En la primera, escribiremos **Bronze**, que es el repositorio donde dejaremos esta *data* cruda, como se muestra en la figura 14.29.

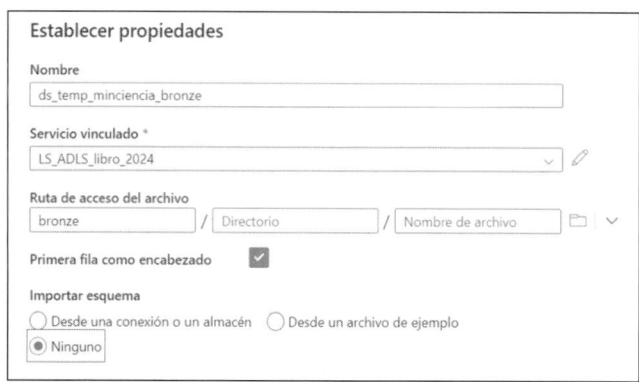

Figura 14.29. Ruta de acceso del archivo.

El ejercicio que ejecutaremos solo moverá los datos de 1950 hacia el *data lake*. En otro capítulo, veremos cómo usar un artefacto para configurar con parámetros este mismo ejercicio para traer toda la historia de datos.

Crear las *pipelines*

Una *pipeline* o canalización es la secuencia lógica donde vamos a realizar movimientos y transformaciones. Es importante no confundir una *pipeline* de datos con una *pipeline* de desarrollo, son conceptos similares, pero se aplican de forma distinta. La *pipeline* de desarrollo es una secuencia de actividades que tienen que ver con el despliegue de un conjunto de elementos desde un área de desarrollo a uno de testeo o producción según corresponda, está presente en las operaciones de Data Ops y MLOps.

La *pipeline* de movimiento de datos es precisamente lo que haremos a continuación.

Todo parte con ir al recurso llamado **Canalizaciones**, luego a los puntos suspensivos y seleccionar **Nueva canalización**, como se ve en la figura 14.30.

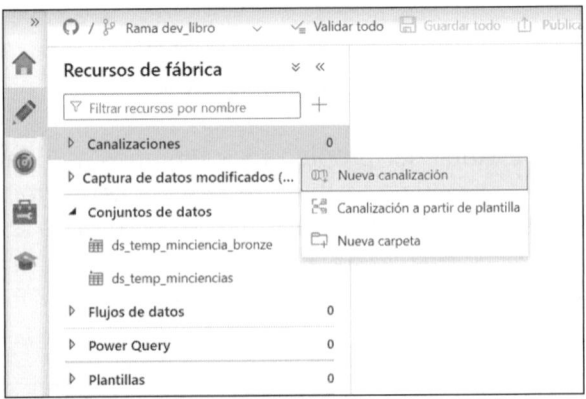

Figura 14.30. Seleccionar **Nueva canalización**.

Esto va a permitir que el despliegue de la ventana de configuración de la *pipeline* aparezca. Inmediatamente observaremos que se divide en tres grandes paneles: a la izquierda, **Actividades**; al centro, veremos un lienzo vacío y, abajo de esto, una ventana que dice **Parámetros**, **Variables**, **Configuración** y **Salida**; por último, a la derecha veremos el menú **Propiedades**, como se ve en la figura 14.31.

A continuación, abriremos las actividades de **Mover** y **Transformar**, seleccionaremos **Copiar datos** y lo arrastraremos hacia el lienzo. También agregaremos el nombre a la *pipeline* utilizando el prefijo pl_, lo que nos dejaría el nombre en pl_temp_1950 (*pipeline* temperatura 1950).

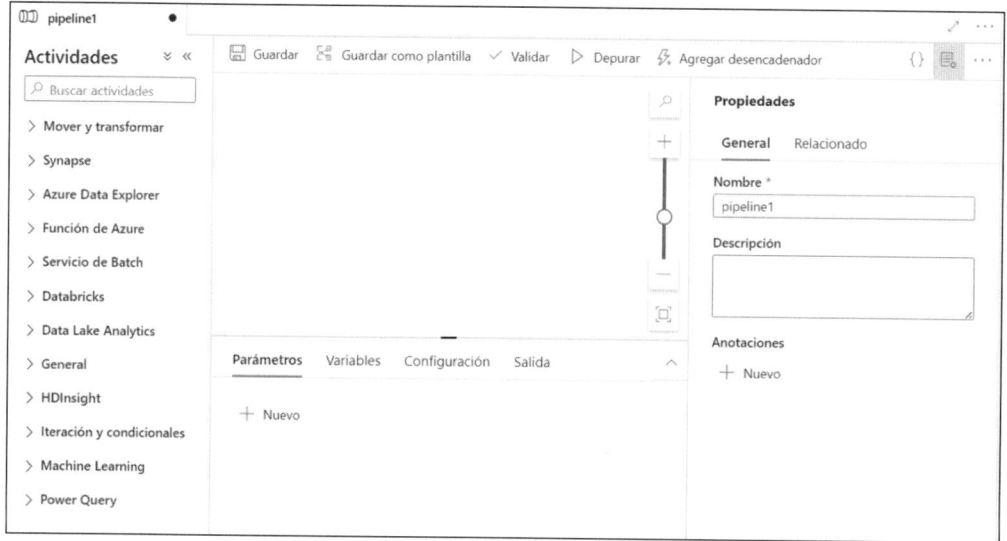

Figura 14.31. Configuración de la *pipeline*.

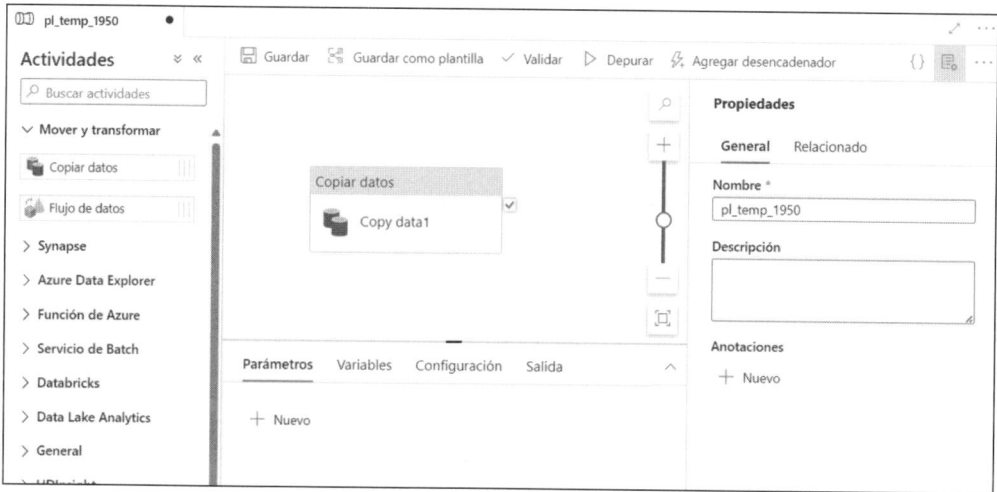

Figura 14.32. Copiar datos.

En adelante, nos enfocaremos en la configuración de la actividad Copiar datos. Para eso, seleccionaremos la caja de la actividad y veremos que en el panel inferior se describen componentes a configurar: General, Origen, Receptor y Asignación, como se muestra en la figura 14.33. También aparecen Configuración y Propiedades del usuario, pero no las utilizaremos para estos propósitos.

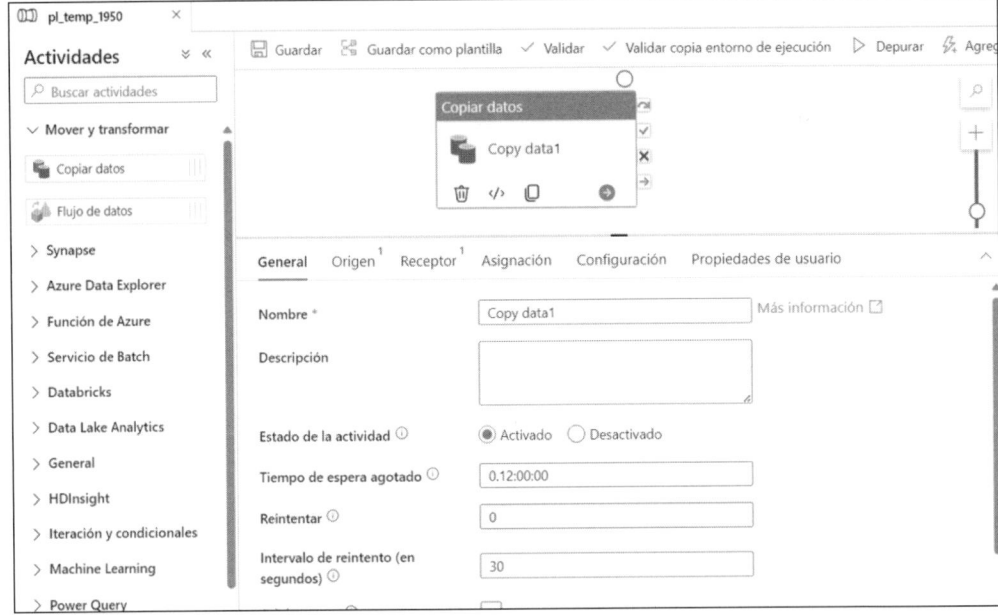

Figura 14.33. Configuración en Copiar datos.

En la pestaña **Origen** desplegaremos el conjunto de datos de origen y seleccionaremos el que corresponde al que va al sitio web del Ministerio de Ciencias a buscar los datos, como se ve en la figura 14.34.

En la pestaña **Receptor** desplegaremos el botón para seleccionar el conjunto de datos y escogeremos el que configuramos para dejar los datos en el *data lake*, como vemos en la figura 14.35.

Finalmente, la parte más crucial de la configuración de una *pipeline* es la asignación o correlación de campos entre el origen y el destino.

Para que se pareen los campos, debemos hacer clic en el botón Importar esquemas. Al hacerlo, nuestro ADF va a traer el nombre de los campos de origen y replicará en el destino los mismos campos. Al ser un archivo de texto plano CSV, por defecto dejará todos los datos como String o texto, como se ve en la figura 14.36. La idea es dejar siempre en la capa **Bronze** el dato tal cual como viene desde el **Origen** para mantener la trazabilidad de las modificaciones posteriores que hagamos; por lo tanto, no haremos ninguna modificación a esos tipos de datos, eventualmente podríamos, pero no es recomendable en esta etapa. Con esto hemos terminado de configurar nuestra *pipeline*; es momento de ejecutarla.

Para ello, haremos clic en el botón **Depurar**, que se aprecia como la penúltima opción arriba de la actividad **Copiar datos** de la figura 14.36.

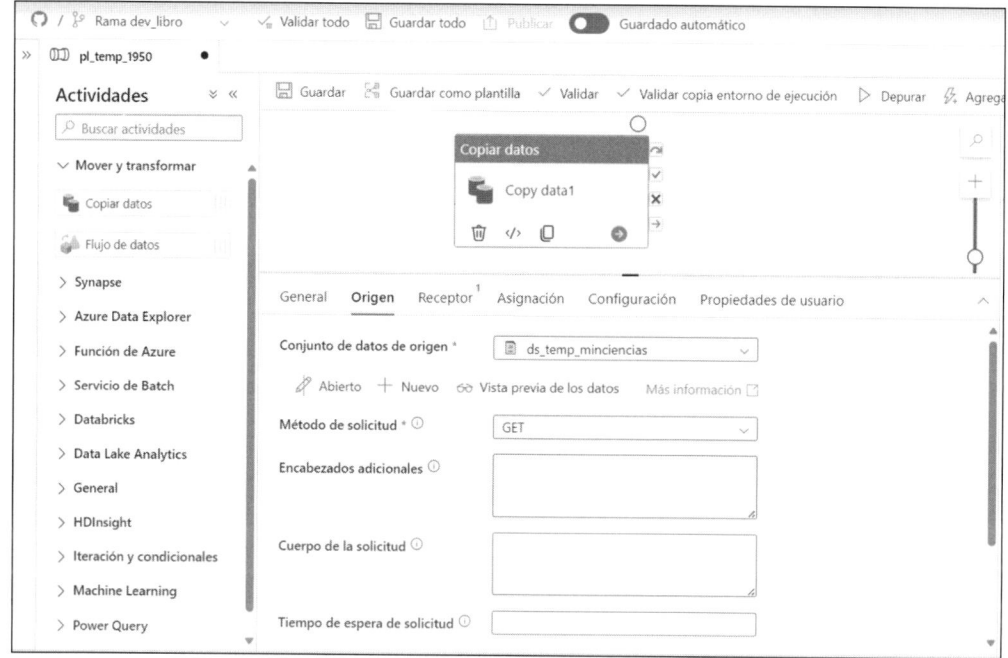

Figura 14.34. Pestaña Origen.

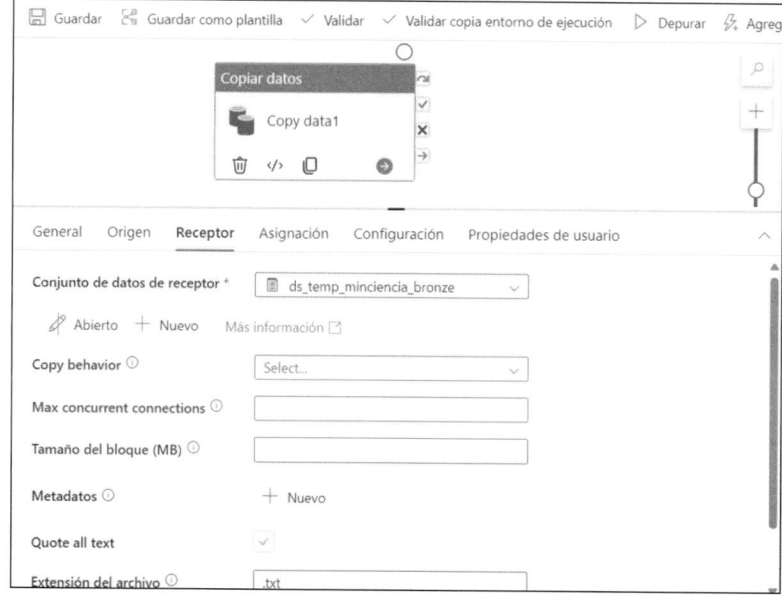

Figura 14.35. Pestaña Receptor.

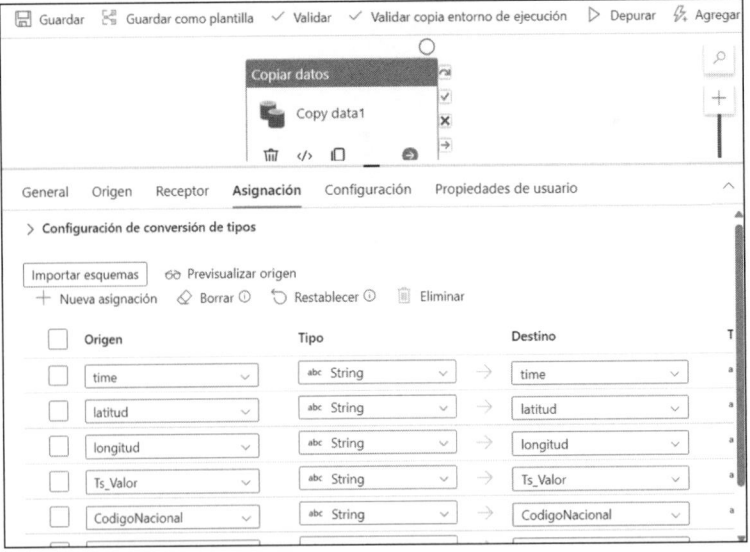

Figura 14.36. Importar esquemas desde Origen.

Esto va a permitir que se ejecute una acción de ir a buscar los datos al origen y escribirlos en el *data lake*.

Cuando esta acción termine se verá de la forma que aparece en la figura 14.37.

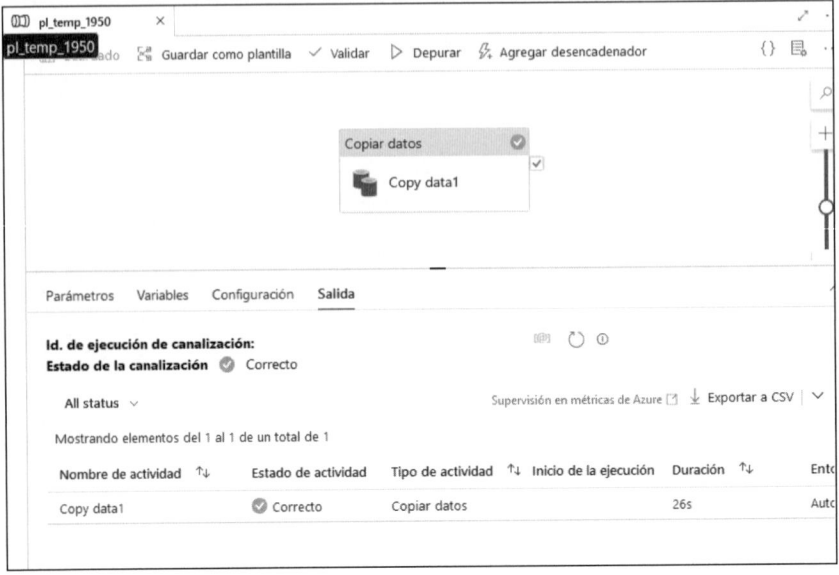

Figura 14.37. Vista de la *pipeline*.

Finalmente, al hacer clic sobre la ejecución, veremos el detalle de lo que ha costado mover los datos entre una fuente y otra, como se muestra en la figura 14.38.

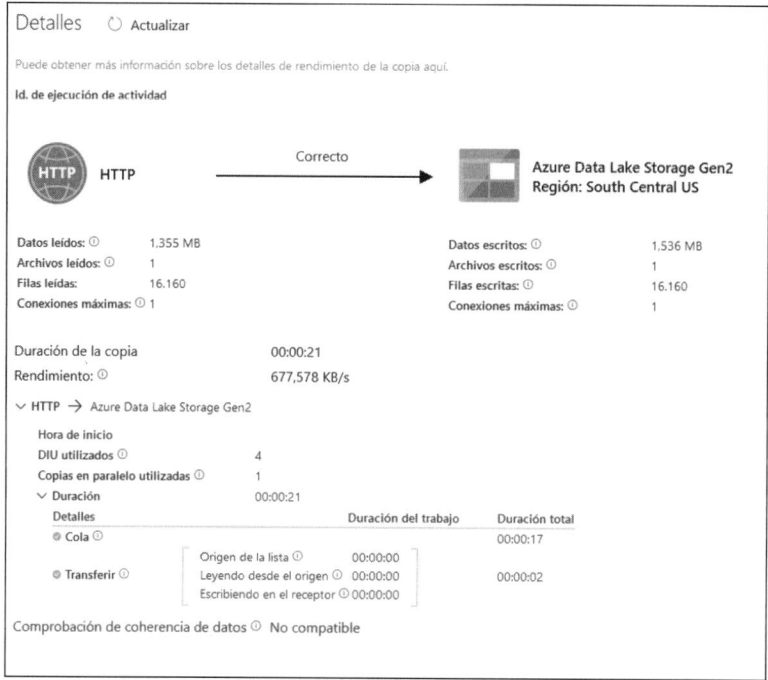

Figura 14.38. Detalle de los datos copiados.

Esta vista nos muestra exactamente la cantidad de datos copiados en tamaño y cantidad de filas y el tiempo que ha tomado esta actividad para completarse. Para el ejemplo, se han utilizado 21 segundos en la ejecución y se han movido 16.160 filas desde el origen hasta el destino. Esta información es clave para poder proyectar los costes asociados al uso de ADF en una eventual puesta en producción.

Montar el desencadenador

Un desencadenador es una especie de programador de tareas que utilizaremos para establecer en qué instantes se deben ejecutar las actividades cuando dependen de la simple llegada de una fecha u hora.

En otras palabras, aquí agregaremos una especie de reloj control que, dada una condición, va a "hacer clic por nosotros" en el botón Depurar, que vimos hace unos instantes.

Para hacerlo, iremos al botón superior **Agregar desencadenador**, que se ve en la figura 14.39; a continuación, una vez desplegado su menú, escogeremos la opción Nuevo/Editar.

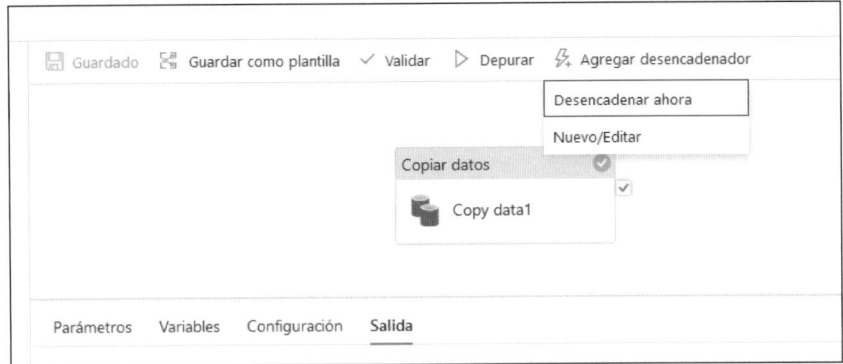

Figura 14.39. Agregar desencadenador.

Una vez que hayamos hecho clic en el botón **Nuevo/Editar**, ADF nos llevará a una interfaz donde crearemos el desencadenador, como el nombre en inglés es *Trigger*, usaremos el prefijo `trig_` antes de denominar cada elemento; luego, en el nombre, especificaremos la frecuencia de ejecución. Para el ejemplo, lo haremos durante 5 días cada 8 horas por semana. lo cual dejaría el nombre del desencadenador como `trig_5d_8h`.

Como se puede apreciar en la figura 14.40, la interfaz de programación es muy intuitiva, ya que ofrece las distintas opciones de configuración. Primero, definimos la fecha desde cuando debe ejecutarse este desencadenador; luego, la periodicidad dentro de un contexto de tiempo macro; y, finalmente, los días y las horas en las cuales se ejecutará el desencadenador.

Resumen

En este capítulo hemos ya dado los primeros pasos en ingeniería de datos, desde la definición conceptual hasta el primer ejercicio de movimientos de datos.

En los siguientes iremos avanzando hacia otras técnicas con ADF para movimientos con *batch* y luego con Event Hub para movimientos en *streaming*.

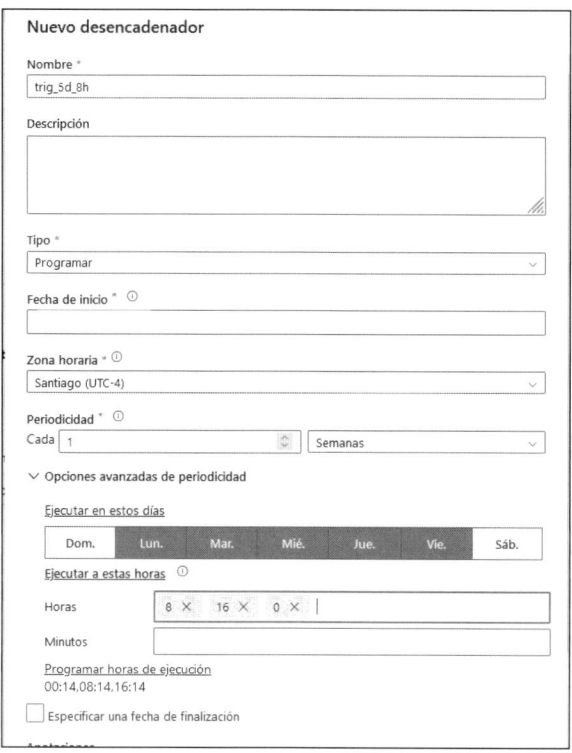

Figura 14.40. Nuevo desencadenador.

15

Iteraciones y transformaciones

- Iterar para crear cargas masivas y cargas incrementales.
- Transformar usando Data Flow.

Pipelines, iteraciones y parámetros

En el capítulo anterior, nos introdujimos en Azure Data Factory (ADF) y logramos realizar nuestra primera actividad de ingesta, vimos los principales componentes de una *pipeline* y movimos datos desde un origen al *data lake*.

Una *pipeline* de ADF es una agrupación de actividades que participan en forma organizada para lograr una determinada tarea. En el ejemplo del capítulo anterior, vimos cómo una sola actividad hizo el movimiento de datos, pero podríamos haber realizado más cosas; por ejemplo, pudimos extraer desde la web del Ministerio de Ciencias, eliminar columnas, transformar tipos de datos de texto a número y guardar el resultado en un formato distinto al CSV de origen.

A continuación, profundizaremos en conceptos un poco más específicos y luego con un ejemplo práctico observaremos cómo estos conceptos se relacionan y nos ayudan a diseñar *pipelines* eficientes.

Elementos clave de ADF

Control de flujo

Programar una serie de actividades dentro de una *pipeline* es lo que realmente hace poderoso a ADF, ya que podemos asignar componentes comunes a todas las actividades dentro de una sola *pipeline*, que de otra forma hubiésemos tenido que programar de forma individual en cada actividad.

Las actividades de una *pipeline* se conocen como "acciones" y se ejecutan en los datos. Como hay tantas opciones de actividades, Microsoft las clasificó en tres grandes grupos:

- **Actividades de movimiento de datos:** Como el "copiar datos" que vimos en el capítulo anterior.

- **Actividades de transformación de datos:** Como Data Flow, Databricks Notebooks, Power Query y muchas otras que se puedan agregar a las *pipelines* de forma individual o encadenadas a otra actividad.

- **Actividades de control:** Como "obtener metadatos", `for-each`, "Hasta", y otras más que tienen injerencia en la ejecución de *pipeline*.

Pero, en mi opinión, la característica más destacable es que las acciones pueden depender e influir en otras.

O sea, podemos definir que, dependiendo del resultado de la ejecución de una actividad, la siguiente podría o no ejecutarse; tan importante es esta característica que todas las actividades las tienen incorporadas y son cuatro las dependencias que podemos configurar: "al omitir", "en caso de éxito", "en caso de error" y "al finalizar".

La figura 15.1 muestra una *pipeline* que orquesta varias actividades a través de las dependencias. Se observa cómo la primera acción es invocar una API, si esta invocación es exitosa, inicia una secuencia de actividades unidas entre sí por la dependencia "en caso de éxito" que son cargar en *stage*, transformar y escribir en destino, y, si se detienen en esa acción, observarás que se enlaza con la siguiente a través de una dependencia "al finalizar", que finalmente es una orden para que se ejecute otra *pipeline* llamada "Paso Bronze a Silver". Por otro lado, si la llamada a la API no funciona, se ejecuta una alerta de error para que alguien tome acciones correspondientes.

Figura 15.1. Ejemplo de una *pipeline* orquestando.

Las actividades entrelazadas son realmente una gran ayuda para los ingenieros de datos o quienes están aspirando a serlos, ya que en esta herramienta se puede programar una tarea sin necesidad de poner una línea de código.

Ahora profundizaremos en algunos conceptos bien interesantes que al incorporarlos a una *pipeline* nos van a permitir mover grandes volúmenes de datos en poco tiempo y a un muy bajo coste.

Iteraciones

Las iteraciones son actividades que nos permiten trabajar en ciclos hasta una condición determinada, son muy útiles sobre todo cuando tenemos que trabajar en entornos que tienen datos dinámicos.

La principal característica de un iterador es que trabajan conteniendo otras actividades dentro de sí misma. Lo explicaré mejor con un ejemplo: imaginemos que vamos a buscar desde una API datos de temperatura de los últimos

99 años en una estación meteorológica; la API nos entrega un *token*, con ese *token* pedimos los datos y, una vez que dejemos de utilizar el *token*, hay que cancelarlo.

Conceptualmente el uso del iterador en esta tarea funcionaria algo así:

```
Pipeline Extracción de 99 años de datos
|-- Llamar API, pasar credenciales y obtener token
|-- Iterador
      |-- Leer datos año 1 y copiar en destino 1
      |-- Leer datos año 2 y copiar en destino 2
      |-- ...
      |-- ...
      |-- Leer datos año 99 y copiar en destino 99
|-- Llamar API y cancelar token
```

Y visualmente se expresa de esta forma en ADF.

En la figura 15.2 se observa la *pipeline* del ejemplo y podemos observar con claridad cómo el iterador ForEach contiene dentro de sí mismo una actividad copiar datos. El uso de iteraciones es, además, permitir la ejecución de búsquedas recurrentes con alguna regla dinámica.

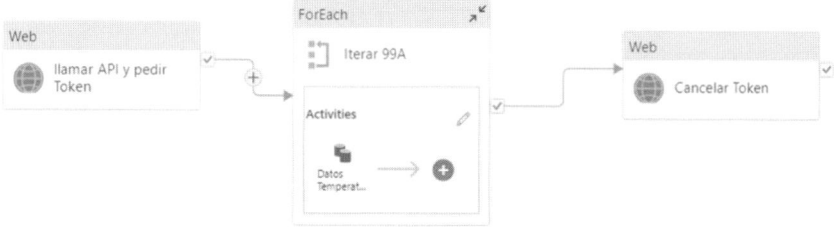

Figura 15.2. Iterador ForEach en una *pipeline*.

Las iteraciones más utilizadas en ADF son las siguientes: ForEach, condición IF, Switch o Cambiar y Hasta.

ForEach

ForEach es un tipo de iteración que permite ejecutar un conjunto de actividades para cada elemento en una colección. En el contexto de ADF, esto es particularmente útil cuando se trata con un conjunto de archivos, bases de datos o cualquier grupo de elementos que necesiten un proceso similar. Por ejemplo, si se tienen datos de ventas de varios años y se requiere cargarlos y transformarlos individualmente, ForEach automatizaría este proceso para cada año, simplificando significativamente la tarea.

Condición IF

La condición IF en ADF se utiliza para ejecutar actividades basadas en una condición lógica. Esto es esencial para el control de flujo en las *pipelines*, donde ciertas actividades solo deben ejecutarse si se cumplen ciertos criterios. Por ejemplo, en una *pipeline* de procesamiento de datos, se puede utilizar un IF para verificar si un archivo tiene un tamaño mayor a un umbral específico y, en base a eso, decidir si se procesa o se descarta.

Por ejemplo, quieres cargar datos de temperatura de una estación meteorológica, pero solo si el archivo de datos correspondiente a un año específico está disponible.

La figura 15.3 muestra cómo, antes de cargar los datos, una actividad Get Metadata obtiene los datos del año en cuestión. Luego una condición IF define que, si el año es el correcto (condición verdadera), se procede a cargar los datos; de lo contrario, se salta la carga y se registra un mensaje de error.

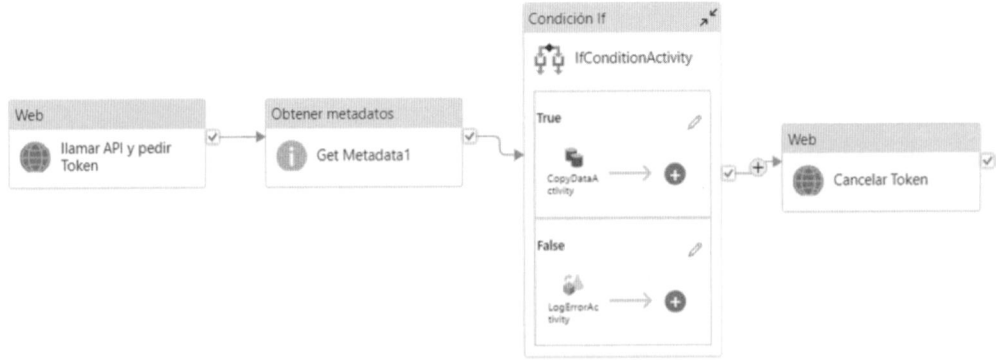

Figura 15.3. Iterador condición IF.

Switch o Cambiar

Switch o Cambiar es una actividad de control que permite ejecutar diferentes conjuntos de actividades según el valor de una expresión. Funciona de manera similar a una serie de condiciones IF, pero es más eficiente y claro cuando hay múltiples caminos a seguir. Por ejemplo, en una *pipeline* que procesa datos de diferentes regiones, se podría usar un Switch para aplicar transformaciones específicas según la región de origen de los datos.

Por ejemplo, tienes archivos de datos de temperatura de diferentes regiones, y cada región requiere una transformación de datos específica.

De la figura 15.4 se desprende que la actividad Get Metadata captura el dato de la región, luego la condición Switch o Cambiar dirige los datos hacia las diferentes actividades de transformación según la región. Por ejemplo, si es la región A, aplicas una transformación A; si es la región B, aplicas la transformación B y así sucesivamente.

Figura 15.4. Iterador Switch o Cambiar.

Hasta

Hasta (o Until) es una actividad de iteración que repite un conjunto de actividades hasta que se cumple una condición específica. Esto es útil cuando se necesita ejecutar un número desconocido de veces un proceso hasta alcanzar un cierto estado.

Por ejemplo, necesitas extraer datos de temperatura hasta obtener un conjunto de datos que cumpla con cierto criterio de calidad, como un número mínimo de registros.

De la figura 15.5 se desprende que la actividad Get Metadata extrae el número de registros de una llamada API, luego una actividad Until repite la verificación que la cantidad de registros es la necesaria y repetirá este proceso de extracción y verificación hasta que se cumpla la condición de calidad. Si la condición no se cumple, se vuelve a extraer otro conjunto de datos, y así sucesivamente.

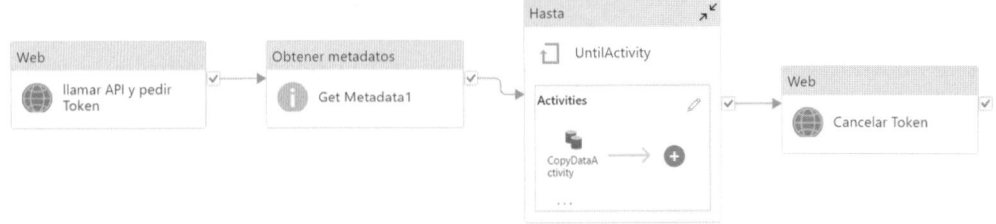

Figura 15.5. Iterador `Until` o `Hasta`.

Parámetros

Los parámetros son entidades clave en cualquier sistema de procesamiento de datos, funcionan como variables que pueden ser configuradas para personalizar y controlar el comportamiento de un proceso o función.

Desde una perspectiva académica, los parámetros en la arquitectura de datos son definidos como elementos modulables que permiten la adaptabilidad y reutilización de los procesos de datos. Al utilizar parámetros, se facilita la automatización y escalabilidad de las operaciones, ya que permiten modificar el flujo de trabajo sin necesidad de cambiar el código fuente.

Un parámetro, en la práctica, es un espacio de memoria temporal que utilizaremos para que distintos elementos pasen por una misma *pipeline* con resultados distintos. Los parámetros almacenados en memoria se mantienen activos durante la ejecución de un proceso. En ADF, los parámetros son almacenados en la memoria de ejecución, lo que implica que pueden ser accedidos y modificados en tiempo real.

Esto es crucial para operaciones dinámicas, donde los valores de los parámetros pueden cambiar en respuesta a eventos externos o a resultados intermedios de la ejecución de la *pipeline*. Además, la gestión eficiente de la memoria es vital para asegurar que los parámetros no sobrecarguen los recursos del sistema, especialmente en operaciones que manejan grandes volúmenes de datos.

La combinación de parámetros con iteradores en ADF abre un abanico de posibilidades para la manipulación de datos. Los iteradores, que hemos visto en el apartado anterior, permiten la ejecución repetitiva de un conjunto de tareas y, al integrarlos con parámetros, se puede lograr una gran flexibilidad y precisión.

Por ejemplo, se puede utilizar un parámetro en escenarios como la carga incremental de datos, donde los parámetros pueden determinar el rango de fechas de los datos a procesar en cada iteración.

Los parámetros en ADF permiten la flexibilidad y reutilización de las *pipelines*. Al definir parámetros en el nivel de *pipeline*, se pueden pasar valores específicos durante la ejecución, lo que permite personalizar el comportamiento de la *pipeline* sin cambiar su estructura.

Tipos de parámetros en ADF

En ADF, existen varios tipos de parámetros que se utilizan para diferentes propósitos y en distintos contextos. Los tipos más comunes de parámetros en ADF incluyen:

1. **Parámetros de *pipeline*:** Utilizados para pasar valores a una *pipeline* en el momento de su ejecución.

2. **Parámetros de actividad:** Permiten configurar las propiedades de las actividades dentro de una *pipeline*.

3. **Parámetros de *dataset*:** Usados para parametrizar las propiedades de los *datasets*, como rutas de archivos o nombres de tablas.

4. **Parámetros de enlace:** Se aplican en los enlaces de integración para parametrizar elementos como cadenas de conexión.

Los parámetros soportan diversos tipos de datos, lo que incrementa su flexibilidad y utilidad en distintas situaciones. Los tipos de datos que pueden ser utilizados en los parámetros incluyen:

- `String`: Permite ingresar valores textuales, como nombres, rutas de archivo, o cualquier otro tipo de información en formato de texto. Se utilizan para nombres de archivos, identificadores, y cualquier otra información que se exprese mejor en forma de texto. Su versatilidad los hace indispensables en la mayoría de las *pipelines*.

- `Array`: Utilizado para listas de valores, lo que es especialmente útil cuando se necesita pasar múltiples valores a una sola configuración o actividad. Es el más indicado cuando se requiere trabajar con una colección de elementos. Los *arrays* pueden almacenar listas de valores, como identificadores o nombres, lo que los hace útiles en situaciones donde se necesita iterar sobre múltiples elementos o manejar datos en lote.

- `Bool`: Permite opciones de verdadero o falso, útil para activar o desactivar características o flujos de trabajo. Son esenciales para la toma de decisiones binarias dentro de las *pipelines*. Se utilizan para activar o desactivar características, controlar flujos condicionales o como indicadores de estado. Su simplicidad los hace ideales para controlar la lógica de procesos complejos.

- `Int`: Para valores numéricos enteros, como conteos o índices. Son cruciales para manejar números sin decimales. Se usan en conteos, índices, y en cualquier situación donde se requiera una cantidad numérica precisa y definida. Son particularmente útiles en la paginación de resultados o en la iteración basada en índices.

- `Float`: Este tipo de parámetro es crucial cuando se requiere precisión en los números con decimales. Es fundamental en cálculos matemáticos o estadísticos, donde los números enteros (`Int`) no serían suficientes. Por ejemplo, en el procesamiento de datos financieros o científicos, donde las fracciones pueden tener un impacto significativo en los resultados.

- `Object`: Es versátil y permite almacenar estructuras de datos más complejas, como diccionarios o JSON. Es ideal para situaciones donde se necesitan múltiples valores o una estructura de datos anidada, proporcionando una forma de manejar datos más complejos en un único parámetro. Esto es particularmente útil en configuraciones avanzadas o en la manipulación de datos estructurados de forma no convencional.

- `SecureString`: Este tipo es esencial para manejar datos sensibles o confidenciales, como contraseñas o claves de acceso. ADF lo maneja de manera que el valor del parámetro no se expone en los *logs* o en la interfaz de usuario, garantizando la seguridad y la privacidad. Su uso es crítico en entornos organizacionales donde la gestión segura de la información es primordial.

Cada uno de estos tipos de datos permite a los ingenieros de datos que usan ADF configurar sus *pipelines* y actividades de manera más específica y adaptada a las necesidades de cada proyecto. La elección del tipo de dato adecuado para un parámetro depende del contexto específico en el que se utilice dentro de la *pipeline* o la actividad.

Ejemplo de ADF con parámetros e iteradores

Para ejemplificar con todo lo que implica trabajar con iteradores y parámetros utilizaremos el mismo ejemplo que realizamos en un principio y crearemos desde una perspectiva *Top-Down*, o desde "aguas arriba hacia abajo" una *pipeline* dinámica que permita traer la totalidad de los datos de temperatura de Chile desde 1950 hasta el 2023.

Premisa

Los datos se encuentran en un repositorio que funciona como carpeta y cuya ruta es la siguiente:

```
https://raw.githubusercontent.com/MinCiencia/Datos-CambioClimatico/main/output/
temperatura_dmc/1950/1950_temperatura_dmc.csv
```

Por simple apreciación, observamos que la URL tiene el dato del año en 2 lugares; en consecuencia, en dicho lugar sería muy eficiente incorporar un parámetro que reemplace ese texto por el año que corresponda tanto para leer los datos en el origen como para escribirlos en el destino.

Omitiré la primera parte de la URL y dejaré la final para observar solamente dónde incorporaremos los parámetros; dicho eso, esto se vería aproximadamente así:

```
.../temperatura_dmc/{param}/{param}_temperatura_dmc.csv
```

Traer datos desde todos esos años con esa URL variable implicaría entonces que debemos construir una *pipeline* que obedezca al siguiente flujo:

```
- Pipeline Dinámico
| -- Actividad ForEach con parámetro array
| -- -- Actividad Copy Data con parámetro String
| -- -- Dataset con parámetro String.
```

En la actividad `ForEach` pondremos un parámetro `array` que contendrá la totalidad de años que consultaremos en el origen y escribiremos en el destino; en la actividad `Copy Data` un parámetro `String` que llame al año en particular y en el `Dataset` el mismo parámetro `String`.

Solución y construcción

Crearemos una nueva *pipeline* o canalización y en el panel inferior o **Control de flujo** agregaremos un parámetro que llamaremos "`periodos`" de tipo de datos `array` sin ningún valor predeterminado, lo anterior se vería así como aparece en la figura 15.6. Luego agregaremos una actividad iteradora `ForEach` que reciba el parámetro de la *pipeline* que hemos incorporado a la *pipeline*, eso se logra incorporando en la pestaña **Configuración** de la actividad `ForEach` el nombre del parámetro "`periodos`" en el cuadro llamado **Elementos**. Esto se ve como en la figura 15.7 antes de invocar el parámetro.

Para incorporar el parámetro `periodos` de la *pipeline* en la actividad, debemos trabajar con el generador de expresiones de ADF; en pocas palabras, incorporar unas pequeñas estructuras de código muy sencillas para provocar la magia de la parametrización.

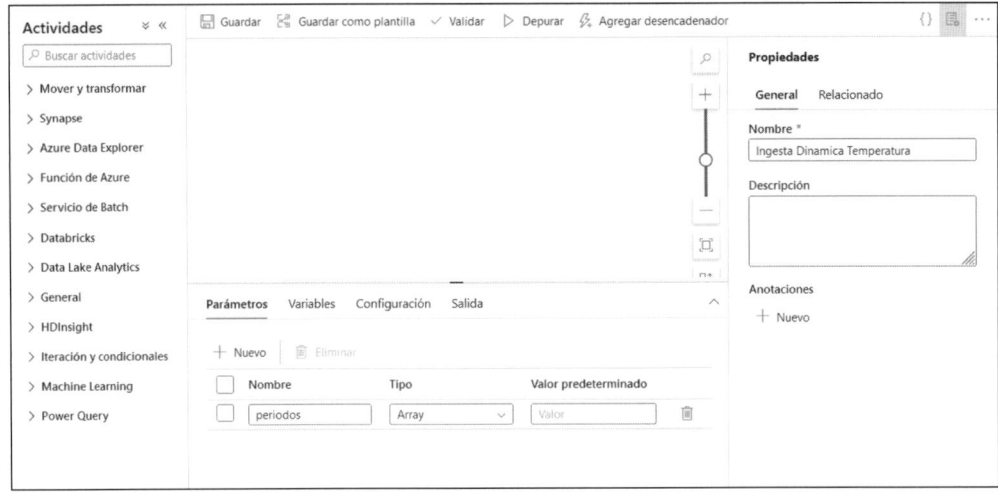

Figura 15.6. Agregar parámetro `periodos`.

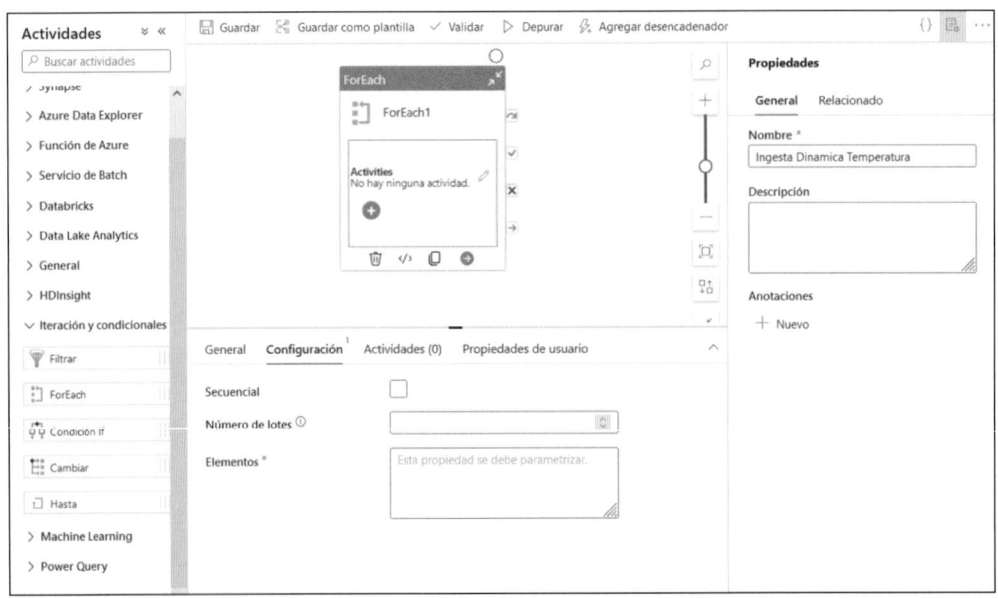

Figura 15.7. Añadir parámetro `periodos` en la pestaña **Configuración**.

Para acceder al generador de expresiones debemos posicionar el ratón dentro de la caja **Elementos** que aparece en la figura 15.8 y hacer clic en **Agregar contenido dinámico**.

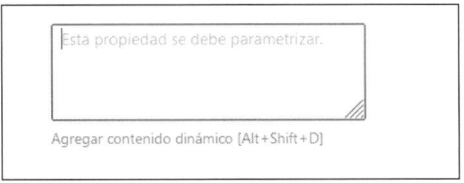

Figura 15.8. Agregar contenido dinámico.

Lo que nos llevará a una pestaña que consta de un asistente y un recuadro para escribir nuestras expresiones, como se ve en la figura 15.9.

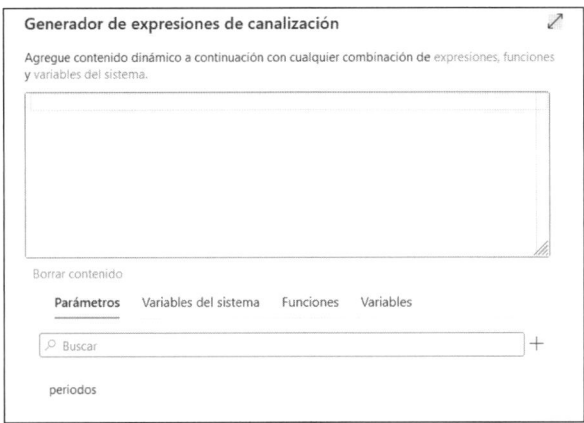

Figura 15.9. Generador de expresiones de canalización.

Para vincular el parámetro de la *pipeline* dentro de la actividad, simplemente haremos clic en el elemento que aparece abajo dentro de la pestaña **Parámetros** para que la expresión se genere. Todo lo anterior se vería como aparece en la figura 15.10.

Hacemos clic en **Aceptar** y veremos nuestra actividad ForEach ya parametrizada con la *pipeline*, solo nos quedaría entonces incorporar a esta actividad la acción de copiar datos de una forma dinámica.

> **NOTA:**
>
> *Las expresiones que se pueden utilizar en este recuadro son muy variadas y para no ahondar en cada una de ellas se puede acceder directamente a su documentación en el sitio de aprendizaje de Microsoft en el siguiente vínculo:* `https://learn.microsoft.com/es-es/azure/data-factory/control-flow-expression-language-functions`.

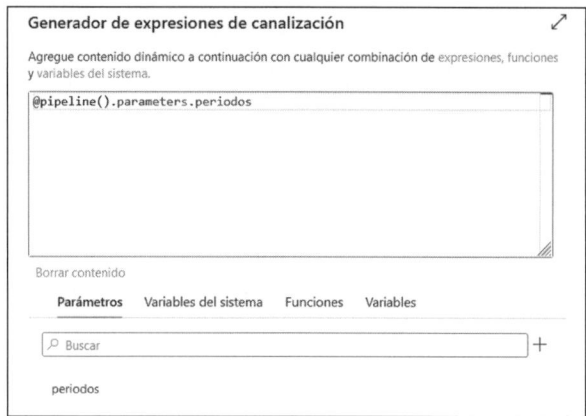

Figura 15.10. Agregar contenido dinámico.

Para incorporar a la activad `ForEach` la actividad `Copy Data` dentro de su flujo de iteración, debemos seleccionar la pestaña **Actividades** y observaremos que nos indica que, dentro del escenario `ForEach`, no hay ninguna actividad aún. Para agregarla, debemos hacer clic en el icono de lápiz que aparece al final, como se ve en la figura 15.11.

Figura 15.11. Agregar actividad.

Una vez dentro, agregaremos la actividad `Copy Data` al lienzo y veremos lo que se nos muestra en la figura 15.12.

Si te fijas bien, el lienzo en su encabezado indica una especie de ruta con el nombre de la *pipeline* y que estás dentro de la actividad `ForEach1`. También puedes observar que se encuentran disponibles las pestañas **Origen** y **Receptor** donde debemos incorporar los *datasets* de entrada y salida de datos.

Figura 15.12. Actividad Copy Data agregada.

Sin embargo, no podemos traer los mismos *datasets* que hemos utilizado anteriormente, puesto que esos *datasets* son estáticos, es decir, solo traen y escriben datos de 1950. En consecuencia, vamos a crear nuevos *datasets* basado en los anteriores y los dinamizaremos utilizando el generador de expresiones que ya observamos.

Para crear estos *datasets* nuevos basados en los ya existentes, simplemente nos iremos al panel de recursos de ADF, veremos los *datasets* ya creados y, en los tres puntos al final de cada elemento, haremos clic y seleccionaremos la opción Clonar, como se ve en la figura 15.13.

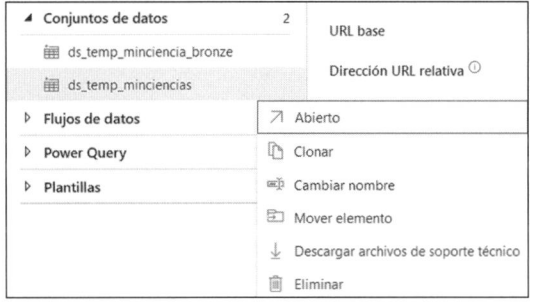

Figura 15.13. Opción Clonar.

Una vez clonado, cambiaremos su nombre identificando que sean dinámicos: para el ejemplo usaremos "ds_temp_din_minciencias" y "ds_temp_din_minciencias_bronze" para el origen y destino respectivamente.

Una vez cambiados los nombres en ambos *datasets*, agregaremos un parámetro de tipo `String` llamado "`year`" sin ningún valor predeterminado, como se ve en la figura 15.14.

Figura 15.14. Parámetro `year` sin valor predeterminado.

Luego en la pestaña **Conexión** haremos los cambios necesarios para que la URL, ya sea de origen o destino, reciba el parámetro en la parte que corresponde al año utilizando el generador de expresiones.

En el *dataset* de origen dinámico iremos a la pestaña **Conexión** y, en la casilla llamada **Dirección URL Relativa**, seleccionaremos la opción **Agregar contenido dinámico**, como se ve en la figura 15.15.

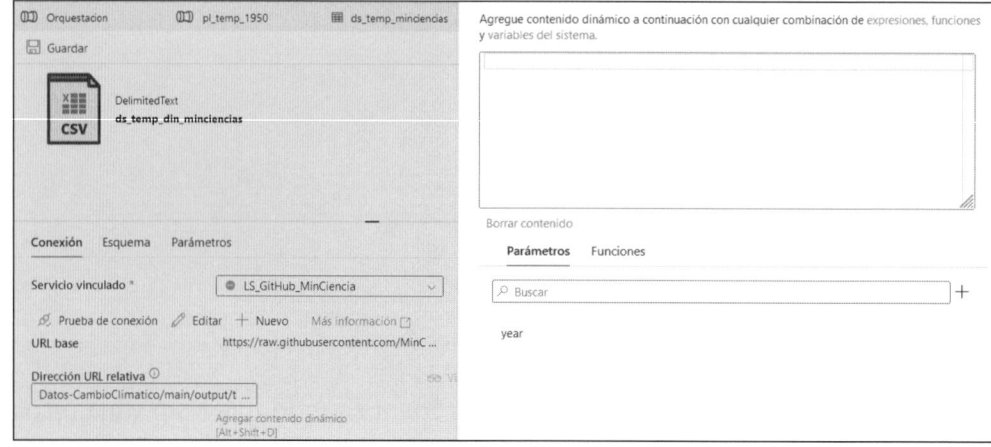

Figura 15.15. Agregar contenido dinámico en el *dataset* de origen dinámico.

En este *dataset* de lectura de datos, la URL originalmente leía:

```
Datos-CambioClimatico/main/output/temperatura_dmc/1950/1950_temperatura_dmc.csv
```

Debemos reemplazar los espacios que ocupa el texto "1950" por el parámetro que hemos creado recientemente en el *dataset*. Para lograrlo, utilizaremos la expresión concat del generador de expresiones que nos va a permitir incorporar esos parámetros en la URL.

El resultado final de la incorporación de los parámetros del *dataset* en la URL utilizando la expresión concat sería la siguiente:

```
@concat(
'Datos-CambioClimatico/main/output/temperatura_dmc/',
dataset().year,
'/',
dataset().year,
'_temperatura_dmc.csv'
)
```

Si os fijáis bien, he dejado entre comillas simples (') la parte de la URL que no cambia y he invocado el parámetro del *dataset* en los lugares donde anteriormente estaba escrito 1950. Cada trozo de texto se separa con una coma simple (,) finalmente se observa en ADF como se muestra en la figura 15.16.

Figura 15.16. Separación por comas.

En el *dataset* de destino, los cambios son casi similares; la creación del parámetro es idéntico a la creación del parámetro en el *dataset* de origen, es decir, vamos a la pestaña **Parámetros** y creamos un parámetro llamado "year" y luego vamos a configurar la ruta de acceso del archivo. Aquí vemos un poco distinto los campos para ingresar la ruta de destino, ya que observamos que hay tres casillas para poner elementos. En nuestro caso, usaremos las primeras dos casillas con elementos fijos y la última con un elemento dinámico, como se ve en la figura 15.17.

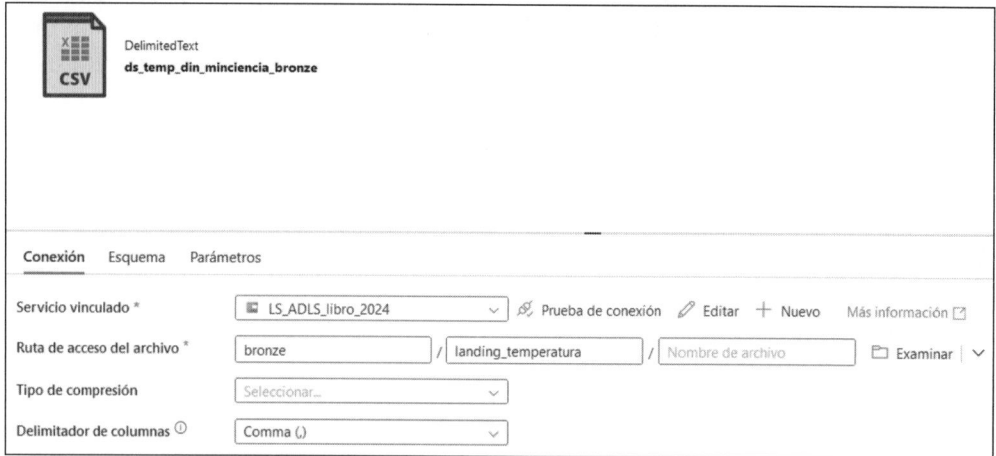

Figura 15.17. Creación de parámetro en *dataset* de destino.

Hemos puesto de forma fija BRONZE, que es el nombre de la capa del *data lake* donde dejaremos estos datos de forma dinámica y luego hemos escrito el nombre de la carpeta donde dejaremos todos los datos capturados año a año, distinguiéndolos solamente por el nombre del archivo, que es donde incorporaremos la expresión dinámica:

```
@concat(
dataset().year,
'_temperatura_dmc.csv'
)
```

Todo lo anterior se vería como se muestra en la figura 15.18.

Ya que hemos creado los *datasets* dinámicos, volvemos a nuestra *pipeline* dinámica, entramos a la actividad Copy Data dentro del ForEach y agregamos los *datasets* dinámicos que hemos creado recientemente en las casillas que corresponden:

- **Origen:** ds_temp_din_minciencias.

- **Receptor:** ds_temp_din_minciencia_bronze.

Notemos que cuando incorporamos los *dataset* dinámicos nos aparece una nueva casilla llamada **Propiedades del conjunto de datos,** con el campo **year** escrito y un valor para completar.

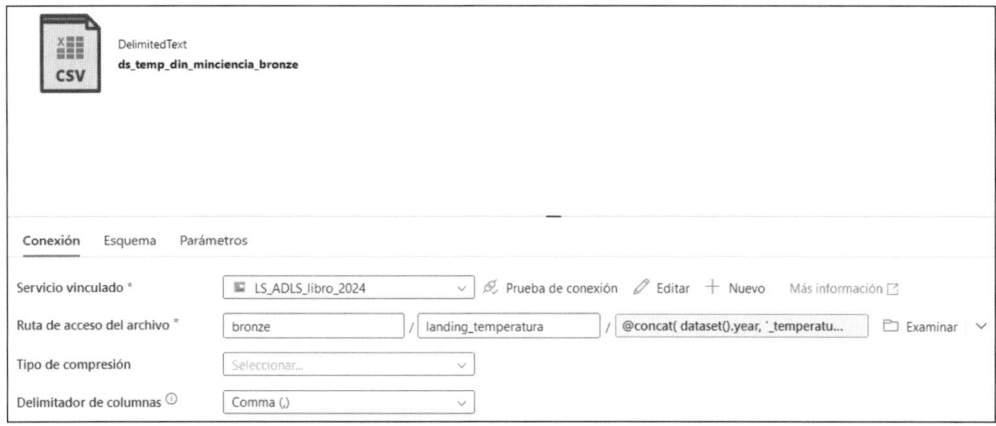

Figura 15.18. Nombre de carpeta con todos los datos capturados.

Esto quiere decir que debemos agregar el valor que tomará dinámicamente nuestro *dataset*, o sea, el elemento que corresponda a la iteración que se esté ejecutando en la actividad `ForEach`, para el ejercicio utilizaremos:

```
@item()
```

Básicamente invoca el año que se esté ejecutando dentro del `ForEach`.

Esto se vería así para el origen, en la figura 15.19, y también para el destino, por lo que no repetiré la imagen.

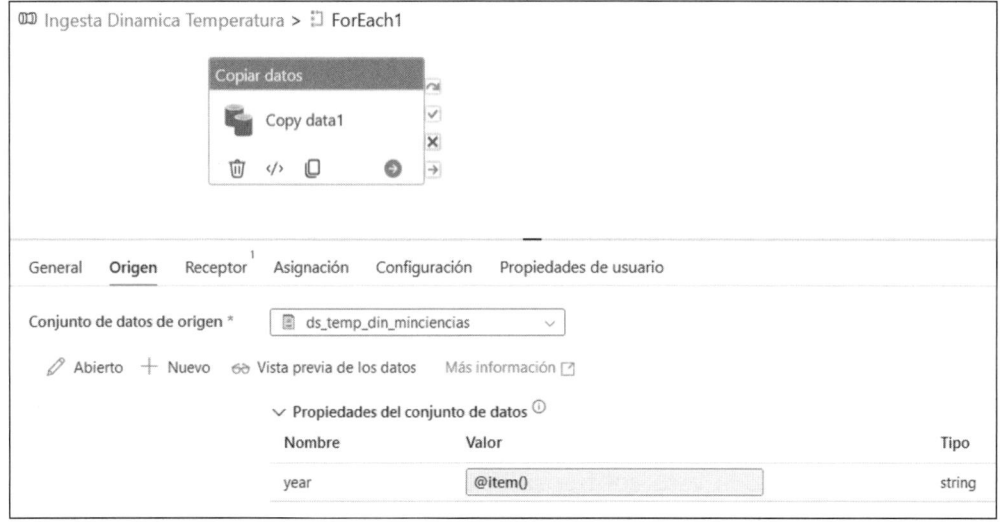

Figura 15.19. *Dataset* en Origen.

Finalmente, nos queda hacer la asignación de campos entre el origen y destino; en otras palabras, esto permite mapear que los campos del origen se escriban en el destino como correspondan. Para lograrlo, nos iremos a la pestaña **Asignación** y, dentro de esa pestaña, seleccionaremos el botón **Importar esquemas**.

Cuando hagamos clic en el botón, nos aparecerá una pestaña para incorporar un valor al parámetro `item()`, esto solamente lo requiere para importar una vista previa de los datos y poder hacer la asignación de campos, así que incorporemos el número 1953 para esos efectos. Esto no queda guardado en memoria, solo es una ejecución temporal. Después de hacer clic en el botón **Aceptar** veremos la asignación como en la figura 15.20.

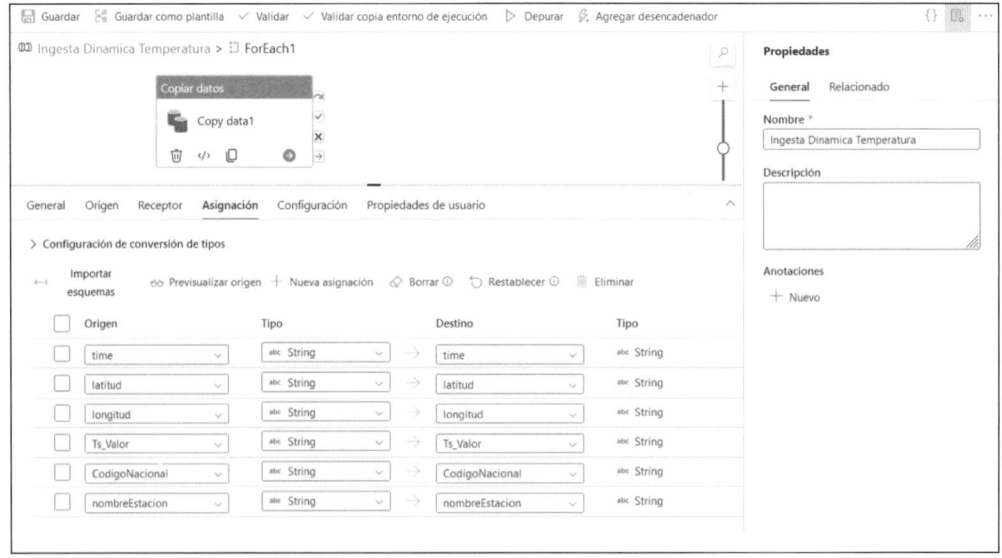

Figura 15.20. Asignación de campos.

Este paso es el último para la configuración de la ingesta dinámica; a continuación, haremos la ejecución de la *pipeline* para que los datos se escriban en el destino de forma definitiva.

Como en el ejercicio anterior, esto se logra haciendo clic en el botón **Depurar** cuando nos encontramos observando la *pipeline*. Una vez hagamos clic en él, ADF nos pedirá que pongamos el valor para el parámetro `periodo`, como se ve en la figura 15.21.

El parámetro `periodo` está configurado como un parámetro del tipo `array`; en consecuencia, agregaremos un `array` que contenga todos los años que importaremos.

Figura 15.21. Parámetro `periodo` de tipo `array`.

El código del `array` es el siguiente y lo pondremos dentro de la casilla **Valor**:

```
[1950, 1951, 1952, 1953, 1954, 1955, 1956, 1957, 1958, 1959, 1960, 1961, 1962,
1963, 1964, 1965, 1966, 1967, 1968, 1969, 1970, 1971, 1972, 1973, 1974, 1975,
1976, 1977, 1978, 1979, 1980, 1981, 1982, 1983, 1984, 1985, 1986, 1987, 1988,
1989, 1990, 1991, 1992, 1993, 1994, 1995, 1996, 1997, 1998, 1999, 2000, 2001,
2002, 2003, 2004, 2005, 2006, 2007, 2008, 2009, 2010, 2011, 2012, 2013, 2014,
2015, 2016, 2017, 2018, 2019, 2020, 2021, 2022, 2023]
```

Luego haremos clic en el botón **Aceptar** y observaremos la ejecución de nuestra *pipeline* dinámica, que extraerá toda la *data* de temperatura entre 1950 y 2023 y lo enviará hacia el *data lake*.

Finalmente, nuestra ejecución la observaremos correctamente ejecutada cuando tengamos la pantalla de la figura 15.22 a la vista. Con esto hemos terminado el ejemplo de uso de iteradores y parámetros.

Transformar datos

La transformación de datos es una fase esencial en la ingeniería de datos, representando un punto de inflexión donde los datos crudos se convierten en información valiosa y utilizable. Azure Data Factory (ADF) ofrece herramientas poderosas para esta tarea, destacando principalmente Data Flow y Power Query. Estas herramientas permiten remodelar y enriquecer los datos, adaptándolos a las necesidades específicas de análisis y reporte.

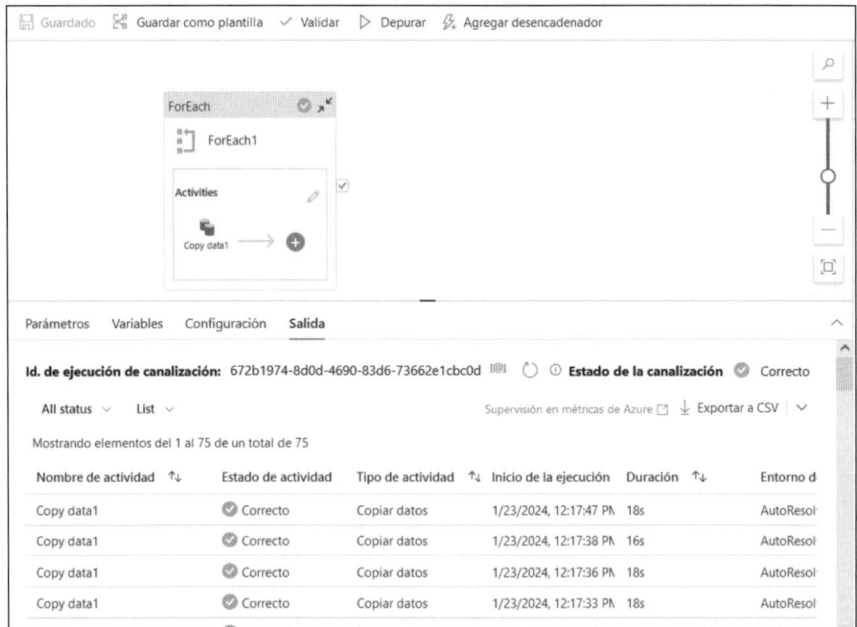

Figura 15.22. Ejecución correcta.

Como se mencionó en capítulos anteriores, la transformación de datos puede realizarse de dos maneras principales: "al aire" o en memoria y posalmacenamiento.

La transformación "al aire" se realiza en tiempo real, procesando los datos en tránsito antes de que se almacenen. Esta modalidad es ideal para operaciones rápidas y eficientes, donde la inmediatez es crucial.

Por otro lado, la transformación posalmacenamiento ocurre después de que los datos han sido almacenados en una zona temporal o en la capa **Bronze**. Esta opción es preferible cuando se manejan grandes volúmenes de datos o cuando las transformaciones son más complejas y requieren de un procesamiento intensivo.

En el contexto de ADF, las transformaciones pueden tomar diversas formas, dependiendo de los objetivos y la naturaleza de los datos:

- **Agregar o quitar columnas:** Esta es una de las transformaciones más básicas pero esenciales. Puede involucrar la eliminación de datos irrelevantes para simplificar los conjuntos de datos, o la adición de nuevas columnas derivadas de los datos existentes para enriquecer y ampliar el análisis.

- **Realizar operaciones de agregación:** Las operaciones de agregación, como sumas, promedios, conteos, etc., son fundamentales para resumir y entender grandes conjuntos de datos. Estas operaciones permiten transformar datos detallados en información resumida y manejable, facilitando la toma de decisiones y el análisis estratégico.

- **Cambiar formatos:** Convertir los datos a diferentes formatos es crucial para asegurar su compatibilidad con diversas herramientas y plataformas. Incluye la transformación de tipos de datos, como convertir cadenas de texto en números o cambiar el formato de fechas y horas para estandarizar los datos.

- **Limpieza y normalización de datos:** Implica corregir inconsistencias, llenar valores faltantes y estandarizar las unidades de medida.

También se pueden realizar transformaciones más complejas, como la integración de datos de múltiples fuentes, la desnormalización para optimizar el rendimiento de consultas o la aplicación de algoritmos de inteligencia artificial para la generación de *insights*.

Data Flow de ADF

Como adelantamos, ADF tiene una herramienta de transformación denominada Data Flow, que permite con casi nada de dominio de lenguajes de transformación ir desarrollando paso a paso las más diversas transformaciones de los datos de forma secuencial y ordenada.

Un DF de ADF se diseña y prepara en un apartado especial dentro de ADF y luego puede ser integrado dentro de una *pipeline* para que sea ejecutado cuando sea necesario, por lo mismo permite trabajar con parámetros para hacer mucho más escalable su alcance. Utilizaré un ejemplo para representar mucho más en detalle el alcance de DF.

Siguiendo con el ejercicio de los datos de temperatura, imaginemos que una *pipeline* ha tomado los datos desde el origen y los ha dejado tal cual en la zona **Bronze** de nuestro *data lake*, luego enviaremos dichos datos hacia la zona **Silver**, pero en formato Parquet, y finalmente haremos un resumen de ellos promediando la temperatura diaria por estación meteorológica.

La figura 15.23 muestra cómo una *pipeline* secuencialmente realiza esa orquestación, paso a paso los datos se mueven en las distintas tareas hasta finalmente llegar en formato Delta hacia la capa de servicio.

Si se observa con detención, veremos una actividad llamada "Flujo de datos", la cual paso a detallar en la figura 15.24.

El DF lo que hace es ir a buscar esa fuente Parquet, luego elimina las columnas innecesarias del proceso de transformación, posterior a ello hace la tarea de agregación, en este caso la tarea de promediar diariamente la temperatura por cada estación meteorológica, y escribe dichos datos agregados en formato Delta en la capa **Gold** del *data lake* para que sean consumidos por los distintos analistas.

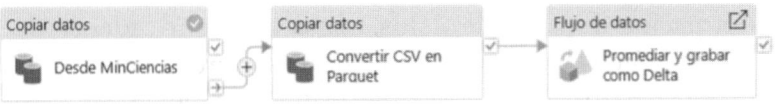

Figura 15.23. *Pipeline* con Data Flow incorporado.

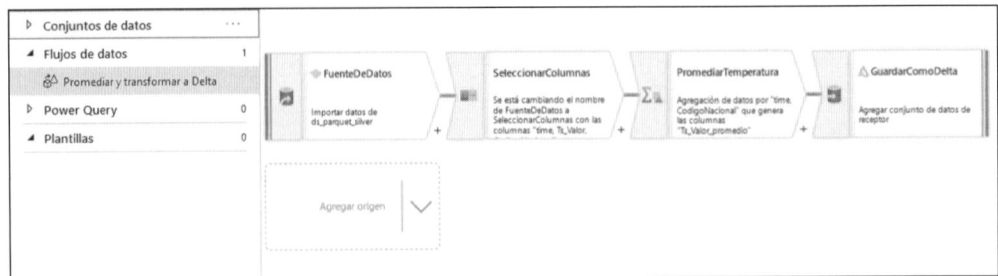

Figura 15.24. Detalle de una actividad de Data Flow.

Son muchas más las tareas que pueden realizarse usando DF; para profundizar en ellas, te invito a revisar la documentación y seguir los ejemplos que se encuentran en el siguiente sitio: `https://learn.microsoft.com/es-es/azure/data-factory/tutorial-data-flow`.

Siguiendo con las herramientas de transformación en ADF, nos encontraremos con Power Query.

Power Query

Para aquellos lectores familiarizados con Power BI, el uso de Power Query en Azure Data Factory (ADF) será una experiencia naturalmente intuitiva. Power Query es una potente herramienta de ETL (extracción, transformación y carga) que se destaca por su capacidad para simplificar y automatizar la transformación de datos. Originalmente diseñada para Power BI, su integración en ADF abre un abanico de posibilidades para la manipulación y gestión de datos.

Power Query es una interfaz interactiva que facilita la extracción de datos de diversas fuentes, su transformación y posterior carga en un destino específico. Se caracteriza por su enfoque en la facilidad de uso, con una interfaz gráfica que permite a los usuarios realizar complejas transformaciones de datos sin necesidad de escribir extensas líneas de código. Las funciones de Power Query incluyen filtrado, clasificación, agregación y combinación de datos, entre otras, todas ellas accesibles a través de una serie de menús y opciones intuitivas.

Pero no profundizaré en este tema, ya que Ana Maria Bisbé ha publicado en esta misma colección "Manual Imprescindible" el libro *Tratamiento de datos con Power Query* y detalla con lujo de detalles todo lo que Power Query puede hacer, solo me limitaré a mostrar cómo se integra y sus ventajas y desventajas en ADF.

Para utilizarla, basta simplemente con crear la actividad de Power Query, agregar un conjunto de datos, transformar y finalmente definir los destinos de dichos datos como se muestra en la figura 15.25.

Figura 15.25. *Pipeline* con actividad Power Query.

Ventajas de Power Query en ADF

La integración de Power Query en ADF ofrece varias ventajas significativas:

- **Familiaridad y facilidad de uso:** Para los usuarios que ya están familiarizados con Power BI, el uso de Power Query en ADF es directo y cómodo. Esto reduce la curva de aprendizaje y permite una transición suave en la adopción de ADF para procesos de transformación de datos.

- **Flexibilidad en los destinos de los datos:** Una de las mayores ventajas de Power Query en ADF es la capacidad de escribir los datos transformados en múltiples destinos. Esta característica rompe la limitación de tener Power BI como único destino, permitiendo a los usuarios cargar datos transformados en una variedad de almacenes de datos, como bases de datos SQL, *data lakes* y otros servicios en la nube. Esta flexibilidad es crucial para organizaciones que utilizan múltiples plataformas de análisis de datos y necesitan una herramienta de ETL que pueda integrarse sin problemas en su ecosistema de datos.

- **Automatización y escalabilidad:** Al incorporar Power Query en las *pipelines* de ADF, los usuarios pueden aprovechar la automatización y escalabilidad que ofrece ADF. Esto significa que las transformaciones de datos no solo se realizan con la facilidad de Power Query, sino que también se benefician de la gestión robusta y el rendimiento escalable que caracteriza a ADF.

Power Query en ADF representa una poderosa combinación de facilidad de uso y funcionalidad avanzada. Permite a los usuarios que ya están cómodos con Power BI extender sus habilidades de transformación de datos a un entorno más robusto y escalable, aprovechando las ventajas de ADF para gestionar y transformar grandes volúmenes de datos de manera eficiente. La capacidad de dirigir los datos transformados a múltiples destinos es un cambio de juego, abriendo nuevas posibilidades para la integración y análisis de datos en diversas plataformas y servicios.

Desventajas de Power Query en ADF

No todas las funciones de Power Query están admitidas en el entorno ADF, entre ellas se encuentran las siguientes: `Table.PromoteHeaders`, `Table.CombineColumns`, `Table.TransformColumnTypes`, `Table.NestedJoin`, `Table.RemoveLastN`, `Table.RowCount` y `Table.Transpose`.

Tampoco es recomendable utilizar Power Query cuando se deban realizar muchas combinaciones de tablas o anidaciones, ya que el motor de procesamientos de dichas combinaciones no es tan escalable como desarrollar la misma acción en DF o aguas arriba de la captura, ya sea con SQL o Spark.

NOTA:

Toda la documentación de Power Query en ADF puede encontrarse en el sitio `https://learn.microsoft.com/es-es/azure/data-factory/wrangling-overview`.

Resumen

Hemos visto en este capítulo cómo ADF nos permite mover grandes volúmenes de datos gracias a sus distintos elementos, actividades y la facultad de utilizar parámetros para potenciar aún más el movimiento de datos.

También vimos cómo los datos pueden ser transformados utilizando Data Flow y Power Query, permitiéndonos utilizar todo el potencial de transformación de esta herramienta.

16

Ingeniería de datos con Microsoft Fabric

En este capítulo aprenderás:

- Qué es Microsoft Fabric.
- Cómo se ajusta a una arquitectura general de datos.
- Componentes de ingesta en *batch* y *streaming* de Fabric.
- Componentes de almacenamiento.
- Componentes de la capa de servicios Spark de Fabric.
- Capa de consumo de Fabric.

Qué es Microsoft Fabric

De acuerdo con la documentación oficial de Microsoft, "Fabric es una solución de análisis todo en uno para empresas que abarca todo, desde el movimiento de datos hasta la ciencia de datos, el análisis en tiempo real y la inteligencia empresarial. Ofrece un conjunto completo de servicios que incluye un lago de datos, ingeniería de datos e integración de datos, todo en un solo lugar.

Con Fabric, no es necesario agrupar diferentes servicios de varios proveedores. En su lugar, puede disfrutar de un producto muy integrado, de un extremo a otro y fácil de usar diseñado para simplificar las necesidades de análisis".

Desde mi perspectiva, Microsoft Fabric, en la figura 16.1, es una solución modular que permite integrar en un solo ecosistema las distintas capas de arquitectura analítica escalable para organizaciones independientemente del tamaño que esta tenga. Está pensado para que organizaciones pequeñas que pensaban que montar una nube analítica era algo demasiado sofisticado puedan comenzar desde lo más sencillo y escalar rápidamente hacia ecosistemas más complejos.

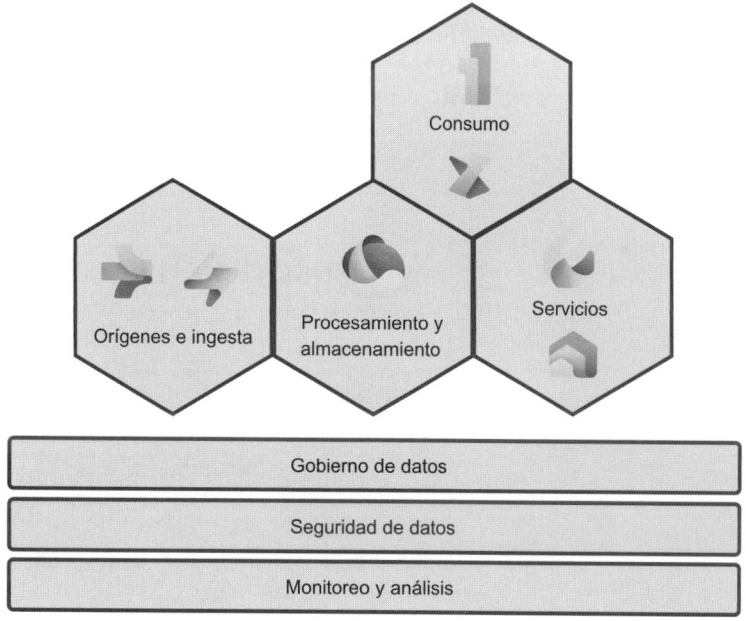

Figura 16.1. Arquitectura de Microsoft Fabric en un estándar de arquitectura tradicional.

Si se observa con detención, veremos que los distintos componentes que forman Microsoft Fabric se corresponden en las distintas capas de una arquitectura tradicional y de ellos hablaremos en las siguientes páginas.

Fabric viene a convertirse en una PaaS que combina distintos elementos ya existentes en Azure y que los fusiona para evitar pasos innecesarios de importación o conexión; principalmente, hereda de Synapse los motores Spark y SQL Serverless, también hereda Azure Data Factory, además de incorporar dos elementos originales, como son Data Activator y Copilot.

Para ir entendiendo completamente esta *suite*, la revisaremos capa a capa y veremos las bondades que nos ofrece.

Por supuesto, como ha sido la tónica de este manual, iré reforzando la explicación con ejemplos paso a paso perfectamente replicables.

Primeros pasos en Fabric

Para entrar a Microsoft Fabric, escribiremos la URL: *https://fabric.microsoft.com*.

Luego observaremos que la interfaz es muy similar a la interfaz del servicio de Power BI; abajo, a la izquierda, nos ofrecerá la interfaz donde queramos trabajar para lograr nuestro cometido analítico.

La figura 16.2 muestra esta interfaz y, para efectos del relato, iremos trabajando desde la capa de orígenes e ingesta, donde para nuestra fortuna la herramienta que nos ofrecerá es Data Factory. Algo ya hemos visto de ella, así que será muy sencillo entender cómo opera dentro de Fabric.

Figura 16.2. Bienvenida de Microsoft Fabric.

Capa de orígenes e ingesta

Fabric Data Factory

Es la herencia desde Azure que se integra en esta plataforma y está programado para el uso versátil de dos grandes herramientas para realizar importaciones de tipo *batch*. Estas herramientas son Flujo de datos Gen2 y Canalización de datos, las cuales pasaremos a revisar en detalle a continuación.

Flujo de datos Gen2

Los flujos de datos se crean utilizando la misma experiencia de Power Query, que está disponible hoy en día en Excel, Power BI, Power Platform, aplicaciones Dynamics 365 Insights, entre otras.

Power Query es una herramienta que presenta una interfaz de muy bajo código y que bajo el lenguaje M (proviene del inglés *Mashup*) permite de una forma muy versátil desarrollar tareas de ingesta y almacenamiento de datos en la misma plataforma. A diferencia de su antecesor, los flujos de datos de segunda generación no solo permiten consumir los datos en Power BI, sino también escribirlos en cualquier artefacto de almacenamiento dentro de Fabric.

La interfaz de los flujos de datos está pensada para analistas sin formación de código, es decir, usuarios de negocios que requieren algunas tareas de ingesta para su autoservicio. Eso permite una alta velocidad en la curva de aprendizaje y en el corto plazo tener implementadas varias tareas de ETL escalables horizontalmente.

Los flujos de datos permiten realizar combinaciones y anexiones de tablas, incorporar parámetros y crear funciones personalizadas, además de efectuar tareas de agregaciones, limpieza de datos, transformaciones personalizadas y mucho más desde una interfaz bastante amigable muy visual y fácil de usar.

Sigamos con el ejemplo para entender mejor cómo opera un flujo de datos.

Al seleccionar la interfaz de Data Factory, veremos que se nos ofrecen las áreas de trabajo. Para el libro, ya he creado una llamada `WS_Libro_AID_2024`, como se observa en la figura 16.3.

Nuestra primera acción para traer datos utilizando los flujos de datos de segunda generación será la creación de un flujo de datos. Para ello, haremos clic en el menú **Nuevo** y seleccionaremos el botón **Flujo de datos Gen2**, como se indica en la figura 16.4.

Podemos observar que hay muchos más elementos para trabajar; veremos varios de ellos en este libro.

Figura 16.3. Área de trabajo de Data Factory sin elementos.

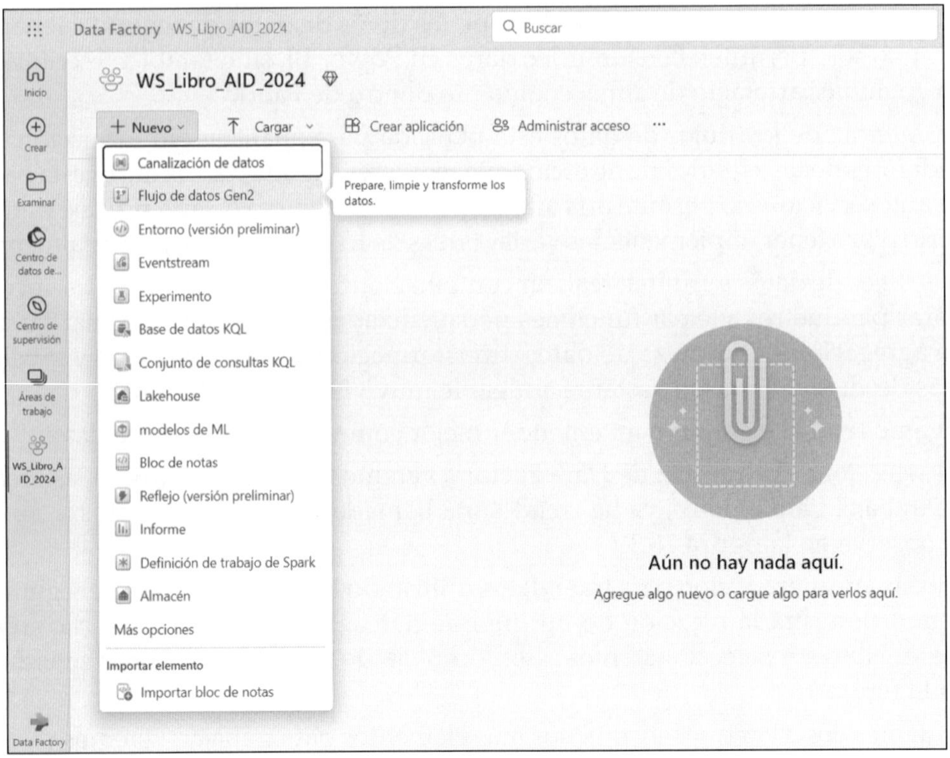

Figura 16.4. Menú de selección de nuevo flujo de datos.

Una vez que nuestra interfaz de flujos de datos se encuentra lista para comenzar a trabajar se verá como en la figura 16.5.

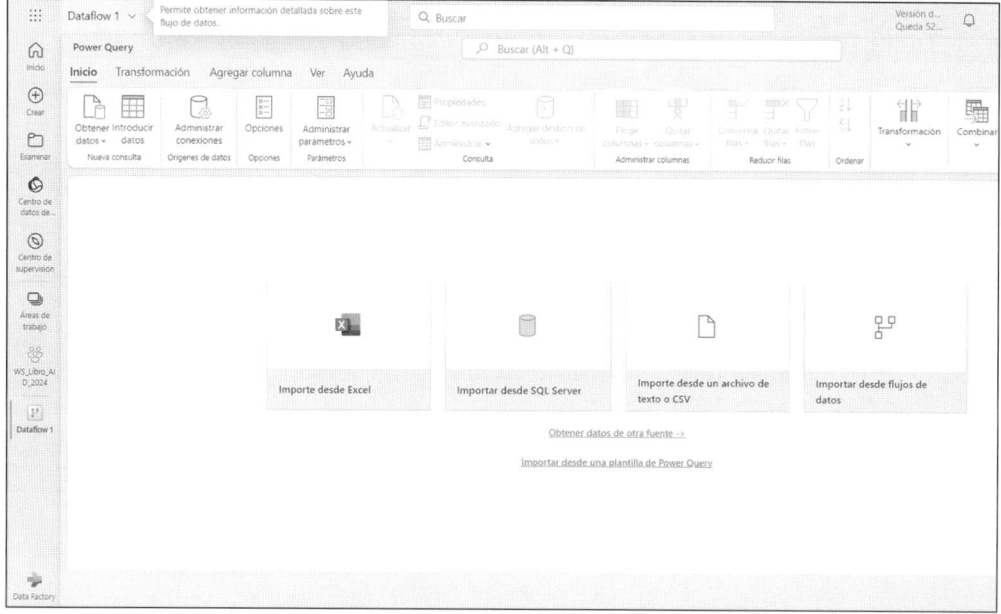

Figura 16.5. Interfaz de los flujos de datos en Fabric.

La interfaz es muy similar a la interfaz de Power Query en Power BI Desktop, por lo que debería ser muy natural para quien está acostumbrado a dicha herramienta poder utilizar esta interfaz.

A continuación, iremos a buscar nuestro *dataset* de cambio climático. La URL la conocemos y no tenemos que modificar nada, la vuelvo a poner de nuevo para evitar retroceder páginas:

```
https://raw.githubusercontent.com/MinCiencia/Datos-CambioClimatico/main/output/
temperatura_dmc/1950/1950_temperatura_dmc.csv
```

En el flujo de datos, seleccionaremos el botón **Obtener datos** y buscaremos la opción **API web**, como se ve en la figura 16.6.

Seleccionada dicha opción, escribiremos la URL en la casilla habilitada para esos efectos, como se muestra en la figura 16.7.

Hacemos clic en el botón **Siguiente** y veremos cómo se nos muestra la vista previa de los datos que estamos capturando desde el Ministerio de Ciencias, como se ve en la figura 16.8.

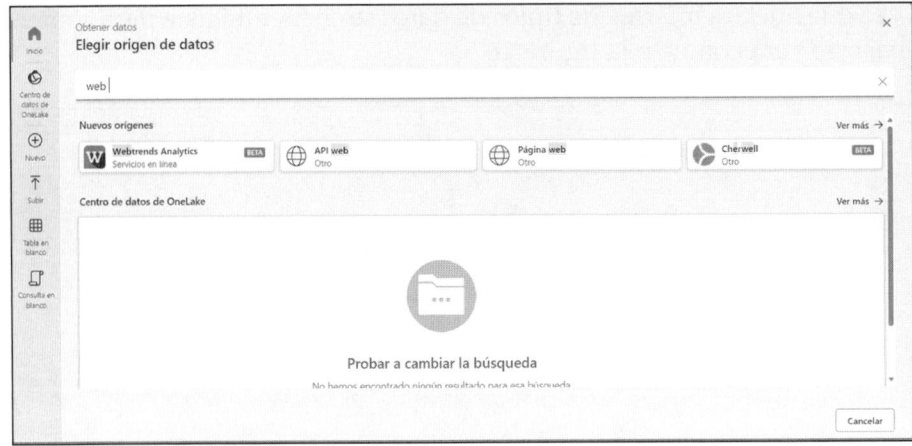

Figura 16.6. Origen de datos **API web** en flujos de datos.

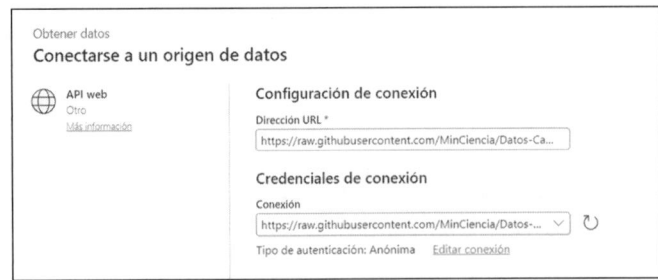

Figura 16.7. Conectarse al origen de datos web.

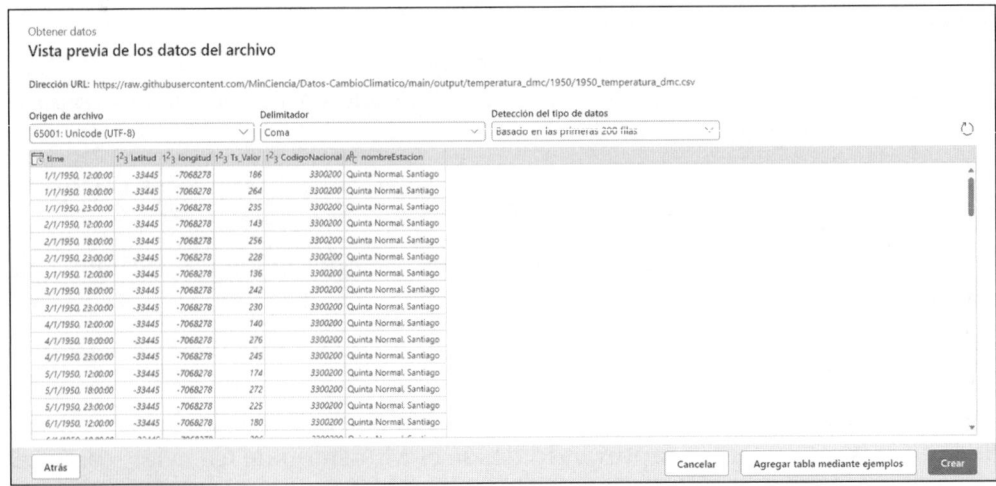

Figura 16.8. Vista previa de los datos.

Hacemos clic en el botón **Crear** y luego editaremos el código del último paso para hacer más personalizable la experiencia de usar flujos de datos, como se ve en la figura 16.9.

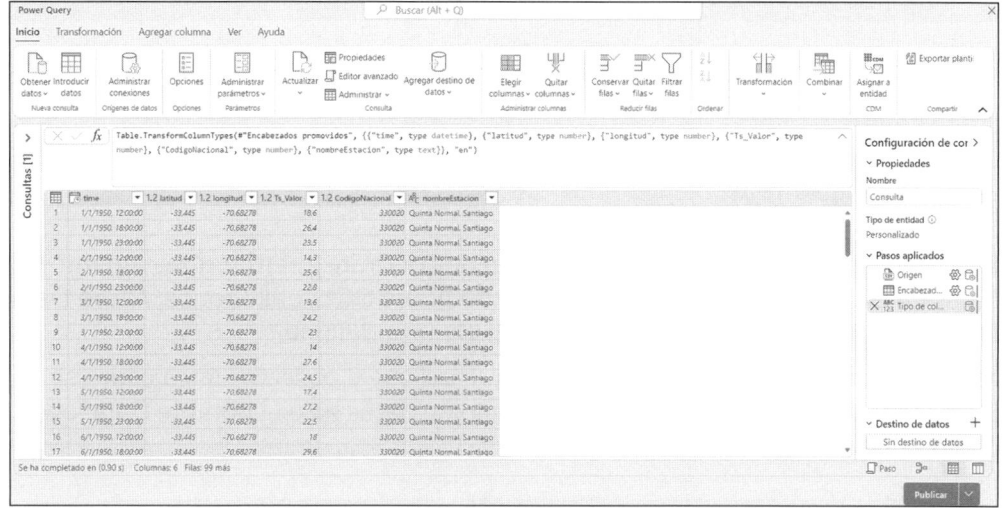

Figura 16.9. Editar transformación con código M.

La modificación que hemos realizado en el código del último paso obedece a un problema de configuración regional con respecto a los datos. Como, por lo general, nuestros ordenadores y exploradores están establecidos en español, nuestra lengua considera la coma como separador de decimales y el punto como separador de miles; ocurre que en inglés eso es distinto, por lo tanto debemos cambiar los tipos de datos de Int.64 a "type number" y finalmente terminar con el código "en", que es el comando para decirle a Power Query que interprete todos los datos con la configuración regional en inglés.

El código definitivo de la transformación quedaría así:

```
Table.TransformColumnTypes(#"Encabezados promovidos", {{"time", type datetime},
{"latitud", type number}, {"longitud", type number}, {"Ts_Valor", type number},
{"CodigoNacional", type number}, {"nombreEstacion", type text}}, "en")
```

Básicamente, esta es toda la transformación que haremos en los datos para cerrar nuestro flujo de datos, aunque debemos tener en consideración lo siguiente: dirigid vuestra mirada hacia la esquina inferior derecha de la figura 16.9.

Observareis que hay un recuadro que dice **Destino de datos** y una leyenda que versa **Sin destino de datos**; si, por curiosidad, quisiéramos ver cuáles son los destinos permitidos, veríamos lo que aparece en la figura 16.10.

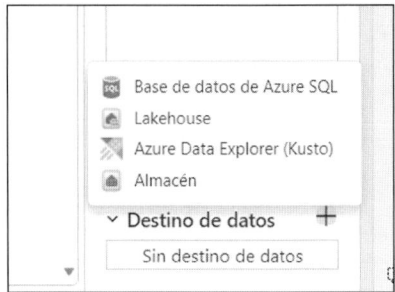

Figura 16.10. Destino de los flujos de datos de segunda generación.

Este flujo de datos de segunda generación nos permite guardar directamente los datos en estas 4 opciones: **Base de datos de Azure SQL, Lakehouse, Azure Data Explorer** y **Almacén.** Ya entraremos en ellos más adelante.

Mientras tanto, haremos clic en el botón **Publicar** y observaremos cómo se ha guardado en nuestra área de trabajo el flujo de datos bajo el nombre **Dataflow 1,** como se ve en la figura 16.11.

Figura 16.11. Vista del flujo de datos en el área de trabajo.

Más adelante, volveremos a este artefacto; por el momento, seguiremos con la siguiente herramienta para operaciones *batch*.

Canalización de datos

Esto se hereda completamente desde Azure Data Factory; sin embargo, su interfaz puede ser un poco confusa en un principio, ya que los objetos se han alineado en la parte superior de la ventana a diferencia de la experiencia anterior, como se ve en la figura 16.12. Para agregar actividades en Fabric Data Factory, tenemos que irnos al menú **Actividades** y nos ofrece inmediatamente las actividades comúnmente utilizadas, aunque si hacemos clic en el botón de puntos suspensivos (…), como se señala en la figura 16.13, al final observaremos la totalidad de actividades que se pueden ejecutar en este Data Factory.

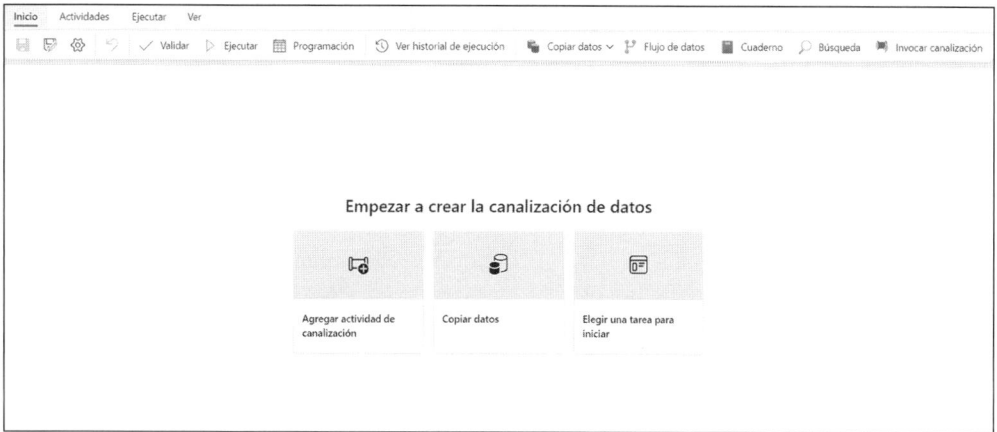

Figura 16.12. Experiencia de *pipeline* en Fabric.

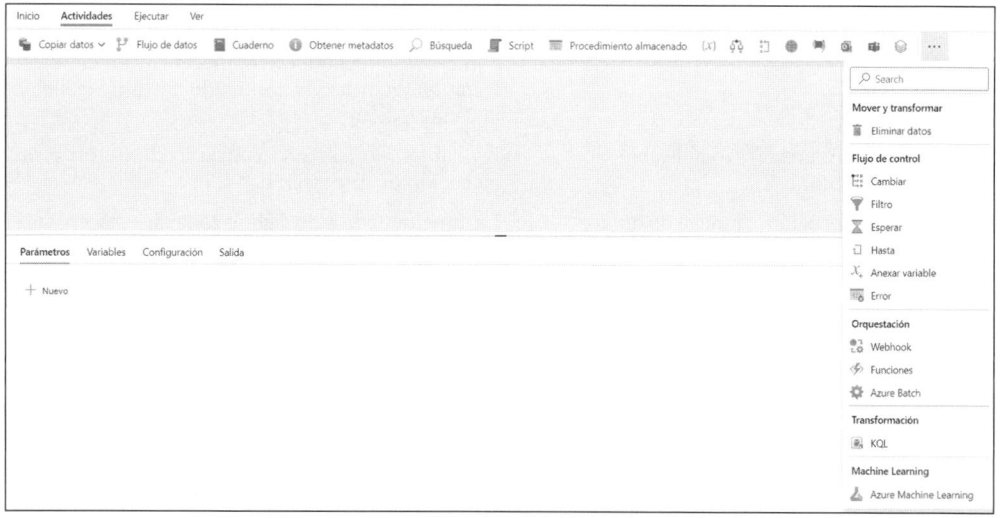

Figura 16.13. Agregar actividades a una *pipeline* de Fabric.

Existen más diferencias entre ADF y Fabric Data Factory. Para identificarlas, he adaptado una tabla comparativa, la tabla 16.1, desde el sitio de Microsoft Fabric para mejor entendimiento.

Tabla 16.1. Diferencias entre ADF y Fabric.

ADF	Fabric DF	Diferencias
Pipeline	*Pipeline*	La *pipeline* de Fabric se integra mejor con One Lake, que incluye *lakehouse*, *datawarehouse*, etc.
Flujos de datos para transformación	Flujos de datos de segunda generación	**Flujos de datos Gen2** proporciona una experiencia más sencilla para crear la transformación.
Actividades	Actividades	Microsoft Fabric tiene tres tipos de actividades: actividades de movimiento de datos, actividades de transformación de datos y actividades de control.
Dataset	No aplicable	Data Factory en Fabric no tiene conceptos de conjuntos de datos. La conexión se usará para conectar cada origen de datos y extraer datos.
Servicios vinculados	Conexiones	Las conexiones tienen una funcionalidad similar al servicio vinculado, pero las conexiones de Fabric tienen una manera más intuitiva de crear.
Desencadenadores	Programaciones (otros desencadenadores están en curso)	Fabric puede usar la programación para ejecutar automáticamente la canalización. Estamos agregando más desencadenadores compatibles con ADF en Microsoft Fabric.
Publicar	Guardar, ejecutar	Para la canalización en Fabric, no es necesario publicar para guardar el contenido. En su lugar, puede usar el botón **Guardar** para guardar el contenido directamente. Al hacer clic en el botón **Ejecutar**, guardará el contenido antes de ejecutar la canalización.
Autoresolve y Azure Integration Runtime	No aplicable	En Fabric, no existe el concepto de entorno de ejecución de integración.
Entornos de ejecución de integración autohospedados	Puerta de enlace de datos local (en diseño)	La funcionalidad de Fabric todavía está en fase de diseño.
Entornos de ejecución de integración de SSIS de Azure	Por determinar	La funcionalidad de Fabric no ha confirmado la hoja de ruta y el diseño.
MVNet y punto de conexión privado	Por determinar	La funcionalidad de Fabric no ha confirmado la hoja de ruta y el diseño.
Lenguaje de expresiones	Lenguaje de expresiones	El lenguaje de expresiones es similar en ADF y Fabric.
Tipo de autenticación en el servicio vinculado	Tipo de autenticación en la conexión	El tipo de autenticación de la canalización de Fabric ya admite tipos de autenticación populares en ADF y se agregarán más tipos de autenticación.
CI/CD	CI/CD	La funcionalidad de CI/CD en Fabric Data Factory estará disponible próximamente.
Exportar e importar ARM	Guardar como	Guardar como está disponible en la canalización de Fabric para duplicar una canalización.

ADF	Fabric DF	Diferencias
Supervisión	Supervisión, historial de ejecución	El centro de supervisión de Fabric cuenta con funciones más avanzadas y una experiencia más moderna, como la supervisión de diferentes áreas de trabajo para obtener información más detallada.

Por lo demás, la experiencia de *pipelines* en Fabric es muy similar a la experiencia de trabajo en ADF.

Como se ve en la figura 16.14, se pueden agregar distintas actividades dentro de una *pipeline*, potenciando aún más la versatilidad de los flujos de datos de segunda generación.

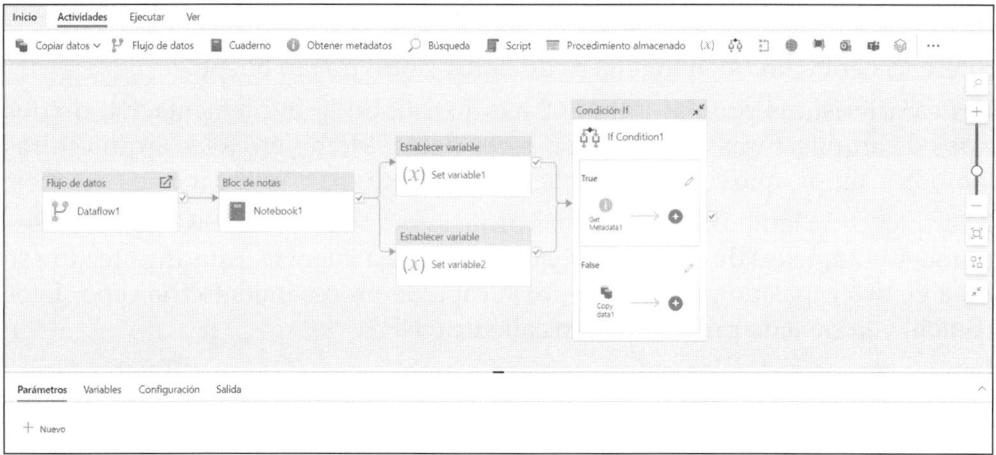

Figura 16.14. Actividades secuenciales en una *pipeline* de Fabric.

Synapse Stream Analytics

Este elemento dentro de Fabric viene a suplir la necesidad de ingestar y analizar datos en tiempo casi real, ya dejamos en claro que lo único que puede ser considerado como tiempo real es la conexión directa del sensor al monitor, el resto de los casos es "casi real" porque llevan una latencia natural debido a la transmisión del dato desde el origen al procesamiento.

Las estrategias para capturar y analiza datos en *streaming* son cada vez más requeridas y representan todo un desafío de cara a la ingeniería de datos; es por eso que, antes de proseguir analizando esta herramienta, haremos un paréntesis para hablar de las arquitecturas de datos en tiempo real para luego seguir con este artefacto de Fabric.

Análisis NRT o *Near Real Time Analytics*

Para comenzar, es esencial entender el concepto de *Near Real Time Analytics*, o NRT, como le llamaremos en adelante en este libro. Esta forma de análisis de datos admite una ligera latencia entre la generación de datos y su disponibilidad para el análisis. Esta latencia, aunque breve, permite un procesamiento más complejo y sofisticado de los datos, lo cual no siempre es factible con análisis en tiempo real estricto. En un entorno de negocios, esto significa poder tomar decisiones basadas en información casi instantánea, lo que puede ser un diferenciador crítico en muchas industrias.

NRT, analítica en tiempo casi real, es un término que se ha vuelto cada vez más relevante en el ámbito de la ingeniería de datos. Todo esto gracias a que la cantidad de datos generados y recopilados crece a un ritmo sin precedentes. La capacidad de procesar y analizar estos datos de manera rápida y eficiente es lo que hace la diferencia entre un buen ingeniero de datos y otro no tan bueno.

Las características propias del NRT han permitido la implementación de dos tipos de arquitecturas para analizar estos datos. Me refiero a las arquitecturas lambda y kappa, que son los enfoques prominentes para abordar estos desafíos.

La arquitectura lambda fue una de las primeras en abordar el desafío de procesar grandes volúmenes de datos con requisitos de baja latencia. Esta arquitectura se basa en dos capas de procesamiento: la capa de procesamiento fría o por lotes (Batch) y la capa de procesamiento caliente o NRT.

La idea es que todos los datos ingresan a ambas capas: la capa Batch procesa los datos de manera integral y genera una vista completa, mientras que la capa NRT procesa los datos más recientes para ofrecer vistas actualizadas. Luego, los resultados de ambas capas se combinan para presentar la salida final al usuario, como se ve en la figura 16.15. Este enfoque dual permite equilibrar la precisión y la latencia.

Sin embargo, la arquitectura lambda no está exenta de desafíos. La principal crítica a esta arquitectura es su complejidad, ya que mantener dos sistemas de procesamiento de datos paralelos puede resultar en una alta carga operativa y dificultades en el mantenimiento. Además, la consistencia entre las capas de procesamiento puede ser difícil de lograr.

La arquitectura kappa surgió como una respuesta a los desafíos que plantea la arquitectura lambda; en otras palabras, kappa es una evolución simplificada de la arquitectura lambda.

La propuesta de kappa es utilizar un único sistema de procesamiento para todos los datos, tanto en tiempo real como por lotes, como se ve en la figura 16.16. Este enfoque elimina la necesidad de mantener dos sistemas paralelos y facilita la gestión y el mantenimiento de la arquitectura. Los datos se procesan en un flujo continuo y, si es necesario volver a procesar información histórica, se reintroducen esos datos en el flujo.

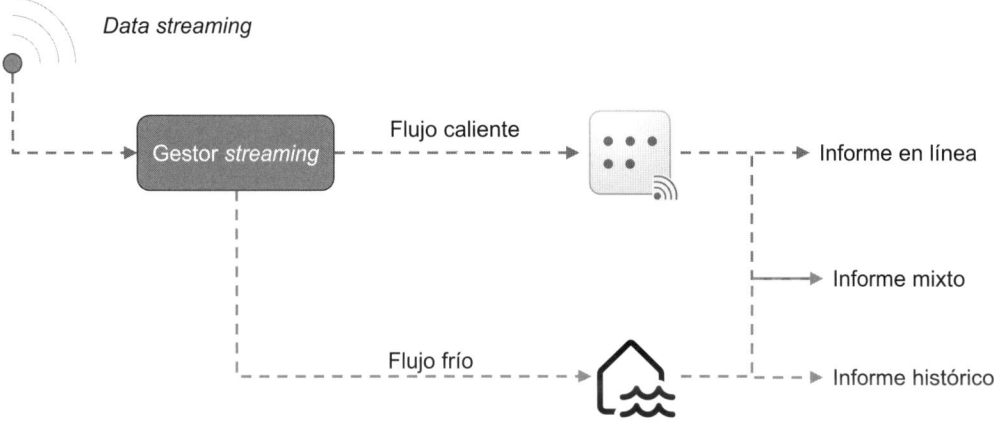

Figura 16.15. Arquitectura lambda.

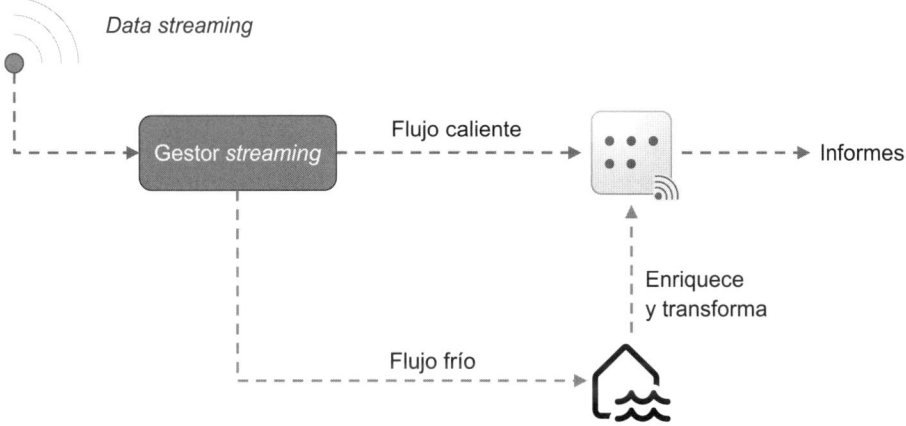

Figura 16.16. Arquitectura kappa.

La arquitectura kappa, por lo tanto, simplifica la operación y puede ser más eficiente en términos de recursos y tiempo de desarrollo.

Cada una de estas arquitecturas tiene sus propias ventajas y desventajas. La elección entre lambda y kappa depende en gran medida de los requisitos específicos del proyecto. Por ejemplo, en situaciones donde la precisión y la integridad de los datos son críticas y los datos tienen una gran variabilidad y complejidad, la arquitectura lambda podría ser más adecuada. Por otro lado, para aplicaciones que requieren mayor simplicidad operativa y donde la reprocesabilidad de los datos es una característica clave, la arquitectura kappa podría ser la mejor opción.

En el contexto de NRT, estas arquitecturas permiten a las organizaciones procesar y analizar grandes volúmenes de datos con una latencia mínima. Esto es crucial en áreas como la detección de fraude, el monitoreo de redes sociales, la optimización de la cadena de suministro y la personalización en tiempo real en el comercio electrónico, entre otras.

Por ejemplo, en el comercio electrónico, una plataforma podría usar NRT para ajustar las recomendaciones de productos a los usuarios basándose en su comportamiento de navegación casi instantáneamente. En el futuro, es probable que veamos evoluciones y variaciones de estas arquitecturas, a medida que la tecnología de procesamiento de datos continúe avanzando y adaptándose a las cambiantes necesidades del mundo de los datos.

Cómo funciona Synapse Stream Analytics

Esta solución de Fabric funciona con los siguientes componentes: un orquestador llamado EventStream y una base de datos optimizada para *streaming* llamada KQL, desde donde se alimentarán los consumidores finales.

El orquestador EventStream es el encargado de capturar la *data* NRT y enviarla hacia los distintos componentes que formen parte de la solución NRT; en este caso, se capturan desde el ejemplo abierto de Microsoft llamado NYC Taxi, que simula el movimiento de taxis en la ciudad de Nueva York y se envía hacia una base de datos KQL creada para efectos del libro, como se ve en la figura 16.17.

Gracias a su capacidad para capturar, transformar y enrutar eventos en tiempo real hacia múltiples destinos, incluyendo aplicaciones personalizadas, podríamos montar la arquitectura lambda o kappa indistintamente para las soluciones analíticas que estemos pensando.

EventStream

Este componente es un orquestador y gestor de *data* en *streaming*, que permite capturar distintas fuentes de datos NRT y enviarlas hacia múltiples destinos.

Es una herramienta principalmente de vocación sin código, o de muy bajo código, eso permite que a través de una interfaz de usuario amigable solo usar cadenas de conexión para sacarle el máximo provecho a la herramienta.

Figura 16.17. Esquema *stream* Analytics conectado.

El máximo de conexiones ya sea de entrada o salida para cada elemento EventStream es de 11 y tiene capacidad de retención de hasta 1 día de datos:

- **Conexiones de entrada admitidas:** A la fecha de edición de este libro, los conectores admitidos por EventStream para capturar NRT son: Azure Event Hubs, Azure IoT Hubs y aplicaciones personalizadas, esta última pensada principalmente para aplicaciones o clientes que utilizan Apache Kafka.

- **Conexiones de salida admitidas:** A la fecha de edición de este libro, los conectores admitidos por EventStream para escribir datos NRT son: aplicaciones personalizadas, base de datos KQL, Lakehouse y Reflex.

Kusto Data Bases

Esta herramienta también es heredada de Azure, aunque en Azure se le llama Azure Data Explorer. Es una base de datos de alta velocidad que permite a través de una interfaz y un lenguaje muy similar a SQL trabajar con data en *streaming* y realizar análisis principalmente de series de tiempo o que requieren algún tipo de aprendizaje automático.

Desde el punto de vista de la arquitectura kappa, es un componente bastante versátil, puesto que permite combinar perfectamente flujos de datos de alta velocidad con *data* histórica que no tiene muchos cambios, permitiendo realizar incluso analítica prescriptiva con esta estrategia.

Las bases de datos KQL utilizan el lenguaje *Kusto Query Language*, donde podemos ejecutar consultas analíticas directamente sobre datos crudos, eliminando la necesidad de construir modelos de datos complejos o crear secuencias de comandos para la transformación de datos. Este sistema maneja estructuras de datos versátiles y permite consultar datos brutos con un alto rendimiento y un tiempo de respuesta muy bajo.

A continuación, dejo un listado de algunas consultas comunes en SQL y cómo estas pueden ser replicadas con KQL.

Selección de datos de una tabla

```
// en SQL
SELECT * FROM proyectos
SELECT name, resultCode FROM proyectos
SELECT TOP 100 * FROM dependencias
// En KQL
proyectos
proyectos | project name, resultCode
proyectos | take 100
```

Consulta de comparación por fechas

```
// En SQL
SELECT * FROM proyectos WHERE timestamp > getdate()-1
SELECT * FROM proyectos WHERE timestamp BETWEEN ... AND ...
// En KQL
proyectos | where timestamp > ago(1d)
proyectos | where timestamp between (datetime(2016-10-01) ..
datetime(2016-11-01))
```

Top N por conteo

```
//   en SQL
SELECT TOP 100 name, COUNT(*) as Count FROM proyectos
GROUP BY name
ORDER BY Count DESC proyectos

// En KQL
| summarize Count = count() by name
| top 100 by Count desc
```

Una base de datos KQL permite por el momento salir directamente hacia Power BI para visualizar los hechos que están siendo registrados y transaccionados, también ser consumida vía API directamente hacia alguna aplicación y, por supuesto, también puede ser gestionada como una actividad dentro de una *pipeline* de Fabric Data Factory.

Capa de almacenamiento o One Lake

El concepto de One Lake desde la perspectiva de Microsoft Fabric es, en definitiva, una agrupación de la capacidad de almacenamiento para la organización de forma centralizada para ser gobernada y distribuida según sea necesario por los distintos actores analíticos de la organización.

Según la documentación oficial de Microsoft, One Lake está fabricado por código abierto por todos los niveles, es decir, admite cualquier tipo de archivo estructurado o no estructurado, y, por defecto, todos los elementos de datos de Fabric almacenan sus datos automáticamente en One Lake en formato Parquet.

Ejemplificando un poco, One Lake es como una especie de "disco principal" que llamaremos "cuenta de almacenamiento" para toda la organización. Cada área de trabajo aparece como un contenedor dentro de esa cuenta de almacenamiento y los distintos elementos de datos aparecen como carpetas dentro de esos contenedores.

One Lake es un concepto de agrupación, dentro de esta agrupación nos encontraremos principalmente con dos grandes componentes: Fabric Lakehouse y Fabric Warehouse.

Fabric Lakehouse

La joya de la corona dentro Fabric es Lakehouse de Fabric. Esta instancia permite manejar en formato Delta un sin número de elementos de datos estructurados, semiestructurados o no estructurados que forman parte de la organización. Al estar diseñado sobre el estándar Delta Lake, tiene una alta compatibilidad con distintos motores de análisis de datos y una muy alta compatibilidad con Spark y SQL. Dicho sea de paso, por defecto un *lakehouse* de Fabric viene con un punto de conexión SQL para realizar consultas usando este lenguaje dentro de las tablas delta que forman el *lakehouse*.

La forma más habitual de montar *lakehouse* dentro de Fabric es la que se ha bautizado como arquitectura medallón, que es básicamente la misma estructura de *data lakes* que vimos en capítulos anteriores con capas Bronze, Silver y Gold. En este caso, sería montar 3 Fabric Lakehouse para que cada uno cumpla dicho rol.

Como se aprecia en la figura 16.18, tres unidades de Fabric Lakehouse identificadas con el rol que asumirán dentro de la construcción de aparatos forman una "arquitectura medallón" y se traspasan datos entre sí con los artefactos que hemos visto hasta el momento, *pipelines*, flujos de datos y un par de componentes más, que veremos pronto en la capa de servicios que son los *notebooks* y los Spark Jobs.

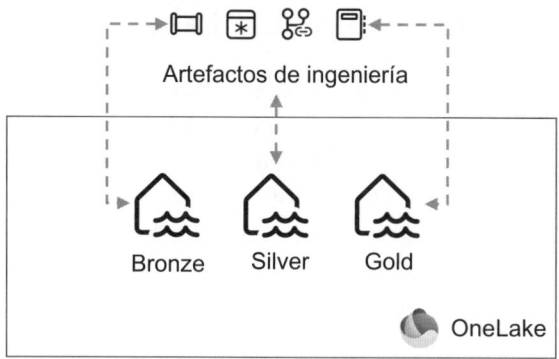

Figura 16.18. Arquitectura medallón en One Lake.

Delta Lake

Hace unos instantes, adelantamos que Lakehouse se encuentra construido sobre Delta Lake, ahora daremos un pequeño paseo sobre qué es Delta Lake y por que es clave en una arquitectura de datos en la nube contar con esta maravilla.

Para comenzar, Delta Lake es una capa de almacenamiento que se coloca sobre los *data lakes*, proporcionando una serie de características que los lagos de datos tradicionales no ofrecen, como se ve en la figura 16.19. Esta tecnología, construida sobre el ecosistema Apache Spark, transforma los lagos de datos en un sistema de almacenamiento que soporta transacciones con la calidad de una base de datos y además es capaz de manejar grandes cantidades de información con facilidad.

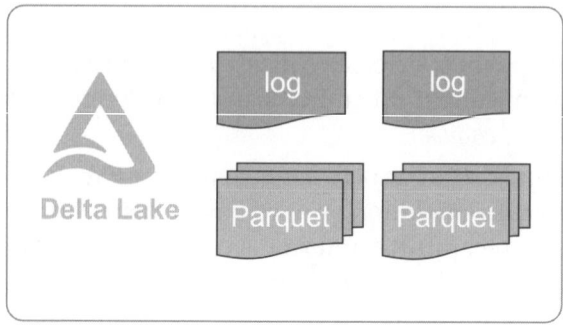

Figura 16.19. Estructura física de Delta Lake.

Físicamente, un Delta Lake es una suma de archivos Parquet que tienen un log de transacciones sobre ese conjunto de Parquet, lo que permite al gestionar esos *logs* lograr las capacidades ACID, viaje en el tiempo y otras.

Una de las características más destacadas de Delta Lake es su soporte para transacciones ACID (atomicidad, consistencia, aislamiento y durabilidad). Estos principios, originados en el mundo de las bases de datos relacionales, son fundamentales para garantizar la integridad y fiabilidad de los datos.

- **Atomicidad:** Se refiere a la propiedad de que las transacciones son "todo o nada". Esto significa que, si una parte de la transacción falla, toda la transacción falla, y el estado de la base de datos se mantiene sin cambios. En el contexto de Delta Lake, esto asegura que las operaciones de escritura de datos, ya sean insertar, actualizar o borrar, se realizan por completo o no se realizan en absoluto.

- **Consistencia:** Garantiza que cualquier transacción llevará la base de datos de un estado válido a otro estado válido, manteniendo la integridad de los datos. Delta Lake asegura esto mediante la verificación de esquemas y la aplicación de restricciones que mantienen la calidad y el formato de los datos.

- **Aislamiento** *(Isolated)***:** Asegura que las transacciones concurrentes se ejecutan de manera aislada entre sí. Esto evita que las transacciones interfieran entre ellas y garantiza que los resultados sean consistentes. Delta Lake maneja el aislamiento a través de su mecanismo de control de versiones, permitiendo que múltiples usuarios realicen operaciones de lectura y escritura simultáneamente sin conflictos.

- **Durabilidad:** Significa que, una vez que una transacción ha sido confirmada, permanecerá así, incluso en el caso de un fallo del sistema. Delta Lake proporciona durabilidad mediante el almacenamiento de los datos en sistemas de archivos distribuidos y resilientes como HDFS, Blob Storage y S3, por ejemplo.

Además de su soporte para transacciones ACID, Delta Lake ofrece otras características clave que lo hacen ideal para la implementación de un *lakehouse*:

- **Gestión de metadatos:** Delta Lake mantiene un registro detallado de todas las transacciones y versiones de los datos, lo que facilita la auditoría, el *rollback* y la reproducción de datos.

- **Escalabilidad y rendimiento:** Al estar construido sobre Apache Spark, Delta Lake puede manejar grandes volúmenes de datos y soportar altas cargas de trabajo, aprovechando la escalabilidad y el rendimiento de Spark.

- **Integración con herramientas de análisis y aprendizaje automático:** Delta Lake se integra sin problemas con diversas herramientas de análisis de datos y aprendizaje automático, permitiendo a las organizaciones construir soluciones de análisis de datos avanzadas sobre sus lagos de datos.

- **Calidad de datos y confiabilidad:** A través de la imposición de esquemas y la capacidad de realizar actualizaciones y borrados, Delta Lake mejora significativamente la calidad y fiabilidad de los datos almacenados en un lago de datos.

Delta Lake representa un avance significativo en el mundo de los lagos de datos. Su capacidad para garantizar transacciones ACID lo coloca en una posición única para manejar datos a gran escala de manera segura y eficiente. Al combinar la escalabilidad de los lagos de datos con la fiabilidad y calidad de los datos de los almacenes de datos, Delta Lake facilita la creación de un *lakehouse*: una plataforma unificada para almacenamiento de datos y análisis avanzado. Este enfoque híbrido ofrece lo mejor de ambos mundos, permitiendo a las organizaciones almacenar vastas cantidades de datos en bruto y procesados, mientras mantiene la integridad, el rendimiento y la accesibilidad de estos datos para una amplia gama de aplicaciones de análisis y aprendizaje automático.

> **NOTA:**
>
> *Toda la documentación de Delta Lake y sus constantes publicaciones y nuevas entregas se pueden encontrar en su página de origen* https://delta.io, *la cual recomiendo visitar constantemente, ya que es una unidad bastante viva y con mucha colaboración comunitaria a las distintas novedades y entregas.*

Fabric Warehouse

Echando una rápida mirada a capítulos anteriores, cuando la analítica empezó a demandar un sistema de almacenamiento propio se crearon los *data warehouse*, sistemas fundados en SQL y que finalmente concluimos que eran los ideales para sistemas analíticos dimensionales y realizar análisis descriptivos y diagnósticos, o en otras palabras, inteligencia de negocios.

Al evolucionar los datos, estos sistemas se integran en los *lakehouse*, pero no quiere decir esto que en determinados casos de uso se justifique contar con este componente SQL para una solución determinada.

Si bien un *lakehouse* y un *warehouse* pueden tener algunas similitudes, también tienen sus diferencias que serían eventualmente un factor decisional sobre qué herramienta montar en la nube para lograr el objetivo analítico perseguido.

La tabla 16.2 muestra las principales similitudes y diferencias entre un *warehouse* y un *lakehouse* dentro de Fabric.

Tabla 16.2. Similitudes y diferencias entre *warehouse* y *lakehouse* en Fabric.

	Warehouse	**Lakehouse**
Volumen de datos	Sin límite	Sin límite
Tipo de datos	Estructurados	No estructurados, semiestructurados, estructurados
Rol de desarrollador principal	Desarrollador de almacenamiento de datos, ingeniero de SQL	Ingeniero de datos, científico de datos
Conjunto de aptitudes de desarrollador principal	SQL	Spark (Scala, PySpark, Spark SQL, R)
Datos organizados por	Bases de datos, esquemas y tablas	Carpetas y archivos, bases de datos y tablas
Lee operaciones	Spark, T-SQL	Spark, T-SQL
Operaciones de escritura	T-SQL	Spark (Scala, PySpark, Spark SQL, R)
Transacciones de varias tablas	Sí	No
Interfaz de desarrollo principal	*Scripts* de SQL	Cuadernos de Spark, definiciones de trabajos de Spark
Seguridad	Nivel de objeto (tabla, vista, función, procedimiento almacenado, etc.), nivel de columna, nivel de fila, DDL/DML, enmascaramiento de datos dinámico	Nivel de fila, nivel de tabla (cuando se usa T-SQL), ninguno para Spark
Acceso a datos a través de accesos directos	Sí (indirectamente a través del *lakehouse*)	Sí
Puede ser un origen para los accesos directos	Sí (tablas)	Sí (archivos y tablas)
Consulta entre elementos	Sí, consultar tablas de almacén de lago y almacenamiento	Sí, consultar tablas de almacén de lago y almacenamiento. Consultar entre los almacenes de lago (incluyendo los accesos directos mediante Spark)

Ejemplos de decisión entre un *warehouse* y un *lakehouse*:

- **Marta, desarrolladora experta en SQL:** Marta, con una sólida experiencia en bases de datos relacionales, acaba de unirse al equipo analítico de la organización y se enfrenta a la decisión de elegir entre un *warehouse* y un *lakehouse*. Tras revisar las opciones, Marta considera sus habilidades en SQL y las necesidades de transacciones de varias tablas. Ella y su equipo, altamente calificados en SQL y herramientas analíticas relacionadas, optan por un SQL Warehouse. Esta decisión se fundamenta principalmente en la capacidad del equipo de desarrollo, que ya tienen una forma de trabajo sobre SQL y además deben dar soporte a muchas transacciones en muchas tablas.

- **Carlos, ingeniero de datos con diversidad de habilidades:** Carlos necesita gestionar varios terabytes de datos en Fabric, trabajando en un equipo con habilidades mixtas en PySpark y T-SQL. La mayoría de los usuarios finales, especializados en consultas T-SQL, no requieren realizar operaciones de inserción, actualización o eliminación. Los demás miembros del equipo de desarrollo están cómodos usando Notebooks de Python y Spark para interactuar con los datos almacenados. Carlos elige montar un *lakehouse* para que trabaje cómodamente el equipo de desarrollo y habilita el terminal SQL de cara a los usuarios finales. Este enfoque permite a los expertos en T-SQL consumir datos de manera eficiente mientras se mantiene la capacidad de gestionar datos complejos y variados del equipo de desarrollo.

Capa de servicios Spark

Fabric incorpora Spark dentro de sus capacidades de servicio para sacar el máximo partido a los grandes volúmenes de datos.

Qué es Apache Spark

Apache Spark es un motor de procesamiento de datos de código abierto utilizado para tareas de Big Data. Diseñado para ser rápido y generalista, Spark facilita el procesamiento de grandes conjuntos de datos a través de sus capacidades de computación en memoria y su soporte para el procesamiento de datos distribuidos. Spark proporciona APIS en Java, Scala, Python y R, y es capaz de integrarse con sistemas de almacenamiento de datos diversificados, como HDFS, Cassandra, AWS S3, entre otros.

Por lo general, se utiliza para dos grandes tipos de tareas o *jobs*, tareas de ingesta y ETL, y tareas de aprendizaje automático; más adelante, profundizaremos en esto.

La arquitectura de Spark está compuesta por algunos componentes que se pueden observar en la figura 16.20.

La arquitectura de Apache Spark está diseñada para ser altamente escalable, eficiente y adaptable en el procesamiento de grandes volúmenes de datos. Utiliza un modelo de computación en memoria y está construido sobre el concepto de *Resilient Distributed Datasets* (RDD).

A continuación, detallo los componentes clave y la estructura general de la arquitectura de Spark.

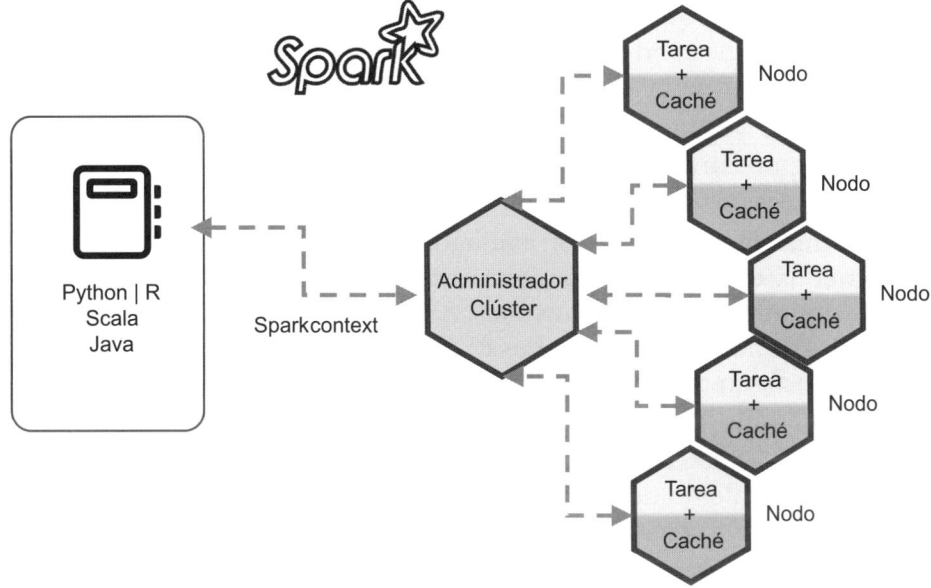

Figura 16.20. Arquitectura Apache Spark.

El primer componente es el programa conductor, es el punto de entrada de las aplicaciones Spark. Aquí se montan los *notebooks* y se escriben los códigos para sacarles provecho a los datos. Este programa ejecuta la función principal de la aplicación y es responsable de varias tareas fundamentales como la creación de RDD, la definición de transformaciones y acciones sobre esos RDD, y la orquestación general del trabajo que debe realizarse.

Dentro del programa conductor, se encuentra el Spark Context, un componente crucial que establece la conexión con el clúster de Spark y coordina la ejecución de los procesos. Actúa como el cliente del clúster Spark.

Luego tenemos el administrador o gestor de clúster, responsable de la gestión de los recursos del clúster de Spark. Es quien asigna recursos a las aplicaciones Spark, como procesamiento y memoria, y coordina con los nodos de trabajo (*workers*).

Los nodos, *Workers Node* en inglés, son quienes ejecutan los procesos que llevan a cabo las tareas asignadas por el programa Driver. Estos nodos son los responsables del procesamiento real de los datos. Cada nodo está compuesto por uno o más ejecutores de tareas de cómputo y almacenamiento de datos en la memoria o disco. Cada aplicación Spark tiene sus propios ejecutores.

Los RDD (*Resilient Distributed Dataset*) son la principal abstracción de datos de Spark y representa una colección de elementos distribuidos y tolerantes a fallos que pueden ser operados en paralelo. Los RDD soportan dos tipos de operaciones, las transformaciones (que crean un nuevo RDD) y las acciones (que devuelven un valor al programa conductor). En otras palabras, los RDD son los datos que se ordenan, transforman y calculan.

Spark almacena los datos intermedios en memoria (y opcionalmente en disco), lo que lo hace significativamente más rápido que otros sistemas de procesamiento de datos que escriben constantemente en disco.

Las transformaciones en RDD son evaluadas de manera perezosa (*lazy*), lo que significa que la ejecución no comienza hasta que se realiza una acción. Esto permite la optimización de las consultas. A través de RDD, Spark maneja la tolerancia a fallos de manera eficiente. Los RDD conocen su linaje, por lo que, en caso de pérdida de algún fragmento de datos, pueden ser reconstruidos.

Spark soporta múltiples lenguajes de programación (Scala, Java, Python, R) y ofrece diversas bibliotecas integradas para SQL, *streaming*, aprendizaje automático y procesamiento de gráficos y además es compatible con interfaces de programación de alto nivel, lo que facilita el desarrollo de aplicaciones para el procesamiento de datos.

La arquitectura es altamente escalable, pudiendo ejecutarse en un solo nodo o en cientos de nodos de un clúster. Además, los clústeres se pueden agrupar y ejecutar de forma sincrónica o individual, cuando varios clústeres de Spark se encuentran disponibles se le llama a esa agrupación un *Clúster Pool* o piscina de clústeres.

La figura 16.21 muestra un *pool* de 4 clústeres de Spark disponibles.

En resumen, la arquitectura de Spark está diseñada para ser eficiente, rápida y versátil, con una fuerte capacidad para el procesamiento de datos de gran volumen, análisis en tiempo real y aprendizaje automático, todo ello mientras se mantiene una gestión eficiente de los recursos y una alta tolerancia a fallos.

Cómo funcionan los clústeres de Spark en Fabric

Dentro de Fabric, se encuentran dos grandes tipos de *Pool Clúster*: los grupos de inicio y los grupos personalizados.

Los grupos de inicio son instancias de uso compartido de máquinas Spark distribuidas a lo largo de todas las regiones de Azure que aseguran al cliente Fabric estar disponibles dentro de los primeros 10 segundos después de ejecutada la orden de inicio del clúster.

Figura 16.21. *Pool* o agrupación de clústeres Spark.

Los grupos de inicio también tienen una configuración predeterminada que permite instalar bibliotecas rápidamente sin ralentizar el inicio de la sesión. Sin embargo, si desea utilizar propiedades o bibliotecas Spark personalizadas adicionales de su área de trabajo o configuración de capacidad, Spark tardará más tiempo en obtener los nodos.

En lo que respecta a la facturación y el consumo de capacidad, Fabric cobra por el consumo de capacidad cuando empieza a ejecutar la definición de trabajo de bloc de notas o Spark. No cobra por el tiempo que los clústeres estén inactivos en el grupo.

Por ejemplo, si se ordena ejecutar un *notebook* a un grupo de inicio, solo se facturará por el periodo de tiempo en el que la sesión de bloc de notas esté activa.

Por otro lado, los grupos personalizados de Spark se configuran previamente con indicaciones de tamaño, componentes, bibliotecas y cómo ajustar el número de nodos en función del trabajo que tenga. Los grupos de Spark personalizados tardan unos tres minutos en iniciarse.

Si no utiliza su grupo de Spark durante 2 minutos después de que expire su sesión, su grupo de Spark será desasignado. Este periodo de tiempo de expiración de sesión predeterminado se establece en 20 minutos y puede cambiarse. También se pueden crear grupos de Spark personalizados para el área de trabajo y convertirlos en la opción predeterminada para otros usuarios. De este modo, puede ahorrar tiempo y evitar la configuración de un nuevo grupo de Spark cada vez que ejecute un *notebook* o un *job* de Spark.

El tamaño y el número de nodos que se pueden montar en el grupo de Spark personalizado depende de la capacidad de Microsoft Fabric.

La capacidad es una medida de la potencia informática que puede usar en Azure. Una manera de pensar es que dos núcleos virtuales de Spark (una unidad de potencia informática para Spark) son iguales a una unidad de capacidad. Por ejemplo, una SKU de capacidad de Fabric F64 tiene 64 unidades de capacidad, que equivalen a 128 núcleos virtuales de Spark.

Cómo interactuar con los datos en Spark

Para interactuar con los datos en Spark es necesario conocer el trabajo de un *notebook*. Los *notebooks* son entornos de programación interactivos que permiten escribir y ejecutar código, visualizar resultados y documentar el proceso con texto, ecuaciones y visualizaciones. Son populares para el análisis de datos, la ciencia de datos y el aprendizaje automático. Si bien existen *notebooks* de las más distintas estirpes, los más comunes son Jupyter, Zeppelin y Databricks.

Me voy a referir a Jupyter en las siguientes palabras, que es el más versátil, y lo que describa de ellos perfectamente se aplica al resto con algunas pequeñas diferencias de interfaz principalmente.

Un Jupyter Notebook es un entorno de computación interactivo que permite a los usuarios combinar texto narrativo, código ejecutable, visualizaciones de datos y otros elementos multimedia en un único documento. Estos *notebooks* son documentos que contienen tanto el código fuente como elementos ricos como párrafos, ecuaciones, visualizaciones y enlaces activos. Su formato interactivo permite modificar y ejecutar el código en tiempo real, lo que facilita la experimentación y el análisis iterativo.

Se caracterizan por ser interactivos, soportar múltiples lenguajes, integrar datos y además ser compartidos para desarrollarlos de forma colaborativa, entre otras ventajas:

- **Interactividad:** Los usuarios pueden escribir y ejecutar código en diferentes lenguajes de programación (como Python, R y Julia) celda por celda, lo que facilita la experimentación rápida y la depuración.

- **Soporte multilenguaje:** Aunque originalmente fueron diseñados para Python (de ahí su nombre, una referencia a "Julia", "Python" y "R"), los Jupyter Notebooks soportan más de 40 lenguajes de programación.

- **Integración con datos:** Se pueden integrar fácilmente con fuentes de datos y sistemas de bases de datos, permitiendo a los usuarios manipular y visualizar datos de manera efectiva.

- **Compartir y colaborar:** Los *notebooks* pueden ser compartidos como documentos estáticos (por ejemplo, PDF o HTML) o como archivos interactivos, facilitando la colaboración y el intercambio de conocimientos.

- **Visualización de datos:** Ofrecen amplias capacidades de visualización, con soporte para gráficos y bibliotecas de visualización populares como Matplotlib, Seaborn y Plotly.

- **Extensible y personalizable:** Los usuarios pueden agregar extensiones para expandir la funcionalidad básica, como control de versiones, integración con herramientas de ciencia de datos y más.

Los usos comunes de los Jupyter Notebooks son:

- **Análisis exploratorio de datos (EDA):** Son ideales para EDA debido a su naturaleza interactiva, permitiendo a los analistas y científicos de datos explorar y visualizar datos de manera flexible.

- **Educación y capacitación:** Se utilizan ampliamente en educación para enseñar programación, ciencia de datos y matemáticas, ya que permiten combinar instrucciones detalladas con código ejecutable.

- **Investigación científica:** Facilitan la reproducibilidad y la colaboración en proyectos de investigación, permitiendo a los investigadores compartir sus hallazgos junto con el código que los generó.

- **Desarrollo de modelos de aprendizaje automático:** Permiten todo el ciclo de vida del desarrollo de modelos, desde la limpieza de datos hasta el entrenamiento y la evaluación de modelos.

- **Creación de informes y presentaciones:** Pueden convertirse en presentaciones y reportes interactivos, lo que los hace ideales para compartir *insights* y resultados de análisis.

En resumen, los Jupyter Notebooks son una herramienta increíblemente poderosa y flexible para el análisis de datos, la investigación científica, la enseñanza y el aprendizaje, y mucho más. Su capacidad para combinar código, datos, visualización y texto en un solo lugar los convierte en una herramienta indispensable para cualquier persona que trabaje en campos basados en datos.

Consecuentemente, la forma de interactuar con Spark es a través de *notebooks* y las tareas que se programan en un *notebook* que deben ser ejecutadas, ya sea constantemente o eventualmente, se les denomina *jobs*. A continuación, veremos dos grandes tipos de *jobs* que comúnmente se programan en Spark con un par de ejemplos.

Jobs de movimientos de datos

Los *jobs* de movimiento de datos en Spark generalmente implican la ingestión, transformación y exportación de grandes volúmenes de datos. Spark es particularmente eficiente en este aspecto debido a su capacidad para procesar datos en paralelo a través de un clúster.

El siguiente ejemplo muestra cómo un *notebook* da las instrucciones de lectura de una carpeta en un *lakehouse*, crear un *dataframe*, agregar dos nuevas columnas y finalmente se guarda en formato delta en la capa **Silver** del *lakehouse*. He creado un ejemplo de cómo sería un Jupyter Notebook para el procesamiento de datos con Apache Spark. A continuación, se describe paso a paso lo que haría este *notebook*:

```
# Importar Librerías Necesarias
   from pyspark.sql import SparkSession
   from pyspark.sql.functions import col, lit

# Inicializar SparkSession
spark = SparkSession.builder \
       .appName("Ejemplo de Procesamiento de Datos con Spark") \
       .getOrCreate()

# Leer Datos desde el Lakehouse  Suponiendo que los datos están en formato
Parquet en una carpeta 'raw_data' en la capa Bronze del Lakehouse.
df = spark.read.format("parquet").load("/lakehouse/bronze/raw_data")

# Agregar dos columnas con valores constantes.
df_transformado = df.withColumn("nueva_columna1", lit("valor1")) \
                    .withColumn("nueva_columna2", lit("valor2"))

# Escribir el DataFrame Transformado en la Capa Silver en Formato Delta

df_transformado.write.format("delta").save("/.../silver/processed_data")

# Finalizar la sesión de Spark
spark.stop()
```

El *notebook* anterior proporciona un flujo de trabajo básico para leer, transformar y escribir datos utilizando Apache Spark en un entorno de *lakehouse*.

> **NOTA:**
>
> *El ejemplo anterior es genérico, dependiendo del entorno específico y de las configuraciones del clúster y del* lakehouse; *las rutas y los detalles exactos pueden variar.*

Jobs de aprendizaje automático

Apache Spark, a través de su biblioteca MLlib, también soporta la realización de tareas de aprendizaje automático. Esto incluye:

- Preprocesamiento de datos para modelos de aprendizaje automático.

- Utilización de algoritmos de aprendizaje automático para entrenar modelos sobre grandes conjuntos de datos.

- Pruebas y ajuste de modelos para mejorar la precisión y eficiencia.

Aquí tienes un ejemplo de un Jupyter Notebook para implementar un algoritmo sencillo de aprendizaje automático con Apache Spark, específicamente un modelo de regresión lineal:

Importar librerías necesarias

```
from pyspark.sql import SparkSession
from pyspark.ml.regression import LinearRegression
from pyspark.ml.feature import VectorAssembler
from pyspark.ml.evaluation import RegressionEvaluator
```

Inicializar SparkSession

```
spark = SparkSession.builder \
    .appName("Ejemplo de Aprendizaje Automático con Spark") \
    .getOrCreate()
```

Cargar datos

```
df = spark.read.csv("/path/to/data.csv", header=True, inferSchema=True)
```

Preparar los datos utilizando VectorAssembler para transformar las columnas de características en un único vector

```
assembler = VectorAssembler(
    inputCols=["feature1", "feature2"],
    outputCol="features")
df_transformed = assembler.transform(df)
```

Dividir los datos en conjuntos de entrenamiento y prueba

```
train_data, test_data = df_transformed.randomSplit([0.7, 0.3])
```

Crear y entrenar el modelo de regresión lineal

```
lr = LinearRegression(featuresCol='features', labelCol='label')
model = lr.fit(train_data)
```

Evaluación del modelo

```
predictions = model.transform(test_data)
evaluator = RegressionEvaluator(labelCol="label", predictionCol="prediction",
metricName="rmse")
rmse = evaluator.evaluate(predictions)
print("RMSE: ", rmse)
```

```
spark.stop()
```

El *notebook* anterior proporciona un flujo básico para cargar datos, prepararlos para el modelo de aprendizaje automático, entrenar un modelo de regresión lineal y evaluar su rendimiento.

Capa de consumo

En esta capa dentro de Fabric nos encontraremos con dos componentes: Power BI y Synapse Data Science. Veremos a grandes rasgos cada uno de ellos y profundizaremos en algunas particularidades.

Synapse Data Science

Este componente de Fabric está pensado en desarrollar dentro del mismo entorno todo el proceso de ciencia de datos desde la formulación del problema hasta la puesta en producción del modelo o el set de datos para ser consumidos por los usuarios finales.

La figura 16.22 describe los pasos que debe seguir el proceso de ciencia de datos en general y Fabric ofrece seguir todos estos pasos dentro del mismo ambiente.

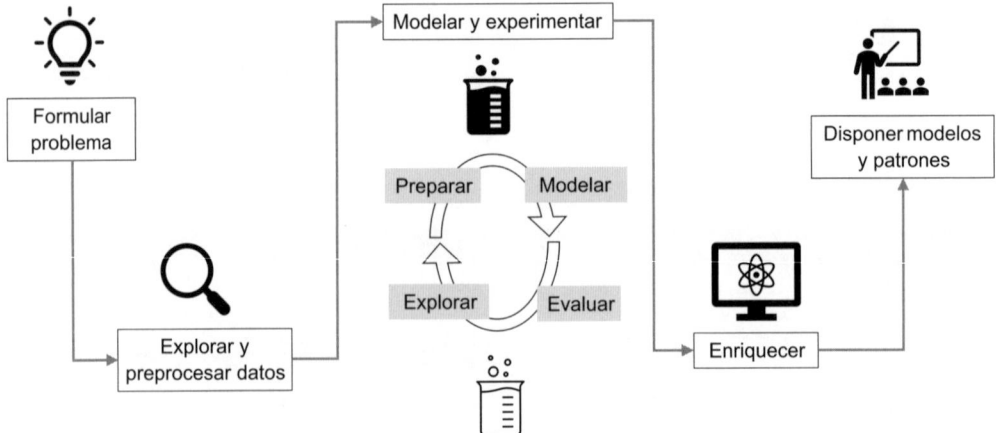

Figura 16.22. Proceso de trabajo en ciencia de datos.

Como resultado, el uso compartido y la colaboración de datos se vuelven más transparentes en todos los roles. Los analistas pueden compartir fácilmente informes y conjuntos de datos de Power BI con profesionales de ciencia de datos. La facilidad de colaboración entre roles de Microsoft Fabric hace que las entregas durante la fase de formulación del problema sean mucho más fáciles. Al estar insertos dentro del entorno Fabric es muy sencillo conectarse a los datos que vivan dentro de One Lake, ya sea un *lakehouse, warehouse*, etc.

Se interactúa principalmente a través de *notebooks*, por lo tanto, se puede trabajar con Python y Spark para los experimentos y con muchas librerías y modelos preentrenados que pueden facilitar muchísimo la productividad de los científicos de datos que trabajen en el entorno Fabric.

Se adiciona a los *notebooks* un componente llamado Data Wrangler para facilitar el proceso de limpieza de datos. Data Wrangler es una herramienta de código que prepara los datos y genera código de Python. Esta experiencia facilita la aceleración de tareas tediosas y rutinarias (como la limpieza de datos) y fomenta la repetición y la automatización mediante el código generado. Las bibliotecas que pueden ser instaladas para el trabajo en *notebooks* son las que aparecen en la tabla 16.3.

Tabla 16.3. Bibliotecas para el trabajo en *notebooks*. Tabla de compatibilidad tomada de `https://learn.microsoft.com/es-es/fabric/data-engineering/library-management#summary-of-supported-library-types`.

Tipo de biblioteca	Instalación centralizada	Instalación en línea (%pip install)
Python público (PyPI y Conda)	Compatible	Compatible
Python personalizado (`.whl`)	Compatible	Compatible
R público (CRAN)	No compatible	Compatible
R personalizado (`.tar.gz`)	Compatible	Compatible
Jar	Admitida	No compatible

Un elemento muy interesante y que actualmente se encuentra en versión preliminar es el llamado "vínculo semántico"; en pocas palabras, es una biblioteca llamada SemPy, que se conecta a un modelo semántico de Power BI y con esos datos realiza la explotación de datos con la potencia de un *notebook*.

La figura 16.23 muestra un esquema de cómo SemPy permite enriquecer los modelos semánticos con algoritmos de aprendizaje automático, siendo inmediatamente poblados en reportes o plantillas conectadas a dicho modelo semántico.

Power BI

Mucho no podría agregar en este elemento, puesto que ya bastante se ha escrito sobre Power BI y, como el objetivo de este capítulo es entender la ingeniería de datos dentro de Microsoft Fabric, solo ahondaré en un elemento dentro de Power

BI, que es bastante interesante y puede eventualmente transformarse en una solución por sí sola para una pequeña organización, me refiero a Datamarts de Power BI.

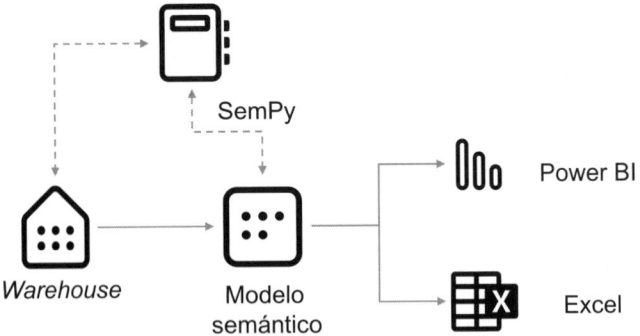

Figura 16.23. Explotacion de datos con Sempy.

Los usuarios de negocio que trabajan con Power BI dependen en gran medida de los orígenes de datos regulados centralmente creados por equipos de TI, pero en la práctica algunas solicitudes a TI pueden tardar meses en ser entregadas. En respuesta, los usuarios suelen recurrir a la creación de sus propios *datamarts* con bases de datos de Access, hojas de cálculo Excel en SharePoint, y un sinfín de parches que da lugar a una falta de gobernanza y supervisión adecuada para asegurarse de que dichos orígenes de datos son compatibles y tengan un rendimiento razonable.

Datamarts ayuda a salvar esta brecha, son soluciones de almacenamiento de autoservicio, lo que permite a los usuarios almacenar y explorar datos que se cargan en una base de datos totalmente administrada.

Datamarts proporciona una experiencia sencilla y opcionalmente sin código para ingerir datos de distintos orígenes de datos, extraer la transformación y cargar los datos mediante Power Query; en pocas palabras, Datamarts es una base de datos de Azure SQL totalmente administrada y no requiere ajuste ni optimización.

Una vez cargados los datos en un *datamart*, se genera de forma automática un modelo semántico, que puede utilizarse para crear informes y tableros de Power BI. También se puede consultar un *datamart* mediante un punto de conexión de T-SQL o mediante una experiencia visual.

La figura 16.24 muestra a grandes rasgos como una organización podría implementar a un bajo coste una solución analítica rápida con algunas limitaciones que veremos a continuación.

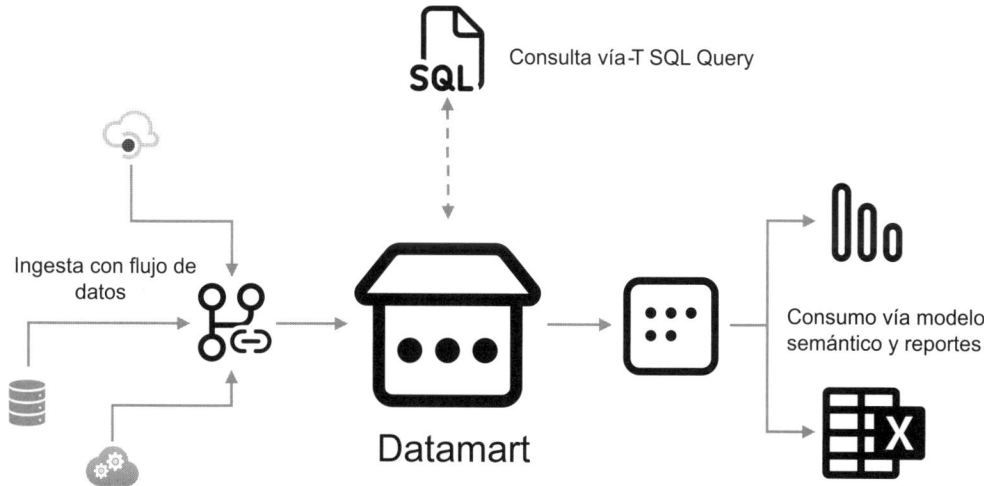

Consulta vía-T SQL Query

Ingesta con flujo de datos

Consumo vía modelo semántico y reportes

Datamart

Figura 16.24. Datamarts de Power BI.

La base de datos tiene un límite de 100 GB; por lo tanto, cualquier solución analítica que requiera mayor volumen de datos que este límite debe ser implementada con *lakehouse* o *warehouse* dentro de Fabric.

Solo es compatible con clientes SQL que admitan el dialecto T-SQL para su salida o explotación en entornos que no sean Power BI o Excel.

Los modelos semánticos predeterminados de Datamarts se diferencian de los modelos semánticos tradicionales de Power BI de las siguientes maneras:

- El punto de conexión XMLA admite operaciones de solo lectura y los usuarios no pueden editar el modelo semántico directamente. Con el permiso de solo lectura XMLA, puede consultar los datos en una ventana de consulta.

- Los modelos semánticos predeterminados no tienen configuración del origen de datos y los usuarios no necesitan escribir las credenciales. En su lugar, utilizan el inicio de sesión único (SSO) automático para las consultas.

- Para las operaciones de actualización, los modelos semánticos usan las credenciales de autor del modelo semántico para conectarse al punto de conexión SQL del *datamart*.

Con Power BI Desktop, los usuarios pueden crear modelos compuestos, es decir, algunas tablas con Direct Query y otras en modo Import, lo que le permite conectarse al modelo semántico del *datamart* y seleccionar datos de las tablas específicas que se van a analizar y agregar más orígenes de datos si se desea.

Resumen

Hemos abordado varios aspectos clave de esta plataforma. Inicialmente explicamos qué es Microsoft Fabric, destacando su naturaleza como solución todo en uno para análisis empresarial, que integra desde el movimiento de datos hasta la ciencia de datos, pasando por el análisis en tiempo real y la inteligencia de negocios.

Resaltamos la capacidad de Microsoft Fabric para ofrecer un ecosistema integrado que simplifica las necesidades analíticas, combinando diferentes servicios en un producto cohesivo y fácil de usar.

Nos adentramos también en la arquitectura de Microsoft Fabric, ilustrando cómo sus distintos componentes se alinean con las capas de una arquitectura analítica tradicional.

Revisamos a grandes rasgos los principales elementos de Fabric, explorando cada capa de la *suite* y destacando las bondades que ofrece.

Revisamos la capa de orígenes e ingesta con Fabric Data Factory, y los flujos de datos de segunda generación comparándolos con los de Azure Data Factory y destacando las diferencias y mejoras en la experiencia de usuario.

Además, profundizamos en el análisis de datos en tiempo casi real (*Near Real Time*, NRT) y discutimos las arquitecturas lambda y kappa como enfoques prominentes en este ámbito.

También nos enfocamos en Synapse Stream Analytics dentro de Fabric, detallando su funcionamiento y sus componentes clave, como el orquestador EventStream y la base de datos optimizada para Streaming, KQL. Explicamos también cómo estos componentes permiten capturar, transformar y enrutar eventos en tiempo real hacia múltiples destinos, ofreciendo la flexibilidad de montar arquitecturas lambda o kappa para soluciones analíticas.

Vimos también el concepto de One Lake en Microsoft Fabric, una centralización del almacenamiento para la organización, profundizamos en el uso de Delta Lake y Spark dentro de Fabric, explicando cómo estos elementos se integran y potencian la capacidad de análisis y procesamiento de datos.

El capítulo proporciona una visión integral de Microsoft Fabric, destacando su eficacia como herramienta de ingeniería de datos, su arquitectura y componentes, y cómo estas capacidades se integran para ofrecer soluciones analíticas avanzadas en diversos contextos empresariales.

17

Fundamentos de Azure

En este capítulo aprenderás:

- Qué es Microsoft Azure.
- Cómo se explotan y administran sus recursos.
- Control de gastos y costes asociados a Azure.

Microsoft Azure

Azure, desarrollado por Microsoft, se ha establecido como una de las plataformas de nubes públicas más influyentes en la industria tecnológica. Desde su lanzamiento en 2010, Azure ha evolucionado constantemente, ofreciendo una amplia gama de servicios que abarcan desde soluciones de infraestructura como servicio (IaaS) hasta plataformas como servicio (PaaS) y software como servicio (SaaS).

Este ecosistema diversificado permite a los usuarios, desde *startups* hasta grandes corporaciones, implementar soluciones informáticas para las más diversas necesidades infraorganizacionales y también extraorganizacionales de cara a los clientes y proveedores tanto internos como externos a la organización.

Físicamente, al igual que todas las nubes públicas como AWS o GCP, Azure es una red de centros de datos distribuidos mundialmente e interconectados entre sí. Esta distribución física global da lugar a los primeros conceptos básicos para trabajar con esta nube.

Distribución y nomenclatura global de Azure

Como adelantamos, Azure es, en esencia, una red global de distintos centros de datos que se ponen a disposición de los usuarios en función del lugar físico donde residen y que permitan acceder rápidamente a sus recursos a través de la Internet pública. En efecto, el nombre de "nube pública" viene de este principio, se puede acceder a través de la Internet pública.

Imaginemos que cada *data center* se encuentra físicamente en un sitio, ya sea un edificio o una instalación industrial; a pocos metros de ese sitio físico, puede existir otro *data center* para aprovechar la infraestructura de red existente y que físicamente puede tener alguna diferencia con el primero, por ejemplo, el primer *data center* se alimenta de energía solar y el segundo de energía eólica. La unión de ambos *data center* se denomina zona de disponibilidad, como se ve en la figura 17.1.

Las zonas de disponibilidad cercanas entre sí a pocos kilómetros se agrupan en un concepto que se llama región de Azure, como se muestra en la figura 17.2.

Y cada región de Azure podría tener su región par en alguna ciudad o país relativamente cercano, como se ve en la figura 17.3. La regla de Microsoft es que al menos debe estar a 500 kilómetros de distancia.

Este enfoque de regiones pares permite la replicación de recursos en una zona geográfica, lo que ayuda a reducir la probabilidad de que se produzcan interrupciones provocadas por eventos como desastres naturales, disturbios sociales, cortes del suministro eléctrico o interrupciones de la red física que afecten a una región completa. Por ejemplo, si una región de un par se ve afectada por un desastre natural, los servicios conmutarán automáticamente a la región par para evitar que los clientes de la región perjudicada se vean afectados por ese evento fortuito.

También existen algunas regiones en Azure denominadas regiones soberanas, que son instancias de Azure que están aisladas de la instancia principal de Azure.

Figura 17.1. Zona de disponibilidad de Azure.

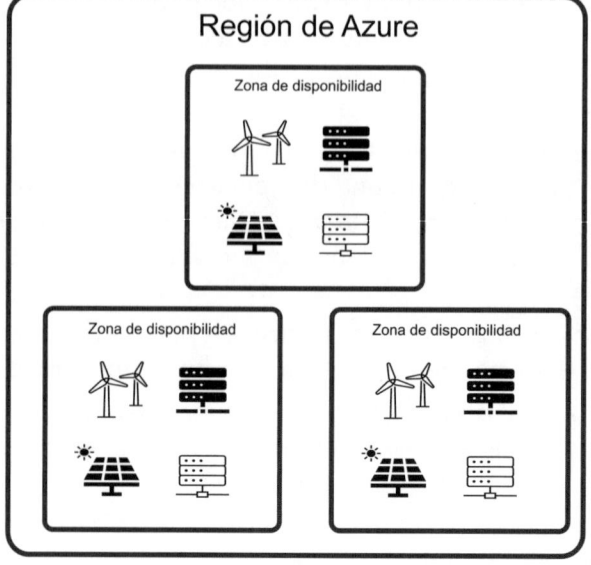

Figura 17.2. Región de Azure.

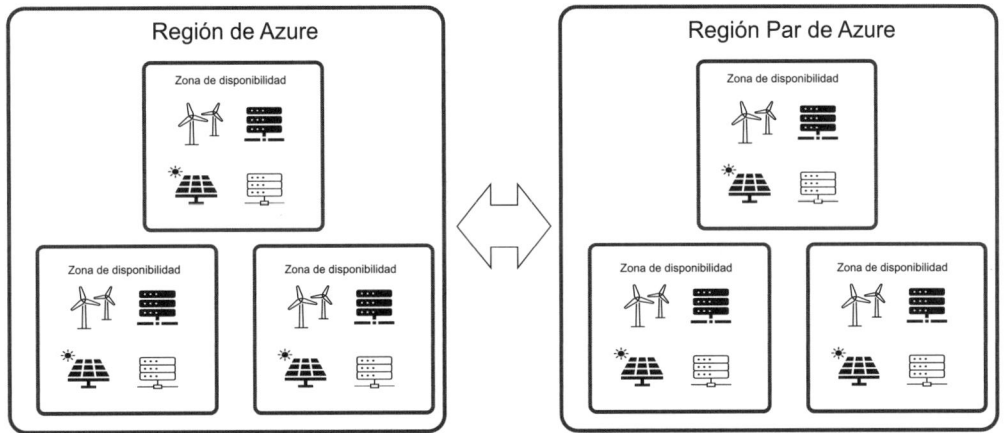

Figura 17.3. Región par de Azure.

Entre las regiones soberanas de Azure se incluyen, entre otras, las siguientes:

- **US DoD (centro), US Gov Virginia y US Gov Iowa:** Estas regiones son instancias físicas y lógicas con aislamiento de red de Azure para asociados y agencias de la administración pública de EE. UU. Estos centros de datos están operados por personal estadounidense sometido a evaluación e incluyen certificaciones de cumplimiento adicionales.

- **Este de China y norte de China:** Estas regiones están disponibles gracias a una asociación exclusiva entre Microsoft y 21Vianet, por la cual Microsoft no mantiene directamente los centros de datos.

Redundancias disponibles

Como ya conocemos la distribución física y geográfica de Azure, en muchos recursos que contratemos podemos definir el tipo de redundancia para nuestros datos. Cada tipo de redundancia tiene características únicas que la hacen adecuada para diferentes escenarios y necesidades de negocio:

- **Redundancia local (LR):** Este tipo de redundancia mantiene copias de los datos dentro de un único centro de datos. Es eficaz para proteger la información contra fallos de hardware, pero no contra desastres naturales o fallos que afecten a todo el centro de datos. La redundancia local es adecuada para escenarios donde los requerimientos de disponibilidad no son extremadamente altos o cuando se tiene otra estrategia de recuperación ante desastres.

- **Redundancia de zona (ZR):** Esta opción eleva el nivel de protección al replicar los datos en varias zonas de disponibilidad dentro de la misma región. Cada zona es un centro de datos independiente con su propia infraestructura de energía y refrigeración. La redundancia de zona es ideal para aplicaciones críticas que necesitan alta disponibilidad y protección contra fallos en una zona específica.

- **Redundancia geográfica (GR):** Con este tipo de redundancia, los datos se replican en diferentes regiones de Azure. Esto ofrece protección contra desastres regionales, asegurando la disponibilidad de los datos, incluso cuando una región entera sufre un problema. La redundancia geográfica es crucial para escenarios donde la continuidad del negocio y la recuperación ante desastres son prioritarias.

- **Redundancia geozonal (ZGR):** Combina las características de la redundancia geográfica y la redundancia de zona. Los datos se replican tanto en diferentes zonas dentro de una región como en otras regiones. Esto ofrece un nivel máximo de disponibilidad y resistencia, protegiendo contra fallos tanto a nivel de zona como regional.

Cada una de estas opciones de redundancia tiene un impacto en términos de costes, rendimiento y disponibilidad. La elección entre ellas debe basarse en un análisis detallado de las necesidades específicas de la organización, el tipo de datos manejados y los requisitos de cumplimiento y regulación. La redundancia no es solo una cuestión técnica, sino también una decisión estratégica que afecta a la resiliencia y la eficiencia operativa de la organización.

Administración de los servicios de Azure

En Azure, podemos implementar diversas soluciones que pueden constar de uno o más elementos que denominaremos recursos.

Los recursos se pueden contratar principalmente dentro del Marketplace de Azure y cada uno tiene sus distintas características y demandan más o menos experiencia en su administración y uso. Si queremos hacer una analogía desde una perspectiva arquitectónica, imaginemos que cada recurso es una pieza de Lego® que podemos ensamblar para lograr alguna solución informática en Azure.

Los recursos se deben asignar a un grupo de recursos, que vendría a ser nuestra unidad base de administración en Azure.

Un grupo de recursos es una entidad única que consta de la asociación de varios recursos con algunas restricciones: no se pueden anidar grupos de recursos dentro de otro grupo de recursos y los recursos solo pueden pertenecer a un grupo de recursos. Cada grupo de recursos pertenece a una unidad superior llamada suscripción de Azure. Cada suscripción de Azure equivale en términos prácticos a una factura de Microsoft por los recursos que se han contratado y consumido al cabo de un periodo de tiempo.

Una organización puede tener varias suscripciones de Azure sin problemas. Para eso, cada organización puede crear grupos de administración donde poder asignar suscripciones, usuarios y, en consecuencia, recursos y grupos de recursos al interior de toda su organización para controlar los gastos y costes incurridos en el servicio de aprovisionamiento de nube.

Ilustrativamente la figura 17.4 muestra una jerarquía de grupos, suscripciones y recursos.

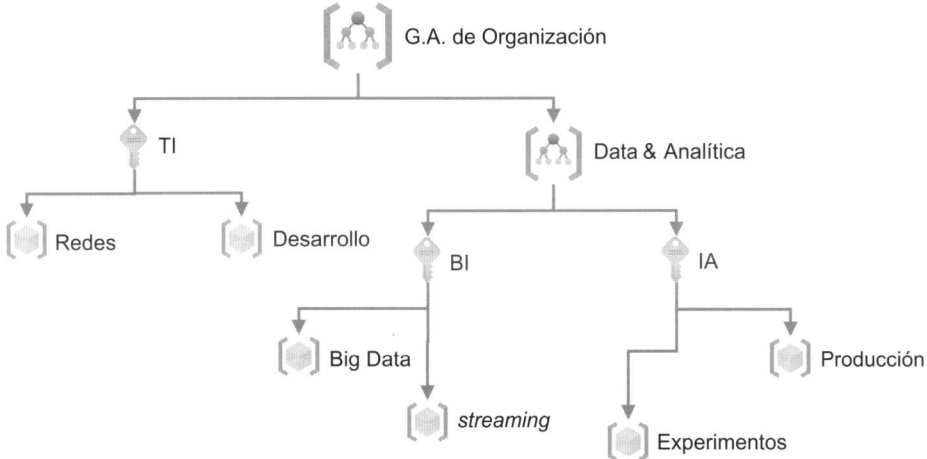

Figura 17.4. Organización de recursos dentro de Azure.

La figura anterior muestra cómo esta compañía ficticia ha decidido organizar los recursos dentro de Azure para que los consumos sean facturados a cada suscripción y distribuir los costes y gastos asociados al servicio de nube dentro de su contabilidad.

Asignación de permisos a usuarios

La jerarquía que se ha organizado a nivel de recursos no solamente permite distribuir mejor los costes y gastos, también permite asignar permisos y privilegios a usuarios dentro de la organización para utilizar los recursos de Azure. Lo primero que podemos distinguir es que, si a un usuario se le da un permiso a nivel de suscripción, ese permiso se propagará inmediatamente a toda la jerarquía inferior, es decir, a todos los grupos de recursos y recursos; consecuentemente, si le asignamos un permiso a nivel de grupo de recursos, ese se propagará a todos los recursos dentro del grupo, y así sucesivamente hasta el recurso mismo.

Servicios en la nube

Las distintas nubes prestan exactamente los mismos servicios que veremos a continuación y evidentemente se distinguen por aspectos como latencia, facilidad de uso y otros factores, como se ve en la figura 17.5, pero los conceptos que a continuación describiré los podemos encontrar sin distinción en todas las nubes públicas.

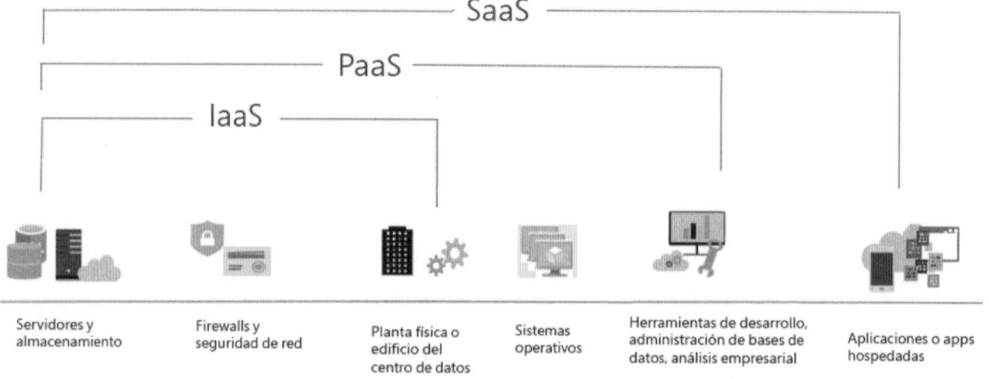

Figura 17.5. Diferentes tipos de servicios en nube, tomada de `https://azure.microsoft.com/es-es/resources/cloud-computing-dictionary/what-is-saas/`.

Cada servicio tiene además un nivel de responsabilidad compartida entre la nube y el cliente, lo cual también es un factor decisivo al momento de contratar un servicio.

Infraestructura como servicio (IaaS)

Es el servicio más primigenio existente en las nubes. Básicamente, consiste en arrendar infraestructura para el uso de la organización. Esta infraestructura puede ser una máquina virtual, una red privada virtual o una unidad de almacenamiento virtual. Estos servicios permiten a las organizaciones un control significativo sobre su infraestructura, ofreciendo flexibilidad y escalabilidad.

Plataforma como servicio (PaaS)

PaaS va un paso más allá de IaaS, ya que no solo se provee la infraestructura, sino también las plataformas y los entornos necesarios para el desarrollo de aplicaciones. Este servicio facilita a los desarrolladores la creación de software sin preocuparse por el mantenimiento del hardware y el software subyacente.

Algunos ejemplos de PaaS en Azure son: Azure App Service, para desarrollar y hospedar aplicaciones web y móviles; Azure SQL Database, base de datos relacional administrada; Azure Kubernetes Service (AKS), para la gestión de aplicaciones en contenedores; Azure Functions, plataforma de cómputo sin servidor para ejecutar código bajo demanda, y Azure Logic Apps, para automatizar flujos de trabajo y procesos de negocio.

Software como servicio (SaaS)

SaaS representa el nivel más alto de servicios en la nube. Incluye el suministro de aplicaciones de software completas a los usuarios finales. Este modelo elimina la necesidad de instalar y ejecutar aplicaciones en sistemas individuales, ofreciendo una solución directamente a través de Internet.

Los usuarios usan aplicaciones basadas en la nube y se conectan a ellas a través de Internet. Algunos ejemplos de estas aplicaciones son Microsoft Office 365, el correo electrónico y los calendarios.

Este modelo es muy popular entre los usuarios de telefonía móvil, gran parte de las *apps* que se instalan en los teléfonos funcionan bajo el modelo SaaS.

Modelo de responsabilidad compartida

Dependiendo del servicio que se contrate, existen elementos de responsabilidad sobre algunos aspectos propios de la prestación de servicios de nube. La tabla 17.1 muestra cómo estos servicios recaen en el cliente o en el proveedor dependiendo de lo que se contrate.

Tabla 17.1. Elementos de responsabilidad de los servicios contratados.

Responsabilidad	Servicio contratado		
	IaaS	PaaS	SaaS
Información y datos	C	C	C
Dispositivos	C	C	C
Cuentas e identidades	C	C	C

	Servicio contratado		
Responsabilidad	IaaS	PaaS	SaaS
Infraestructura de identidad	C	AMBOS	AMBOS
Aplicaciones	C	AMBOS	P
Controles de red	C	AMBOS	P
Sistema operativo	C	P	P
Hosts físicos	P	P	P
Red física	P	P	P
Data center	P	P	P

Por simple apreciación, vemos que para IaaS gran parte de la responsabilidad recae en el cliente, lo que implica que debe al menos contar con el personal mínimamente capacitado para supervisar dicha responsabilidad recaída de la aceptación de los términos y condiciones del servicio de nube.

Principales productos de IaaS en Azure

Los principales recursos de IaaS que eventualmente podríamos contratar en Azure pensando en un desarrollo analítico serían los siguientes: Azure Virtual Machines o Azure Kubernetes Services, para que vivan algunos modelos de inteligencia artificial o de aprendizaje automático y que sean consumidos por algunos clientes finales tanto dentro como fuera de la organización en un entorno que permita la trazabilidad y el gobierno de uso de dichos datos.

Azure Virtual Machines

Azure Virtual Machines (VM) es un servicio de Microsoft Azure que permite a los usuarios crear y administrar máquinas virtuales (VM) en la nube. Ofrece la flexibilidad de virtualizar una amplia gama de soluciones informáticas, desde aplicaciones básicas hasta aplicaciones complejas.

Las VM en Azure proporcionan una amplia gama de opciones de personalización y configuración. Los usuarios pueden elegir entre diferentes tamaños y tipos de máquinas, que varían en CPU, memoria, almacenamiento y capacidades de red, lo que permite a las organizaciones escoger la configuración más adecuada para sus necesidades específicas. Esta personalización ayuda a optimizar el rendimiento y controlar los costes, asegurando que solo se pague por los recursos utilizados.

Además, Azure Virtual Machines ofrece una integración completa con otros servicios de Azure, como Azure Active Directory (EntraID) y Azure Storage, lo que facilita la construcción de soluciones integradas y seguras. La seguridad en Azure VM se maneja a múltiples niveles, incluyendo seguridad física en los centros de datos, aislamiento de la red y medidas de seguridad en el nivel de la máquina virtual, como *firewalls* y sistemas de detección de intrusiones.

Uno de los aspectos más notables de Azure VM es su capacidad para escalar. Los usuarios pueden aumentar o disminuir recursos según las demandas cambiantes, lo que es particularmente útil para aplicaciones con patrones de uso variables. Además, Azure ofrece capacidades de equilibrio de carga y escalado automático, lo que ayuda a mantener el rendimiento óptimo bajo diferentes cargas de trabajo.

En términos de sistemas operativos, Azure Virtual Machines soporta una amplia gama, desde Windows Server y SQL Server hasta Linux y Oracle Database, proporcionando así una plataforma versátil para diferentes tipos de aplicaciones y cargas de trabajo. Los usuarios también tienen la opción de utilizar imágenes predefinidas o cargar sus propias imágenes personalizadas para la creación de VM.

Azure Virtual Machines también ofrece un conjunto robusto de herramientas de gestión y monitoreo, lo que permite a los administradores supervisar el rendimiento, configurar alertas y realizar diagnósticos. Estas herramientas ayudan a identificar y resolver rápidamente cualquier problema, asegurando así la estabilidad y la fiabilidad del entorno de la máquina virtual.

Azure Virtual Machines es una solución integral y flexible para la virtualización en la nube, adecuada tanto para pequeñas organizaciones como para grandes corporaciones. Su combinación de personalización, escalabilidad e integración con otros servicios de Azure, seguridad robusta, disponibilidad de herramientas de gestión y monitoreo, lo convierten en una opción atractiva para una amplia variedad de necesidades de computación en la nube.

Azure Kubernetes Services

Azure Kubernetes Service (AKS) es un servicio administrado de orquestación de contenedores ofrecido por Microsoft Azure. Diseñado para simplificar la implementación, la gestión y las operaciones de aplicaciones en contenedores, AKS proporciona un entorno para desplegar, escalar y administrar aplicaciones basadas en contenedores de manera eficiente.

Este servicio integra Kubernetes, un sistema de orquestación de contenedores de código abierto, con la infraestructura de Azure, permitiendo a los usuarios aprovechar las ventajas de la nube, como la escalabilidad automática, la alta disponibilidad y la seguridad. AKS automatiza tareas complejas de administración de contenedores, como el escalado y actualizaciones, reduciendo la carga operativa y permitiendo a los desarrolladores centrarse más en el desarrollo de aplicaciones. AKS ofrece integración con herramientas y servicios de Azure, incluyendo Azure DevOps, Azure Active Directory (Entra ID) y Azure Monitor, proporcionando un ecosistema completo para el desarrollo, monitoreo y seguridad de aplicaciones. Además, AKS soporta múltiples modelos de red y ofrece capacidades avanzadas como el enrutamiento de tráfico y la gestión de identidades.

El servicio es adecuado para una amplia gama de escenarios, desde aplicaciones simples hasta soluciones empresariales complejas, y es particularmente útil para empresas que buscan modernizar sus aplicaciones y procesos mediante el uso de microservicios y arquitecturas basadas en contenedores.

Principales productos de PaaS en Azure

En el mismo contenido, los principales recursos de PaaS que podríamos contratar en Azure son los siguientes: Azure Cognitive Search y Azure App Service.

Azure Cognitive Search

Es un servicio de búsqueda e indexación impulsado por inteligencia artificial de Microsoft Azure. Permite a los desarrolladores integrar capacidades de búsqueda avanzadas en sus aplicaciones. Utilizando algoritmos de IA, Azure Cognitive Search puede extraer información valiosa de grandes conjuntos de datos, incluyendo documentos, imágenes y medios.

Ofrece características como el procesamiento del lenguaje natural para mejorar la relevancia de la búsqueda y la extracción de información clave.

Es ideal para aplicaciones que requieren búsqueda compleja y análisis de datos.

Por ejemplo, imaginemos que somos una firma de abogados con 20 años de existencias y registros de los más diversos juicios en que hemos participado en todo este tiempo, todos esos archivos podrían estar perfectamente digitalizados e indexados por Cognitive Search, permitiendo implementar un modelo LLM sobre estos juicios propios para facilitar la búsqueda y el estudio de la jurisprudencia con nuestros propios datos.

Azure App Service

Este es un servicio de plataforma como servicio (PaaS) que permite a los desarrolladores crear, desplegar y escalar aplicaciones web y móviles rápidamente. Soporta múltiples lenguajes de programación, *frameworks* y bases de datos. Azure

App Service proporciona herramientas integradas para el desarrollo de aplicaciones, gestión de tráfico, autenticación y autorización de usuarios y diagnósticos. Facilita la implementación continua y la integración con otros servicios de Azure y recursos de desarrollo.

Al igual que con la implementación de VM y Kubernetes, una *app* Service podría perfectamente satisfacer la necesidad de disponiblizar modelos de IA y aprendizaje automático hacia clientes externos de nuestra organización.

Seguridad y gobierno en Azure

Entra ID

El principal elemento de administración y seguridad en Azure es la capacidad de administrar los usuarios y aplicaciones que pueden interactuar con nuestros recursos en la nube, esto es posible gracias a Microsoft Entra ID (antiguo Azure Active Directory).

Microsoft Entra ID es un servicio de gestión de identidades y accesos basado en la nube de Microsoft. Es una solución integral para la administración de identidades que proporciona un conjunto de capacidades para ayudar a las organizaciones a controlar el acceso a las aplicaciones y recursos en la nube y en locales.

Entra ID permite la autenticación y autorización de usuarios, ofreciendo un único *sign-on* (SSO) para acceder a aplicaciones tanto en la nube como en entornos locales. También integra características avanzadas de seguridad, como la autenticación multifactorial y el análisis de riesgos de acceso, mejorando así la seguridad general de los sistemas y datos.

Este servicio también facilita la gestión de identidades de usuarios y grupos, proporcionando herramientas para la creación, mantenimiento y eliminación de cuentas de usuario, así como para la asignación de permisos y roles. Entra ID se integra con otros servicios de Microsoft, como Office 365, y con una amplia gama de aplicaciones de terceros, lo que lo hace una solución flexible y robusta para la gestión de identidades en un entorno empresarial.

Además, Entra ID proporciona capacidades de informes y monitoreo que permiten a los administradores realizar un seguimiento de las actividades de inicio de sesión y de seguridad, ayudando a identificar y responder a posibles amenazas de seguridad. Entra ID es una herramienta esencial para las organizaciones que buscan implementar una estrategia de seguridad y gestión de identidades sólida y eficiente en la nube.

Entra ID en resumen es la herramienta de gestión del inquilino o *tenant*, donde crearemos, eliminaremos y autorizaremos a los usuarios tanto internos como externos de la organización; también podremos administrar los dominios asociados a las distintas identidades que nuestra organización podría tener en la web, como tuempresa.com, tuempresa.net, tuorganizacion.io, etc., y en definitiva todo lo que tiene que ver con la identificación y permisos que nuestros usuarios puedan realizar dentro de nuestra organización.

Microsoft Purview

Finalmente, una solución que debemos también considerar implementar en el contexto del gobierno de datos es Microsoft Purview, una solución integral de gobernanza de datos que ofrece a las organizaciones herramientas para administrar y gobernar sus datos a lo largo de su ciclo de vida. Esta solución ayuda a descubrir, clasificar, proteger y gobernar los datos de manera eficiente, permitiendo a las empresas cumplir con las regulaciones de privacidad y seguridad.

Purview integra capacidades de gestión de riesgos, cumplimiento de normativas, y proporciona visibilidad en entornos de datos tanto en la nube como en locales, facilitando así una mejor toma de decisiones basada en datos.

No voy a profundizar en gobierno ni en esta herramienta porque el tema es extenso y daría para un libro por sí solo; por lo tanto, os invito a investigar sobre el maravilloso tema que es el gobierno de datos.

Control de costes y gastos en Azure

El primer paso para asignar de forma eficiente los costes de uso en la nube es organizar las suscripciones y recursos de forma que faciliten la creación de informes y las asignaciones de costes o contracargo de forma fluida. En pocas palabras, debemos ser lo suficientemente idénticos a nuestra matriz de control de gastos y costes tanto financiera como operativa y replicar dicha clasificación tanto como sea posible cuando creamos recursos, suscripciones o grupos de administración.

Teniendo en cuenta dicho paso fundamental, ahora veremos cómo funciona el sistema de facturación de Microsoft.

Para comprender bien cómo funciona la facturación y los costes generados en la nube de Microsoft, es necesario primero comprender cómo funciona el ciclo de facturación y cargos dentro de Microsoft, ya que esa comprensión nos dará una mirada completa sobre lo que debe o no ser facturado y eventualmente tomar acciones para suprimir dichos gastos.

La gran *pipeline*

En su núcleo, Microsoft Commerce es una *pipeline* que respalda todas las transacciones comerciales de Microsoft, ya sean como consumidor gratuito o comercial.

Primero, todos los servicios de Azure, Microsoft 365, Dynamics 365 y Power Platform están insertando datos en la *pipeline* comercial, es decir, cada servicio va publicando los datos de uso/consumo en una frecuencia diferente.

A medida que los datos pasan por la canalización, el sistema de clasificación aplica descuentos basados en su hoja de precios específica y genera el "uso clasificado", que incluye el precio y la cantidad para cada registro de costes.

Esto es la base de lo que se ve en Cost Management, que explicaré más adelante.

Al final del mes, se aplican créditos y se publica la factura. Este proceso comienza 72 horas después de que finalice el periodo de facturación, que suele ser el último día del mes natural para la mayoría de las cuentas. Por ejemplo, si el periodo de facturación finaliza el 31 de marzo, los cargos se finalizarán el 4 de abril a medianoche.

Todo hasta este punto constituye el proceso de facturación, donde se finalizan los cargos, se aplican descuentos y se publican facturas.

Es importante destacar que en este proceso viven algunos componentes bien interesantes:

- Un modelo de detección de anomalías que identifica cuándo un gasto escapa a lo "normal" y envía una alerta diariamente en función del uso "anormal".

- El motor de asignación de costes que aplica las etiquetas personalizadas que pudimos haber creado con los recursos de Azure y divide los costes compartidos.

- Un modelo de recomendaciones de costes de Azure Advisor que ofrece información para ahorrar costes para suscripciones y grupos de recursos que eventualmente podrían estar activos, pero sin uso.

- Un modelo de alertas de coste que se envían para presupuestos, anomalías, alertas programadas y mucho más en función de las opciones configuradas.

La distribución de los gastos en la organización

Como adelantamos, cada suscripción en Azure es equivalente a una factura, esa factura detalla cada recurso y su coste mensual. El gran desafío que se presenta para los distintos analistas de costes es cómo distribuir ese coste o gasto hacia las distintas unidades internas para una correcta rendición de cuentas.

Como ya dijimos, en Azure, las suscripciones y los grupos de recursos son el nivel más bajo en el que se puede organizar las soluciones en la nube.

La mayoría de las organizaciones usan distintas suscripciones para cada unidad de negocio y además separan los ambientes de desarrollo del de pruebas y del de producción, es decir, asignan para cada uno una suscripción distinta. Esto es una manera sencilla de comprender quién es responsable de la mayoría de los cargos basados en recursos. Pero, probablemente, muchos centros de costes no puedan recibir el monto que les corresponde por el uso de nube. Para ayudar a dicha clasificación, existen las etiquetas de recursos, que en definitiva son la única forma de agregar el propio contexto empresarial a los detalles de los costes y son la forma más flexible de asignar recursos a las aplicaciones, unidades de negocios, centros de costes, etc.

Una vez que los recursos y las suscripciones se organizan mediante la jerarquía de suscripciones y tienen los metadatos necesarios (etiquetas) para facilitar la asignación adicional, Microsoft Cost Management nos puede ayudar para simplificar los informes de costes.

Microsoft Cost Management

Microsoft Cost Management es un conjunto de herramientas de operaciones financieras que ayuda a las organizaciones a analizar, supervisar y optimizar los costes y gastos incurridos dentro de la nube Microsoft Cloud. Esto incluye Azure, Office 365, Dynamics, etc.

Cost Management está disponible para cualquier persona con acceso a una cuenta de facturación, suscripción, grupo de recursos o grupo de administración.

Microsoft Cost Management se alimenta desde la *pipeline* que vimos anteriormente y a través de una interfaz gráfica nos muestra cuánto llevamos gastado al momento y cuál es la proyección de gastos al cierre del periodo de facturación si las condiciones se mantienen tal como van hasta el momento.

Entre los ejemplos de lo que se puede hacer en Cost Management, se incluye:

- Informar y analizar los costes en Azure Portal, Centro de administración de Microsoft 365 o Power BI.

- Supervisar los costes de forma proactiva con alertas programadas, uso de reservas, anomalías y presupuestos.

- Dividir los costes compartidos con reglas de asignación de costes.

- Integrar la información de costes hacia herramientas externas mediante la exportación de datos.

La asignación de costes ofrece la capacidad de "mover" o dividir los costes compartidos de una suscripción, grupo de recursos o etiqueta a otra suscripción, grupo de recursos gracias al uso de la etiqueta.

La asignación de costes no cambia la factura. El objetivo de la asignación de costes es reducir la sobrecarga de trabajo analítico e informar con mayor precisión sobre la procedencia final de los cargos (aunque sea indirectamente), lo que debería impulsar una rendición de cuentas más completa.

Alertas de costes

Cost Management ofrece muchos tipos diferentes de correos electrónicos y alertas para informar y administrar de forma proactiva el gasto y los costes incurridos.

La primera alerta es la presupuestaria, es decir, podemos indicarle a Cost Management que tenemos un presupuesto X para una determinada suscripción o recurso, y este nos enviará una alerta cuando nuestro gasto acumulado se encuentre pronto a superar dicha barrera o presupuesto para que tomemos las acciones pertinentes.

Las segundas alertas son las alertas de anomalías, que nos notifican cuándo se detecta un cambio inesperado en el uso diario. Puede ser un alza o una caída.

Luego, tenemos las alertas programadas, que notifican a los destinatarios los últimos costes incurridos, ya sea que los informemos diaria, semanal o mensualmente.

Resumen

Hemos visto los conceptos fundamentales de Azure, desde su distribución física y agrupación lógica y regional y los distintos servicios que ofrece.

Vimos también la diferencia entre IaaS, PaaS y SaaS y cuáles serían los principales recursos que eventualmente deberíamos considerar al momento de diseñar una solución analítica en Azure que no hayamos ya visto en este libro.

Por último, vimos cómo se pueden gestionar y medir los costes que incurramos en Azure y Microsoft en general a fin de no encontrarnos con sorpresas cuando el periodo de facturación termine.

Índice
alfabético